安徽省高等学校“十一五”省级规划教材

计量经济学理论与应用

王立平　万伦来　等编著

合肥工业大学出版社

图书在版编目(CIP)数据

计量经济学理论与应用/王立平,万伦来等编著.—合肥:合肥工业大学出版社,2008.8
ISBN 978-7-81093-791-7

Ⅰ.计…　Ⅱ.王…　Ⅲ.计量经济学—高等学校—教材　Ⅳ.F224.0

中国版本图书馆 CIP 数据核字(2008)第 117373 号

计量经济学理论与应用

编著　王立平　万伦来 等		责任编辑　权　怡　方　丹	
出　版	合肥工业大学出版社	**版　次**	2008 年 8 月第 1 版
地　址	合肥市屯溪路 193 号	**印　次**	2011 年 5 月第 2 次印刷
邮　编	230009	**开　本**	787 毫米×1092 毫米　1/16
电　话	总编室:0551-2903038	**印　张**	16
	发行部:0551-2903198	**字　数**	386 千字
网　址	www.hfutpress.com.cn	**印　刷**	合肥现代印务有限公司
E-mail	press@hfutpress.com.cn	**发　行**	全国新华书店

ISBN 978-7-81093-791-7　　　　定价:28.00 元

如果有影响阅读的印装质量问题,请与出版社发行部联系调换。

前　言

计量经济学是经济学科类各专业的八门核心课程之一。本教材系2007年安徽省“计量经济学”精品课程建设和安徽省高校教学研究重点项目“安徽省经济类本科毕业论文教学环节改革研究”的重要成果。2008年被评为安徽省高等学校“十一五”省级规划教材。该书集计量经济学理论与应用于一体，在充分引进、消化、吸收国内外最新优秀研究成果的基础上，结合我国计量经济学教学实践，突出了EViews软件的应用和案例分析；教材内容体系以初级水平为主，适当吸收中级水平的内容，以经典线性回归模型和扩展模型为基础，加入国内外最新的研究成果，如时间序列模型、面板数据模型、协整理论、非参数和半参数计量经济学和空间计量模型等，形成了特色鲜明的内容体系。

本书适合作为高等院校经济学科、管理学科专业本科生，非数量经济学专业研究生的教材或教学参考书，也可供高等教育自学考试经济学科考生、经济管理工作者和研究人员阅读与参考。

本书共分12章，主要包括经典线性回归模型、回归模型的扩展、联立方程模型、时间序列模型、面板数据模型和空间计量模型等。各章节的具体分工如下：王立平撰写第1章、第11章、第12章，万伦来撰写第2章、第3章，李影撰写第5章、第6章，李静撰写第7章、第8章，王宇新撰写第4章、第9章、第10章，全书由王立平统稿。在本书的编写过程中，胡志华、李勤、麻晓芳、余晓钰、肖翔、王健、陈琛、马娇娇和吴萍等研究生参与了资料的收集和部分编写工作，在此向他们表示感谢。

由于作者水平有限，书中定有不妥甚至错误之处，恳请读者批评指正。

电子邮箱：wlphfgd@163.com

作　者

二〇〇八年六月

目 录

第1章 导 论

本章将介绍计量经济学的基本问题，首先回答什么是计量经济学，明确计量经济学研究的对象，与相关学科的关系、分类以及本书的内容体系，了解计量经济模型、数据等基本概念，明晰计量经济学研究问题的一般方法，了解计量经济学的发展趋势。

1.1 计量经济学的含义

1.1.1 计量经济学的含义及性质

计量经济学是以经济理论为指导，以实际观测资料为背景，运用数学、统计学方法和计算机技术，通过建立经济数学模型，分析经济变量之间的数量关系，对经济现象进行研究的一门经济学科。

对于计量经济学的理解，可以参考挪威经济学家弗里希在《计量经济学》的创刊词中的说法："用数学方法探讨经济学可以从多个方面着手，但任何一方面都不能与计量经济学混为一谈。计量经济学与经济统计学决非一码事；它也不同于我们所说的一般经济理论，尽管经济理论大部分都具有一定的数量特征；计量经济学也不应视为数学应用于经济学的同义语。经验表明，统计学、经济理论和数学这三者对于真正了解现代经济生活中的数量关系来说都是必要的，但各自并非是充分条件。而三者结合起来就有力量，这种结合便构成了计量经济学。"由此可见，计量经济学与经济理论、统计学、数学都有着密切的关系，它们之间既相互联系，也相互区别。计量经济学是经济理论、统计学和数学的有机统一体。

在计量经济学的研究过程中会运用大量的数学方法，特别是数理统计的方法，并且随着计算机技术的发展，计量经济学也越来越多地应用计算机技术，计量模型也越来越精准。但是计量经济学必须以正确的经济理论为指导，它所研究的主体是经济现象及其发展变化的规律，所以是一门经济学科。

1.1.2 计量经济学的研究对象和任务

计量经济学的研究对象是经济现象，其研究的目的是基于对经济变量之间的数量分析，揭示经济规律。经济现象本来就存在着一定的数量关系，对于经济现象定性的分析并不能满足人们想要更精准地了解经济现象的要求，所以人们很早就开始探索用定量的方法来研究解决问题。计量经济学的出现和发展，正是反映了对经济现象进行数量分析的客观要求，它通过建立数学模型来研究经济数量关系和规律，改进了经济学的研究手段，拓宽了经济学的研究渠道，丰富了经济学的研究内容，促使经济学向更加精准、更加科学的方向发展。

1.1.3 计量经济学与其他相关学科的关系

1. 计量经济学与经济学

经济学理论是计量经济学分析数量关系的理论依据，只有在正确的经济理论指导下，才有可能建立符合社会经济现象的经济模型，正确地进行数量分析。同时计量经济学通过联系客观现实和经济理论，建立模型和定量分析，验证、充实和应用经济理论。两者的区别在于，一般经济学主要根据逻辑推理得出结论，主要用文字或符号说明经济现象和过程的本质和规律，大多具有定性的性质；而计量经济学是对经济理论确定的经济关系做出定量的估计，从而提供经济关系数量上的度量。

2. 计量经济学与统计学

统计学侧重于对现象的真实描述，通过搜集、整理、加工统计数据，为计量经济学的分析提供真实、准确的统计资料。计量经济学更注重对统计资料进行分析，找出经济变量之间的关系，发现经济现象变化的规律，预测未来经济发展的趋势。虽然计量经济学和统计学的侧重点不同，但是统计提供的数据是计量经济学进行参数估计和理论验证的基本依据。

3. 计量经济学与数学

数学方法，特别是数理统计方法是计量经济研究的手段和工具。计量经济学涉及对大量经济数据的统计和分析，因此数学方法的运用必不可少。然而，数理统计学只是抽象地研究一般随机变量的统计规律，计量经济学则是从具体的经济模型出发，其参数都具有特定的经济意义，研究对模型参数进行估计与推断时，不仅要看在数学原理上是否通得过，还要看实际的经济内容是否一致。而且，在实际经济问题的计量中，数理统计中一些标准的假定经常不能满足计量的要求，还需要建立许多专门的经济计量方法。所以，计量经济学也不只是对数理统计方法的简单应用。

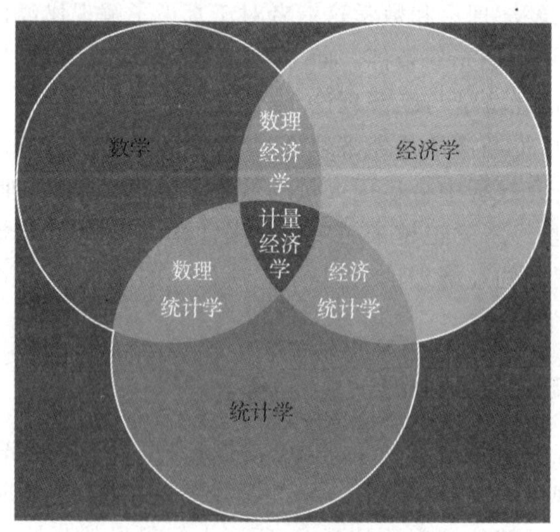

图 1-1 计量经济学与其他学科的关系

由图 1-1 可以看出，计量经济学是经济理论、统计学、数学三者的综合，而数理经济学是经济理论与数学的交集，数理统计学是数学和统计学的交集，经济统计学是经济理论与统计学的交集，每一交集都形成了一门特定的学科。其中，数理经济学是运用数学方法对经济学理论进行陈述和研究的一个分支学科;数理统计学主要是研究怎样有效地收集、整理和分析带有随机性的数据;经济统计学则着重于收集、整理并以图表的形式表达数据。计量经济学与数理经济学、数理统计学、经济统计学既有区别又有联系,主要表现在:首先,数理经济学和计量经济学都着重于研究经济的定量方面,但数理经济学仅是用数学形式表达经济理论,并不关心经济理论的可测性,且模型所反映的经济变量之间的关系是确定的,而计量经济学的主要兴趣在于利用由数理经济学提出的数学方程及实际数据来验证经济理论,模型所反映的经济变量间的关系是非确定性的、随机的相关关系。其次,数理统计为各种类型数据的收集、整理与分析提供了切实可靠的数学方法,是计量经济学建立计量经济模型的主要工具。但是数理统计学在研究变量之间的关系时,要求各种变量必须服从某种规律,即服从某种分布。在现实经济生活中,各经济变量很难完全满足这一既定规律,但我们又必须研究经济变量之间的关系,所以计量经济学必须在数理统计方法技术的基础上,开发出特有的分析方法技术。最后,经济统计所关心的是描述性的统计量,如国内生产总值等指标与指数等,并不利用所收集的数据来验证经济理论,计量经济学则利用经济统计所提供的数据来估计经济变量之间的数量关系并加以验证。

1.1.4 计量经济学的分类

由以上分析看出,计量经济学是一门综合性的学科,是数理经济学、经济统计学和数理统计学三者的综合。对于计量经济学主要从以下三种体系进行分类:

1. 狭义的计量经济学与广义的计量经济学

狭义的计量经济学主要是运用因果分析、回归分析方法对经济现象进行研究,试图揭示并定量地刻画经济变量之间的因果关系。广义的计量经济学在狭义经济学内容的基础上,还增加了时间序列分析、投入产出分析、数理经济分析等一系列用于研究、分析经济现象的定量方法。

2. 理论计量经济学与应用计量经济学

理论计量经济学侧重于讨论计量经济学的方法,如计量经济学的理论基础、计量经济学方程的参数估计和检验方法、特殊模型的估计与检验方法等,建立更加符合社会现实和进行经济预测的模型。应用计量经济学则以建立和应用计量经济学模型为主,侧重于对具体的经济现象进行定量分析。

3. 宏观计量经济学与微观计量经济学

所谓宏观计量经济学是指在宏观总量水平上把握和反映经济运动的较全面的动态特征,研究宏观经济主要指标间的相互依存关系,描述国民经济各部门和社会再生产过程各环节之间的联系,并可用于宏观经济结构分析、政策模拟、决策研究以及发展预测等功能的模型和方法。微观计量经济学专门讨论用来分析消费者、厂商、工业、市场、政府部门和其他机构或个体行为的模型和方法。

1.2 计量经济学的内容体系

本书共分为12章。其中第1章主要介绍计量经济学的基本内涵、内容体系和研究步骤以及计量经济学的发展趋势。

第 2 章和第 3 章分别讨论一元线性回归模型和多元线性回归模型的基本假定、参数估计、模型检验以及预测，第 3 章还介绍了非线性回归模型。

第 4、第 5、第 6 章分别讨论了异方差、自相关性、多重共线性及其产生的原因、后果、检验以及解决办法。

第 7 章介绍了虚拟变量及其作用和模型。

第 8 章从滞后效应引出滞后变量模型以及分布滞后模型的估计，并介绍了考伊克模型的经济理论基础、自回归模型的检验和估计、滞后效应分析。

第 9 章介绍了联立方程模型的基本概念、识别、估计和检验。

第 10 章介绍了时间序列的基本概念、平稳性检验、协整理论与误差修正模型、因果关系检验、向量自回归模型、脉冲响应函数和方差分解。

第 11 章介绍了面板数据模型基本概念、固定效应模型及其估计方法、随机效应模型及其估计方法和模型设定的检验。

第 12 章介绍了空间经济计量学的基本理论、模型设定、模型估计和模型检验。

本书最大的特点是理论分析与实践应用相结合。第一，针对课文的主要内容，每个章节都配备了一定数量的习题，学生通过做习题来巩固所学知识；第二，本书的模型主要是使用 EViews 软件，所有模型都有详细的 EViews 软件程序和明确的计算结果；第三，主要章节都配有精选的案例，通过案例分析使学生逐步熟悉计量经济学的实际应用，学会用计量经济学工具来解决现实经济问题。

1.3 计量经济学的研究步骤

通过计量经济学研究经济问题，一般要经过下列几个环节：(1)明确任务，运用经济理论描述需要研究的问题；(2)确定变量和数学关系式——模型设定；(3)确定统计指标，收集、整理数据；(4)分析变量间具体的数量关系——估计模型参数；(5)检验所得结论的可靠性——模型检验；(6)做经济分析和经济预测——模型应用。

1.3.1 明确任务，运用经济理论描述需要研究的问题

比如，某一著名品牌服装生产商，聘请经济分析咨询人员研究某一新款服装销售价格变化对市场需求的影响。任务已经明确，接着就是运用价格与需求量关系的经济理论来描述所要研究的问题。根据需求定律，在其他因素不变的条件下，产品的需求量随着价格的上升而减少，随着价格的下降而增加。由此可得，该款服装的市场需求量是其销售价格的减函数。

1.3.2 模型设定

模型设定一般包括总体设计和个体设计。总体设计确定模型系统结构，即模型系统由哪些子系统或子模型组成，以及各子系统之间的连接关系。总体设计的目标是能正确反映经济系统的运行机制。个体设计是确定模型中每一个数学方程的具体形式，即方程中包含哪些变量，以及方程的具体函数形式。

1. 确定模型中的变量

按照与所研究系统的关系，可以把计量经济学中的变量分为两类：一类称为内生变量(endogenous variable)，是由所研究的系统或模型内部决定的变量；另一类称为外生变量(exogenous variable)，其数值由所研究的系统或模型外部决定。按照因果关系划分，计量经济学中的变量也可以分为两类，一类是被解释变量(explained variable)，亦称因变量(dependent variable)；另一类是解释变量(explanatory variable)，亦称自变量(independent variable)，通常包括外生变量(exogenous variable)、滞后内生变量(lagged endogenous variable)和虚拟变量(dummy variable)。外生变量和滞后内生变量统称为前定变量(predetermined variable)。建立计量经济学模型，关键是确定解释变量，一般是根据经济理论和实际经验来判断影响被解释变量的主要因素，再根据研究工作需要，确定模型的解释变量。

2. 设定模型的函数形式

计量经济学模型数学形式的设定一般有两种不同的方式：一种方式是根据经济理论设定模型的函数形式。在数理经济学中，已经对生产函数、需求函数、消费函数、投资函数等模型的数学形式进行了十分深入的研究，可供我们在模型设定时参考、借鉴。另一种方式是根据实际统计资料绘制被解释变量与解释变量的相关图，由相关图显示的变量之间的相关关系确定模型的数学形式，这也是目前经常采用的方式。但这两种方式都是对理论模型的初步设定，在模型的估计和检验过程中还需要逐步调整，以得到一个函数形式较为合理的模型。

1.3.3 确定统计指标，收集、整理数据

模型的函数形式设定之后，需要明确模型中每个变量所对应的统计指标，收集、整理所需要的数据、资料。要注意的是，统计指标的确定需要根据模型变量的含义、研究目的以及统计数据的可得性、可比性、一致性等因素进行综合考虑。

常用的统计数据主要有以下四种类型：

1. 时间序列数据(Time Series Data)

即按时间先后顺序排列的数据。时间序列数据的时间频率可以根据研究需要确定，一般取为年、季度、月、日、时、分、秒等。例如，历年的国民生产总值(GNP)、居民的人均消费支出和人均可支配收入等。

2. 横截面数据(Cross-Section Data)

即不同观测对象在某一时间的观测数据。如某年各地区人口普查数据、工业普查数据、不同收入组的城镇居民消费支出和可支配收入等等。

3. 面板数据(Panel Data)

即时间序列数据与横截面数据的面板数据(或混合数据)。例如，安徽省所属 17 个市(地)从 1987 年到 2006 年的 20 年中固定资产统计资料就是合并数据。其中每个市(地)从 1987 年到 2006 年的 20 年的固定资产数据构成时间序列数据，而 17 个市(地)在其中任一年的固定资产数据又构成横截面数据。

4. 虚拟变量数据(Dummy Variables Data)

时间序列数据和截面数据都是反映定量事实的数据，这是计量经济分析中用得最多的、最基本的数据。但是还有一些定性的事实，不能直接用一般的数量去计量，如政策的变动、

自然灾害、政治因素等。在计量经济研究中常发现，某些客观存在的定性现象确实对所研究的经济变量有明显的影响，当需要把它们引入计量经济模型中时，常用人为构造的虚拟变量数据来表示这类客观存在的定性现象的状态。通常以 1 表示某种状态发生，以 0 表示该种状态不发生。

通常情况下，还需要对收集到的原始数据进行适当的加工、整理，这样才能将其用来建立模型。数据加工、整理工作包括甄别分类、汇总、归并、拆分、补缺、调整和统计口径等，保证数据完整、准确、可靠，并且满足可比性和一致性的要求。

1.3.4 估计模型的参数

建立理论模型之后，需要根据实际统计资料估计出模型中各个参数的具体数值，即得到一个估计的计量经济模型，这样才能定量描述经济变量之间的数量关系。

参数与变量不同，它是计量经济模型中表现经济变量相互依存程度的因素，通常在模型中是一些相对稳定的量。计量经济模型中的参数决定着变量之间的数量关系，一旦参数确定，整个经济系统的基本结构就确定了。

在经济总体中，反映经济结构的参数与变量不同。一般来说，参数不能直接观测，而且是未知的，我们能够获得的，往往只是所研究总体中变量的若干样本观测数据。由于随机误差项的存在，变量之间的数量关系并不呈现为确定的函数关系，通常也不可能精确地去计算参数的数值。如何通过变量的样本观测数据，正确地估计总体模型的参数，是计量经济学研究的核心内容。

经过实际样本信息估计出的参数数值成为参数的估计值，但是由于样本毕竟不等于总体，参数的样本估计值并不一定等于总体参数的真实值。如果用一定的方法能够获得对参数估计过程的公式，这种公式就成为参数的估计式或估计量。参数估计式是模型中变量样本观测值的代数式，只要将变量的样本观测值直接代入估计式，即可得到参数的估计值。如何确定满足计量经济要求的参数估计式，是理论计量经济学的主要内容之一。

参数估计方法是理论计量经济学的核心内容，也是一个纯技术处理过程。依据不同的原理可以构造不同类型的估计方法。本教材着重介绍在最小二乘法基础上发展起来的参数估计方法。

1.3.5 模型检验

模型中的参数被估计后，一般来说，这样的模型还不能直接加以应用，还需要对估计的计量经济模型做某些检验，检验其准确性和可靠性。模型检验的实质是对已得到的参数估计值进行评价，研究其在理论上是否有意义，统计上是否显著，进而研究模型是否正确反映经济系统各因素之间的关系。

对计量经济模型的检验主要应从以下四个方面进行：

1. 经济意义检验

模型中的变量和参数都有特定的经济意义，经济理论通常对这些变量以及参数的符号和取值范围做出了理论说明。经济意义检验主要是检验参数估计值的符号及大小在经济意义上是否合理。如果所估计的模型与经济理论完全相符，则说明我们所观测到的事实证实了这种理论；如果参数估计值与经济理论不相符，则应分析原因并采取相应的办法加以解决。

2. 统计学检验

统计学检验主要是根据数理统计学中的统计推断准则，对模型的可靠性进行检验。常用的统计学检验方法有拟合优度的检验、t 检验、F 检验，分别用来检验模型和解释变量估计值的显著性。需要注意的是，对于一个违背经济理论的模型，则不必进行统计学检验。因为该模型即使通过了统计学检验，也没有任何实际价值和意义。

3. 计量经济学检验

计量经济学检验主要是检验模型是否符合计量经济方法的基本假定。如回归方程的假设条件检验、检验模型中变量是否存在多重共线性、随机扰动项是否存在自相关和异方差性、检验模型中是否存在可识别性、检验模型中经济变量是否存在平稳性等。

4. 预测性能检验

是指将估计了参数的模型用于实际经济活动的预测，然后将模型预测的结果与经济运行的实际结果相对比，以此检验模型的有效性。具体检验方法如下：

(1)增加样本容量或更换新的样本数据，并重新估计模型参数，将新的估计值与原估计值比较，并检验两者间是否有显著差异。

(2)利用所建立的模型对样本期以外某一时期进行预测，通过比较预测值与实际值的误差，检验模型的预测能力。

1.3.6 模型应用

通过检验的计量经济学模型可以视为实际经济系统的缩影，因此对实际经济问题的研究可以借助计量经济学模型进行。计量经济学模型的主要用途有结构分析、经济预测、政策评价和实证研究等几个方面。

1. 结构分析

结构分析主要研究当计量经济学模型中的一个或几个变量、结构参数发生变化时，会对其他变量乃至整个经济系统产生什么样的影响。也就是说，分析当其他条件不变时，模型体系中的解释变量发生一定变动对被解释变量的影响程度。常用的结构分析方法有边际分析法、弹性分析法、乘数分析法和比较静力学分析法等。

2. 经济预测

计量经济学模型基于因果关系对事物的未来变化进行预测，通常能够取得较高的预测精度。利用估计了参数的计量经济模型，由已知的或预先测定的解释变量，去预测被解释变量在所观测的样本数据以外的数值。经济预测可以是对被解释变量未来时期的动态预测，也可以是对被解释变量在不同空间状况的空间预测。宏观计量经济学模型已成为经济预测的主要手段之一。不少国家根据宏观经济模型的运行结果，定期向全社会发布经济预测报告，一些著名的预测还受到了政府、企业和公众的重视。

3. 政策评价

政策评价主要是分析计量经济学模型中政策变量的变化对经济系统的影响。在进行政策评价时，通常是先假定现行政策保持不变，运用已建立的计量经济学模型进行一次基准运行，然后进行政策调整，再运行模型，对不同政策环境下的运行结果进行比较，依据某些宏观经济变量的变化来判断一项政策或政策组合的效果，为经济政策的制定提供依据。

4. 实证研究

利用计量经济学模型还可以对经济理论的正确与否进行实证研究。如果按照某种经济理论建立的计量经济模型可以很好地拟合实际观察数据，则意味着该理论是符合客观事实的。反之，则表明该理论不能说明客观事实。因此，利用计量经济模型可以检验经济理论与客观事实的一致性。另外，若对于某种经济行为有若干种理论假说，可以用实际统计资料去拟合各种理论假说所对应的模型，拟合最好的模型所表现出的数量关系，则是经济活动所遵循的经济规律。

计量经济学研究的步骤可以用图 1－2 来说明。

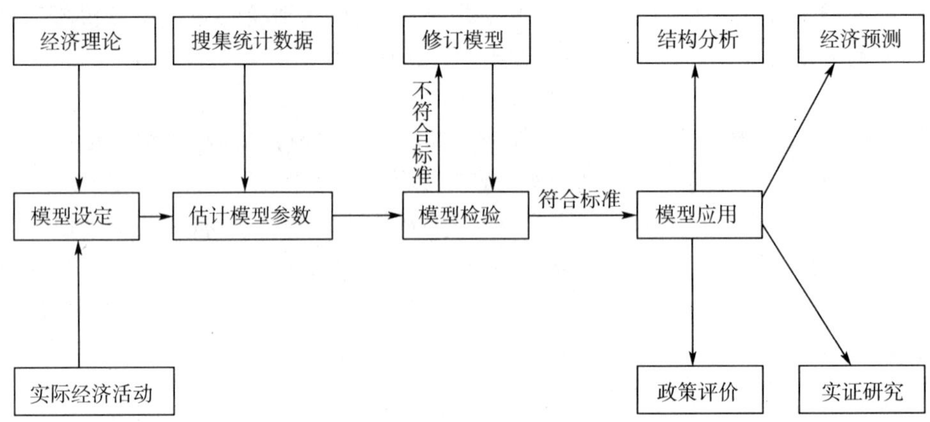

图 1－2　计量经济学的研究步骤

1.4　计量经济学发展趋势

计量经济学是一门经济学的分支学科，是经济学与数学、统计学相结合，以数量方法进行经济分析、预测和决策研究的交叉学科。计量经济学在社会生产实践中产生并经历了一个历史的发展过程。

1.4.1　计量经济学的产生和发展现状

计量经济学是在数理经济学的基础上发展起来的。据说在经济学中，应用数学方法的历史可追溯到三百多年前的英国古典政治经济学的创始人威廉·配第的《政治算术》的问世(1676 年)。1838 年法国数理经济学的先驱古诺(A. Cournot)出版的《财富理论的数学原理》一书，使数学方法在经济学中的应用大大前进了一步。1874 年法国经济学家瓦尔拉(L. Walras)在《纯粹政治经济学纲要》一书中提出了“一般均衡论”，并利用联立方程组进行一般均衡条件的研究，使数学方法在经济学中的应用进入了一个新的阶段。1890 年马歇尔(A. Marshall)的《经济学原理》问世之后，数学方法已成为当时西方经济理论研究中不可缺少的重要工具。

“计量经济学”(econometrics)一词，是挪威经济学家弗里希(R. Frisch)在 1926 年仿照“生物计量学”(biometrics)一词提出的。接着，1929 年美国经济学家穆尔(H. L. Moore)出版了《综合经济学》一书，描述了经济周期、工资率变化和商品需求等经济现象的数量关系，并建立了相关的经济模型，为计量经济学的初步形成和发展奠定了基础。随后1930年在美国成立了“国际计量经济学学会”，学会会员有弗里希、丁伯根和其他国家的一些经济学家，该学会在1933年创办了《计量经济学》杂志，标志着计量经济学的诞生。

在20世纪四五十年代，经典计量经济学得到了很大的发展，60年代又在它的应用方面得到了发展。20世纪70年代以后，世界经济进入了一个比较动荡的时期，再加上两次石油危机的冲击，经典计量经济学的一套理论方法受到了质疑。从那时起现代计量经济学（或者称为非经典计量经济学）就诞生了，并且迅速地发展起来。

以20世纪70年代为界，计量经济学的发展可以分成两个阶段，之前是经典计量经济学，之后是现代计量经济学。所谓经典计量经济学，是以理论为导向，通过对经济行为理论的分析选择变量建立模型，然后用适当的统计分析方法来进行回归，确定经济变量之间的定量的因果关系。

经典计量经济学是由弗里希创立的，第一个应用模型是由丁伯根（Tinbergen）建立的，它的概率论基础是由特里夫·哈维默（Trygve Haavelmo）建立的，它的数据基础是由理查德·约翰·斯通（Richard John Stone）贡献的。计量经济学的应用非常广泛，特别是在经济分析上和政策研究上的应用是由克莱因（Lawrence R. Klein）贡献的。另外还有一个独立的分支——投入产出模型是由里昂惕夫（M. G. Leonteafe）建立的。

20世纪70年代以后，计量经济学的发展大体上有三大领域，即微观计量经济学、非参数计量经济学和时间序列计量经济学。

“微观计量经济学”一词最早出现在2000年，是为詹姆斯·赫克曼和丹尼尔·麦克法登颁发诺贝尔经济学奖的时候，在瑞典皇家科学院的公告中首次提出的。经典计量经济学依赖的是统计数据，而微观计量经济学依赖的是微观数据（微观数据通常不是统计数据，而是调查数据）。微观计量经济学中主要包括三种模型：第一种是Panel Data模型，可以译成面板数据模型或者平行数据模型，它可以同时运用截面数据和时间序列数据来分析横向和纵向的趋势；第二种是离散选择模型（Discrete Choice Model），主要用来解决被解释变量是选择结果、其数据是不连续的问题；第三种是选择性样本模型，经典经济学认为样本是从一个母体当中随机抽取的，但实际上我们获得的样本，很少是随机抽取的，都是有选择性的。

现代计量经济学的第二个研究领域是非参数计量经济学。所谓非参数是相对于参数而言的。经典计量经济学模型是参数模型，用参数来表示变量之间的函数关系；而非参数模型指的是各个变量之间的关系未知，需要通过数据进行估计的模型。

现代计量经济学的第三个研究领域就是时间序列计量经济学。在这一领域又分为两个主要方向，一个方向是现代宏观计量经济学，主要研究动态时间序列；另一个方向是金融计量经济学。罗伯特·恩格尔（Robert Engle）和克莱夫·格兰杰（Clive W. J. Granger）就是由于分别在上述两个方向做出了很大贡献而获得2003年诺贝尔经济学奖。

1.4.2 计量经济学在我国的发展状况

计量经济学产生于西方国家，在我国的发展和应用较晚。从1950年开始，我国经济学家才将现代数学方法逐步应用于经济学的研究，但是计量经济学的真正快速发展却在改革之后。1979年3月，我国首次成立了“中国数量经济研究会”，为创立我国的计量经济学奠定了基础。接着，该会在1980年邀请了世界著名计量经济学家克莱因等7人来中国讲学，举办全国计量经济学讲习班，对宣传和普及这门学科起了积极作用。随后，我国就有一些计量经济学的专著、译著和教材出版，并且，1980 年以后，我国许多高等院校的经济管理专业开设了"计量经济学"课程。这使我国的计量经济学进入了一个新的发展时期。

在市场经济条件下，预测是宏观决策必不可少的手段。近年来人们又利用计量经济模型研究经济周期波动、国际贸易、汇率变化、生产率和科技进步与经济增长方式的转变、产业结构调整与政策模拟、金融预警系统与风险防范、粮食供给与需求的系统分析等。如中国社会科学院自 1991 年就开始出版的每年一本的《经济形势分析与预测蓝皮书》，多次成功运用了计量经济模型。

1998 年 7 月教育部高等学校经济学科教学指导委员会确定计量经济学为高等学校经济学门类各专业的 8 门核心课程之一。将计量经济学列入经济学各专业核心课程，是我国经济学学科教学走向现代化和科学化的重要标志，对于提高我国经济学人才培养质量和研究水平均具有重要意义。

1.4.3 计量经济学的发展展望

计量经济学是一门实用性很强的学科，其未来发展的原动力直接来源于现实经济生活中所产生的大量原始数据。在全球化经济竞争日趋激烈的环境中，这些数据的可利用价值愈来愈大。如何对其进行有效的加工，肯定会影响未来计量经济学的发展方向。未来计量经济学的研究将有可能朝着以下几个方向发展：

第一，单方程模型、非线性动态模型、诊断与识别检验的小样本性质等方面的研究将会愈来愈受到计量经济学家们的重视。

第二，随着计算机技术的突飞猛进，现代模拟推断技术在计量经济学中的应用将会越来越广泛，尤其是在受限因变量模型、贝叶斯计量经济学以及非线性计量经济学方面更会引人注目。

第三，金融计量经济学将会是一个最活跃的研究领域。金融数据的大量性及其非正态性，对计量经济学家们来说，既是机遇也是挑战。该领域的研究重点将有可能放在随机波动模型及其应用方面。

第四，在时间序列方面，ARCH(GARCH)模型研究的发展势头将会继续保持。更多的单位根检验有望产生，如随机单位根检验等，协整理论的研究有可能朝非线性化方向发展。

第五，非参数和半参数方法、向量自回归模型(VAR)的应用研究，特别是在金融领域中的应用研究，将会是一种发展趋势。

自改革开放以来的近 30 年里，计量经济学在我国的普及与应用是有目共睹的。我国几乎所有高等院校的经济学专业都开设了计量经济学并将其列为核心课程。然而，必须承认，我国的计量经济学研究水平离世界先进研究水平还有很大的差距。因此，在经济理论研究中，一定要结合我国的具体情况进行理论概括，建立起具有中国特色的理论计量经济学。在坚持应用现有数学模型的同时，加强研究和开发新的数学模型技术，继续培养计量经济学研究人才。只要我们予以高度重视，经过几代人的不懈努力，我们必将在世界计量经济学研究这一领域占有一席之地。

思考与练习

1. 计量经济学的含义是什么?
2. 试述计量经济学与经济学、数学和统计学的关系。
3. 怎样理解理论计量经济学与应用计量经济学的区别和联系?
4. 计量经济学的研究对象和任务是什么?
5. 举例说明时间序列数据、横截面数据及合并数据的异同。
6. 计量经济学模型主要应用在哪几个方面? 请举例说明。
7. 计量经济学模型为什么要进行检验,常用的检验方法有哪几种?
8. 为什么计量经济模型可以用于政策评价? 其前提条件是什么?

第 2 章　一元线性回归模型

计量经济学在对经济现象建立计量经济模型，并对其相互关系进行计量研究时，大量运用了回归分析这一统计技术。回归分析是计量经济学的主要工具，也是经济学理论和方法的主要内容。只有一个解释变量的线性回归模型是最简单的，称为简单线性回归模型或一元线性回归模型。

本章将通过一元线性回归模型来介绍回归分析的基本思想和方法，这也为以后各章奠定了重要的理论基础。

2.1　一元线性回归模型的基本假定

2.1.1　回归分析概述

社会经济活动可以用某些经济变量形式表示，例如产量、销售量、价格、利率、投资额，等等，这些变量相互之间存在着一定的数量关系。其规律性可以用数学公式或数学模型来描述。经济变量之间的关系，大体可分为两类：

一类是确定性关系或函数关系，即变量之间存在确定的函数关系。如果一个变量 Y 可以通过另一组变量 $(X_1, X_2, \cdots, X_k)$ 以某种形式唯一地确定，则 Y 与 X 之间的关系就是函数关系，用代数式表示就是 $Y = f(X)$ 或者 $Y = f(X_1, X_2, \cdots, X_k)$。其中最简单的形式为一元线性函数关系：$Y = b_0 + b_1 X$。例如当商品价格 P 确定时，商品的销售收入与销售量之间的关系就是一元线性关系，用代数式表示为 $Y = PX$，在图形上可以表示为一条斜率为 P 的直线。

另一类是统计依赖关系或相关关系，即变量之间存在非确定的相关关系。如果一个变量 Y 的取值受到另一组变量 $(X_1, X_2, \cdots, X_k)$ 的影响，但给定一个 X 或一组变量 $(X_1, X_2, \cdots, X_k)$ 的时候，Y 的取值不唯一确定。用代数式表示就是 $Y = f(X, u)$ 或者 $Y = f(X_1, X_2, \cdots, X_k, u)$。其中 u 为随机误差。例如消费者需求与商品价格之间的关系，商品价格是影响消费者需求的重要因素，但不是唯一的，两者之间的关系不能够用确定的函数表达式来表达。对变量间统计依赖关系的考察主要是通过相关分析（correlation analysis）或回归分析（regression analysis）来完成的。变量之间的统计依赖关系可以用图 2－1 来直观地表示。

英国统计学家高尔顿（F. Galton，1822—1911）和他的学生皮尔逊（K. Pearson，1856—1936）在研究父母身高与其子女身高的遗传问题时，观察了 1078 对夫妇，以每对夫妇的平均身高作为自变量，而取他们的一个成年子女的身高作为因变量，将结果在平面直角坐标系上绘成散点图，发现趋势近乎于一条直线，得出的回归直线方程为：$Y = 33.73 + 0.516X$。这一方程表明：父母平均身高每增减一个单位，其成年子女的身高仅平均增减 0.516 个单位。这项研究结果表明，虽然高个子父母有生高个子子女的趋势，矮个子的父母

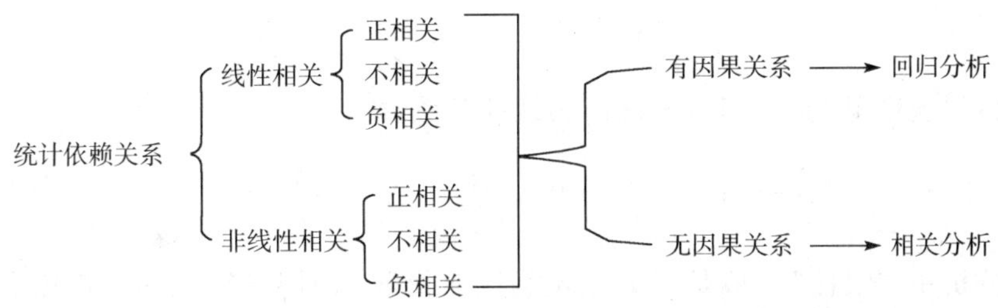

图 2-1　变量之间的统计依赖关系示意图

有生矮个子子女的趋势，但父母身高增减一个单位，子女身高仅增减半个单位左右。通俗地说，一群特高个子父母的子女们在同龄人中平均仅为高个子，一群高个子父母的子女们在同龄人中平均仅为略高个子；一群特矮个子父母的子女们在同龄人中平均仅为矮个子，一群矮个子父母的子女们在同龄人中平均仅为略矮个子，即子女的平均身高向中间回归了。所以高尔顿引用了"回归"(regression)一词来描述父母身高与子女身高之间的关系。尽管"回归"这个名称的由来具有特定的含义，但是，人们在研究大量的经济变量间的统计关系时已远远超出了这一特定的含义。现在使用"回归"这一名称仅仅是接受了高尔顿先生的回归分析基本思想和方法而已。

最简单的一元线性回归模型形式为：

$$Y_i = b_0 + b_1 X_i + u_i \tag{2-1}$$

式中所表示的关系，称为一元线性总体回归模型。前一个变量 Y 被称为被解释变量(Explained Variable)或因变量(Dependent Variable)，后一个(些)变量 X_i 被称为解释变量(Explanatory Variable)或自变量(Independent Variable)。"一元"就是指只有一个自变量 X，它可以解释因变量 Y 变化的部分原因。b_0、b_1 为回归系数(待定系数或待定参数)，b_0 称作常数项(截距项)，b_1 称作斜率系数。u_i 是计量经济模型区别于数学模型最关键的标志，称之为随机扰动项或误差项。正是 u_i 的随机性，使得我们可以采用统计推断方法对模型的设定进行严格的检验。

一般来说，回归模型的随机误差项可能包括如下几项内容：

(1) 模型中缺失重要解释变量。如消费模型中家庭人口数、消费习惯、物价水平差异等因素的影响都包括在随机误差项中。

(2) 数学模型设置不当。对于同一组观测值而言，若拟合的数学模型形式不同，则相应的随机误差项的值也不同。当模型形式欠妥时，会直接给随机误差项的值带来影响。

(3) 归并误差。模型中被解释变量的值常常是归并而成的。当归并不合理时，会产生误差。如由不同种类粮食合并构成的粮食产量的不合理归并会带来归并误差。

(4) 测量误差。当对被解释变量的测量存在误差时，这种误差将包括在随机误差项中。

(5) 随机行为。经济活动都是人参与的，人的经济行为具有很多不确定性，由此造成的误差也是随机的。

"线性"一词在这里有两重含义。它一方面指被解释变量 Y 与解释变量 X 之间为线性关系，即解释变量 X 仅以一次方的形式出现在模型之中。也即：

$$\frac{\partial Y}{\partial X}=b_1 \quad \frac{\partial^2 Y}{\partial X^2}=0$$

另一方面也指因变量 Y 与参数 b_0、b_1 之间为线性关系，即

$$\frac{\partial Y}{\partial b_0}=1 \quad \frac{\partial^2 Y}{\partial b_0^2}=0 \quad \frac{\partial Y}{\partial b_1}=X \quad \frac{\partial^2 Y}{\partial b_1^2}=0$$

在数学分析中，"线性"一般是指 Y 与 X 为线性关系。在计量经济学中，更重视被解释变量 Y 与 b_0、b_1 之间满足线性关系，即使 Y 与 X 不为线性关系，也可以通过线性变换，使变换后的被解释变量与解释变量之间的关系实现线性化。

2.1.2 一元线性回归模型的基本假定

对于线性回归模型，模型估计的任务就是用回归分析的方法估计模型表达式(2-1)的参数。估计线性回归模型中参数的方法有若干种，为了保证参数估计量具有良好的性质，针对不同的估计方法，需要对模型做出不同的合理假设，因此基本假设与所采用的估计方法是紧密相关的。普通最小二乘法是一种最常用的估计方法，以下的经典假设就是针对普通最小二乘法提出的：

假设1　零均值假定。在给定解释变量 X_i 的情况下，随机误差项 u_i 的均值为零。即

$$E(u_i)=0 \quad (i=1,2,\cdots,n) \tag{2-2}$$

由于存在随机扰动因素，Y_i 在均值 $E(Y_i)$ 附近上下波动，如果模型设定正确，Y_i 相对于均值 $E(Y_i)$ 的正偏离和负偏离都会存在，但是正负偏离发生的概率大致相同，随机误差有相互抵消的趋势。在假设1成立的条件下，回归模型式(2-1)为线性模型，即有：$E(Y_i)=b_0+b_1X_i$。

假设2　同方差假定。误差项 u_i 的方差与 i 无关，为一个常数 σ^2，即

$$\operatorname{var}(u_i)=E((u_i-E(u_i))^2)=E(u_i^2)=\sigma^2 \quad (i=1,2,\cdots,n) \tag{2-3}$$

该假设表示无论 X_i 随 i 如何变化，误差项的方差不会发生变化。对于不同的解释变量 X_i，如果说误差项的方差不同，那么与其相对应的观察值 Y_i 的可靠程度也不同。通常误差项 u_i 的方差小，表示它所对应的观察值 Y_i 的可靠程度高，应给予重视的程度高。相反，误差项 u_i 的方差大，表示它所对应的观察值 Y_i 的可靠程度低，应给予重视的程度低。即对不同的误差项 u_i 所对应的观察值 Y_i 应该加上不同的权数。这会使参数的检验和利用模型进行预测复杂化。而满足同方差假定将使检验和预测简化。

假设3　无自相关假定。即

$$\begin{gathered}\operatorname{cov}(u_i,u_j)=E((u_i-E(u_i))(u_j-E(u_j)))=0 \text{ 或 } E(u_i,u_j)=0 \\ (i\neq j;i=1,2,\cdots,n-1;j=2,\cdots,n)\end{gathered} \tag{2-4}$$

该假设表示误差项 u_i 和 $u_j(i\neq j)$ 之间相互独立，同时不同的被解释变量在统计上也是相互独立的。即 $\operatorname{cov}(Y_i,Y_j)=E((Y_i-E(Y_i))(Y_j-E(Y_j)))=E(u_i,u_j)=0,(i\neq j)$。

假设4　解释变量与随机误差项不相关，即

$$\begin{gathered}\operatorname{cov}(X_i,u_i)=E((X_i-E(X_i))(u_i-E(u_i)))=E((X_i-E(X_i))u_i)=0 \\ (i=1,2,\cdots,n)\end{gathered} \tag{2-5}$$

一般情况下，X_i 为非随机变量。在这种情况下，该假设条件自动满足。

假设 5　正态性假定。即假定随机扰动项 u_i 服从期望为 0、方差为 σ^2 的正态分布：

$$u_i \sim N(0,\sigma^2) \quad (i=1,2,\cdots,n)$$

如果只利用最小二乘法进行参数估计，则不需要这个假设条件。但是，如果要进行假设检验和预测，就必须知道总体 Y_i 的分布情况。如果 X_i 为非随机变量，总体 Y_i 与误差项 u_i 服从相同的分布，Y_i 与 u_i 之间仅有均值 $E(Y_i)$ 的差别。

如果样本容量足够大，由于 u_i 代表了所有被忽略的对 Y_i 有影响的因素的总和，这些因素中的每一个因素对 Y_i 的影响都很小。但是因素很多。根据中心极限定理，只要这些因素是随机的和相互独立的，并且具有有限的数学期望和方差（这些条件通常是可以成立的），那么作为这些因素的总和，误差项 u_i 近似服从正态分布。因此，该假设对于检验和预测是必要的。

对于大样本问题，无论误差项 u_i 中包含的每一种影响因素服从什么分布，u_i 都近似服从正态分布，即在大样本条件下该假设自动成立。对于小样本问题，如果这个假设不成立，就无法进行检验和预测。

以上这些对随机误差项 u_i 的假定最早是由德国数学家高斯提出的，因此也称为高斯假定或古典假定。满足以上假定的线性回归模型称为古典线性回归模型（Classical Linear Regression Model，CLRM）。

2.2　一元线性回归模型的参数估计

2.2.1　参数估计的最小二乘法

在上一节中已经讲过，为了保证参数估计量具有良好的性质，通常对模型提出若干基本假定。虽然有若干不同的方法来进行真实总体回归函数的估计，但是如果实际模型满足这些基本假设，普通最小二乘法（Ordinary Least Squares，OLS）就是一种适用的，也是应用最广泛的估计方法。这是由德国数学家高斯（Gauss）首先提出的。

1. 最小二乘原理

我们的目标是在给定一组观测值的情况下，如 $(X_1,Y_1)(X_2,Y_2)\cdots(X_n,Y_n)$，求出模型方程中的待估计参数，使样本回归函数尽可能好地拟合这组值，即被解释变量的估计值与观测值应该在总体上最为接近。直观上看，即画出一条直线，使其在 X 和 Y 的散点图上从中间穿过样本点，如图 2-2 所示。

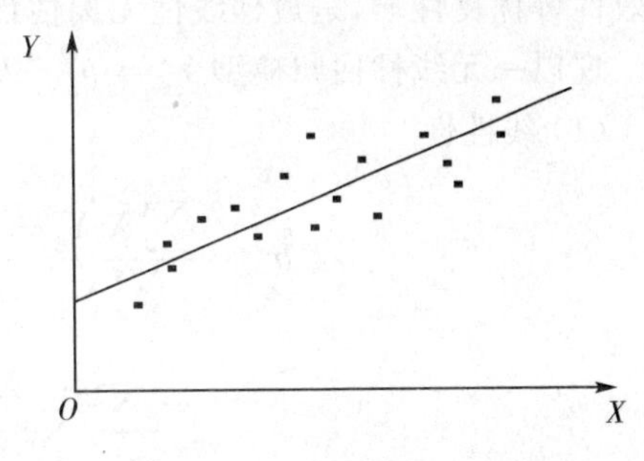

图 2-2　X-Y 散点图

最小二乘法原理：要求各个散点到回归直线的离差的平方和最小。之所以用平方和，是因为样本回归线上的点 $\hat{Y}_i$ 与真实观测点 Y_i 之差即离差可正可负，仅求和则可能将很大的误差抵消掉，这显然不是一个理想的测度方法。理想的测度方法是残差平方和要达到最小。

$$\sum e_i^2 = \sum_{i=1}^{n}(Y_i - \hat{Y}_i)^2 = \sum_{i=1}^{n}\left[Y_i - (\hat{b}_0 + \hat{b}_1 X_i)\right]^2 \tag{2-6}$$

运用微积分学的知识，要使上式达到最小值，必要条件如下：

$$\begin{cases} \dfrac{\partial \sum e_i^2}{\partial \hat{b}_0} = 0 \\ \dfrac{\partial \sum e_i^2}{\partial \hat{b}_1} = 0 \end{cases}$$

整理得：

$$\begin{cases} \sum Y_i = n\hat{b}_0 + \hat{b}_1 \sum X_i \\ \sum X_i Y_i = \hat{b}_0 \sum X_i + \hat{b}_1 \sum X_i^2 \end{cases} \tag{2-7}$$

方程组(2-7)称为正规方程组。

解这个方程组，即可得出 $\hat{b}_0$ 和 $\hat{b}_1$ 的值。

$$\begin{cases} \hat{b}_0 = \overline{Y} - \hat{b}_1 \overline{X} \\ \hat{b}_1 = \dfrac{\sum (X_i - \overline{X})(Y_i - \overline{Y})}{\sum (X_i - \overline{X})^2} = \dfrac{\sum x_i y_i}{\sum x_i^2} = \dfrac{S_{xy}}{S_{xx}} \end{cases} \tag{2-8}$$

其中，$x_i = X_i - \overline{X}$　　$y_i = Y_i - \overline{Y}$

2. 最小二乘估计的性质

估计出模型参数以后，要考察对于参数估计值的精度，看其是否能够代表总体参数的真值。一般有以下几个对参数估计量的评价标准：

(1) 线性性，即它是否是另一随机变量的线性函数；

(2) 无偏性，即它的均值或期望是否等于总体的真实值；

(3) 有效性，即它是否在所有线性无偏估计量中具有最小方差。

著名的高斯-马尔可夫定理(Gauss-Markov Theorem)表明，最小二乘估计与用其他方法得到的任何线性无偏估计量相比，具有方差最小的特性。OLS 估计具有线性性、无偏性、有效性等优良性质，是最佳线性无偏估计量(Best Linear Unbiased Estimator, BLUE)。

现以一元线性回归模型 $Y_i = b_0 + b_1 X_i + u_i$ 为例证明如下。

(1) 线性性

$$\hat{b}_1 = \frac{\sum X_i Y_i - n\overline{X}\,\overline{Y}}{\sum X_i^2 - n\overline{X}^2} = \frac{\sum X_i Y_i - \overline{X}\sum Y_i}{\sum X_i^2 - n\overline{X}^2}$$

$$= \sum \frac{X_i - \overline{X}}{\sum X_i^2 - n\overline{X}^2} Y_i = \sum k_i Y_i$$

其中 $$k_i = \frac{X_i - \overline{X}}{\sum X_i^2 - n\overline{X}^2} = \frac{X_i - \overline{X}}{\sum (X_i - \overline{X})^2} = \frac{X_i - \overline{X}}{S_{xx}}$$

所以，$\hat{b}_1$ 是一个线性估计量，同理可得 $\hat{b}_0$ 也是一个线性估计量。

(2) 无偏性

由于 $k_i = \dfrac{X_i - \overline{X}}{S_{xx}}$,可以证明:

$$\sum k_i = 0, \sum k_i^2 = \frac{1}{S_{xx}}, \sum k_i X_i = 1$$

因此
$$\begin{aligned}\hat{b}_1 &= \sum k_i Y_i = \sum k_i (b_0 + b_1 X_i + u_i) \\ &= b_0 \sum k_i + b_1 \sum k_i X_i + \sum k_i u_i \\ &= b_1 + \sum k_i u_i\end{aligned}$$

并且
$$E(\sum k_i u_i) = E\left(\sum \frac{X_i - \overline{X}}{S_{xx}} u_i\right)$$

$$= \frac{1}{S_{xx}}(\sum E(X_i u_i) - \overline{X} \sum E(u_i)) = 0$$

因此　$E(\hat{b}_1) = E(b_1 + \sum k_i u_i) = b_1$

同理证得:　$E(\hat{b}_0) = b_0$

(3) 有效性

有效性也就是最小方差性。由于 $\hat{b}_0$、$\hat{b}_1$ 是关于 Y_i 的线性函数,所以可求得它们的方差。

$$\begin{aligned}D(\hat{b}_1) &= D(b_1 + \sum k_i u_i) = D(\sum k_i u_i) \\ &= \sum k_i^2 D(u_i) \\ &= \sum k_i^2 \sigma^2 \\ &= \frac{\sigma^2}{S_{xx}}\end{aligned}$$

$$D(\hat{b}_0) = \frac{\sum X_i^2}{n \sum x_i^2} \sigma^2$$

其次,假设 $\hat{b}_1^*$ 是其他估计方法得到的关于 b_1 的线性无偏估计量:

$$\hat{b}_1^* = \sum c_i Y_i$$

通过假设 $c_i = k_i + d_i, d_i \neq 0$,则容易证明:

$$D(\hat{b}_1^*) > D(\hat{b}_1)$$

同理,假设 $\hat{b}_0^*$ 是其他估计方法得到的关于 b_0 的线性无偏估计量,可证得:

$$D(\hat{b}_0^*) \geqslant D(\hat{b}_0)$$

2.2.3 参数估计的极大似然法

1. 极大似然估计原理

极大似然估计(Maximum Likelihood,简称 ML)是一种与最小二乘估计原理完全不同的参数估计方法。虽然 ML 估计没有 OLS 估计应用普遍,但近代计量经济学理论的发展更多地是以极大似然原理作为基础;一些特殊的计量经济模型也只有使用 ML 估计才能获得理想的结果。因此,有必要了解极大似然估计的基本原理和方法。

若 $u_i \sim N(0,\sigma^2)$,则 $Y_i = b_0 + b_1 X_i + u_i \sim N(b_0 + b_1 X_i, \sigma^2)$

设随机抽取了 n 组观察数据,则$(Y_1, Y_2, \cdots, Y_n)$的联合密度函数为:

$$\begin{aligned} L &= f(Y_1, Y_2, \cdots, Y_n) \\ &= f(Y_1) f(Y_2) \cdots f(Y_n) \\ &= \frac{1}{(\sqrt{2\pi\sigma^2})^n} \exp\left[-\frac{1}{2\sigma^2}\sum (Y_i - b_0 - b_1 X_i)^2\right] \end{aligned} \tag{2-9}$$

对于一组确定的样本,这是一个关于参数 b_0、b_1、σ^2 的函数,称之为参数的似然函数。

极大似然估计基于这样的原理:既然所抽取的样本是在一次观测中得到的,表明"观察值落在该样本周围"是一个比较容易发生的大概率事件,因此,所选择的参数估计值应该使这一事件的概率达到最大。由于连续型随机变量在某一点周围取值的概率主要由联合密度函数 $f(Y_1, Y_2, \cdots, Y_n)$ 决定,所以一元线性回归模型的极大似然估计,就是选择 $\hat{b}_0$、$\hat{b}_1$,使似然函数 $L(b_0, b_1)$ 取到最大值。即:

$$L(\hat{b}_0, \hat{b}_1) = \max L(b_0, b_1) \tag{2-10}$$

2. 回归系数的极大似然估计

由于对数函数是单调增函数,使对数似然函数 $\ln L$ 达到最大化的参数值同样也使似然函数 L 达到最大值。因此,为了便于求解极值,将似然函数取成对数形式:

$$\ln L(\hat{b}_0, \hat{b}_1) = -n\ln(\sqrt{2\pi\sigma^2}) - \frac{1}{2\sigma^2}\sum (Y_i - \hat{b}_0 - \hat{b}_1 X_i)^2 \tag{2-11}$$

根据

$$\begin{cases} \dfrac{\partial \ln L}{\partial \hat{b}_0} = \dfrac{1}{\sigma_2}\sum (Y_i - \hat{b}_0 - \hat{b}_1 X_i) = 0 \\ \dfrac{\partial \ln L}{\partial \hat{b}_1} = \dfrac{1}{\sigma_2}\sum (Y_i - \hat{b}_0 - \hat{b}_1 X_i) X_i = 0 \end{cases}$$

解得:

$$\begin{cases} \hat{b}_0 = \overline{Y} - \hat{b}_1 \overline{X}_i \\ \hat{b}_1 = \dfrac{\sum X_i Y_i - n\overline{X}\,\overline{Y}}{\sum X_i^2 - n\overline{X}^2} = \dfrac{\sum x_i y_i}{\sum x_i^2} \end{cases} \tag{2-12}$$

$$x_i = X_i - \overline{X} \qquad y_i = Y_i - \overline{Y}$$

可见在正态分布的假定下，回归系数的 ML 估计与 OLS 估计完全相同。最小二乘估计是使模型对样本的拟合达到最优，而极大似然估计却是使样本出现的概率达到最大。两者的原理不同，所依据的基本条件也有很大区别，但是极大似然原理比最小二乘原理更本质地解释了通过样本估计总体参数的内在机理，所以对参数估计理论的发展有着重大影响。

2.3　一元线性回归模型的检验

回归分析是要通过样本所估计的参数来代替总体的真实参数，或者说是用样本回归线代替总体回归线。尽管从统计性质上已知，如果有足够多的重复抽样，参数的估计值期望就等于其总体的参数真值。但在一次抽样中，估计值不一定就等于该真实值，而需要进一步进行统计检验，看看参数的估计值与真实值的差异有多大、是否显著等，主要包括拟合优度检验、变量的显著性检验及参数检验的置信区间估计。

2.3.1　拟合优度检验

拟合优度，即模型与样本数据的近似程度。由于实际观察得到的样本数据是对客观事实的一种真实反映，因此，模型至少应该能较好地描述这一部分客观实际情况。为了考察模型的拟合优度，需要构造一个数量指标 —— 判定系数。

1. 总离差平方和的分解

设估计的一元线性回归模型为：

$$\hat{Y}_i = \hat{b}_0 + \hat{b}_1 X_i$$

因为

$$\sum(Y_i - \overline{Y})^2 = \sum(Y_i - \hat{Y}_i + \hat{Y}_i - \overline{Y}) = \sum(\hat{Y}_i + e_i - \overline{Y})^2 = \sum(\hat{Y}_i - \overline{Y} + e_i)^2$$

$$= \sum(\hat{Y}_i - \overline{Y})^2 + \sum e_i^2 + 2\sum(Y_i - \overline{Y})e_i$$

可以证明

$$\sum \overline{Y} e_i = \overline{Y}\sum e_i = 0$$

所以

$$\sum(Y_i - \overline{Y})^2 = \sum(\hat{Y}_i - \overline{Y})^2 + \sum e_i^2 \qquad (2-13)$$

记作

$$\text{TSS} = \text{ESS} + \text{RSS} \qquad (2-14)$$

其中，TSS(Total Sum of Squares) 称为总离差平方和，它反映了被解释变量 Y(相对于均值 $\overline{Y}$) 的总变化情况；ESS(Explained Sum of Squares) 称为回归平方和，它反映了变量 $\hat{Y}$ 的总变化情况，即 Y 的变化中可以用回归模型(样本回归方程) 来解释的部分，这部分变化实际上是由解释变量的变化引起的；RSS(Residual Sum of Squares) 称为残差平方和，它反映了回归模型的拟合误差，即 Y 的变化中不能用回归模型来解释的部分。

式(2－14) 表明，Y 的观测值围绕其均值的总离差平方和可以被分解为两部分：一部分来自回归方程；另一部分则来自随机因素。因此，样本回归线与样本观测值的拟合优度，通过回归平方和(ESS) 占总离差平方和(TSS) 的比例来判断。

2. 判定系数 R^2 统计量

根据上述关系可得：

$$R^2 = \frac{\text{ESS}}{\text{TSS}} = 1 - \frac{\text{RSS}}{\text{TSS}} \tag{2-15}$$

判定系数的取值范围为 $0 \leqslant R^2 \leqslant 1$，是一个非负的统计量，并随抽样的变动而不同。$R^2$ 的值越接近于 1，则表明模型对样本数据的拟合优度越高。

判定系数不仅反映了模型拟合程度的优劣，而且有直观的经济含义：它定量地描述了 Y 的变化中可以用回归模型来说明的部分，即模型的可解释程度。判定系数在数值上恰好等于相关系数的平方。但是人们更倾向于使用 R^2 来度量拟合优度，因为它比相关系数有更直观的含义。

2.3.2 模型的显著性检验

模型的显著性检验，就是检验模型对总体的近似程度，最常用的检验方法是 F 检验。

对于多元线性回归模型

$$Y_i = b_0 + b_1 X_{1i} + b_2 X_{2i} + \cdots + b_k X_{ki} + u_i$$

假设 H_0：

$$b_1 = b_2 = \cdots = b_k = 0$$

若假设成立，则有：

$$Y_i = b_0 + u_i$$

表明 Y 的变化主要由模型之外的变量来决定，模型的线性关系不显著，所设定的模型就没有意义。

在原假设 H_0 成立的情况下，可以证明：

$$F = \frac{\sum (\hat{Y}_i - \overline{Y})^2 / k}{\sum e_i^2 / (n-k-1)} \sim F(k, n-k-1)$$

所以，对于给定的显著性水平，可由 F 分布表查得临界值，如果根据样本数据计算得出：若 $F > F_\alpha$ 则拒绝原假设 H_0，即回归系数 $b_1, b_2, \cdots, b_n$ 中至少有一个显著地不为 0，此时可以认为模型的线性关系是显著的；若 $F < F_\alpha$，则接受 H_0，认为模型的线性关系不显著。对于一元线性模型，只是多元线性模型的一个特例。

2.3.3 变量的显著性检验

对于一元线性回归方程中的 $\hat{b}_1$，已经知道它服从正态分布

$$\hat{b}_1 \sim N(b_1, \frac{\sigma^2}{\sum x_i^2})$$

进一步根据数理统计学中的定义可知，如果真实的 σ^2 未知，而用它的无偏估计量 $\hat{\sigma}^2 = \dfrac{\sum e_i^2}{n-2}$ 替代时，可构造如下统计量：

$$t = \frac{\hat{b}_1 - b_1}{\sqrt{\frac{\hat{\sigma}^2}{\sum x_i^2}}} = \frac{\hat{b}_1 - b_1}{S(\hat{b}_1)}$$

则该统计量服从自由度为 $n-2$ 的 t 分布。因此，可用该统计量作为 b_1 显著性检验的 t 统计量。如果变量 X 是显著的，那么参数 b_1 应该显著地不为 0。于是，在变量显著性检验中设计的原假设与备择假设分别为：

$$H_0: b_1 = 0; H_1: b_1 \neq 0$$

给定一个显著性水平 α，可以由 t 分布查得临界值 $t_{\alpha/2}(n-2)$，记为 $t_{\alpha/2}$，若 $|t| > t_{\alpha/2}$，则表明原假设 H_0 不成立，应该拒绝，即认为系数 b_1 显著地不等于 0，X_i 对 Y 有显著影响；反之，则认为 X_i 对 Y 的影响不显著，应考虑将 X_i 从模型中剔除而重新建立模型。

2.3.4　参数的置信区间

假设检验可以通过一次抽样的结果检验总体参数可能值的范围，但它并没有指出在一次抽样中样本参数值到底距离总体参数的真值有多"近"。要判断样本参数的估计值在多大程度上可以近似地替代总体参数的真值，往往需要通过构造一个以样本参数的估计值为中心的"区间"来考察它以多大的概率包含着真实的参数值。这种方法就是参数检验的置信区间估计。

可以证明，统计量

$$t = \frac{\hat{b}_1 - b_1}{S(\hat{b}_1)} \sim t(n-2)$$

所以，对于给定的置信度 $1-\alpha$，由 t 分布表可以查得临界值 $t_{\alpha/2}$，使得 $P(|t| < t_{\alpha/2}) = 1-\alpha$，即：

$$P(\hat{b}_1 - t_{\alpha/2}S(\hat{b}_1) < b_1 < \hat{b}_1 + t_{\alpha/2}S(\hat{b}_1)) = 1-\alpha$$

所以系数 b_1 的 $100(1-\alpha)\%$ 置信区间为：

$$(\hat{b}_1 - t_{\alpha/2}S(\hat{b}_1), \hat{b}_1 + t_{\alpha/2}S(\hat{b}_1)) \tag{2-16}$$

即以 $100(1-\alpha)\%$ 的概率保证回归系数属于该区间内。置信区间越小，对回归系数的估计精度就越高。从置信区间的计算公式可以看出，置信区间的长度为 $2t_{\alpha/2}S(\hat{b}_1)$，在 α 取定的情况下，$t_{\alpha/2}$ 是一个常数，所以置信区间的长度主要取决于系数的标准差 $S(\hat{b}_1)$。$S(\hat{b}_1)$ 越小，估计值 $\hat{b}$ 与真值 b 越接近。因此称 $S(\hat{b}_1)$ 为系数的估计误差，并用它来衡量估计的精度是合理的，而且，在一定的概率下，$\hat{b}$ 与 b 的绝对误差充其量不会超过 $t_{\alpha/2}S(\hat{b}_1)$。

2.4　均值预测与个值预测

预测就是以估计出参数的线性回归模型为基础，对应于解释变量的某一特定水平、未来值，对被解释变量的水平进行的估计判断。计量经济预测分析的基础是经济变量关系的稳定性和持续性，并根据以往或局部情况总结出的规律来估计判断未来或其他局部的情况。预测是计量经济分析的主要目的之一，是进一步决策的基础。对于被解释变量的预测可以分为对被解释变量 Y 的平均值预测和区间预测。对 Y 的平均值预测又分为平均值的点预测和区间预测。这几种预测关系如图 2-3 所示。对被解释变量预测的基本依据，是用样本估计的回归方程 $\hat{Y}_f=\hat{b}_0+\hat{b}_1X_f$，由于存在抽样波动，估计的参数与总体真实参数有误差，因此用样本回归函数预测的被解释变量平均值 $\hat{Y}_f$ 与预测期总体的真实平均值 $E(Y_f \mid X_f)$ 也会有误差。此外，由于存在随机扰动，被解释变量在预测期的个别值与平均值 $E(Y_f \mid X_f)$ 也有误差。因此，对被解释变量 Y 的平均值预测和个别值预测要分别进行讨论。

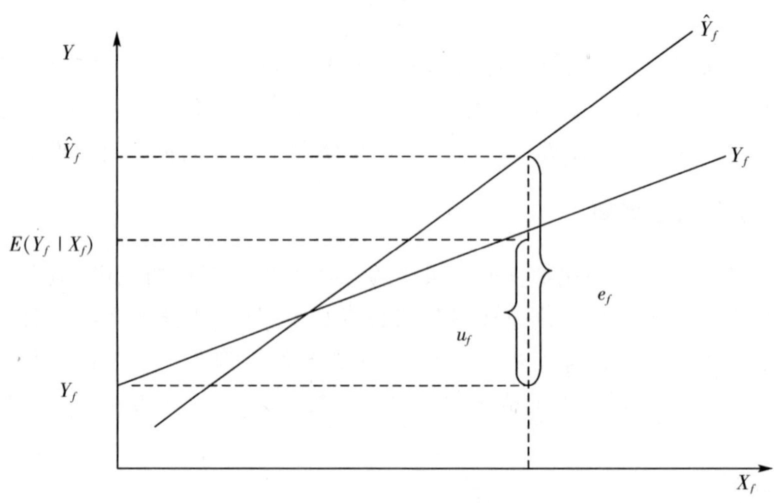

图 2-3　平均值预测与个别值预测的关系

2.4.1　均值预测

1. 点预测

考虑满足经典假设条件的一元线性回归模型

$$Y_i=b_0+b_1X_i+u_i \quad (i=1,2,\cdots,n)$$

其样本回归函数为：$\hat{Y}_i=\hat{b}_0+\hat{b}_1X_i$

当解释变量控制在 $X_i=X_f$ 时，被解释变量 Y_f 的均值为 $E(Y_f \mid X_f)=b_0+b_1X_f$，称 $\hat{Y}_f=\hat{b}_0+\hat{b}_1X_f$ 为均值 $E(Y_f \mid X_f)=b_0+b_1X_f$ 的点预测。

事实上，$E(\hat{Y}_f)=E(\hat{b}_0)+E(\hat{b}_1)X_f=b_0+b_1X_f=E(Y_f \mid X_f)$

$\hat{Y}_f$ 的方差为：

$$\begin{aligned}\operatorname{var}(\hat{Y}_f)&=E[(\hat{b}_0-b_0)+(\hat{b}_1-b_1)X_f]^2\\&=E(\hat{b}_0-b_0)^2+X_f^2E(\hat{b}_1-b_1)^2+2X_fE[(\hat{b}_0-b_0)(\hat{b}_1-b_1)]\\&=\operatorname{var}(\hat{b}_0)+X_f^2\operatorname{var}(\hat{b}_1)+2X_f\operatorname{cov}(\hat{b}_0,\hat{b}_1)\\&=\sigma^2[\frac{1}{n}+\frac{(\overline{X}-X_f)^2}{\sum x_i^2}]\end{aligned}$$

2. 区间预测

为了由预测值 $\hat{Y}_f$ 去对真实平均值 $E(Y_f \mid X_f)$ 做区间预测，应考虑预测值 $\hat{Y}_f$ 的抽样分布。由前面的分析已知 $E(\hat{Y}_f) = E(\hat{b}_0) + E(\hat{b}_1)X_f = b_0 + b_1 X_f$

$$\mathrm{var}(\hat{Y}_f) = \sigma^2\left[\frac{1}{n} + \frac{(\overline{X} - X_f)^2}{\sum x_i^2}\right]$$

$$SE(\hat{Y}_f) = \sigma\sqrt{\frac{1}{n} + \frac{(\overline{X} - X_f)^2}{\sum x_i^2}}$$

一般情况下 σ^2 未知，可用无偏估计 $\hat{\sigma}^2 = \sum e_i^2/(n-2)$ 来代替，此时 t 统计量

$$t = \frac{\hat{Y}_f - E(\hat{Y}_f)}{\hat{SE}(\hat{Y}_f)} = \frac{\hat{Y}_f - E(Y_f \mid X_f)}{\hat{\sigma}\sqrt{\frac{1}{n} + \frac{(\overline{X} - X_f)^2}{\sum X_i^2}}} \sim t(n-2)$$

显然，这里的 t 统计量与 $\hat{Y}_f$ 和 $E(Y_f \mid X_f)$ 都有关，且服从自由度为 $n-2$ 的 t 分布。给定显著性水平 α，查 t 分布表可得临界值 $t_{\alpha/2}(n-2)$，因此，

$$P\{[\hat{Y}_f - t_{\alpha/2}\,\hat{SE}(\hat{Y}_f)] \leqslant E(Y_f \mid X_f) \leqslant [\hat{Y}_f + t_{\alpha/2}\,\hat{SE}(\hat{Y}_f)]\} = 1 - \alpha$$

即预测期平均值 $E(Y_f \mid X_f)$ 的置信度为 $1-\alpha$ 的预测区间为：

$$\left[\hat{Y}_f - t_{\alpha/2}\,\hat{\sigma}\sqrt{\frac{1}{n} + \frac{(\overline{X} - X_f)^2}{\sum x_i^2}},\ \hat{Y}_f + t_{\alpha/2}\,\hat{\sigma}\sqrt{\frac{1}{n} + \frac{(\overline{X} - X_f)^2}{\sum x_i^2}}\right]$$

2.4.2　个值预测

对于一元线性回归模型 $Y_i = b_0 + b_1 X_i + u_i$，若样本回归方程为 $\hat{Y}_i = \hat{b}_0 + \hat{b}_1 X_i$，则当解释变量的值为 X_f 时，我们把样本回归方程所决定的被解释变量值 $\hat{Y}_f = \hat{b}_0 + \hat{b}_1 X_f$ 称为当解释变量取值为 X_f 时因变量的点预测。无论是被解释变量的个值还是其均值，它们的预测值就其表达式而言是一样的，但是含义却不太相同。

首先，对均值的预测可以归结为对总体参数的估计问题，而对个值的预测则不是。因为当把解释变量的值控制在某一水平时，因变量的均值从总体来看就是一个常数，它不是随机变量，所以对它的估计实际上就是一个参数估计问题。但是，对个值的估计并非如此。当解释变量被控制在某一水平时，因变量值在我们的模型中是随机的，因此就个值而言，被解释变量值是一个随机变量，对个值的估计是对随机变量的取值所进行的估计，不是参数估计。

其次，在解释变量给定时，因变量的个值是围绕其总体均值而上下波动的，当我们用样本回归函数所决定的因变量的值来估计总体均值和个值时，估计值相对于个值的偏差必定大于其均值的方差，而大于的程度就是个值距离均值的偏离程度。由于个值围绕均值的波动正是模型中的随机扰动，所以这个波动程度正好可以用随机扰动项的方差来表示。综上可

知，预测值相对于总体个值的方差等于预测值的方差（因为均值的点预测是无偏的，所以其相对于均值的方差等于预测值的方差）加上随机扰动项的方差。

对应于给定的预测期解释变量的数值 X_f，要在平均值预测的基础上，进一步确定 Y_f 个别值的预测区间，必须明确与预测值 $\hat{Y}_f$ 和个别值 Y_f 都有关的统计量的概率分布。由前面的分析可知，与预测期解释变量对应的残差项 $e_f = Y_f - \hat{Y}_f$，正是符合条件的统计量，而且在 u_i 正态性假设下，e_f 也服从正态分布。这一点在一元线性回归时可以证明①。

$$E(e_f) = E(Y_f - \hat{Y}_f) = 0$$

$$\operatorname{var}(e_f) = E(Y_f - \hat{Y}_f)^2 = \sigma^2\left[1 + \frac{1}{n} + \frac{(\overline{X} - X_f)^2}{\sum x_i^2}\right]$$

$$SE(e_f) = \sigma\sqrt{1 + \frac{1}{n} + \frac{(\overline{X} - X_f)^2}{\sum X_i^2}}$$

当 σ^2 未知，可用 $\hat{\sigma}^2 = \sum e_i^2/(n-2)$ 来代替，此时 t 统计量可用于关于个别值 Y_f 的区间预测，t 统计量自由度为 $(n-2)$。

$$t = \frac{\hat{Y}_f - Y_f}{\hat{SE}(e_f)} = \frac{\hat{Y}_f - Y_f}{\hat{\sigma}\sqrt{\frac{1}{n} + \frac{(\overline{X} - X_f)^2}{\sum x_i^2} + 1}} \sim t(n-2)$$

给定显著性水平 α，查 t 分布表可得临界值 $t_{\alpha/2}(n-2)$，因此，

$$P\{[\hat{Y}_f - t_{\alpha/2}\,\hat{SE}(e_f)] \leqslant Y_f \leqslant [\hat{Y}_f + t_{\alpha/2}\,\hat{SE}(e_f)]\} = 1 - \alpha$$

即预测期个值 Y_f 的置信度为 $1-\alpha$ 的预测区间为：

$$\left[\hat{Y}_f - t_{\alpha/2}\,\hat{\sigma}\sqrt{1 + \frac{1}{n} + \frac{(\overline{X} - X_f)^2}{\sum x_i^2}},\ \hat{Y}_f + t_{\alpha/2}\,\hat{\sigma}\sqrt{1 + \frac{1}{n} + \frac{(\overline{X} - X_f)^2}{\sum x_i^2}}\right]$$

2.5 案例分析

根据表 2-1 提供的 2006 年我国农村居民家庭人均生活消费支出与人均纯收入的数据，试建立两者之间的回归模型，并进行参数估计及总体的显著性检验。

① 证明过程繁琐，此处从略。

表2-1　2006年中国各地区农村居民家庭人均生活消费支出与人均纯收入统计资料

地　区	农村居民家庭平均每人每年消费支出(Y)	农村居民人均年可支配收入(X)
北　京	5724.50	8275.47
天　津	3341.06	6227.94
河　北	2495.33	3801.82
山　西	2253.25	3180.92
内蒙古	2771.97	3341.88
辽　宁	3066.87	4090.40
吉　林	2700.66	3641.13
黑龙江	2618.19	3552.43
上　海	8006.00	9138.65
江　苏	4135.21	5813.23
浙　江	6057.16	7334.81
安　徽	2420.94	2969.08
福　建	3591.40	4834.75
江　西	2676.60	3459.53
山　东	3143.80	4368.33
河　南	2229.28	3261.03
湖　北	2732.46	3419.35
湖　南	3013.32	3389.62
广　东	3885.97	5079.78
广　西	2413.93	2770.48
海　南	2232.19	3255.53
重　庆	2205.21	2873.83
四　川	2395.04	3002.38
贵　州	1627.07	1984.62
云　南	2195.64	2250.46
西　藏	2002.24	2435.02
陕　西	2181.00	2260.19
甘　肃	1855.49	2134.05
青　海	2178.95	2358.37
宁　夏	2246.97	2760.14
新　疆	2032.36	2737.28

注:数据来源于《中国统计年鉴2007》

由经济理论分析可知,收入是影响消费的主要因素,两者之间存在着密切的关系。两者之间关系的散点图如图2-4所示。从X与Y的散点图可以看出,各地区农村居民家庭人均生活消费支出与家庭人均纯收入大致呈现出线性的相关关系。

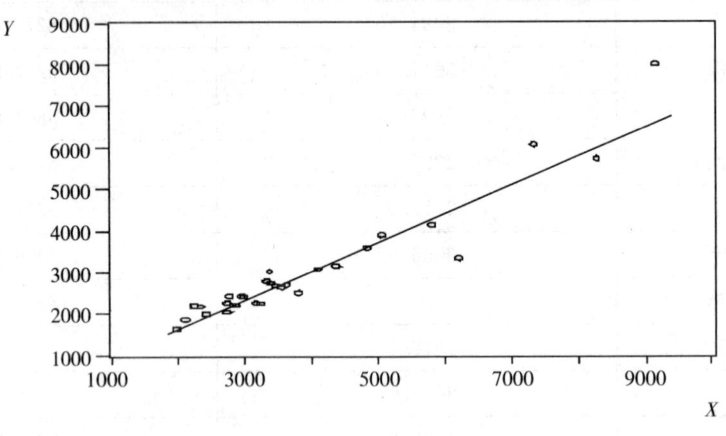

图2-4 X-Y散点图

因此,我们将两者之间的关系设定为以下线性回归模型:$Y_i = b_0 + b_1 X_i + u_i$。其中,$Y_i$为各地区农村居民人均生活消费支出;$X_i$为各地区农村居民家庭人均纯收入;$u_i$为随机误差项,即除了人均收入之外,影响农村居民人均消费支出的其他次要的、随机的因素。假设模型中随机误差项u_i满足古典假定,可运用OLS方法估计模型的参数。利用计量经济学软件EViews(本书采用软件版本为EViews 5.1)进行这一估计的过程如下所述。

2.5.1 建立工作文件

首先,双击EViews图标,进入EViews主页。在菜单中依次点击File\New\Workfile,出现对话框"Workfile Range"。在"Workfile frequency"中选择数据频率:

Annual(年度数据)	Weekly(周数据)
Quarterly(季度数据)	Daily(5-day week)(每周5天日数据)
Semi-Annual(半年数据)	Daily(7-day week)(每周7天日数据)
Monthly(月度数据)	Undated or irregular(未注明日期或不规则的)

在本例中是截面数据,选择"Undated or irregular",并在"observation"中输入观察值个数,本例为31,点击"OK"出现"Workfile UNTITLED"工作框。

其中已有变量:"c"—— 截距项;"resid"—— 残差项。

在"Objects"菜单中点击"New Objects",在"New Objects"对话框中选"Group",并在"Name for Objects"上定义文件名,点击"OK"出现数据编辑窗口。

若要将工作文件存盘,点击窗口上方"File",在"Save As"对话框中给定路径和文件名,再点击"OK",文件即被保存。

2.5.2 输入数据

建立或输入工作文件后,可以输入和编辑数据。输入数据有两种基本方式:data命令方式和鼠标图形界面方式。

1. Data 命令方式

命令格式:data < 序列名 1 >< 序列名 2 > … < 序列名 n >

功能:输入新变量,或编辑工作文件中现有的数据。按回车键后出现“Group”窗口数据编辑框,在对应的 Y、X 下输入数据。

本例中,可在光标处直接输入:Data Y　X

2. 菜单方式

在数据编辑窗口中,首先按上行键“↑”,这时对应的“obs”字样的空格会自动上跳,在对应列的第二个“obs”有边框的空格中键入变量名,如“Y”,再按下行键“↓”,对应变量名下的列出现“NA”字样,即可依顺序输入响应的数据。其他变量的数据也可用类似方法输入。

若要对数据存盘,点击“file/Save As”,出现“Save As”对话框,在“Drives”点所要存的盘,在“Directories”点存入的路径(文件名),在“File Name”对所存文件命名,或点已存的文件名,再点“OK”。

若要读取已存盘数据,点击“file/Open”,在对话框的“Drives”点所存的磁盘名,在“Directories”点文件路径,在“File Name”点文件名,点击“OK”即可。

2.5.3　估计参数

方法一:在 EViews 主页界面点击“Quick”菜单,点击“Estimate Equation”,出现“Equation specification”对话框,选 OLS 估计,即选击“Least Squares”,键入“Y C X”,点“OK”或按回车,即出现图 2-5 中的回归结果:

Equation: UNTITLED　Workfile: UNTITLED::Untitled\

View | Proc | Object | Print | Name | Freeze | Estimate | Forecast | Stats | Resids

Dependent Variable: Y
Method: Least Squares
Date: 03/09/08　Time: 21:44
Sample: 1 31
Included observations: 31

Variable	Coefficient	Std. Error	t-Statistic	Prob.
C	153.4665	180.9252	0.848231	0.4033
X	0.730590	0.042553	17.16897	0.0000

R-squared	0.910431	Mean dependent var	2981.615
Adjusted R-squared	0.907343	S.D. dependent var	1368.761
S.E. of regression	416.6465	Akaike info criterion	14.96469
Sum squared resid	5034234.	Schwarz criterion	15.05721
Log likelihood	-229.9528	F-statistic	294.7735
Durbin-Watson stat	1.578114	Prob(F-statistic)	0.000000

图 2-5　回归方程窗口

在本例中,参数估计的结果为:

$$\hat{Y}_i = 153.47 + 0.73X_i$$

$$t = (0.8482)(17.1690)$$

$$R^2 = 0.9104 \quad F = 294.7735$$

方法二：在 EViews 命令框中直接键入“LS Y C X”，按回车，即出现回归结果。

若要显示回归结果的图形，在“Equation”框中，点击“Resids”，即出现剩余项(Residual)、实际值(Actual)、拟合值(Fitted)的图形，如图 2-6 所示。

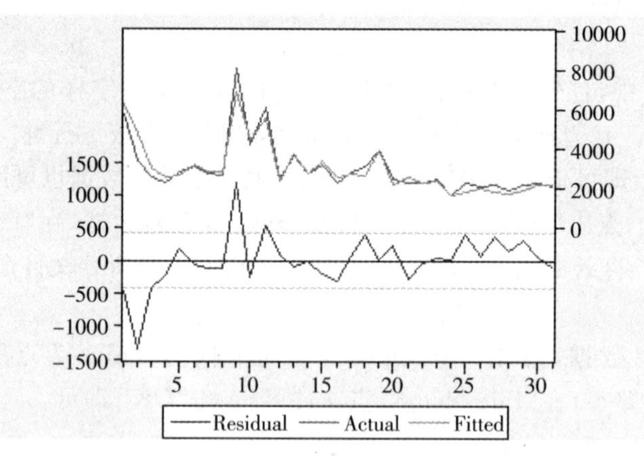

图 2-6　残差拟合图

2.5.4　模型检验

1. 经济意义检验

所估计的参数$\hat{b}_1 = 0.73$，说明农村居民人均年可支配收入每相差 1 元，可导致居民消费支出相差 0.73 元。这与经济学中边际消费倾向的意义相符。

2. 拟合优度和统计检验

我们用 EViews 5.1 得出回归模型参数估计结果的同时，回归结果已经给出了用于模型检验的相关数据。

拟合优度的度量：由回归结果可以看出，本例中可决系数 R^2 为 0.910431，说明所建模型整体上对样本数据拟合较好，即解释变量“农村居民人均年纯收入”对被解释变量“农村居民人均年生活消费支出”的绝大部分差异(91.04%)作出了解释。

对回归系数的 t 检验：针对 $H_0: b_0 = 0$ 和 $H_0: b_1 = 0$，由图 2-5 中还可以看出，估计的回归系数 $\hat{b}_0$ 的标准误差和 t 值分别为：$SE(\hat{b}_0) = 180.9252$，$t(\hat{b}_0) = 0.8482$；$\hat{b}_1$ 的标准误差和 t 值分别为：$SE(\hat{b}_1) = 0.0426$，$t(\hat{b}_1) = 17.1690$。取 $\alpha = 0.05$，查 t 分布表得自由度为 $n-2 = 31-2 = 29$ 的临界值 $t_{0.025}$。因为 $t(\hat{b}_0) = 0.8482 < t_{0.025}(29) = 2.045$，所以不能拒绝 $H_0: b_0 = 0$；因为 $t(\hat{b}_1) = 17.1690 > t_{0.025}(29) = 2.045$，所以应拒绝 $H_0: b_1 = 0$。这表明农村人均年纯收入对人均年生活消费支出有显著影响。另一面，可以根据小概率 P 值来判断，若回归结果 P 值小于等于 0.01 则认为 1% 水平显著；若回归结果小于等于 0.05，则认为 5% 水平显著；若 P 值小于等于 0.10，则认为 10% 水平显著；反之则不显著。

2.5.5　回归预测

下面假设 $X_f = 2829.02$ 元，预测在该收入水平下，居民的生活消费水平 Y_f 及 $E(Y_f)$。

用 EViews 作回归预测，首先在“Workfile”窗口点击“Range”，出现“Change Workfile

Range”窗口，将“End data”由“31”改为“32”，点“OK”，将“Workfile”中的“Range”扩展为1－32。在“Workfile”窗口点击“sampl”，将“sampl”窗口中的“1 31”改为“1 32”，点“OK”，将样本区也改为1－32。

为了输入 $X_f = 2829.02$，在EViews命令框键入data x回车，在 X 数据表中的“32”位置输入“2829.02”，将数据表最小化。

然后在“Equation”框中，点击“Forecast”，打开对话框。在对话框中的“Forecast name”（预测值序列名）键入“Y_f”，回车即得到模型预测值及标准误差的图形（如图2-7）。双击“Workfile”窗口中出现的“Y_f”，在“Y_f”数据表中的“32”位置出现预测值 $Y_f = 2220.32$，这是当 $X_f = 2829.02$ 时人均生活消费支出的点预测值。

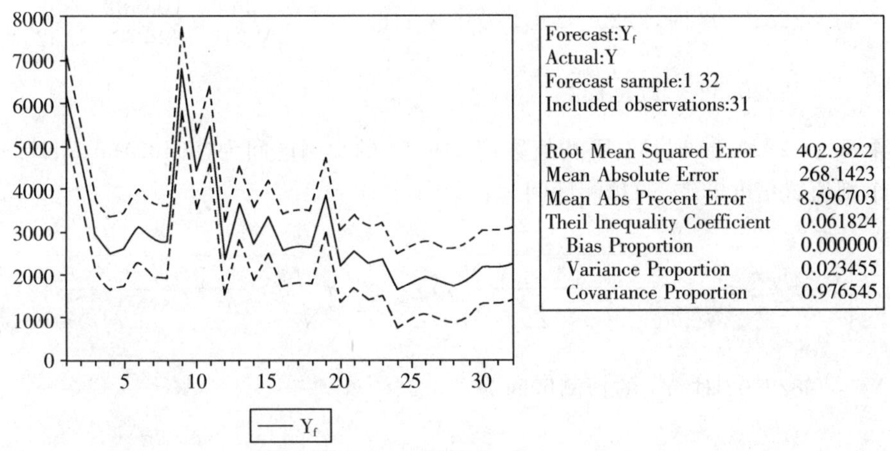

图 2-7　预测值及标准误差图形

为了做区间预测，在 X 和 Y 的数据表中，点击“View”，选“Descriptive Stats\Common Sample”，则得到 X 和 Y 的描述统计结果，见图2-8。

Group: UNTITLED　Workfile: UNTITLED::Untitled\

View Proc Object Print Name Freeze Sample Sheet Stats Spec

	Y	X
Mean	2981.615	3871.048
Median	2495.330	3341.880
Maximum	8006.000	9138.650
Minimum	1627.070	1984.620
Std. Dev.	1368.761	1787.630
Skewness	2.233034	1.552658
Kurtosis	7.809821	4.691124
Jarque-Bera	55.64518	16.14957
Probability	0.000000	0.000311
Sum	92430.06	120002.5
Sum Sq. Dev.	56205230	95868668
Observations	31	31

图 2-8　描述性统计窗口

根据图 2-8 的数据可计算：

$$\sum(X_i-\overline{X})^2=\sigma_x^2\cdot n=1787.630^2\times 31=99064251.52$$

$$(X_f-\overline{X})^2=(2829.20-3871.048)^2=1085822.353$$

取 $\alpha=0.05$，Y_f 平均值置信度 95% 的预测区间为：

$$\left[\hat{Y}_f-t_{\alpha/2}\,\hat{\sigma}\sqrt{\frac{1}{n}+\frac{(\overline{X}-X_f)^2}{\sum(X_i-\overline{X})^2}},\hat{Y}_f+t_{\alpha/2}\,\hat{\sigma}\sqrt{\frac{1}{n}+\frac{(\overline{X}-X_f)^2}{\sum(X_i-\overline{X})^2}}\right]$$

$$X_f=2829.02\text{ 时},2220.32\pm 2.045\times 416.6465\times\sqrt{\frac{1}{31}+\frac{1085822.353}{99064251.52}}$$

$$=2220.32\pm 177.1323$$

即当 $X_f=2829.02$ 时，Y_f 平均值置信度 95% 的预测区间为(2043.189，2397.452)。

Y_f 个别值置信度 95% 的预测区间为：

$$\left[\hat{Y}_f-t_{\alpha/2}\,\hat{\sigma}\sqrt{1+\frac{1}{n}+\frac{(\overline{X}-X_f)^2}{\sum x_i^2}},\hat{Y}_f+t_{\alpha/2}\,\hat{\sigma}\sqrt{1+\frac{1}{n}+\frac{(\overline{X}-X_f)^2}{\sum x_i^2}}\right]$$

当 $X_f=2829.02$ 时，Y_f 的预测区间为：

$$2220.32\pm 2.045\times 416.6465\times\sqrt{1+\frac{1}{31}+\frac{1085822.353}{99064251.52}}=2220.32\pm 870.2595$$

即当 $X_f=2829.02$ 时，Y_f 个别值置信度 95% 的预测区间为(1350.061，3090.580)。

思考与练习

1. 经典假设条件的内容是什么？为什么要对模型做出经典假设？

2. 什么是随机误差？它和残差之间的关系怎样？

3. 最小二乘估计量有哪些性质？高斯-马尔科夫定理的内容是什么？

4. 回归分析中的均值预测与个值预测有何区别与联系？

5. 试证明最小二乘估计量 $\hat{b}_1$ 的方差 $\mathrm{var}(\hat{b}_1)=\hat{\sigma}^2(\frac{1}{n}+\frac{\overline{X}^2}{\sum x_i})$，并且 $\hat{b}_1$ 在所有 b_1 的线性无偏估计中是最小方差。

6. 中国 GDP 与城乡就业人数数据如表 2-2 所示：

(1) 试以 GDP 为自变量，城乡就业人数为因变量建立样本回归方程，并在 5% 的水平下进行显著性检验。

(2) 求两变量简单相关系数。

(3) 如果 $X=246619$，以 90% 的概率对 Y 进行预测。

表 2-2　中国 GDP 与城乡就业人数统计数据

年份	国内生产总值	城乡就业人数
1990	18667.82	64749
1991	21781.5	65491
1992	26923.48	66152
1993	35333.92	66808
1994	48197.86	67455
1995	60793.73	68065
1996	71176.59	68950
1997	78973.03	69820
1998	84402.28	70637
1999	89677.05	71394
2000	99214.55	72085
2001	109655.2	73025
2002	120332.7	73740
2003	135822.8	74432
2004	159878.3	75200
2005	183867.9	75825
2006	210871	76400

注：资料来源于《中国统计年鉴 2007》

7. 表 2-3 中是 16 支公益股票某年的每股账面价值和当年红利：

表 2-3　16 支公益股票某年的每股账面价值和当年的红利

公司序号	账面价值(元)	红利(元)	公司序号	账面价值(元)	红利(元)
1	22.44	2.4	9	12.14	0.80
2	20.89	2.98	10	23.31	1.94
3	22.09	2.06	11	16.23	3.00
4	14.48	1.09	12	0.56	0.28
5	20.73	1.96	13	0.84	0.84
6	19.25	1.55	14	18.05	1.80
7	20.37	2.16	15	12.45	1.21
8	26.43	1.60	16	11.33	1.07

根据上表资料：

(1) 建立每股账面价值和当年红利的回归方程；

(2) 解释回归系数的经济意义；

(3) 若序号为 6 的公司的股票每股账面价值增加 1 元，估计当年红利可能为多少？

第3章　多元线性回归模型

本章在一元线性回归模型的基础上，首先系统介绍多元线性回归模型的参数估计与检验，并运用多元线性回归模型进行均值预测与个值预测，然后简要介绍非线性模型的回归估计，最后介绍一个多元回归模型应用案例。

3.1　多元线性回归模型的参数估计

在实际经济问题中，一个变量往往受到多个因变量的影响，表现在线性回归模型中为解释变量有多个，这样的模型被称为多元线性回归模型。多元线性回归模型参数估计的原理和基本方法与一元线性回归模型相同，只是在计算上更为复杂些。

多元线性回归模型的一般表现形式为：

$$Y_i = b_0 + b_1 X_{1i} + b_2 X_{2i} + \cdots + b_k X_{ki} + u_i \quad i = 1,2,\cdots,n \tag{3-1}$$

其中，k 是解释变量的数目，b_i 称为回归参数(regression coefficient)。习惯上把常数项看成一个虚变量的系数，在参数估计过程中该变量的样本观测值始终取1。这样，模型中解释变量的数目为$(k+1)$。

式(3-1)表示的 n 个随机方程的矩阵表达式为：

$$Y = XB + N \tag{3-2}$$

$$Y = \begin{pmatrix} y_1 \\ y_2 \\ \vdots \\ y_n \end{pmatrix} \quad X = \begin{pmatrix} 1 & x_{11} & x_{21} & \cdots & x_{k1} \\ 1 & x_{12} & x_{22} & \cdots & x_{k2} \\ \vdots & \vdots & \vdots & \cdots & \vdots \\ 1 & x_{1n} & x_{2n} & \cdots & x_{kn} \end{pmatrix}$$

其中

$$B = \begin{pmatrix} b_0 \\ b_1 \\ b_2 \\ \vdots \\ b_k \end{pmatrix} \quad N = \begin{pmatrix} u_1 \\ u_2 \\ \vdots \\ u_n \end{pmatrix}$$

模型(3-1)或(3-2)在满足多元线性回归模型的基本假设(与一元线性回归模型的假

设相似）的情况下，可以采用普通最小二乘法（OLS）或者极大似然估计法（ML）估计参数。

3.1.1　最小二乘估计（OLS）

对于多元线性回归模型（3－1），如果利用最小二乘法估计模型的参数，同样应该使残差平方和达到最小，即有：

$$\begin{aligned}\sum e_i^2 &= \sum(y_i-\hat{y}_i)^2\\&=\sum(y_i-\hat{b}_0-\hat{b}_1x_{1i}-\hat{b}_2x_{2i}-\cdots-\hat{b}_kx_{ki})^2\\&=\text{最小}\end{aligned}$$

因此，参数估计值应该是下列方程组的解：

$$\begin{cases}\dfrac{\partial\sum e_i^2}{\partial\hat{b}_0}=-2\sum(y_i-\hat{b}_0-\hat{b}_1x_{1i}-\cdots-\hat{b}_kx_{ki})=0\\\dfrac{\partial\sum e_i^2}{\partial\hat{b}_1}=-2\sum(y_i-\hat{b}_0-\hat{b}_1x_{1i}-\cdots-\hat{b}_kx_{ki})x_{1i}=0\\\vdots\\\dfrac{\partial\sum e_i^2}{\partial\hat{b}_k}=-2\sum(y_i-\hat{b}_0-\hat{b}_1x_{1i}-\cdots-\hat{b}_kx_{ki})x_{ki}=0\end{cases}$$

即：

$$\begin{cases}\sum y_i=n\hat{b}_0+\hat{b}_1\sum x_{1i}+\hat{b}_2\sum x_{2i}+\cdots+\hat{b}_k\sum x_{ki}\\\sum x_{1i}y_i=\hat{b}_0\sum x_{1i}+\hat{b}_1\sum x_{1i}^2+\hat{b}_2\sum x_{1i}x_{2i}+\cdots+\hat{b}_k\sum x_{1i}x_{ki}\\\vdots\\\sum x_{ki}y_i=\hat{b}_0\sum x_{ki}+\hat{b}_1\sum x_{ki}x_{1i}+\hat{b}_2\sum x_{ki}x_{2i}+\cdots+\hat{b}_k\sum x_{ki}^2\end{cases}\tag{3-3}$$

方程组（3-3）也被称为正规方程组。解该（$k+1$）个方程组成的线性方程组，即可得到（$k+1$）个待估参数的估计值 $b_i, i=0,1,2,\cdots,k$。

将上述过程用矩阵表示如下：

寻找一组参数估计值 b_i，使得残差平方和 $\sum e_i^2=e'e=(Y-X\hat{B})'(Y-X\hat{B})$ 最小，其中 $e=(e_1,e_2,\cdots,e_n)$。即求解方程组 $\frac{\partial}{\partial\hat{B}}(Y-X\hat{B})'(Y-X\hat{B})=0$ 的解。

求解过程如下：

$$\frac{\partial}{\partial\hat{B}}(Y'-\hat{B}'X')(Y-X\hat{B})=0$$

$$\frac{\partial}{\partial \hat{B}}(Y'Y - \hat{B}'X'Y - Y'X\hat{B} + \hat{B}'X'X\hat{B}) = 0$$

$\because (Y'X\hat{B})' = \hat{B}'X'Y$，而且它们的维数是 1×1，

所以有：

$$\frac{\partial}{\partial \hat{B}}(Y'Y - 2\hat{B}'X'Y + \hat{B}'X'X\hat{B}) = 0$$

$$-2X'Y + 2X'X\hat{B} = 0$$

即得到：

$$X'Y = X'X\hat{B} \tag{3-4}$$

于是参数的最小二乘估计值为：

$$\hat{B} = (X'X)^{-1}X'Y \tag{3-5}$$

与一元线性回归模型一样，多元线性回归模型参数的最小二乘估计量也具有线性性、无偏性和有效性这三个显著的统计特性。

3.1.2 极大似然估计(ML)

极大似然估计(Maximum Likelihood，简称 ML，又称为最大似然估计)是一种估计原理与最小二乘估计完全不同的参数估计方法。

对于多元线性回归模型(3-2)，若 $u_i \sim N(0,\sigma^2)$

则 $$Y_i \sim N(X_i\hat{B},\sigma^2)$$

其中 $$X_i = (1, X_{1i}, X_{2i}, \cdots, X_{ki})$$

Y 的随机抽取的 n 组样本观测值的联合概率为：

$$\begin{aligned} L(\hat{B},\sigma^2) &= P(Y_1, Y_2, \cdots, Y_n) \\ &= \frac{1}{(\sqrt{2\pi}\sigma)^n} e^{-\frac{1}{2\sigma^2}\sum(Y_i - (\hat{b}_0 + \hat{b}_1 X_{1i} + \hat{b}_2 X_{2i} + \cdots + \hat{b}_k X_{ki}))^2} \\ &= \frac{1}{(\sqrt{2\pi}\sigma)^n} e^{-\frac{1}{2\sigma^2}(Y - X\hat{B})'(Y - X\hat{B})} \end{aligned}$$

即为变量 Y 的似然函数。对数似然函数为：

$$\begin{aligned} L^* &= \ln(L) \\ &= -n\ln(\sqrt{2\pi}\sigma) - \frac{1}{2\sigma^2}(Y - X\hat{B})'(Y - X\hat{B}) \end{aligned}$$

对对数似然函数求极大值，也就是对 $(Y - X\hat{B})'(Y - X\hat{B})$ 求极小值，就可以得到一组参数估计量 $\hat{B}$，即为参数的极大似然估计

$$\hat{B} = (X'X)^{-1}X'Y \tag{3-6}$$

显然，其结果与参数的普通最小二乘估计是相同的。

3.2　多元线性回归模型的检验

计量经济学模型是应用数理统计方法建立的一类经济数学模型，模型必须满足数学理论与方法上的要求，所以在模型参数估计后，必须检验其是否满足数学理论与方法上的要求。多元线性回归模型的检验主要包括拟合优度检验、回归方程的显著性检验和解释变量的显著性检验，统称为模型的统计检验。

3.2.1　模型的拟合优度检验(R^2 检验)

拟合优度检验是检验模型对样本观测值的拟合程度。检验的方法是构造一个可以表示拟合程度的指标，在这里被称为统计量，统计量是样本的函数。与一元线性回归模型相类似，我们也需要对估计的多元线性回归方程关于样本观测值的拟合优度进行检验，检验的统计量是样本决定系数。

1. 总离差平方和的分解

对于有 k 个解释变量的多元线性回归模型

$$Y_i = b_0 + b_1 X_{1i} + b_2 X_{2i} + \cdots + b_k X_{ki} + u_i \quad i = 1,2,\cdots,n$$

其对应的回归方程为：

$$\hat{Y}_i = \hat{b}_0 + \hat{b}_1 X_{1i} + \hat{b}_2 X_{2i} + \cdots + \hat{b}_k X_{ki}$$

我们可以将 Y_i 与其平均值 $\overline{Y}$ 之间的离差分解如下：

$$Y_i - \overline{Y} = (Y_i - \hat{Y}_i) + (\hat{Y}_i - \overline{Y})$$

与一元线性回归一样，可以得到如下的总离差平方和分解式：

$$\sum (Y_i - \overline{Y})^2 = \sum (Y_i - \hat{Y}_i)^2 + \sum (\hat{Y}_i - \overline{Y})^2$$

用符号表示为：

$$\mathrm{TSS} = \mathrm{RSS} + \mathrm{ESS} \tag{3-7}$$

式(3-7)也可以写成离差形式：

$$\sum y_i^2 = \sum e_i^2 + \sum \hat{y}_i^2 \tag{3-8}$$

即总离差平方和分解为回归平方和与残差平方和两部分。

2. 多元样本决定系数 R^2 与拟合优度检验

与一元线性回归模型中的样本决定系数相类似，多元样本决定系数

$$R^2 = \frac{\mathrm{ESS}}{\mathrm{TSS}} = \frac{\sum \hat{y}_i^2}{\sum y_i^2} = 1 - \frac{\mathrm{RSS}}{\mathrm{TSS}} = 1 - \frac{\sum e_i^2}{\sum y_i^2} \tag{3-9}$$

可以用式(3-9)检验模型的拟合优度。容易看出，$0 \leqslant \mathrm{ESS} \leqslant \mathrm{TSS}$，所以总有 $0 \leqslant R^2 \leqslant 1$。$R^2$ 的数值越接近 1，表明 Y 中的离差被估计的回归方法解释的部分越多，估计的回归方程对样本观测值就拟合得越好；反之则拟合得越差。R^2 作为度量回归值 $\hat{Y}_i$ 对样本观测值 Y_i 拟合优度

的指标，显然其数值越接近1越好。

3. 修正样本决定系数 $\overline{R}^2$

当模型的参数估计量已经得到后，可以很方便地计算 R^2。在实际应用过程中发现，如果在模型中增加一个解释变量，模型的解释功能就增强了，R^2 也就增大了。这样一来，在应用过程中就容易使人产生一种错觉，认为要想使模型拟合得好，只要在模型中增加新的解释变量就可以了。但是，在样本容量一定的情况下，增加解释变量必定使得自由度减少，所以用来检验拟合优度的统计量必须能够防止这种倾向。于是，可以考虑用平方和的自由度对 R^2 来进行修正，调整的思想是将残差平方和与总离差平方和之比的分子分母分别用各自的自由度去除，变成均方差之比，以剔除解释变量个数对拟合优度的影响。修正的样本决定系数为：

$$\overline{R}^2 = 1 - \frac{\text{RSS}/(n-k-1)}{\text{TSS}/(n-1)} \tag{3-10}$$

其中，$(n-k-1)$ 为残差平方和的自由度，$(n-1)$ 为总离差平方和的自由度。容易证明，$\overline{R}^2$ 与 R^2 有如下关系：

$$\overline{R}^2 = 1 - (1-R^2)\frac{(n-1)}{(n-k-1)} \tag{3-11}$$

从式(3-11)中可以看出：

(1) 当 n 很大，k 较小时，$\overline{R}^2 \approx R^2$；

(2) 当 k 与 n 相比较大时，$\overline{R}^2 < R^2$，此时需要考虑修正的样本决定系数 $\overline{R}^2$。

$\overline{R}^2$ 或 R^2 仅仅说明了在给定的样本条件下，估计的回归方程对于样本观测值的拟合优度。在实际应用中，$\overline{R}^2$ 或 R^2 究竟要多大才算模型通过了检验，没有绝对的标准，要视具体情况而定。模型的拟合优度并不是评价模型优劣的唯一标准，有时为了追求模型的经济意义宁可牺牲一点拟合优度。因此，不能仅仅凭 $\overline{R}^2$ 或 R^2 的大小来选择模型，而必须对回归方程和模型中各参数的估计量作进一步的显著性检验。

3.2.2 回归方程的显著性检验(F 检验)

回归方程的显著性检验，是指在一定的显著性水平下，从总体上对模型中被解释变量与解释变量之间的线性关系是否显著成立而进行的一种统计检验。

对于多元线性回归模型式(3-1)而言：

$$Y_i = b_0 + b_1X_{1i} + b_2X_{2i} + \cdots + b_kX_{ki} + u_i \quad i = 1,2,\cdots,n$$

为了从总体上检验模型中被解释变量 Y 与解释变量 $X_1, X_2, \cdots, X_k$ 之间的线性关系是否显著，必须对其进行显著性检验。检验的原假设为：

$$H_0: b_1 = b_2 = \cdots = b_k = 0$$

也就是说，如果原假设成立，则模型中被解释变量与解释变量之间不存在显著的线性关系。备择假设为：

$$H_1: b_1, b_2, \cdots, b_k \text{ 不同时为 } 0$$

也就是说，如果被解释变量与解释变量之间线性关系显著，则拒绝 H_0，接受 H_1；否则就

接受 H_0。

由数理统计知识可知，在 H_0 成立的条件下，统计量

$$F = \frac{\mathrm{ESS}/k}{\mathrm{RSS}/(n-k-1)} \tag{3-12}$$

服从自由度为 $(k, n-k-1)$ 的 F 分布。对于预先给定的显著性水平 α，可从 F 分布表中查出第一自由度为 k，第二自由度为 $n-k-1$ 的临界值 $F_\alpha(k, n-k-1)$。将样本观测值和估计值代入式(3-12)中，如果计算出的结果有 $F > F_\alpha(k, n-k-1)$，则否定原假设 H_0，即模型的线性关系显著成立，模型通过方程的显著性检验，否则，则在 $(1-\alpha)$ 水平下接受原假设 H_0，即模型的线性关系显著不成立，模型未通过方程的显著性检验。

3.2.3　解释变量的显著性检验(t 检验)

解释变量的显著性检验，是指在一定的显著性水平下，检验模型的解释变量是否对被解释变量有显著影响的一种统计检验。前面已经讨论了对回归方程的显著性检验，与一元线性回归模型不同(在一元线性回归模型中，这两种检验的结果是一致的)，在多元线性回归模型中，回归方程显著并不意味着每个解释变量对被解释变量的影响都显著。因此，有必要对每个解释变量进行显著性检验，这样就能把对被解释变量影响不显著的解释变量从模型中剔除，而只在模型中保留那些对被解释变量影响显著的解释变量，以建立更为简单、合理的多元线性回归模型。

显然，在多元线性回归模型中，如果某个解释变量 X_j 对被解释变量 Y 的影响不显著，那么在回归模型中，它的回归系数 b_j 的值应等于零。因此，检验解释变量 X_j 是否显著，等价于检验它的系数 b_j 的值是否等于零。检验的原假设为

$$H_0: b_j = 0, j = 1, 2, \cdots, k$$

其备择假设为　$H_1: b_j \neq 0, j = 1, 2, \cdots, k$

也就是说，如果接受原假设 H_0，则 X_j 不显著；如果拒绝原假设 H_0，则 X_j 是显著的。与一元线性回归系数的显著性检验一样，构造如下的 t 检验统计量

$$T = \frac{\hat{b}_j - b_j}{S_{\hat{b}_j}} \sim t(n-k-1) \tag{3-13}$$

其中，$S_{\hat{b}_j}$ 是 $\hat{b}_j$ 的标准差，其计算公式为：

$$S_{\hat{b}_j} = \sqrt{C_{jj} S_e^2} \tag{3-14}$$

其中，C_{jj} 为 $(X^T X)^{-1}$ 中 $j+1$ 行，$j+1$ 列处的元素，$S_e^2 = \dfrac{\sum e^2}{n-k-1}$。这样就可以利用统计量 T 对原假设 H_0 进行检验。

t 检验的步骤为：

(1) 提出假设。提出原假设 $H_0: b_j = 0, j = 1, 2, \cdots, k$

备择假设　$H_1: b_j \neq 0, j = 1, 2, \cdots, k$

(2) 计算 t 统计量。在假设 $H_0: b_j = 0$ 成立的条件下，计算 t 统计量

$$T=\frac{\hat{b}_j-b_j}{S_{\hat{b}_j}}\sim t(n-k-1)$$

(3) 查临界值。在给定显著性水平 α 下，查自由度为 $n-k-1$ 的 t 分布表，得到临界值 $t_{\alpha/2}(n-k-1)$。

(4) 判断。若 $|t|>t_{\alpha/2}(n-k-1)$，则在 $1-\alpha$ 水平下拒绝原假设 H_0，接受备择假设 H_1，即 b_j 对应的解释变量 X_j 是显著的；若 $|t|<t_{\alpha/2}(n-k-1)$，则在 $1-\alpha$ 水平下接受原假设 H_0，即 b_j 对应的解释变量 X_j 是不显著的。

3.3 均值预测与个值预测

预测也是多元线性回归分析的目的和进一步检验模型的方法。与一元线性回归分析相同，多元线性回归分析的预测也包括均值预测和个值预测。

3.3.1 均值预测

均值预测包括点预测和区间预测。

1. 点预测

点预测就是求解释变量$(1,X_1,X_2,\cdots,X_k)$对应的被解释变量 Y 的估计值。在得到回归直线后，点预测是比较简单的，只要把$(1,X_1,X_2,\cdots,X_k)$代入回归方程中，计算出被解释变量 Y 的点预测：

$$\hat{Y}=\hat{b}_0+\hat{b}_1X_1+\hat{b}_2X_2+\cdots+\hat{b}_kX_k$$

$\hat{Y}$ 就是对 Y 的一个估计，也就是点预测。然而，即使模型代表的经济规律在预测时刻是严格成立的，预测值 $\hat{Y}$ 与实际发生的 Y 一般也不会完全一样，预测和实际值之间存在的误差为：

$$e=Y-\hat{Y}=(b_0-\hat{b}_0)+(b_1-\hat{b}_1)X_1+(b_2-\hat{b}_2)X_2+\cdots+(b_k-\hat{b}_k)X_k+u$$

由于 b_k 和 $\hat{b}_k$ 之间都会有差异，并且有随机扰动项 u 的影响，因此预测误差 e 一般不会等于零。

2. 区间预测

设 e_0 是 Y_0 与 $\hat{Y}_0$ 之差：

$$e_0=Y_0-\hat{Y}_0$$

e_0 是一项随机变量，可以证明 e_0 服从均值为零，方差为 $\sigma^2(e_0)=\sigma_u^2[1+X_0(X'X)^{-1}X'_0]$ 的正态分布。即

$$e_0\sim N(0,\sigma_u^2[1+X_0(X'X)^{-1}X'_0])$$

将上式中的 σ_u^2 用它的估计值$\hat{\sigma}_u^2$ 代替，则得到 e_0 的标准差估计值

$$\hat{\sigma}(e_0)=\hat{\sigma}_u\sqrt{1+X_0(X'X)^{-1}X'_0}$$

其中，$\hat{\sigma}_u=S_e=\sqrt{\frac{e'e}{n-k-1}}$。可以证明，统计量

$$T=\frac{\hat{Y}_0-Y_0}{\hat{\sigma}(e_0)}=\frac{-e_0}{\hat{\sigma}(e_0)}\sim t(n-k-1)$$

对于给定的显著性水平 α，可以从 t 分布表中查得临界值 $t_{\alpha/2}(n-k-1)$。于是，对于给定的置信水平 $1-\alpha$，预测值 Y_0 的置信区间为：

$$\hat{Y}_0-t_{\alpha/2}\,\hat{\sigma}(e_0)<Y_0<\hat{Y}_0+t_{\alpha/2}\,\hat{\sigma}(e_0) \tag{3-15}$$

3.3.2　个值预测

对多元线性回归模型式(3-2)，其样本回归方程为 $\hat{Y}=X\hat{B}$，当解释变量为 X_0 时，由样本回归方程所决定的值 $\hat{Y}_0=X_0\hat{B}$ 也称为当解释变量取值为 X_0 时解释变量的点预测。同样，当解释变量取其他不同的值时，也可以通过样本回归方程得到其对应的解释变量的预测值，即能对每个个值进行预测。可见无论是均值还是个值预测，和简单线性回归模型一样，它们的预测值就其表达式而言是一样的，但含义却大不相同。

3.4　非线性回归模型

前面讨论的线性回归模型式(3-1)

$$Y_i=b_0+b_1X_{1i}+b_2X_{2i}+\cdots+b_kX_{ki}+u_i\quad i=1,2,\cdots,n$$

具有两个特点：

(1) 被解释变量 Y 是解释变量的线性函数，即关于解释变量线性。

(2) 被解释变量 Y 也是参数的线性函数，即关于参数线性。然而，在复杂的实际问题中，情况并非如此简单。

在实际的经济问题研究中，经济变量之间大多数是非线性关系，由此所建立的经济模型也就往往不符合线性关系，即模型是非线性的，称作非线性回归模型。对于非线性模型，通常是将其转化为线性模型进行估计。但并非所有的非线性模型都可以转化为线性模型，而是根据其是否能够通过简单代数变换或变量替换转化为参数线性。非线性回归模型可分为可线性化模型和不可线性化模型两类。

3.4.1　可线性化模型

在非线性回归模型中，有一些模型经过适当的变量变换或函数变换可以转化成线性回归模型（即非线性回归模型的线性化），从而将非线性回归模型的参数估计问题转化成线性回归模型的参数估计，这类模型称为可线性化模型。在计量经济分析中经常使用的可线性化模型有：

1. 多项式函数模型

对于多项式函数模型

$$Y_i=b_0+b_1X_1+b_2X_2^2+\cdots+b_kX_k^k+u_i\quad i=1,2,\cdots,k \tag{3-16}$$

令

$$Z_i=X_i^i,i=1,2,\cdots,k$$

则模型(3-16) 可以转化成多元线性回归模型

$$Y_i = b_0 + b_1 Z_1 + b_2 Z_2 + \cdots + b_k Z_k + u_i \quad i = 1,2,\cdots,k$$

对此模型即可利用多元线性回归分析的方法进行处理。

2. 双曲函数模型(倒数变换模型)

双曲函数模型的一般形式为：

$$\frac{1}{y_i} = b_0 + b_1 \frac{1}{x_i} + u \tag{3-17}$$

令

$$y_i^* = \frac{1}{y_i}, x_i^* = \frac{1}{x_i}$$

则模型(3－17)可转化成标准形式：

$$y_i^* = a_0 + a_1 x_i^* + u_i$$

对此模型即可利用一元线性回归分析的方法进行处理。

3. 半对数函数模型

半对数函数模型的一般形式为：

$$y_i = b_0 + b_1 \ln x_i + u_i \tag{3-18}$$

或

$$\ln y_i = a_0 + a_1 x_i + u_i \tag{3-19}$$

由于模型中只有一个变量为对数形式,所以称为半对数模型。显然,经简单的线性变换就可以将其转化为线性回归模型。

令

$$x_i^* = \ln x_i, y_i^* = \ln y_i$$

则模型式(3－18)和式(3－19)分别可以转化成以下标准的线性形式：

$$y_i = b_0 + b_1 x_i^* + u_i$$

或

$$y_i^* = a_0 + a_1 x_i + u_i$$

对此模型即可利用一元线性回归分析的方法进行处理。

半对数模型中的回归系数有很直观的含义：

$$b_1 = \frac{\mathrm{d}y}{d\ln x} = \frac{\mathrm{d}y}{\mathrm{d}x/x} \approx \frac{\Delta y}{\Delta x/x} = \frac{y\text{的增长幅度}}{x\text{的增长速度}}$$

即 x 增加 1% 时,y 将增长 $0.01b_1$ 个单位。

$$a_1 = \frac{d\ln y}{\mathrm{d}x} = \frac{\mathrm{d}y/y}{\mathrm{d}x} \approx \frac{\Delta y/y}{\Delta x} = \frac{y\text{的增长速度}}{x\text{的增长幅度}}$$

即 x 增加 1 个单位时,y 将增长 $100a_1\%$。特别地,若 x 为时间变量(如年份),则系数 a_1 衡量了 y 的年均增长速度。

4. 双对数函数模型

双对数函数模型的一般形式为：

$$\ln y = b_0 + b_1 \ln x + u \tag{3-20}$$

令 $$y^* = \ln y, x^* = \ln x$$

则模型式(3-20)可以转化成标准的线性形式：

$$y^* = b_0 + b_1 x^* + u$$

对此模型即可利用一元线性回归分析的方法进行处理。

其中，回归系数

$$b_1 = \frac{d\ln y}{d\ln x} = \frac{dy/y}{dx/x} \approx \frac{\Delta y/y}{\Delta x/x} = \frac{y\text{ 的增长速度}}{x\text{ 的增长速度}}$$

这表明双对数函数模型中的回归系数 b_1 为被解释变量对于解释变量的弹性。弹性是经济分析中的一个十分重要的指标（如价格弹性、收入弹性、交叉弹性等），如果所研究的经济问题可以用双对数函数模型描述，则估计模型之后就可以直接利用回归系数进行弹性分析。因此，双对数函数模型是人们经常采用的一类非线性回归模型。

5. 指数函数模型

指数函数模型的一般形式为：

$$y = Ae^{b_1 x + u} \tag{3-21}$$

两边取对数，得：

$$\ln y = \ln A + b_1 x + u$$

令 $$y^* = \ln y, b_0 = \ln A$$

则模型式(3-21)转化成标准的线性形式：

$$y^* = b_0 + b_1 x + u$$

对此模型即可利用一元线性回归分析的方法进行处理。

6. 幂函数模型

幂函数模型的一般形式为：

$$y = Ax_1^{b_1} x_2^{b_2} \cdots x_k^{b_k} e^u \tag{3-22}$$

两边取对数，得：

$$\ln y = \ln A + b_1 \ln x_1 + b_2 \ln x_2 + \cdots + b_k \ln x_k + u$$

令 $$y^* = \ln y, b_0 = \ln A, x_i^* = \ln x_i, i = 1, 2, \cdots, k$$

则模型式(3-22)可以转化成标准的线性形式：

$$y^* = b_0 + b_1 x_1^* + b_2 x_2^* + \cdots + b_k x_k^* + u$$

对此模型即可利用多元线性回归分析的方法进行处理。

3.4.2 不可线性化模型

在非线性回归模型中，有些无法通过变量变换或函数变换的方法转化成线性模型，这类模型称为不可线性化模型。对于不可线性化模型，一般采用高斯-牛顿迭代法进行估计，即将其展开成泰勒级数之后，再利用迭代估计方法进行估计。

模型 $y = a\dfrac{x-b}{x+c}+u$ 是一个不可线性化模型，现以该模型为例说明迭代估计法的原理和具体步骤。模型的估计过程如下：

(1) 根据经济理论和所掌握的资料，先确定一组数据 a_0, b_0, c_0 作为参数 a, b, c 的初始估计值；

(2) 将模型在点 (a_0, b_0, c_0) 处展开成泰勒级数，并取一阶近似值：

$$y = f(a_0, b_0, c_0) + \frac{\partial f}{\partial a}(a-a_0) + \frac{\partial f}{\partial b}(b-b_0) + \frac{\partial f}{\partial c}(c-c_0) + \text{余项} + u$$

即 $y - f(a_0, b_0, c_0) + \dfrac{\partial f}{\partial a}a_0 + \dfrac{\partial f}{\partial b}b_0 + \dfrac{\partial f}{\partial c}c_0 = a\dfrac{\partial f}{\partial a} + b\dfrac{\partial f}{\partial b} + c\dfrac{\partial f}{\partial c} + V$

其中，V 是余项与随机误差项的和。本例的具体结果为：

$$\begin{aligned} y - a_0\frac{x-b_0}{x+c_0} + a_0\frac{x-b_0}{x+c_0} - b_0\frac{a_0}{x+c_0} - c_0\frac{a_0(x-b_0)}{(x+c_0)^2} \\ = a\frac{x-b_0}{x+c_0} - b\frac{a_0}{x+c_0} - c\frac{a_0(x-b_0)}{(x+c_0)^2} + V \end{aligned}$$

整理得：

$$y - \frac{a_0(b_0+c_0)x}{(x+c_0)^2} = a\frac{x-b_0}{x+c_0} + b\frac{-a_0}{x+c_0} + c\frac{a_0(b_0-x)}{(x+c_0)^2} + V$$

(3) 做变量变换，设：

$$\begin{cases} y^* = y - \dfrac{a_0(b_0+c_0)x}{(x+c_0)^2} \\ Z_1 = \dfrac{x-b_0}{x+c_0}, Z_2 = \dfrac{-a_0}{x+c_0}, Z_3 = \dfrac{a_0(b_0-x)}{(x+c_0)^2} \end{cases} \tag{3-23}$$

则模型转化成三元线性回归模型：

$$y^* = aZ_1 + bZ_2 + cZ_3 + V \tag{3-24}$$

因此，可以利用最小二乘法估计模型，得到参数的第一组估计值 $\hat{a}_1, \hat{b}_1, \hat{c}_1$。

(4) 将 $\hat{a}_1, \hat{b}_1, \hat{c}_1$ 代入式(3-23)取代参数的上一组估计值，计算出 y^*, Z_1, Z_2, Z_3 的一组新观察值，进而得到 a, b, c 的第二组估计值。

(5) 重复第(4)步，逐次估计下去，直到第 $t+1$ 次估计值的估计误差小于事先确定的误差精度 $\delta(\delta > 0)$ 时为止，即满足：

$$\left|\frac{\hat{a}_{t+1}-\hat{a}_t}{\hat{a}_t}\right| < \delta, \left|\frac{\hat{b}_{t+1}-\hat{b}_t}{\hat{b}_t}\right| < \delta, \left|\frac{\hat{c}_{t+1}-\hat{c}_t}{\hat{c}_t}\right| < \delta$$

并以第 $t+1$ 次的计算结果作为参数 a, b, c 的估计值。

从上述估计过程可以看出，对于不可线性化模型，将其展开成泰勒级数一阶项并经过适当的变量变换之后，也可以将其转化成线性回归模型。因此，仍然可以采用 OLS 方法估计其中的参数。需要指出的是，上述迭代估计过程的收敛性及收敛速度与参数初始值的选取密切相关。若选取的初始值与参数的真实值比较接近，则收敛速度较快；反之，则收敛缓慢甚至发散。因此，估计模型时最好依据参数的经济意义和有关先验信息，设定好参数的初始值。

3.5　案例分析

3.5.1　模型设定

改革开放以来，随着经济体制改革的深化和经济的快速增长，中国的财政收支状况发生了很大变化，中央和地方的税收收入 1978 年为 519.28 亿元，到 2006 年已增长到 34809.72 亿元，29 年间增长了 67 倍。为了研究影响中国税收收入增长的主要原因，分析中央和地方税收收入的增长规律，预测中国税收未来的增长趋势，需要建立计量经济模型。

影响中国税收收入增长的因素很多，但据分析主要的因素可能有：① 从宏观经济看，经济整体增长是税收增长的基本源泉。② 公共财政的需求，税收收入是财政收入的主体，社会经济的发展和社会保障的完善等都对公共财政提出要求，因此对预算支出所表现的公共财政的需求对当年的税收收入可能会有一定的影响。③ 物价水平。我国的税制结构以流转税为主，以现行价格计算的 GDP 等指标和经营者的收入水平都与物价水平有关。④ 税收政策因素。我国自 1978 年以来经历了两次大的税制改革，一次是 1984 年～1985 年的国有企业利改税，另一次是 1994 年的全国范围内的新税制改革。税制改革对税收会产生影响，特别是 1985 年税收陡增 215.42％。但是第二次税制改革对税收增长速度的影响不是非常大。因此，可以从以上几个方面分析各种因素对中国税收增长的具体影响。

为了全面反映中国税收增长的全貌，选择包括中央和地方税收的“国家财政收入”中的“各项税收”（简称“税收收入”）作为被解释变量，以反映国家税收的增长；选择“国内生产总值（GDP）”作为经济整体增长水平的代表；选择中央和地方“财政支出”作为公共财政需求的代表；选择“商品零售物价指数”作为物价水平的代表。由于财税体制的改革难以量化，而且 1985 年以后财税体制改革对税收增长影响不是很大，可暂不考虑税制改革对税收增长的影响。所以解释变量设定为可观测的“国内生产总值”、“财政支出”、“商品零售物价指数”等变量。

从《中国统计年鉴》收集到以下数据（见表 3－1）：

表 3－1　中国税收收入及相关数据

年份	税收收入（亿元）(Y)	国内生产总值（亿元）(X_1)	财政支出（亿元）(X_2)	商品零售价格指数（％）(X_3)
1978	519.28	3624.1	1122.09	100.7
1979	537.82	4038.2	1281.79	102.0
1980	571.70	4517.8	1228.83	106.0
1981	629.89	4862.4	1138.41	102.4
1982	700.02	5294.7	1229.98	101.9

（续表）

年份	税收收入（亿元） (Y)	国内生产总值（亿元） (X_1)	财政支出（亿元） (X_2)	商品零售价格指数（%） (X_3)
1983	775.59	5934.5	1409.52	101.5
1984	947.35	7171.0	1701.02	102.8
1985	2040.79	8964.4	2004.25	108.8
1986	2090.73	10202.2	2204.91	106.0
1987	2140.36	11962.5	2262.18	107.3
1988	2390.47	14928.3	2491.21	118.5
1989	2727.40	16909.2	2823.78	117.8
1990	2821.86	18547.9	3083.59	102.1
1991	2990.17	21617.8	3386.62	102.9
1992	3296.91	26638.1	3742.20	105.4
1993	4255.30	34634.4	4642.30	113.2
1994	5126.88	46759.4	5792.62	121.7
1995	6038.04	58478.1	6823.72	114.8
1996	6909.82	67884.6	7937.55	106.1
1997	8234.04	74462.6	9233.56	100.8
1998	9262.80	78345.2	10798.18	97.4
1999	10682.58	82067.5	13187.67	97.0
2000	12581.51	89468.1	15886.50	98.5
2001	15301.38	97314.8	18902.58	99.2
2002	17636.45	104790.6	22053.15	98.7
2003	20017.31	117390.2	24649.95	99.9
2004	24165.68	159878.3	28486.89	102.8
2005	28778.54	182321	33930.28	100.8
2006	34809.72	210871	40422.73	101.0

数据来源:《中国统计年鉴》

设定的线性回归模型为:

$$Y_t = b_0 + b_1 X_{1t} + b_2 X_{2t} + b_3 X_{3t} + u_t$$

3.5.2　参数估计

利用 EViews 估计模型的参数，方法是：

(1) 建立工作文件：启动 EViews，点击 File\New\Workfile，打开对话框“Workfile Range”。在“Workfile frequency”中选择“Annual”(年度)，并在“Start date”中输入开始时间“1978”，在“end date”中输入最后时间“2006”，点击“OK”，出现“Workfile UNTITLED”工作框。其中已有变量：“c”—— 截距项；“resid”—— 剩余项。在“Objects”菜单中点击“New Objects”，在“New Objects”对话框中选“Group”，并在“Name for Objects”上定义文件名，点击“OK”，出现数据编辑窗口。

(2) 输入数据：点击“Quick”下拉菜单中的“Empty Group”，出现“Group”窗口数据编辑框，点第一列与“obs”对应的格，在命令栏输入“Y”，点下行键“↓”，即将该序列命名为 Y，并依此输入 Y 的数据。用同样方法在对应的列命名 X_1　X_2　X_3，并输入相应的数据。或者在 EViews 命令框直接键入“data Y　X_1　X_2　X_3”，回车出现“Group”窗口数据编辑框，在对应的 Y、X_1、X_2、X_3 下输入相应的数据。

(3) 估计参数：点击“Procs”下拉菜单中的“Make Equation”，在出现的对话框的“Equation Specification”栏中键入“Y　C　X_1　X_2　X_3”，在“Estimation Settings”栏中选择“Least Squares”(最小二乘法)，点“OK”，即出现回归结果，或者在 EViews 命令框中直接键入“LS　Y　C　X_1　X_2　X_3”命令后按回车键，也可得到回归结果(见图 3-1)：

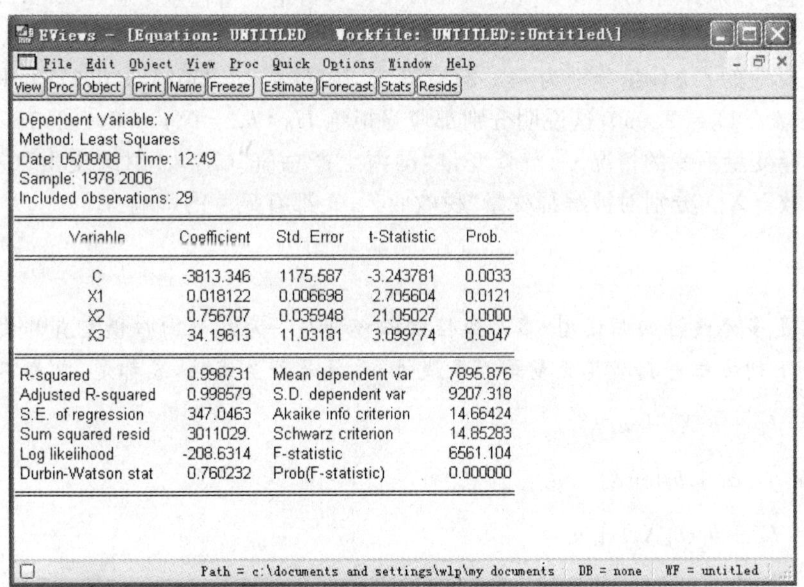

图 3-1　回归结果

根据表 3-1 中数据，模型估计的结果为：

$$\hat{Y} = -3813.346 + 0.018122X_1 + 0.756707X_2 + 34.19613X_3$$

$$(1175.587)\quad(0.006698)\quad(0.035948)\quad(11.03181)$$

$$t = (-3.243781) \quad (2.705604) \quad (21.05027) \quad (3.099774)$$

$$R^2 = 0.998731 \quad \overline{R}^2 = 0.998579 \quad F = 6561.104 \quad \text{df(自由度)} = 25$$

3.5.3 模型检验

1. 经济意义检验

模型估计结果说明，在假定其他变量不变的情况下，当年 GDP 每增长 1 亿元，税收收入就会增长 0.018122 亿元；在假定其他变量不变的情况下，当年财政支出每增长 1 亿元，税收收入会增长 0.756707 亿元；在假定其他变量不变的情况下，当年零售商品物价指数上涨一个百分点，税收收入就会增长 34.19613 亿元。这与理论分析和经验判断相一致。

2. 统计检验

(1) 拟合优度检验：由图 3-1 中数据可以得到：$R^2 = 0.998731$，修正的可决系数为 $\overline{R}^2 = 0.998579$，这说明模型对样本的拟合很好。

(2)F 检验：针对 $H_0: b_1 = b_2 = b_3 = 0$，给定显著性水平 $\alpha = 0.05$，在 F 分布表中查出自由度为 $k = 3$ 和 $n - k - 1 = 25$ 的临界值 $F_\alpha(3,25) = 2.99$。由图 3-1 中得到 $F = 6561.104$，由于 $F = 6561.104 > F_\alpha(3,25) = 2.99$，应拒绝原假设 $H_0: b_1 = b_2 = b_3 = 0$，说明回归方程显著，即"国内生产总值"、"财政支出"、"商品零售物价指数" 等变量联合起来确实对"税收收入" 有显著影响。

(3)t 检验：分别针对 $H_0: b_j = 0 (j = 0,1,2,3)$，给定显著性水平 $\alpha = 0.05$，查 t 分布表得自由度为 $n - k - 1 = 25$ 的临界值 $t_{\alpha/2}(n - k - 1) = 2.060$。由图 3-1 中的数据可得，与 $\hat{b}_0$、$\hat{b}_1$、$\hat{b}_2$、$\hat{b}_3$ 对应的 t 统计量分别为 -3.243781、2.705604、21.05027、3.099774，其绝对值均大于 $t_{\alpha/2}(n-k-1) = 2.060$，这说明分别都应当拒绝 $H_0: b_j = 0 (j = 0,1,2,3)$，也就是说，当在其他解释变量不变的情况下，解释变量"国内生产总值"(X_1)、"财政支出"(X_2)、"商品零售物价指数"(X_3) 分别对被解释变量"税收收入"Y 都有显著的影响。

思考与练习

1. 什么是多元线性回归模型？多元线性回归模型与一元线性回归模型有哪些区别？

2. 观察下列方程并判断其变量是否呈线性，系数是否呈线性，或都是，或都不是。

(1)$Y_i = b_0 + b_1 X_i^3 + u_i$

(2)$\log Y_i = b_0 + b_1 \log X_i + u_i$

(3)$Y_i = b_0 + b_1 (b_2 X_i) + u_i$

(4)$Y_i = \dfrac{b_0}{b_1 X_i} + u_i$

(5)$Y_i = b_0 + b_1 X_i + b_i X_{2i}/20 + u_i$

(6)$y_i = 1 + b_0 (1 - x_i^{b_1}) + u_i$

3. 对于多元线性回归模型，证明：

(1)$\sum e_i = 0$

(2) $\sum \hat{y}_i e_i = \sum (\hat{b}_0 + \hat{b}_1 x_{1i} + \cdots + \hat{b}_k x_{ki}) e_i = 0$

4. 多元线性回归模型

$$Y_i = b_0 + b_1 X_{1i} + b_2 X_{2i} + \cdots + b_k X_{ki} + u_i \quad i = 1,2,\cdots,n$$

的矩阵形式是什么?其中每个矩阵的含义是什么?熟练地写出用矩阵表示的该模型的普通最小二乘参数估计量。

5. 某人试图建立我国煤炭行业生产方程,以煤炭产量为被解释变量,经过理论和经验分析,确定以固定资产原值、职工人数和电力消耗量变量作为解释变量,变量的选择是正确的。于是建立了如下形式的理论模型:

煤炭产量 $= \alpha_0 + \alpha_1$ 固定资产原值 $+ \alpha_2$ 职工人数 $+ \alpha_3$ 电力消耗量 $+ u$

选择 2000 年全国 60 个大型国有煤炭企业的数据为样本观测值;固定资产原值用资产形成年当年价计算的价值量,其他采用实物量单位;采用 OLS 方法估计参数。指出该计量经济学问题中可能存在的主要错误,并简单说明理由。

6. 在多元线性回归分析中,为什么用修正的样本决定系数衡量估计模型对样本观测值的拟合优度?修正的样本决定系数 $\overline{R}^2$ 有哪些作用?

7. 非线性回归模型可分为哪几类?常见的非线性回归模型有哪些?

8. 计算下面三个自由度调整后的决定系数。这里,R^2 为决定系数,n 为样本数目,k 为解释变量个数。

(1) $R^2 = 0.75 \quad n = 8 \quad k = 2$

(2) $R^2 = 0.35 \quad n = 9 \quad k = 3$

(3) $R^2 = 0.95 \quad n = 31 \quad k = 5$

9. 设有模型 $y_t = b_0 + b_1 x_{1t} + b_2 x_{2t} + u_t$,试在下列条件下:

①$b_1 + b_2 = 1$;②$b_1 = b_2$,分别求出 b_1、b_2 的最小二乘估计量。

10. 假定以校园内食堂每天卖出的盒饭数量作为被解释变量,盒饭价格、气温、附近餐厅的盒饭价格、学校当日的学生数量(单位:千人)作为解释变量,进行回归分析;假设不管是否有假期,食堂都营业。不幸的是,食堂内的计算机有一次被病毒侵犯,所有的存储数据丢失,无法恢复,你能不能说出独立变量分别代表着哪一项?下面是回归结果(括号内为 t 值):

$$\hat{Y}_i = 10.6 + 28.4X_{1i} + 12.7X_{2i} + 0.61X_{3i} - 5.9X_{4i}$$

$$(2.6) \qquad (6.3) \qquad (0.61) \qquad (5.9) \qquad \overline{R}^2 = 0.63 \quad n = 35$$

要求:(1) 试判定每项结果对应着哪一个变量。

(2) 对你的判定结论做出说明。

11. 经研究发现,学生用于购买书籍及课外读物的支出与本人受教育年限和其家庭收入水平有关,对 18 名学生进行调查的统计资料如表 3-2 所示:

表 3-2　调查统计资料表

学生序号	购买书籍及课外读物支出 Y(元/年)	受教育年限 X_1(年)	家庭月可支配收入 X_2(元/月)
1	450.5	4	171.2
2	507.7	4	174.2
3	613.9	5	204.3
4	563.4	4	218.7
5	501.5	4	219.4
6	781.5	7	240.4
7	541.8	4	273.5
8	611.1	5	294.8
9	1222.1	10	330.2
10	793.2	7	333.1
11	660.8	5	366.0
12	792.7	6	350.9
13	580.8	4	357.9
14	612.7	5	359.0
15	890.8	7	371.9
16	1121.0	9	435.3
17	1094.2	8	523.9
18	1253.0	10	604.1

要求：

(1) 试求出学生购买书籍及课外读物的支出 Y 与受教育年限 X_1 和家庭收入水平 X_2 的估计的回归方程：$\hat{Y}=\hat{\beta}_0+\hat{\beta}_1 X_1+\hat{\beta}_2 X_2$

(2) 对 β_1、β_2 的显著性进行 t 检验；计算 R^2 和 $\overline{R}^2$；

(3) 假设有一学生的受教育年限 $X_1=10$ 年，家庭收入水平 $X_2=480$ 元/月，试预测该学生全年购买书籍及课外读物的支出，并求出相应的预测区间($\alpha=0.05$)。

12. 以企业研发支出(R&D)占销售额的比重为被解释变量(Y)，以企业销售额(X_1)与利润占销售额的比重(X_2)为解释变量，一个有 32 容量的样本企业的估计结果如下：

$$Y=0.472+0.32\log(X_1)+0.05X_2$$

$$(1.37)\qquad(0.22)\qquad(0.046)$$

$$R^2=0.099$$

其中括号中为系数估计值的标准差。

(1) 解释 $\log(X_1)$ 的系数。如果 X_1 增加 10%，估计 Y 会变化多少个百分点?这在经济上是一个很大的影响吗?

(2) 针对 R&D 强度随销售额的增加而提高这一备择假设，检验它不随 X_1 变化而变化的假设。分别在 5% 和 10% 的显著性水平上进行这个检验。

(3) 利润占销售额的比重 X_2 对 R&D 强度 Y 是否在统计上有显著的影响?

13. 查找 1991 ～ 2010 年我国城镇居民消费水平、城镇居民家庭人均可支配收入、城镇居民消费价格指数、商品零售价格指数、城乡居民储蓄存款的数据。

(1) 根据数据建立我国城镇居民消费水平(Y) 关于城镇居民家庭人均可支配收入(X_1)、城镇居民消费价格指数(X_2)、商品零售价格指数(X_3)、城乡居民储蓄存款(X_4) 的回归模型，并进行回归分析。

(2) 检验城镇居民家庭人均可支配收入、城镇居民消费价格指数、商品零售价格指数、城乡居民储蓄存款对城镇居民消费水平是否有显著性(显著性水平 5%)。

14. 研究青春发育与远视率(对数视力) 的变化关系，测得结果如下表：

年龄(岁)x	远视率(%)y	对数视力 $Y = \ln y$
6	63.64	4.153
7	61.06	4.112
8	38.84	3.659
9	13.75	2.621
10	14.50	2.674
11	8.07	2.088
12	4.41	1.484
13	2.27	0.82
14	2.09	0.737
15	1.02	0.02
16	2.51	0.92
17	3.12	1.138
18	2.98	1.092

试建立曲线回归方程 $\hat{y} = ae^{bx}$($\hat{y} = \ln a + bx$) 并进行计量分析。

第4章　异方差性

在前一章中，我们学习了最简单的计量经济模型 —— 经典线性回归模型。现在我们已经很熟悉线性回归模型的古典假设和满足古典假设前提下线性回归模型的性质。只有线性回归模型满足五项基本假设，则普通最小二乘法是估计模型参数的理想方法，因为用普通最小二乘法能获得模型参数的最佳线性无偏估计量。有了模型参数的估计量，并通过相应的一系列检验后，我们就可以应用检验有效的模型进行经济预测，即给定解释变量的值，预测被解释变量的可能值(点预测)或可能取值区间(区间预测)。

但现实生活中遇到的问题往往要比古典模型复杂得多。如果线性回归模型不能满足那些基本假设，普通最小二乘法获得的模型参数是否还会具备线性性、无偏性、有效性等优良性质?如果不能，应该用什么方法来估计模型参数才能获得参数的一个优良估计量?这是本章和以下几章要讨论的内容。

本章我们将讨论"异方差性"问题。异方差性是指模型违反了古典假设中的同方差性假设，古典线性回归模型的一个重要假设是总体回归方程的随机扰动项(u_i)同方差，即它们具有相同的方差σ^2。如果随机扰动项的方差随观察值不同而异，即u_i的方差为σ_i^2，就是异方差。用符号表示异方差为：$E(u_i^2)=\sigma_i^2$。

本章将在认识异方差性基本意义的基础上，分析异方差性产生的原因及其引起的后果，讨论怎样发现异方差性和修正异方差性的基本方法。

4.1　异方差性及其产生的原因

4.1.1　异方差性的定义

设线性回归模型为：

$$Y_i=\beta_0+\beta_1X_{1i}+\beta_2X_{2i}+\cdots+\beta_kX_{ki}+u_i \quad i=1,2,\cdots,n \tag{4-1}$$

经典回归模型中的同方差性假设为：

$$\mathrm{Var}(u_i)=\sigma^2 \quad i=1,2,\cdots,n \tag{4-2}$$

即对于不同的样本点，随机误差项的离散程度是相同的；如果出现：

$$\mathrm{Var}(u_i)=\sigma_i^2 \quad i=1,2,\cdots,n \tag{4-3}$$

即随机误差项的方差不是常数，则称模型出现了异方差性(Heteroskedasticity)。

对于采用截面数据作样本的计量经济学问题，由于在不同样本点上解释变量以外的其他因素的影响差异较大，所以往往存在异方差性。

异方差性的几何直观表示形式，可借助观测值的散布图表示。以一元线性回归为例，在散布图上，就是样本残差平方 e_i^2 随解释变量的变化而变化。图 4－1 给出了四种不同的反映异方差变化情况的散布图，其中图(a) 表示同方差情况，图(b)、图(c) 和图(d) 表示异方差情况。在图(a) 中，残差平方 e_i^2 基本上不随自变量 x 的变化而变化；在图(b) 中，残差平方 e_i^2 随自变量 x 的增大而增大，称为递增的异方差性；在图(c) 中，残差平方 e_i^2 随自变量 x 的增大而减少，称为递减的异方差性；在图(d) 中，残差平方 e_i^2 先减少后增大，称为复杂的异方差性。

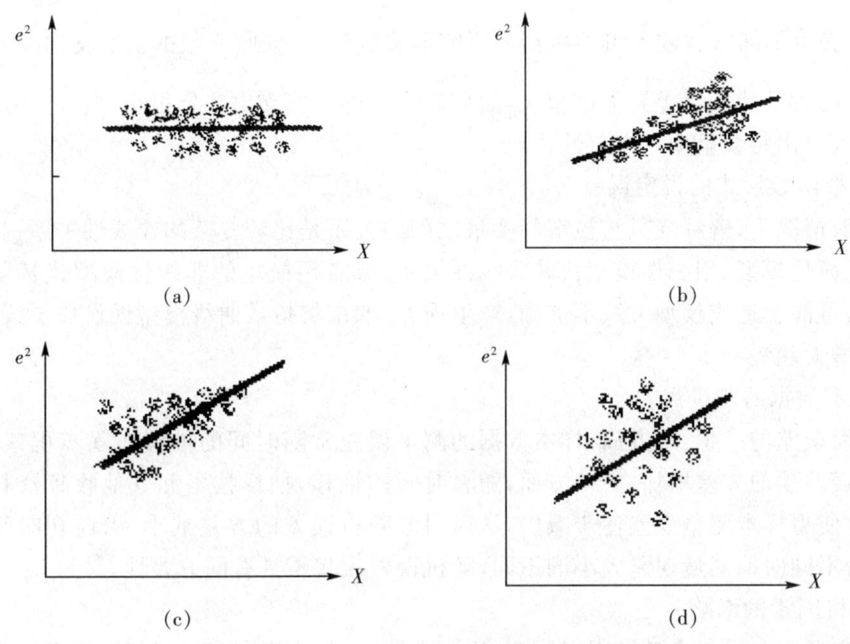

图 4－1 异方差性在散点图上的反映

(a) 同方差 (b) 递增异方差 (c) 递减异方差 (d) 复杂型

由于经济现象的错综复杂性，在实际经济现象中异方差问题是大量存在的。例如，利用横截面数据研究消费和收入之间的关系时，对收入较少的家庭，在满足基本消费支出之后的剩余收入已经不多，用在购买生活必需品上的比例较大，消费的分散幅度不大。而收入较多的家庭，有更多可自由支配的收入，使得这些家庭的消费支出选择范围更大。又因为个性、爱好、储蓄心理、消费习惯和家庭成员构成等因素的不同，造成消费分散幅度较大，可以说低收入家庭消费的分散度小于高收入家庭消费的分散度。

又如，以总产值作为解释变量建立企业的成本函数时，由于管理水平、生产技术等条件的影响，使得同一生产规模的企业有不同的生产成本；但生产规模较小的企业，其生产成本的差异不会很大，而生产规模较大的企业则可能会产生较大的差异，即随机误差项的方差是不同的。这种变化反映在模型中，即异方差性。

4.1.2 异方差性产生的原因

在计量经济研究中，异方差性产生的原因主要有以下四个方面：

1. 模型中遗漏了某些解释变量

如果模型中只包含所要研究的几个主要因素，而将其他影响解释变量的因素都归入随机误差项中，则可能使随机误差项产生异方差性。

例如，用横截面数据研究消费函数，根据绝对收入消费原理，设消费函数为：

$$Y_i = \beta_0 + \beta_1 X_i + u_i \tag{4-4}$$

其中，Y_i 为家庭消费支出，X_i 为家庭可支配收入。在该模型中，物价水平变量没有包括在解释变量中，但它对消费支出是有影响的，该影响因素却被放在随机误差项中。如果物价水平是影响消费的重要部分，则可能会使随机误差项的方差变动呈现异方差性。另一方面，如果以 $\frac{X_i}{p_i}$ 表示不同家庭收入组的数据来研究消费函数，不同收入组的消费支出差异是不同的。高收入组的消费支出差异应该很大，而低收入组的消费支出差异很小。所以，不同收入组的家庭消费支出将会呈现异方差性。

2. 模型函数形式的设定误差

在一般情况下，解释变量与被解释变量之间的关系是比较复杂的非线性关系。在构造模型时，为了简化模型，用线性模型代替非线性关系，或者用简单的非线性模型代替复杂的非线性关系，可能会造成模型关系不准确，产生误差。如果将指数曲线模型误设成了线性模型，则误差有增大趋势。

3. 样本数据的测量误差

这方面误差的产生：一方面，样本数据的测量误差常随时间的推移而逐步积累，从而会引起随机误差项的方差增加。另一方面，随着时间的推移，抽样技术和其他收集资料的方法的改进，也使得样本测量误差逐步减少，从而引起随机误差的方差减小。因此在时间序列资料中，因为不同时期测量误差大小的不同，随机误差项将不具有同方差性。

4. 随机因素的影响

经济变量本身受很多随机因素影响，比如政策、自然灾害、金融危机等，因而不具有确定性和重复性。同时，社会经济问题不仅涉及人的思维和行为，还涉及各阶层的利益，而人的行为具有很多不确定性因素。

因此，经济分析中经常会遇到异方差性问题，而且经验表明，利用横截面数据建立模型时，由于在不同样本点上解释变量除外的其他因素影响的差异较大，所以比时间序列资料更容易产生异方差性。

在实际经济计量分析中，绝对严格的同方差性几乎是不存在的，异方差性可以说是一种普遍现象。基于此，我们将在以下几节作专门讨论。

4.2 异方差性的后果

如果线性回归模型的随机误差项存在异方差性，就会对模型的参数估计、模型检验及模型应用带来重大影响。现以一元线性回归模型为例，对异方差性产生的后果进行分析。

4.2.1 对模型参数估计值无偏性的影响

设一元线性回归模型为：$Y_i = \beta_0 + \beta_1 X_i + u_i$，随机误差项 u_i 的方差随解释变量的变化而变化，即 $\mathrm{Var}(u_i) = \sigma_i^2$，其他条件不变，所以，$u_i \sim N(0, \sigma_i^2)$。在高斯-马尔可夫定理验证过程

中曾经得到过：$\hat{\beta}_1 = \beta_1 + \sum k_i u_i$，于是，$E(\hat{\beta}_1) = \beta_1 + \sum k_i E(u_i) = \beta_1$。该等式表明 β_1 满足无偏性。同理可证$\hat{\beta}_0$ 也是 β_0 的无偏估计量。

由此可见，随机误差项存在异方差性时，不影响模型参数最小二乘估计值的无偏性。得出这一结果是因为，在推导过程中，只对解释变量与随机误差项的相互独立做了假定，而未用到随机误差项的同方差性。

4.2.2 对模型参数估计值有效性的影响

继续推导，因为参数 β_1 的估计值$\hat{\beta}_1$ 的方差为：

$$\begin{aligned}\mathrm{Var}(\hat{\beta}_1) &= \mathrm{Var}(\beta_1 + \sum k_i u_i) = \mathrm{Var}(\sum k_i u_i) \\ &= \sum k_i^2 \mathrm{Var}(u_i) \quad \text{（根据非自相关假定）} \\ &= \sigma^2 \sum k_i^2 = \frac{\sigma^2}{\sum (X_i - \overline{X})^2} \quad \text{（根据同方差假定）} \end{aligned} \tag{4-5}$$

其中，$k_i = \dfrac{(x_i - \overline{X})}{\sum (x_i - \overline{X})^2}$。这样，如果再以 σ^2 的无偏估计量$\hat{\sigma}^2 = \dfrac{\sum e_i^2}{n-2}$ 估计 σ^2，就可以得到$\hat{\beta}_1$ 的标准差为：

$$S(\hat{\beta}_1) = \sqrt{\frac{\hat{\sigma}^2}{\sum (X_i - \overline{X})^2}} = \sqrt{\frac{\hat{\sigma}^2}{S_{xx}}} \tag{4-6}$$

但是，在异方差的情况下，σ_i^2 是一些不同的数，只有估计出每一个 σ_i^2 之后才能得到系数的标准差，这在只有一组样本观察值的情况下是无法做到的，假设此时参数估计值为 $\hat{\beta}_1^*$，并设：$\sigma_i^2 = \lambda_i \hat{\sigma}^2 \quad (\lambda_i, i = 1, 2, \cdots, n)$

则在异方差情况下，系数的标准差为：

$$\begin{aligned} S(\hat{\beta}_1^*) &= \sqrt{\sum k_i^2 \sigma_i^2} = \sqrt{\sum k_i^2 \lambda_i \hat{\sigma}^2} = \sqrt{\sum \frac{(X_i - \overline{X})^2}{S_{xx}^2} \cdot \lambda_i \hat{\sigma}^2} \\ &= \sqrt{\frac{\hat{\sigma}^2}{S_{xx}}} \cdot \sqrt{\sum \frac{\lambda_i (X_i - \overline{X})^2}{S_{xx}}} \end{aligned} \tag{4-7}$$

因此，如果仍然用 $\sqrt{\dfrac{\hat{\sigma}^2}{S_{xx}}}$ 计算系数的标准误差，将会产生估计偏差，并且偏差的大小取决于第二个因子值的大小，当其值大于 1 时，则会过低估计系数的误差；反之，则做出过高估计。由此可见，当线性回归模型的随机误差项存在异方差时，最小二乘估计量$\hat{\beta}_1$ 不再具有最小方差。同理，$\hat{\beta}_0$ 也有类似结果，所以，参数的最小二乘估计量不是一个有效的估计量。

4.2.3 对模型参数估计值显著性检验的影响

对线性回归模型的显著性检验，一是要通过计算参数估计值的标准差，用以判断参数估计值与真实值的差异；二是要通过 t 统计量的计算，判断参数估计值在多大程度上代表真实参数;三是通过计算真实参数的变动区间,用以判断参数估计值代表真实参数的精确程度和可信度。由前面推导可知,在异方差情况下,无法正确估计系数的标准误差 $S(\hat{\beta}_1)$,这直接影响到 t 统计量值的正确确定,从而造成 t 检验的可靠性降低。因为在 $\beta_1=0$ 成立的条件下:

$$t(\hat{\beta}_1)=\frac{\hat{\beta}_1}{S(\hat{\beta}_1)} \tag{4-8}$$

当随机误差项存在异方差时,OLS 估计不再具有有效性,所以用 t 检验来判断解释变量影响的显著性将失去意义。

4.2.4　模型的预测失效

异方差性的存在,一方面使模型失去了良好的统计性质;另一方面由于随机误差项的方差与模型的预测区间有关,在 σ_i^2 逐渐增大的情况下,模型的预测误差也随着增大,从而造成参数区间的估计失真,进一步影响 Y 的预测区间,使其降低预测精度。

上述分析表明,实际经济问题中经常会出现异方差性,这将直接影响回归模型的估计、检验和运用。因此,在建立计量经济模型的过程中,应该检验模型是否存在异方差性。如果不存在异方差性(当然要求其他假定也同时成立),则可以用回归分析方法建立模型;否则,应该采用其他的参数估计方法。

如前所述,当模型不满足同方差假定时,普通最小二乘法是不适用的。因而,我们在确定用什么方法来估计模型时,首先要判断模型的随机误差项是否存在异方差性,即要对异方差现象是否显著地存在做出检验。

4.3　异方差性的检验

关于异方差性的检验方法,是计量经济学中一个重要的课题。在一些计量经济学教科书和文献中,可以见到十几种检验方法,例如图示法、戈德菲尔德-匡特检验、戈里瑟检验、怀特检验、等级相关系数法,等等,但很难说哪一种方法是最好的。这些方法尽管不同,但存在一个共同的思路。正如上面所指出的,异方差性,即相对于不同的样本点,也就是相对于不同的解释变量观测值,随机误差项具有不同的方差,那么检验异方差性,也就是检验随机误差项的方差与解释变量观测值之间的相关性。各种检验方法就是在这个思路下发展起来的。

问题在于用什么来表示随机误差项的方差。由于随机误差项的变化是由模型之外其他因素的综合影响来决定,其取值情况是无法观测的。因此,在实际研究中,一般是通过对残差分布情况的分析来推测随机误差项的分布特征,因为残差项 $\hat{u}_i$ 描述的也是解释变量之外其他因素的综合影响,可以将其作为随机误差项 u_i 的估计量。这样我们就可以用残差的平方来表示随机误差项的方差。

4.3.1　图示检验法

异方差是指随机误差项 u_i 的方差随着 X 的变化而变化。根据 X 与随机误差项 u_i 的方差的关系,一般认为异方差可以分为三种类型:递增异方差、递减异方差和复杂异方差。

故可以根据 $X-Y$ 的散点图,或者残差平方 $\hat{u}_i^2$ 与 X 的散点图,对异方差是否存在及其类型作出判断。

由图 4-2 可以作出直观判断：图(a) 和图(1) 表示同方差；图(b) 和图(2) 表示递增异方差；图(c) 和图(3) 表示递减异方差；图(d) 和图(4) 表示方差先减后增；图(e) 和图(5) 表示方差先增后减。本章中主要讨论的是图(b) 和图(c) 两种情况下的异方差，而图(d) 和图(e) 的情况比较复杂，需要进一步研究。

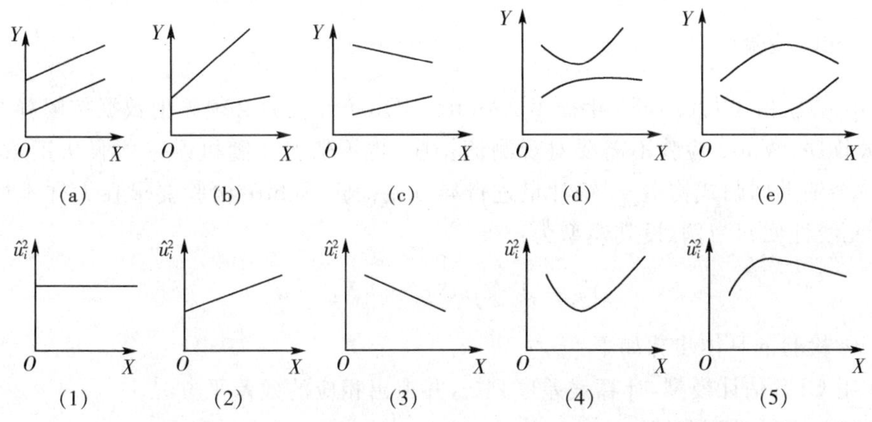

图 4-2　X－Y 的散点图和残差平方$\hat{u}_i^2$ 与 X 的散点图

(a) ～ (e) 为 X-Y 的散点图　(1) ～ (5) 为残差平方与 X 的散点图

4.3.2　G-Q 检验

这种方法是由戈德菲尔德(Goldfeld) 和匡特(Quandt) 于 1965 年提出的，称为戈德菲尔德-匡特检验。检验的基本思想是将样本按解释变量排序后，分为两个部分 —— 样本 1 和样本 2，然后分别对样本 1 和样本 2 进行回归分析，分别求出它们的残差平方和 RSS_1 及 RSS_2，如果随机误差项是同方差的，则 RSS_1 和 RSS_2 的值应该大致相同；如果是异方差的，则两者差别较大，以此来判断是否存在异方差。该检验有几个前提条件：

(1) 样本容量较大；

(2) 异方差是递增或递减型的，这里讨论递增型的异方差；

(3)u_i 服从正态分布，除异方差之外，满足其他假定条件。

戈德菲尔德-匡特检验的基本步骤和具体做法为：

(1) 排序。将 n 对样本观测值(X_i, Y_i) 按解释变量 X 的大小顺序排列(X 与 Y 的对应关系不能改变)。

(2) 数据分组。将排列中间的约 1/4 的观测值去掉，除去的观测值的个数记作 c，将其余的观测值分为两部分，尽量使剩余两部分样本相等，每部分的观测值为$(n-c)/2$。

(3) 提出假定。H_0 ∶ u_i 为同方差性，H_1 ∶ u_i 为异方差性。

(4) 构造统计量。分别对两个样本进行回归分析，计算相应的残差平方和。RSS_1 表示 X_i 较小值子样本的残差平方和，RSS_2 表示 X_i 较大值子样本的残差平方和，它们的自由度为 $\frac{n-c}{2}-k-1$，k 为估计参数的个数，于是可以构造统计量

$$F=\frac{RSS_2/(\frac{n-c}{2}-k-1)}{RSS_1/(\frac{n-c}{2}-k-1)}=\frac{RSS_2}{RSS_1}\sim F(\frac{n-c}{2}-k-1,\frac{n-c}{2}-k-1)$$

(5) 判断。在上式中，残差平方和除以自由度得到随机项 u_i 的方差的两个估计值。简单地讲，若两个方差估计值相同，表明同方差，则 F 的值就接近 1；若不相同，由于假定为递增异方差，RSS_2 应该大于 RSS_1，则 F 的值大于 1。若给定显著水平 α，利用 F 分布的临界值 F_α 进行显著性检验，当 $F > F_\alpha$ 时，应拒绝 H_0，接受 H_1，则存在异方差；当 $F < F_\alpha$ 时，应接受 H_0，则存在同方差。

4.3.3 White 检验

White 检验由 White 1980 年提出。Goldfeld-Quandt 检验必须先把数据按解释变量的值从小到大排序。White 检验不需要对观测值排序，也不依赖于随机误差项服从正态分布，它是通过一个辅助回归式构造 χ^2 统计量进行异方差检验。White 检验要求在大样本情况下进行，以二元线性回归为例，设其模型为：

$$Y_i = \beta_0 + \beta_1 X_{1i} + \beta_2 X_{2i} + u_i \tag{4-9}$$

White 检验的具体步骤如下：

(1) 用 OLS 估计模型，计算残差序列 $\hat{u}_i$，并求出相应的残差平方 $\hat{u}_i^2$。

(2) 做如下辅助回归式：

$$\hat{u}_i^2 = \alpha_0 + \alpha_1 X_{1i} + \alpha_2 X_{2i} + \alpha_3 X_{1i}^2 + \alpha_4 X_{2i}^2 + \alpha_5 X_{1i} X_{2i} + v_i \tag{4-10}$$

其中，v_i 为随机误差项。即求 $\hat{u}_i^2$ 对 $X_{1i}, X_{2i}, X_{1i}^2, X_{2i}^2, X_{1i}X_{2i}$ 的线性回归估计式（辅助回归函数）。注意，上式中要保证常数项。

(3) 计算统计量 nR^2。n 为样本容量，R^2 为辅助回归方程的可决系数。

(4) 提出原假定 H_0：$\alpha_1 = \alpha_2 = \alpha_3 = \alpha_4 = \alpha_5 = 0$，在此假定下 nR^2 服从自由度为 5 的 χ^2 分布。给定显著水平 α，查表得 $\chi_\alpha^2(5)$，若 $nR^2 > \chi_\alpha^2(5)$，则拒绝原假设 H_0，表明式中的随机项 u_i 存在异方差；反之，则认为不存在异方差。

利用 EViews 软件可以直接进行 White 检验。

4.3.4 帕克检验和戈里瑟检验

前面研究的戈德菲尔德-匡特检验只能检验计量模型的异方差是否存在，不能找出异方差性的具体表现形式。帕克检验(Park Test) 和戈里瑟检验(Glejser Test) 法是帕克和戈里瑟提出的异方差的检验方法。它不但可以检验异方差是否存在，而且可以近似探测随机误差项的方差是怎样随解释变量的变化而变化的。其基本思路是用残差平方 $\hat{u}_i^2$ 或残差的绝对值 $|\hat{u}_i|$ 对每个解释变量建立各种形式的回归模型，通过模型检验 $\hat{u}_i^2$ 或 $|\hat{u}_i|$ 与各解释变量是否存在高度的相关关系，从而判定随机误差项的方差是否会随着解释变量的变化而变化。

帕克检验的模型形式为：

$$\hat{u}_i^2 = \alpha_0 X_i^{\alpha_1} e^{v_i} \tag{4-11}$$

即

$$\ln \hat{u}_i^2 = \ln\alpha_0 + \alpha_1 \ln X_i + v_i \tag{4-12}$$

或者

$$\hat{u}_i^2 = \alpha_0 + \alpha_1 X_i + v_i \tag{4-13}$$

帕克检验的步骤如下：

(1) 运用原始数据作普通最小二乘回归，不考虑异方差问题。

(2) 从原始回归方程中得到残差，并求其平方，再取对数形式。

(3) 利用原始模型中的一个解释变量作如式(4-12)的回归；如果有多个解释变量，则对每个解释变量都作如式(4-12)的回归，或作对 Y_i 的估计值 $\hat{Y}_i$ 的回归。

(4) 检验原假设 $\alpha_1 = 0$，即不存在异方差。如果 $\ln \hat{u}_i^2$ 和 $\ln X_i$ 间是统计显著的，则拒绝原假设，表明存在异方差，这种情况下我们需采取一些补救措施，随后讨论。如果 $\ln \hat{u}_i^2$ 和 $\ln X_i$ 间不是统计显著的，则接受原假设，表明原模型不存在异方差。

戈里瑟检验实质上与帕克检验很相似。戈里瑟提出如下的假定函数形式：

$$|\hat{u}_i| = \alpha_0 + \alpha_1 X_i^h + v_i \quad h = \pm 1, \pm 2, \pm 1/2, \cdots \tag{4-14}$$

其中，v_i 是随机误差项。

利用样本决定系数 R^2、t 统计量进行显著性检验，若有通过检验的模型，则说明原计量经济模型存在该种形式的异方差。如果认为随机误差项的方差与多个解释变量有关，可以用 $|\hat{u}_i|$ 作为被解释变量，以这些相关的变量为解释变量，构造多元的戈里瑟检验模型，利用样本决定系数 R^2、t 统计量和 F 统计量检验回归式是否显著。若显著，说明随机误差项存在异方差性。

这两种检验的优点是：不仅检验了异方差性是否存在，同时也给出了异方差存在时的具体表现形式，为克服异方差提供了方便。但是，由于构造 $\hat{u}_i^2$ 或 $|\hat{u}_i|$ 与解释变量的回归式是探测性的，如果试验模型选得不好，则检验不出是否存在异方差性。

4.3.5 ARCH 检验

异方差是计量经济分析过程中经常遇到的问题，而且人们通常认为横截面资料容易产生异方差性，时间序列资料容易产生自相关性。那么，时间序列数据是否也会出现异方差性？具体又是什么形式？

一些从事股票价格、通货膨胀率、外汇汇率等金融时间序列预测的研究工作者，发现这些变量的预测精度随时期的不同而有很大的差异，某一个时期预测误差相对较小，另一个时期则相对较大，而且经常是较大误差与较小误差成群出现。这种差异特征很可能由于金融市场的波动易受消息、政局变动、政府货币与财政政策变化等因素的影响。这些现象同时也表明，时间序列数据的误差项也不是同方差的，而且是一种特殊的异方差形式——误差项的方差主要依赖于前段时期误差的变化程度，即存在着某种自相关性。

一个被广泛采用的这类异方差模型是由罗伯特·恩格尔(Robert Engle)于1982年提出的“自回归条件异方差性模型”(Autoregressive Conditional Heteroskedosticity Model，简称ARCH模型)，这种检验方法不是把原回归模型的随机误差项 σ_i^2 看做是 X_i 的函数，而是把 σ_i^2 看作误差滞后项 $\sigma_{t-1}^2, \sigma_{t-2}^2, \cdots$ 的函数。ARCH 是误差项二阶矩的自回归过程。恩格尔(1982)针对 ARCH 过程提出 LM 检验法。辅助回归式定义为：

$$\hat{u}_t^2 = \alpha_0 + \alpha_1 \hat{u}_{t-1}^2 + \cdots + \alpha_p \hat{u}_{t-p}^2 \tag{4-15}$$

LM 统计量定义为：

$$\text{ARCH} = (n-p)R^2 \sim \chi^2(P)$$

其中 R^2 是辅助回归式(4-15)的可决系数。在 $H_0: \alpha_1 = \cdots = \alpha_p = 0$ 成立的条件下，ARCH 渐近服从 $\chi^2(P)$ 分布。ARCH 检验的最常用形式是一阶自回归模型($p=1$)

$$\hat{u}_t^2 = \alpha_0 + \alpha_1 \hat{u}_{t-1}^2 \tag{4-16}$$

在这种情形下，ARCH 渐近服从卡方 $X^2(1)$ 分布。

综上所述，异方差性的检验主要是通过随机误差项 u_i 的估计值残差 $\hat{u}_i$ 的分析，判断随机误差项的方差与解释变量观测值之间的关系来检验，很难说哪一种方法最有效。在计量经济分析中，若通过检验判断回归模型存在异方差，不能直接进行 OLS 估计，必须进行处理。

上面只讨论了检验异方差的一些常用方法，另外还有其他的一些方法，例如斯皮尔曼(Spearman)秩相关检验、布劳殊-帕干-戈弗雷(Breusch-Pagan-Godfrey)检验、巴特利特(Bartlett)方差同质性检验等等。有兴趣的读者可参考相关文献和资料。

4.4 异方差性的解决方法

如果模型经检验存在异方差性，首先应该分析模型是否遗漏了重要的解释变量，或者模型的函数形式是否设置不当；然后再考虑采用必要的估计方法，消除或削弱异方差性对模型的不利影响，以提高估计参数的精度。下面介绍几种常用的方法。

4.4.1 加权最小二乘法

当 σ_i^2 已知或能够估计时，处理异方差性的方法一般采用加权最小二乘法(Weighted Least Squares，WLS)。首先，我们看一下一元线性回归模型的例子。设回归模型为：

$$\text{PRF}: Y_i = \beta_0 + \beta_1 X_i + u_i \tag{4-17}$$

$$\text{SRF}: Y_i = \hat{\beta}_0 + \hat{\beta}_1 X_i + \hat{u}_i \tag{4-18}$$

1. 加权最小二乘法(WLS)的基本原理

在运用最小二乘法(OLS)时，利用残差平方和最小的条件来确定参数 β_0，β_1 的估计值。即利用 $\sum \hat{u}_i^2 = \sum (Y_i - \hat{\beta}_0 - \hat{\beta}_1 X_i)^2 = \min$ 来求出 $\hat{\beta}_0$，$\hat{\beta}_1$。在上述过程中，对每个 $\hat{u}_i^2$ 都给予了相同的权数。这就说明在同方差假定条件满足的情况下，对残差平方和 RSS($\sum \hat{u}_i^2$) 各样本点(即各个观测值)所提供的信息重要程度是相同的。

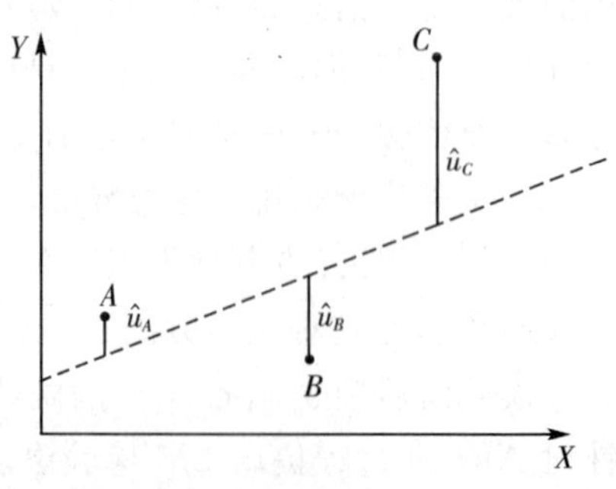

图 4-3 递增异方差

但在异方差条件下，不同的 X_i 对应的 u_i 偏离均值的离散程度不一样，这时仍用 OLS 估计，异方差对参数估计值的影响是肯定存在的。设异方差是递增型的，如图 4-3 所示，有 A、B、C 三点，它们的残差分别是 $\hat{u}_A$，$\hat{u}_B$，$\hat{u}_C$，样本观测值较小的 X_A 由于随机项方差较小，使得残差$\hat{u}_A$在计算$\sum \hat{u}_i^2$过程中提供的信息较少，要给予重视；而极值C点由于方差较大，使得残差$\hat{u}_C$在计算$\sum \hat{u}_i^2$过程中提供的信息较多，要给予必要的折扣，否则，在拟合回归直线过程中，由样本信息所确定的回归直线会不精确。加权最小二乘法主要是将较小$\hat{u}_i^2$（如A点）给予较大的权数，而将较大的$\hat{u}_i^2$（如C点）给予较小的权数，对残差所提供的信息的重要程度做一番调整，以提高参数估计的精确度。

2. 加权最小二乘法的权数的选取

设取总体方差的倒数为权数，即

$$W_i = \frac{1}{\sigma_i^2} \quad (i = 1, 2, \cdots, n)$$

权数W_i变化趋势与异方差变化的趋势相反，σ_i^2越大，W_i越小；σ_i^2越小，W_i越大，经过加权处理使得异方差经过某种均匀的“压缩”和“扩张”过程，变异方差为同方差或接近同方差。因此称

$$\sum W_i \hat{u}_i^2 = \sum W_i (Y_i - \hat{\beta}_0 - \hat{\beta}_1 X_i)^2 \tag{4-19}$$

为加权的残差平方和，运用极值方法得到参数估计式

$$\hat{\beta}_1 = \frac{\sum W_i \dot{y}_i^* \dot{x}_i^*}{\sum W_i \dot{x}_i^{*2}} \tag{4-20}$$

$$\hat{\beta}_0 = \overline{Y}^* - \hat{\beta}_1 \overline{X}^* \tag{4-21}$$

其中
$$\overline{X}^* = \frac{\sum W_i X_i}{\sum W_i}, \quad \overline{Y}^* = \frac{\sum W_i Y_i}{\sum W_i}$$

$$\dot{x}_i^* = X_i - \overline{X}^*, \quad \dot{y}_i^* = Y_i - \overline{Y}^*$$

这种求解参数估计的方法称为加权最小二乘法。

当然，权数W_i也可以选取任一变化趋势与异方差的趋势相反的变量序列。例如，当异方差是递增型时，可取$W_i = \frac{1}{X_i}$。

同时可以看出，若$W_1 = W_2 = \cdots = W_n$，即每个观测值具有相同的权数，则加权最小二乘法与普通最小二乘法是一致的。

4.4.2 模型变换法

1. 模型变换法的概念

模型变换法是对存在异方差的总体回归方程作适当的变换，使之满足同方差的假定，然后再运用OLS估计。

对未知的σ_i^2作出一定的假定，这些假定主要是对具体的问题进行经验分析，或者采用其他检验结果来确定的。

以一元回归模型为例，设原模型为：

$$Y_i = \beta_0 + \beta_1 X_i + u_i \tag{4-22}$$

其中，u_i 具有异方差性，其表现形式为：

$$\mathrm{Var}(u_i) = \sigma_i^2 = \sigma^2 f(X_i) \quad (\sigma^2 \text{ 为常数}, f(X_i) > 0) \tag{4-23}$$

2. 模型变换法的一般处理方法

用 $\sqrt{f(X_i)}$ 去除式(4－22)两边，可得：

$$\frac{Y_i}{\sqrt{f(X_i)}} = \beta_0\left(\frac{1}{\sqrt{f(X_i)}}\right) + \beta_1 \frac{X_i}{\sqrt{f(X_i)}} + \frac{u_i}{\sqrt{f(X_i)}} \tag{4-24}$$

记 $v_i = \dfrac{u_i}{\sqrt{f(X_i)}}$，则变换后的模型的随机项 v_i 具有同方差性，因为

$$\mathrm{Var}(v_i) = \mathrm{Var}\left(\frac{u_i}{\sqrt{f(X_i)}}\right) = \frac{1}{f(X_i)}\mathrm{Var}(u_i) = \sigma^2 = \text{常数} \tag{4-25}$$

故对变换后的模型式(4－24)可以进行 OLS 估计。

函数 $f(X_i)$ 可以有不同的形式，Glejser 检验提供了相应的信息。一般情况下，$f(X_i)$ 有以下几种形式：

(1) $f(X_i) = X_i^2$

(2) $f(X_i) = X_i$

(3) $f(X_i) = \alpha_0 + \alpha_1 X_i$

因此，根据 $f(X_i)$ 的不同形式，对原模型 $Y_i = \beta_0 + \beta_1 X_i + u_i$ 可以有以下变换形式：

(1) 当 $f(X_i) = X_i^2$ 时，$\mathrm{Var}(u_i) = \sigma^2 X_i^2$，则原模型 $Y_i = \beta_0 + \beta_1 X_i + u_i$ 变换为：

$$\frac{Y_i}{X_i} = \frac{\beta_0}{X_i} + \beta_1 + \frac{u_i}{X_i}$$

此时

$$\mathrm{Var}\left(\frac{u_i}{X_i}\right) = \frac{1}{X_i^2}\mathrm{Var}(u_i) = \frac{1}{X_i^2}\sigma^2 X_i^2 = \sigma^2$$

由式可以看出，变换后的模型式的随机项 $\dfrac{u_i}{X_i}$ 是同方差的。注意：在这种变换中，β_1 成了截距，在对模型式进行 OLS 估计时的估计值要和原模型的参数的估计值对应，也就是要知道对变换后的各个参数的估计，应注意在原模型中的意义。

(2) 当 $f(X_i) = X_i$ 时，$\mathrm{Var}(\varepsilon_i) = \sigma^2 X_i$，则原模型 $Y_i = \beta_0 + \beta_1 X_i + u_i$ 变换为：

$$\frac{Y_i}{\sqrt{X_i}} = \frac{\beta_0}{\sqrt{X_i}} + \beta_1 \sqrt{X_i} + \frac{u_i}{\sqrt{X_i}}$$

此时，

$$\mathrm{Var}\left(\frac{u_i}{\sqrt{X_i}}\right) = \frac{1}{X_i}\mathrm{Var}(u_i) = \frac{1}{X_i}\sigma^2 X_i = \sigma^2$$

由式可以看出变换后的模型式的随机项 $\frac{u_i}{\sqrt{X_i}}$ 是同方差的。经过这种变换，将原模型变为：

$$Y_i' = \beta_0 X_{1i}' + \beta_2 X_{2i}' + v_i$$

实际上，变成了二元回归。这时可以进行 OLS 估计，但要注意的是，根据式估计出的参数估计值要和原模型的参数估计值对应起来。

(3) 当 $f(X_i) = \alpha_0 + \alpha_1 X_i$ 时，$\text{Var}(u_i) = \sigma^2(\alpha_0 + \alpha_1 X_i)$，则原模型 $Y_i = \beta_0 + \beta_1 X_i + u_i$ 变换为：

$$\frac{Y_i}{\sqrt{\alpha_0 + \alpha_1 X_i}} = \frac{\beta_0}{\sqrt{\alpha_0 + \alpha_1 X_i}} + \beta_1 \frac{X_i}{\sqrt{\alpha_0 + \alpha_2 X_i}} + \frac{u_i}{\sqrt{\alpha_0 + \alpha_1 X_i}}$$

此时

$$\text{Var}\left(\frac{u_i}{\sqrt{\alpha_0 + \alpha_1 X_i}}\right) = \frac{1}{\alpha_0 + \alpha_1 X_i}\text{Var}(u_i) = \sigma^2$$

可以看出变换后的模型的随机项 $\frac{u_i}{\sqrt{\alpha_0 + \alpha_1 X_i}}$ 是同方差的。

4.4.3　模型的对数变换

在经济意义成立的情况下，如果对线性模型作对数变换，其变量均用对数代替。如在式(4-22)中，变量 Y 和 X 分别用 $\ln Y$ 和 $\ln X$ 取代，则对

$$\ln Y_i = \beta_0 + \beta_1 \ln X_i + u_i \tag{4-26}$$

进行回归，通常可以降低异方差性的影响。

其原因在于：首先，对数变换能使测定变量值的尺度缩小，它可以将两个数值之间原来10倍的差异缩小到只有2倍的差异；其次，经过对数变换后的线性模型，如式(4-26)其残差表示为相对误差，而相对误差往往比绝对误差具有较小的差异。

我们把式(4-26)又称为全对数模型，式中斜率系数 β_1 可以看成作为反映变量 Y 对变量 X 的弹性，即 Y 相对于 X 的百分比变化，这在实际分析中有较强的应用意义。

但是需要注意的是，对变量取对数虽然能够减少异方差对模型的影响，但应注意取对数后变量的经济意义。如果变量之间在经济意义上并非呈对数线性关系，则不能简单地对变量取对数，这时只能用其他的方法对异方差进行修正。

4.5　案例分析

根据表4-2分析2005年中国各地区城镇居民平均每人全年家庭可支配收入(X，单位：元)与交通和通讯支出(Y，单位：元)的关系，来预测随着人们收入的增加，对交通、通讯的需求(数据来源：《中国统计年鉴2006》)。

表 4-2　2005 年中国各地区城镇居民平均每人全年家庭可支配收入及交通和通讯支出(单位:人民币 元)

地　区	可支配收入(X)	交通和通讯支出(Y)	地　区	可支配收入(X)	交通和通讯支出(Y)
北　京	17652.95	1943.48	湖　北	8785.94	649.87
天　津	12638.55	998.01	湖　南	9523.97	801.27
河　北	9107.09	772.34	广　东	14769.94	2333.05
山　西	8913.91	604.35	广　西	9286.70	703.39
内蒙古	9136.79	755.51	海　南	8123.94	728.29
辽　宁	9107.55	744.02	重　庆	10243.46	929.92
吉　林	8690.62	733.50	四　川	8385.96	827.66
黑龙江	8272.51	596.97	贵　州	8151.13	625.44
上　海	18645.03	1983.72	云　南	9265.90	930.59
江　苏	12318.57	1050.88	西　藏	9431.18	1309.95
浙　江	16293.77	2097.41	陕　西	8272.02	630.16
安　徽	8470.68	676.86	甘　肃	8086.82	638.63
福　建	12321.31	1048.71	青　海	8057.85	691.25
江　西	8619.66	567.52	宁　夏	8093.64	705.69
山　东	10744.79	902.32	新　疆	7990.15	757.09
河　南	8667.97	636.57			

注:资料来源于《中国统计年鉴 2006》

由数据可以看出,随着人均家庭可支配收入的增加,人均交通和通讯支出也表现出增加的趋势,而且增加的速度加快。如果做城镇居民平均每人全年家庭交通和通讯支出与可支配收入的回归,很难保证同方差假定,其原因是不同收入水平家庭的边际交通和通讯支出倾向不同,而且这种边际消费倾向也受本地区经济发达程度的影响。例如:浙江省人均家庭可支配收入为 16293.77 元/年,人均家庭交通和通讯支出为 2097.41 元/年;而上海市人均家庭可支配收入为 18645.03 元/年,人均家庭交通和通讯支出为 1983.72 元/年。

1. 用普通最小二乘法(OLS)估计参数

设模型为 $Y_i = \beta_0 + \beta_1 X_i + u_i$,运用 EViews 软件操作过程如下:

首先建立工作文件,输入样本数据,然后在“Quick”菜单中选“Estimate Equation”项,在 OLS 对话框中键入 Y C X,用鼠标点击“OK”,或者键入命令:LS Y C X,即得估计结果,见图 4-4。

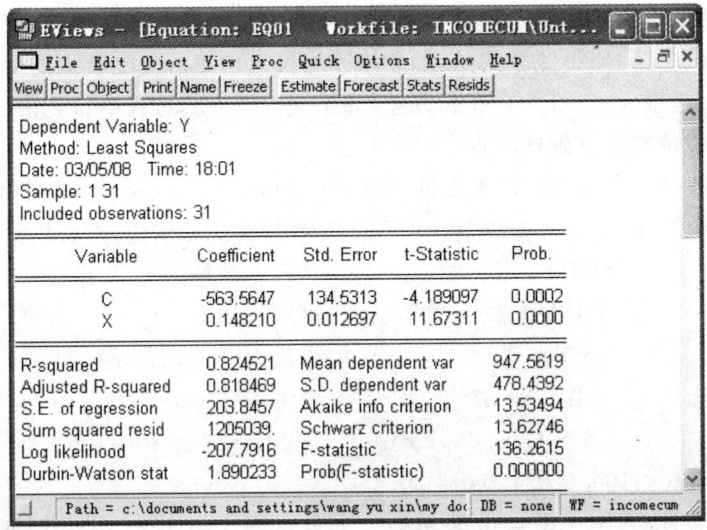

EViews - [Equation: EQ01 Workfile: INCOMECUM\Unt...

File Edit Object View Proc Quick Options Window Help

View | Proc | Object | Print | Name | Freeze | Estimate | Forecast | Stats | Resids

Dependent Variable: Y
Method: Least Squares
Date: 03/05/08 Time: 18:01
Sample: 1 31
Included observations: 31

Variable	Coefficient	Std. Error	t-Statistic	Prob.
C	-563.5647	134.5313	-4.189097	0.0002
X	0.148210	0.012697	11.67311	0.0000

R-squared	0.824521	Mean dependent var	947.5619
Adjusted R-squared	0.818469	S.D. dependent var	478.4392
S.E. of regression	203.8457	Akaike info criterion	13.53494
Sum squared resid	1205039.	Schwarz criterion	13.62746
Log likelihood	-207.7916	F-statistic	136.2615
Durbin-Watson stat	1.890233	Prob(F-statistic)	0.000000

Path = c:\documents and settings\wang yu xin\my doc | DB = none | WF = incomecum

图 4-4　回归结果

回归结果如下：

$$\hat{Y}_i = -563.5647 + 0.148210X_i \tag{4-27}$$

$$\begin{array}{lll} \text{SE} & (134.5313) & (0.012697) \\ t & (-4.189097) & (11.67311) \end{array}$$

$$R^2 = 0.824521 \quad \bar{R}^2 = 0.818469 \quad \text{DW} = 1.890233 \quad F = 136.2615$$

2. 异方差检验

(1) 图示检验法：我们利用 X-Y 散点图进行判断，在EViews中的操作为：在“Quick”菜单中选“Graph”项里的 Scatter，在对话框里键入 X Y，用鼠标点击“OK”或者键入命令：SCAT X Y，可得到 X 与 Y 的散点图如下(图 4-5)：

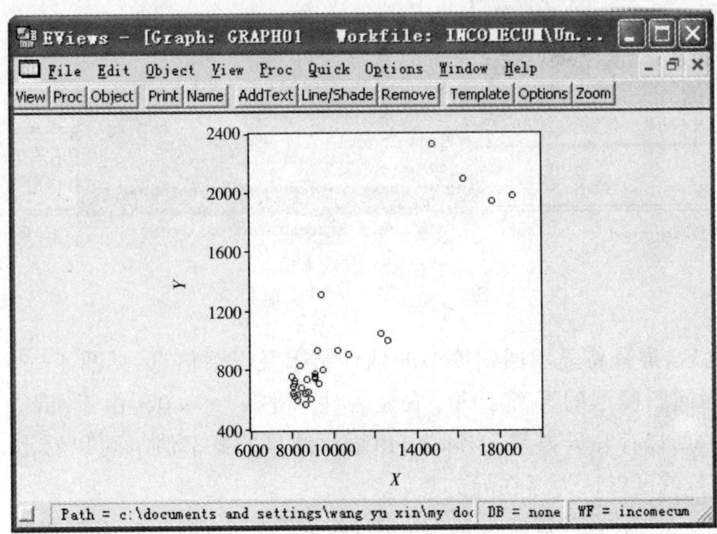

图 4-5　散点图

从图 4-3 可以看出，平均而言，城镇居民平均每人全年家庭交通和通讯支出随可支配收入的增加而增加。但是，值得注意的是：随着城镇居民人均年可支配收入的增加，交通和通讯支出的变动幅度也增大了，可能存在异方差。如果我们把回归方程中得到的残差对各个观测值作图，则也可以清楚地看到这一点。

(2)Goldfeld-Quandt 检验：样本数据个数 $n = 31$，$c = n/4$，为了使两个子样本的容量相等，从中去掉 7 个数据(即取 $c = 7$)。利用 EViews 进行戈德菲尔德-匡特检验的具体步骤为：

SORT　X	将样本数据关于 X 排序
SMPL 1 12	确定子样本 1
LS Y C X	求出 $RSS_1 = 52031.04$
SMPL 20 31	确定子样本 2
LS Y C X	求出 $RSS_2 = 1064106$

计算出 $F = 1064106/52031.04 = 20.4514$。

取 $\alpha = 0.05$ 时，查第一个自由度和第二个自由度均为 $12 - 2 = 10$ 的 F 分布表，得 $F_\alpha(10,10) = 2.98$，而 $F = 20.4514 > F_\alpha(10,10) = 2.98$，所以存在递增的异方差。

从检验过程可以看出，戈德菲尔德-匡特检验适用于检验样本容量较大、异方差性呈递增或递减的情况，而且检验结果与数据剔除个数 c 的选取有关。

(3)White 检验：在上式(4-27)回归的基础上，做 White 检验。在方程窗口中依次点击：View\Residual Tests\White Heteroskedasticity，此时可以选择在辅助回归模型中是否包含交叉乘积项(Cross terms)，本例为一元回归模型，辅助回归模型中只有 X 和 X^2 两项，不存在交叉乘积项，如图 4-6 所示。

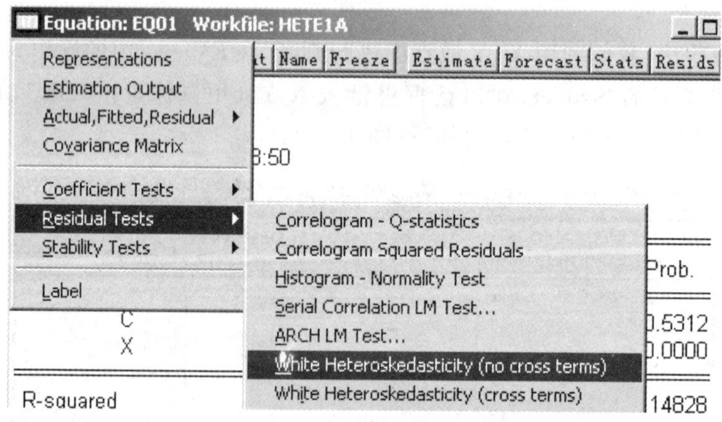

图 4-6　While 检验窗口

执行命令之后，屏幕将显示回归模型的估计结果及以下信息(见图 4-7)：

其中 F 值为回归模型的 F 统计量。取显著性水平 $\alpha = 0.05$，由于 $nR^2 = 7.583705 > \chi^2_{0.05}(2) = 5.99$，所以存在异方差。实际上，由输出结果的概率值 p 可以看出，只要显著性水平 $\alpha > 0.022554$，就可以认为存在异方差。

在实际应用中，一般直接观察 p 值的大小，若 p 值较小，则拒绝不存在异方差性的假设，认为模型存在异方差性。

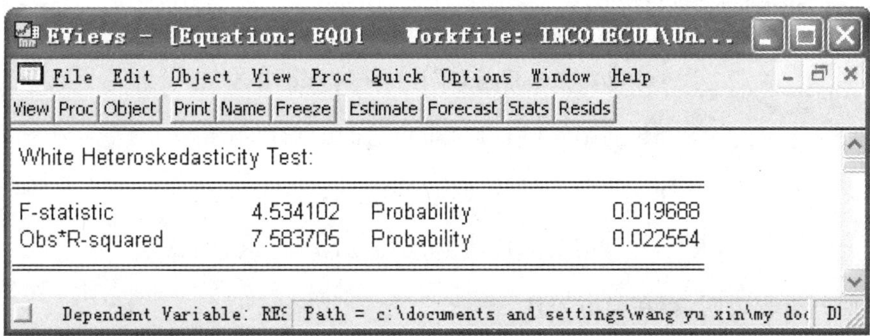
White Heteroskedasticity Test:

F-statistic	4.534102	Probability	0.019688
Obs*R-squared	7.583705	Probability	0.022554

图 4－7 White 检验结果

(4) 帕克检验和戈里瑟检验：利用 EViews 软件进行帕克检验的步骤为：

LS Y C X

GENR LNE2 = log(RESID^2)　　生成 $\ln \hat{u}_i^2$ 序列

GENR LNX = log(X)

LS LNE2 C LNX

同样，进行戈里瑟检验的具体步骤为：

LS Y C X

GENR E = abs(RESID)　　生成 $|\hat{u}_i|$ 序列

然后利用 GENR 命令依次生成 $X, 1/X, X^2, 1/X^2, \sqrt{X}, 1/\sqrt{X}$ 等序列，再分别建立残差绝对值 $|\hat{u}_i|$ 与这些序列的回归方程。

利用帕克检验，运行结果见图 4－8 所示。

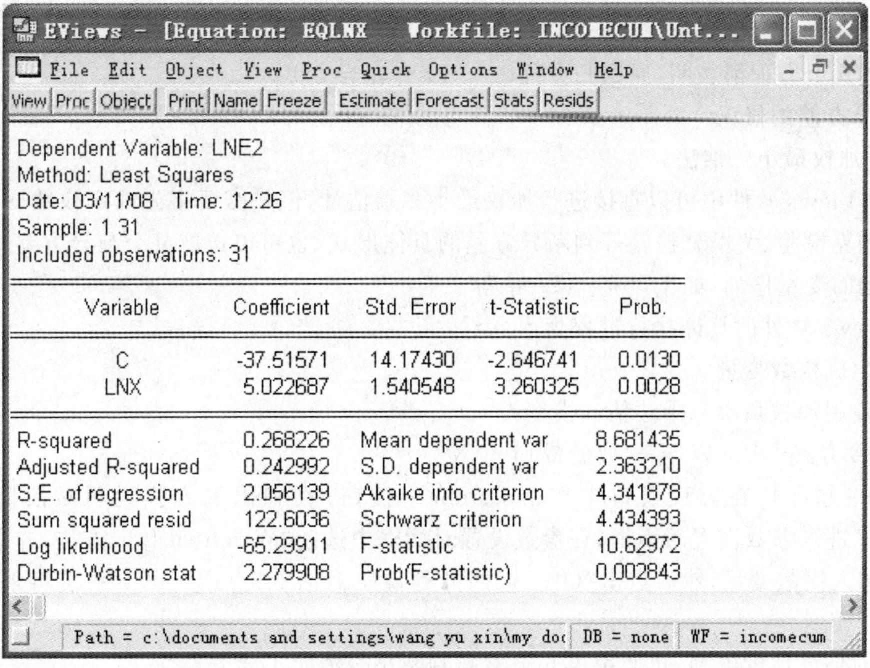
Dependent Variable: LNE2
Method: Least Squares
Date: 03/11/08 Time: 12:26
Sample: 1 31
Included observations: 31

Variable	Coefficient	Std. Error	t-Statistic	Prob.
C	-37.51571	14.17430	-2.646741	0.0130
LNX	5.022687	1.540548	3.260325	0.0028

R-squared	0.268226	Mean dependent var	8.681435
Adjusted R-squared	0.242992	S.D. dependent var	2.363210
S.E. of regression	2.056139	Akaike info criterion	4.341878
Sum squared resid	122.6036	Schwarz criterion	4.434393
Log likelihood	-65.29911	F-statistic	10.62972
Durbin-Watson stat	2.279908	Prob(F-statistic)	0.002843

图 4－8 帕克检验结果

回归方程为：

$$\ln \hat{u}_i^2 = -37.51571 + 5.022687\ln X$$

$$\text{SE} \quad (14.17430) \quad (1.540548)$$

$$t \quad (-2.646741) \quad (3.260325)$$

$$R^2 = 0.268226, F = 10.62972, p = 0.002843$$

上述回归方程表明，存在异方差性。

同样，利用戈里瑟检验(Glejser Test)，我们把回归模型中的残差绝对值与 $X, X^2, \sqrt{X}$ 等作回归模型可以得到以下结果：

$$|\hat{u}_i| = -120.8545 + 0.024924X$$

$$t \quad (-1.402597) \quad (3.064961)$$

$$R^2 = 0.2444673, F = 9.393984, p = 0.004673$$

$$|\hat{u}_i| = 32.40551 + 8.98 \times 10^{-7} X^2$$

$$t \quad (0.737815) \quad (2.744035)$$

$$R^2 = 0.206126, F = 7.529727, p = 0.010302$$

$$|\hat{u}_i| = -437.016 + 5.695612\sqrt{X}$$

$$t \quad (-2.436829) \quad (3.206853)$$

$$R^2 = 0.261784, F = 10.28391, p = 0.003261$$

上述几个方程都表明，原回归方程(4－27)存在异方差。

3. 异方差的修正

(1) 加权最小二乘法

在 EViews 软件中可以直接进行加权最小二乘估计，但是需要事先确定权数变量，这可以通过帕克检验、戈里瑟检验等判断异方差的具体形式，也可以选取某个与异方差变动趋势反向变动的变量序列，如 $1/|\hat{u}_i|$，$1/\hat{u}_i^2$ 等。

EViews 软件的具体执行过程为：

① 生成权数变量。

② 使用加权最小二乘法估计模型：

[命令方式]：LS(W＝权数变量)Y C X

[菜单方式]：在方程窗口中点击 Estimate 按钮；在弹出的方程说明对话框中点击“Option”进入参数设置对话框；在参数设置对话框中选定“Weighted LS”方法，并在权数变量栏中输入权数变量，然后点击“OK”返回方程说明对话框；点击“OK”，系统将采用 WLS 方法估计模型。

③ 对估计后的模型，再使用 White 检验判断是否消除了异方差性。

在戈里瑟检验中，我们对回归模型中的残差绝对值与 $X, X^2, \sqrt{X}$ 等作回归发现回归系数显然不为 0，表示存在异方差性，所以可以取权数变量为 $W_1 = 1/X$，$W_2 = 1/X^2$，$W_3 = 1/\sqrt{X}$，另外取 $W_4 = 1/\hat{u}_i^2$，具体步骤如下（以权数变量 $W_2 = 1/X^2$ 和 $W_4 = 1/\hat{u}_i^2$ 为例）：

在方程窗口中点击"Estimate"，会出现如图 4－9 所示窗口。

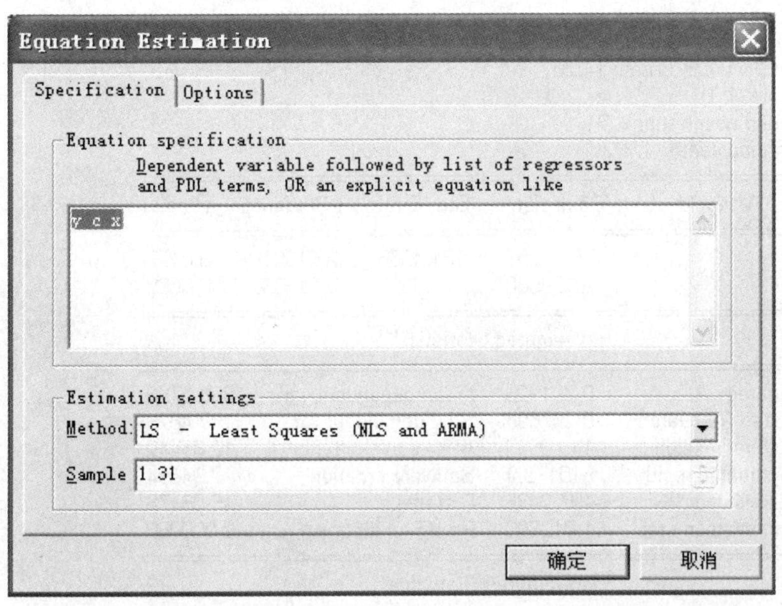

图 4－9　方程窗口

点"Options"按钮，并在权数对话框里输入权数 1/X^2（图 4－10），点击"OK"，或直接在命令窗口键入命令：LS(W = 1/X^2) Y C X，得 WLS 的回归结果，如图 4－11 所示。

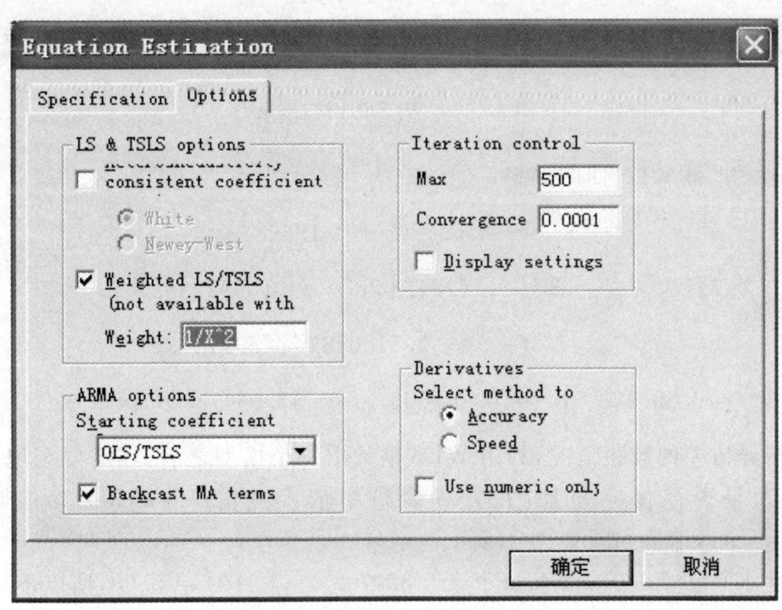

图 4－10　使用加权最小二乘法

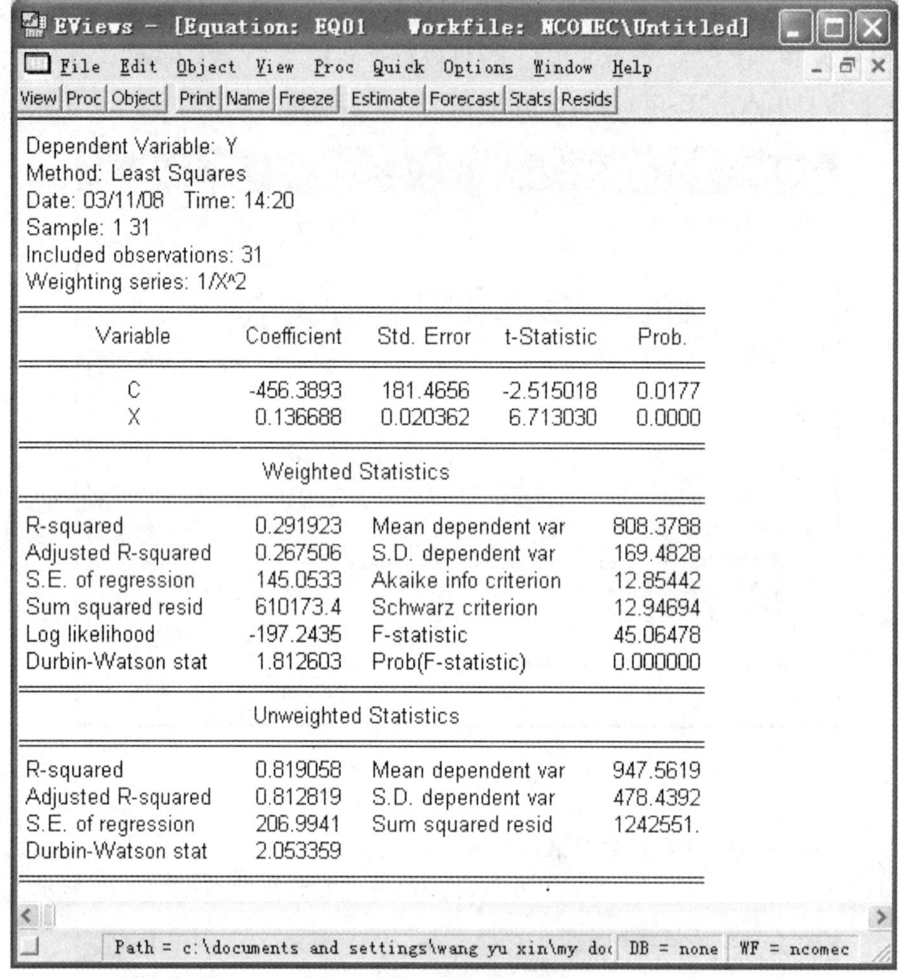
EViews - [Equation: EQ01 Workfile: NCOMEC\Untitled]

File Edit Object View Proc Quick Options Window Help

View Proc Object Print Name Freeze Estimate Forecast Stats Resids

Dependent Variable: Y
Method: Least Squares
Date: 03/11/08 Time: 14:20
Sample: 1 31
Included observations: 31
Weighting series: 1/X^2

Variable	Coefficient	Std. Error	t-Statistic	Prob.
C	-456.3893	181.4656	-2.515018	0.0177
X	0.136688	0.020362	6.713030	0.0000

Weighted Statistics

R-squared	0.291923	Mean dependent var	808.3788
Adjusted R-squared	0.267506	S.D. dependent var	169.4828
S.E. of regression	145.0533	Akaike info criterion	12.85442
Sum squared resid	610173.4	Schwarz criterion	12.94694
Log likelihood	-197.2435	F-statistic	45.06478
Durbin-Watson stat	1.812603	Prob(F-statistic)	0.000000

Unweighted Statistics

R-squared	0.819058	Mean dependent var	947.5619
Adjusted R-squared	0.812819	S.D. dependent var	478.4392
S.E. of regression	206.9941	Sum squared resid	1242551.
Durbin-Watson stat	2.053359		

Path = c:\documents and settings\wang yu xin\my do DB = none WF = ncomec

图 4－11 WLS 的回归结果

根据图 4－11 得 WLS 回归结果

$$\hat{Y}_i = -456.3893 + 0.136688X_i$$

$$\text{SE} \quad (181.4656) \quad (0.020362)$$

$$t \quad (-2.515018) \quad (6.713030)$$

$$R^2 = 0.291923 \quad \overline{R}^2 = 0.267506 \quad F = 45.06478 \quad p = 0.00000$$

为了分析异方差的校正情况，利用 WLS 估计出每个模型之后，还需要利用 White 检验再次判断模型是否存在异方差。在方程窗口中依次点击：View\Residual Tests\White Heteroskedasticity，结果如图 4－12 所示。

取显著性水平 $\alpha = 0.05$，由于 $nR^2 = 1.320708 < \chi^2_{0.05}(2) = 5.99$，所以不存在异方差。

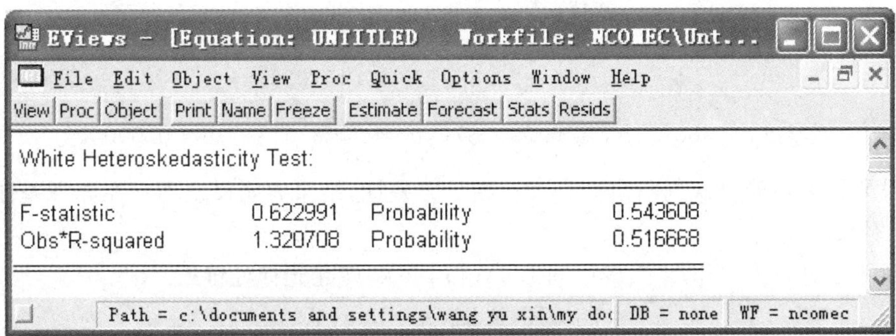

EViews - [Equation: UNTITLED Workfile: NCOMEC\Unt...

File Edit Object View Proc Quick Options Window Help

View | Proc | Object | Print | Name | Freeze | Estimate | Forecast | Stats | Resids

White Heteroskedasticity Test:

F-statistic	0.622991	Probability	0.543608
Obs*R-squared	1.320708	Probability	0.516668

Path = c:\documents and settings\wang yu xin\my do| DB = none | WF = ncomec

图 4-12 White 异方差检验结果

同样,点"Options"按钮,并在权数对话框里输入权数 1/resid^2,注意这里的残差是原回归方程(4-27)的残差。点击"OK",或直接在命令窗口键入命令:LS(W = 1/resid^2) Y C X,得 WLS 的回归结果,如图 4-13 所示。

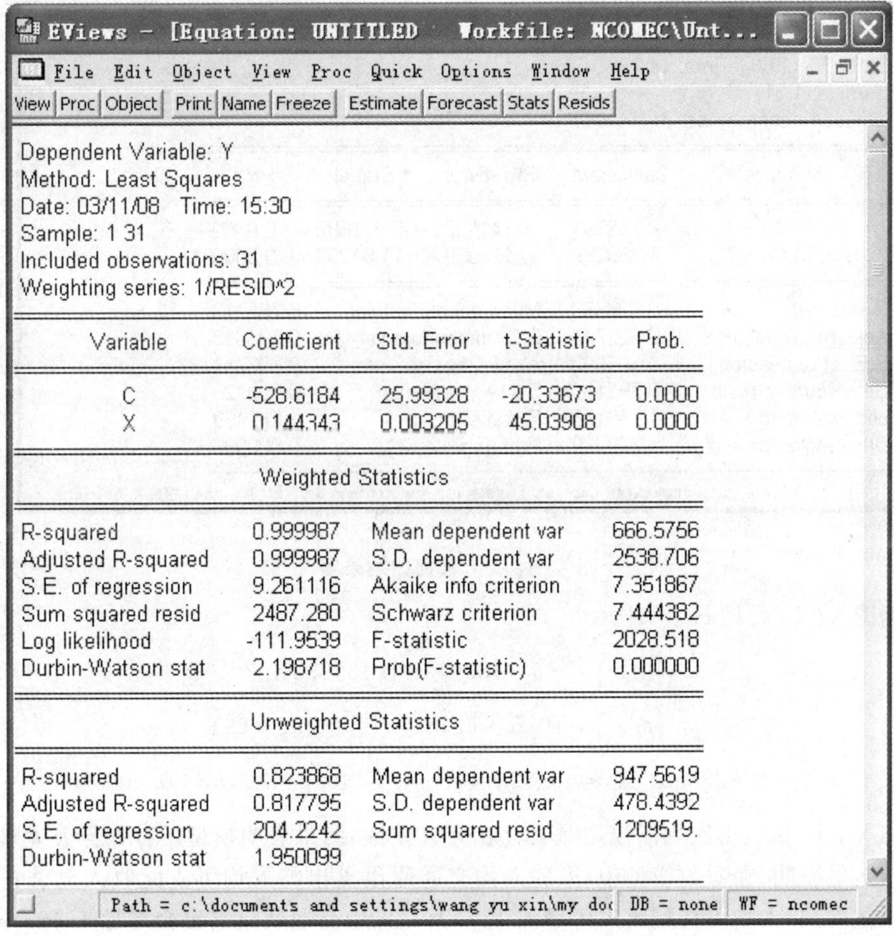

EViews - [Equation: UNTITLED Workfile: NCOMEC\Unt...

File Edit Object View Proc Quick Options Window Help

View | Proc | Object | Print | Name | Freeze | Estimate | Forecast | Stats | Resids

Dependent Variable: Y
Method: Least Squares
Date: 03/11/08 Time: 15:30
Sample: 1 31
Included observations: 31
Weighting series: 1/RESID^2

Variable	Coefficient	Std. Error	t-Statistic	Prob.
C	-528.6184	25.99328	-20.33673	0.0000
X	0.144343	0.003205	45.03908	0.0000

Weighted Statistics

R-squared	0.999987	Mean dependent var	666.5756
Adjusted R-squared	0.999987	S.D. dependent var	2538.706
S.E. of regression	9.261116	Akaike info criterion	7.351867
Sum squared resid	2487.280	Schwarz criterion	7.444382
Log likelihood	-111.9539	F-statistic	2028.518
Durbin-Watson stat	2.198718	Prob(F-statistic)	0.000000

Unweighted Statistics

R-squared	0.823868	Mean dependent var	947.5619
Adjusted R-squared	0.817795	S.D. dependent var	478.4392
S.E. of regression	204.2242	Sum squared resid	1209519.
Durbin-Watson stat	1.950099		

Path = c:\documents and settings\wang yu xin\my do| DB = none | WF = ncomec

图 4-13 WLS 的回归结果

$$\hat{Y}_i = -528.6184 + 0.144343X_i$$

$$SE \quad (25.99328) \quad (0.003205)$$

$$t \quad (-20.33673) \quad (45.03908)$$

$$R^2 = 0.999887 \quad \overline{R}^2 = 0.999887 \quad F = 2028.518 \quad p = 0.00000$$

利用 White 检验再次判断模型是否存在异方差性，结果表明模型不存在异方差性。

(2) 对数变换法

第二种方法是用 GENR 生成序列 LNY 和 LNX，即在光标处键入

GENR LNY = log(Y)

GENR LNX = log(X)

然后，用 OLS 方法求 LNY 对 LNX 的回归，其结果见图 4-14。

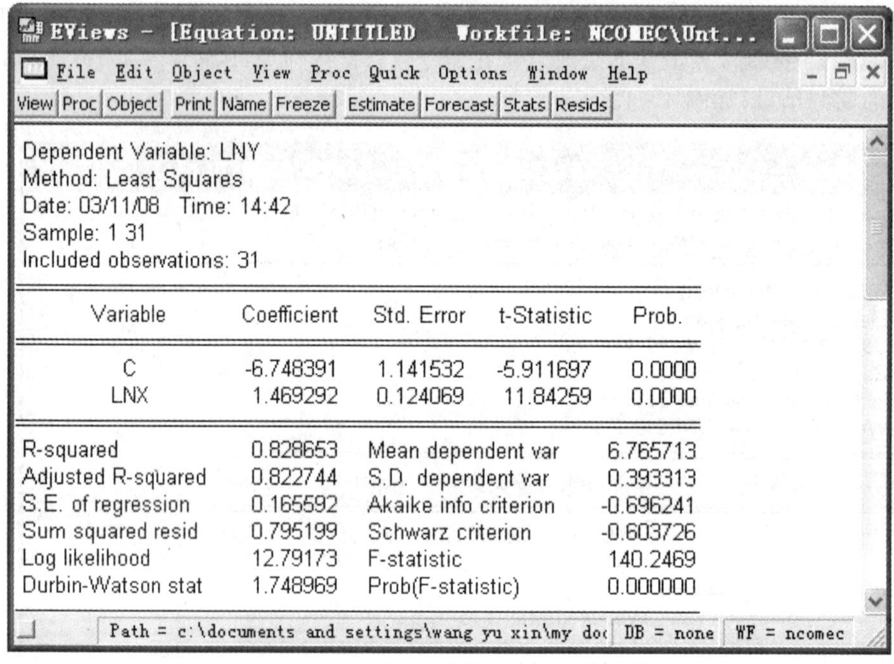

Variable	Coefficient	Std. Error	t-Statistic	Prob.
C	-6.748391	1.141532	-5.911697	0.0000
LNX	1.469292	0.124069	11.84259	0.0000

R-squared	0.828653	Mean dependent var	6.765713
Adjusted R-squared	0.822744	S.D. dependent var	0.393313
S.E. of regression	0.165592	Akaike info criterion	-0.696241
Sum squared resid	0.795199	Schwarz criterion	-0.603726
Log likelihood	12.79173	F-statistic	140.2469
Durbin-Watson stat	1.748969	Prob(F-statistic)	0.000000

图 4-14　对数回归结果图

根据图 4-14 得回归结果：

$$\ln\hat{Y}_i = -6.748391 + 1.469292X_i$$

$$t \quad (-5.911697) \quad (11.84259)$$

$$R^2 = 0.828653 \quad \overline{R}^2 = 0.822744 \quad F = 140.2469 \quad p = 0.00000$$

利用 White 检验再次判断模型是否存在异方差性，结果表明模型不存在异方差性。

回归结果表明，在对数模型中，家庭人均交通通讯支出与人均可支配收入显著正相关。由回归系数可知，人均可支配收入每增加 1%，家庭人均交通通讯支出会增加 1.469%。

应当特别指出，模型随机误差项存在异方差性，不仅可以由模型变量的观测值引起，也可以由于模型遗漏了重要的解释变量，或者模型的函数形式设置不当引起。对于前一种原因引起的模型随机误差项的异方差问题，用变换模型法或加权最小二乘法进行修正才会有效。

对于后一种原因引起的异方差问题，则只能通过纠正建模错误才能解决。

思考与练习

1. 什么是异方差性？异方差性对模型的 OLS 估计有何影响？

2. 检验方差性的 G-Q 检验和 White 检验的原理是否相同？试述 White 检验、Park 检验和 Glejser 检验的异同之处。

3. 利用 WLS 估计消除异方差性的不同影响，为什么要构造多个权数变量进行调试？

4. 表 4-3 中的数据是美国 1998 年工业部门研究与开发(R&D)费用 Y、销售额 S 和销售利润 P 的统计资料。试根据表中数据：

(1) 分别利用线性模型和双对数模型建立研发费用模型，比较模型的统计检验结果和异方差性的变化情况；

(2) 检验模型的异方差性；

(3) 对于双对数模型，分别取权数变量为 $W_1 = 1/P, W_2 = 1/\text{RESID}\hat{}2$，利用 WLS 方法重新估计模型，分析模型中异方差性的校正情况。

表 4-3 某地区统计资料

部门	R&D 费用	销售额	利润
容器与包装	62.5	6375.3	185.1
非银行业金融	92.9	11626.4	1569.5
服务行业	178.3	14655.1	276.8
金属与采矿	258.4	21869.2	2828.1
住房与建筑	494.7	26408.3	225.9
一般制造业	1083.0	32405.6	3751.9
休闲娱乐	1620.6	35107.7	2884.1
纸张与林木产品	421.7	40295.4	4645.7
食品	509.2	70761.6	5036.4
卫生保健	6620.1	80552.8	13869.9
宇航	3918.6	95294.0	4487.8
消费者用品	1595.3	101314.1	10278.9
电器与电子产品	6107.5	116141.3	8787.3
化工产品	4454.1	122315.7	16438.8
五金	3163.8	141649.9	9761.4
办公设备与计算机	13210.7	175025.8	19774.5
燃料	1703.8	230614.5	22626.6
汽车	9528.2	293543.0	18415.4

5. 异方差的存在对下面各项有何影响?

(1)OLS 估计量及其方差;

(2) 置信区间;

(3) 显著性 t 检验和 F 检验的使用。

6. Gold feld-Quandt 检验是什么?其适合条件有哪些?

7. 在一元线性回归函数中,假设误差方差有如下结构:

$$E(u_i^2) = \sigma_i^2 X_i$$

如何变换模型以达到同方差的目的?我们将如何估计变换后的模型?请列出估计步骤。

8. 1964 年,对 9966 名经济学家的调查数据如下:

年龄 — 中值工资 (单位:美元 / 年)

年龄	20 ~ 24	25 ~ 29	30 ~ 34	35 ~ 39	40 ~ 44	45 ~ 49	50 ~ 54	55 ~ 59	60 ~ 64	65 ~ 69	70 +
中值工资	7800	8400	9700	11500	13000	14800	15000	15000	15000	14500	12000

资料来源:"The Structure of Economists'Employment and Salaries",Committee on the National Science Foundation Report on the Economics Profession,American Economics Review,vol. 55,No. 4,December 1965.

(1) 建立适当的模型解释平均工资与年龄间的关系。为了分析的方便,假设中值工资是年龄区间中点的工资。

(2) 假设误差与年龄成比例,变换数据求得 WLS 回归方程。

(3) 现假设误差与年龄的平方成比例,求 WLS 回归方程。

(4) 哪一个假设更可行?

9. 利用 2010 年全国 31 省际区域城镇居民家庭人均可支配收入 X_t 和城镇居民消费水平 Y_t 的数据(查询《中国统计年鉴》)。

(1) 求城镇居民消费水平对城镇居民家庭人均可支配收入的样本回归函数,并对模型进行检验;

(2) 分别用图形法、G - Q 检验、White 检验、Park 检验方法检验模型是否存在异方差;

(3) 如果模型存在异方差,选用适当的方法对异方差性进行修正。

第5章 自相关性

在第四章，我们已经知道异方差性是一种随机误差现象，同样自相关性也是随机误差现象。当时间序列回归模型没有被完整地定义时，它的误差项就会产生自相关性；此外，静态模型和有限分布滞后模型的误差也会产生自相关性。本章将在自相关性定义基础上，介绍模型中存在自相关的原因及相应的解决方法。

5.1 自相关性及其产生的原因

5.1.1 自相关性的含义

对于模型

$$Y_t = \beta_0 + \beta_1 X_{1t} + \beta_2 X_{2t} + \cdots + \beta_k X_{kt} + u_t \quad t = 1,2,\cdots,n \tag{5-1}$$

如果随机误差项的各期值之间存在着相关关系，即：

$$\mathrm{Cov}(u_i, u_j) = E(u_i u_j) \neq 0 \qquad i \neq j, i,j = 1,2,\cdots,n \tag{5-2}$$

则称模型存在着自相关性(Autocorrelation)。自相关意味着不同观察值之间存在着某种相关性。

自相关又称序列相关，原指一随机变量在时间上与其滞后项之间的相关。这里主要是指回归模型中随机误差项 u_t 与其滞后项的相关关系。根据随机误差项与其滞后项期数不同，自相关分为一阶自相关和高阶自相关。其中一阶自相关指当误差项 u_t 只与其滞后一期值 u_{t-1} 有关时，即 $u_t = f(u_{t-1})$，进一步，如果 $u_t = \rho u_{t-1} + v_t$，其中 ρ 是 u_t 与 u_{t-1} 的相关系数，v_t 是满足回归模型基本假定的随机误差项，则称 u_t 是一阶线性自相关。而高阶自相关指当误差项 u_t 不仅与其前一期值有关，且与其前若干期的值都有关，即 $u_t = f(u_{t-1}, u_{t-2}, \cdots)$。

5.1.2 自相关性产生的原因

模型误差项的自相关在计量经济学研究中是一种普遍现象。其产生原因表现在：

1. 模型中遗漏了重要的解释变量

模型设计时，将对被解释变量有影响的因素并入到随机误差项之中，如果这些被遗漏的解释变量的作用成为误差项的主要成分，它们会产生出系统性的、一贯性的作用，从而造成随机误差项前后期之间存在相关性。例如，以年度资料建立的居民消费函数 $Y_i = \beta_0 + \beta_1 X_i +$

u_i，居民的消费 Y 除了受收入水平 X 的影响之外，还受消费习惯、家庭财产等因素的影响，这些因素的各期值之间一般是相关的。如果消费模型中未包含这些因素，它们对消费的影响就表现在随机误差项中，从而使随机误差项的各期值之间呈现相关关系。再如，在商品需求函数中，如果解释变量只要收入和商品的自价格，则随机误差项中将包含其他商品价格对该商品需求的影响。价格变动一般是逐期相关的，从而使模型产生自相关性。若丢掉了应该列入模型的带有自相关的重要解释变量，那么它的影响必然归并到误差项 u_i 中，从而使误差项呈现自相关。当然，略去多个带有自相关的解释变量，也许因互相抵消并不使误差项呈现自相关。

2. 模型函数形式的设定误差

若所用的数学模型与变量间的真实关系不一致，误差项常表现出自相关。例如，平均成本函数应该是二次多项式模型，若设成了直线形式，则随机误差项是自相关的。因为误差项中包括了产值的平方项 X^2，产值的各期相关性将会导致随机误差项的自相关性。

3. 经济惯性

由于就发展的连续性所形成的惯性，使得许多经济变量的前后期之间是相互关联的。其本期值往往受滞后值影响，突出特征就是惯性与低灵敏度。若被解释变量相关，那么随机误差项的前后期之间也必定相关。例如，本期的投资规模，往往与前一年甚至前几年的投资有关。受消费习惯的影响，居民的本期消费水平在很大程度上还受到原有（上期）消费水平的制约。在生产技术条件相对稳定的时期，各期的产量也是密切相关的。因此，利用时间序列资料建立模型时，经济发展的惯性使得模型存在自相关性。

4. 随机因素的影响

偶然性冲击对变量的长期影响，例如自然灾害、金融危机、世界经济环境的变化等随机因素的影响，往往要持续多个时期，使得随机误差项呈现出自相关性。这类自相关是随机项 u_i 本身的自相关 ——“真自相关”。

5. 资料加工问题

在经验分析中，许多数据是经过加工而成的。例如，在用到季度数据的时间序列回归中，季度数据通常由月度数据加总而成。这种平均的计算减弱了每月的波动而引进了数据的匀滑性。此外，根据某种假定获得未调查数据，都会引起自相关，这类自相关我们要尽量地避免。

5.2 自相关性的后果

古典回归模型中曾要求随机误差项是非自相关的，若模型存在自相关性，将会产生以下不利影响：

1. 最小二乘估计就不再是有效估计

从高斯-马尔可夫定理的证明过程可以看出，只有在同方差和非自相关性的条件下，OLS 估计才具有最小方差的特征。当模型存在自相关性时，OLS 估计仍然是无偏估计，但不再具备有效性。这和异方差时的情况一样，说明其他的参数估计方法，其估计误差小于 OLS 估计的误差。也就是说，对于存在自相关性的模型，应该改用其他方法估计模型中的参数。

2. 一般会低估 OLS 估计的标准误差

例如,对于一元线性回归模型,如果模型存在一阶自相关性,可以证明:

$$D(\hat{b}) = \frac{\sigma^2}{\sum(x_t - \bar{x})^2} + \gamma(\rho, \phi_x) \tag{5-3}$$

上式中,右端第一项是不存在自相关性时 $\hat{b}$ 的方差,第二项是一个关于 ρ 和 ϕ_x 的乘积函数,其中 ρ 是随机误差项的自相关系数,ϕ_x 是 x 各期值之间的相关系数。在大多数情况下,随机误差项以及 x 的各期值之间都是正相关的,即 $\rho \geqslant 0, \phi_x \geqslant 0$,从而 $\gamma(\rho, \phi_x) \geqslant 0$。因此,当模型存在自相关性时,OLS 估计的方差将大于 $\sigma^2 / \sum(x_t - \bar{x})^2$。不仅如此,受自相关性的影响,$\sigma^2$ 的无偏估计 $\sum e_t^2/(n-2)$ 也会低于真实的 σ^2,所以,OLS 估计的误差

$$S(\hat{b}) = \sqrt{D(\hat{b})} \geqslant \sqrt{\frac{\sigma^2}{\sum(x_t - \bar{x})^2}} \geqslant \sqrt{\frac{\hat{\sigma}^2}{\sum(x_t - \bar{x})^2}} \tag{5-4}$$

若依然按照原来的公式计算 $S(\hat{b})$,则会得到一个偏低的估计,真实的标准误差可能会比它大得多。

3. T 检验的可靠性降低

在自相关性的影响下,$S(\hat{b})$ 的估计偏低将直接导致 t 统计量值的增大,这很可能使原来不显著的 t 值变为显著的,即容易将不重要的因素误认为是有显著影响的变量而引入模型。

4. 降低模型的预测精度

模型的预测区间与参数估计量的方差密切相关,系数估计误差的不准确,会直接影响模型的预测精度。

5.3 自相关性的检验

5.3.1 图示检验法

图示法是一种直观的诊断方法,它是对给定的回归模型直接用最小二乘法估计其参数,求出残差项 e_t,以 e_t 作为随机误差项的估计值,再描绘 e_t 的散点图,根据散点图来判断 e_t 的相关性。残差 e_t 的散点图通常有两种绘制方法。

(1) 绘制 e_{t-1} 和 e_t 的散点图。用 $(e_{t-1}, e_t)(t = 1, 2, \cdots, n)$ 作为散布点绘图,如果大部分点落在第 Ⅰ、Ⅲ 象限,表明随机误差项 μ_t 存在着正自相关,如图 5-1(a) 所示。如果大部分点落在第 Ⅱ、Ⅳ 象限,那么随机误差项 μ_t 存在着负自相关,如图 5-1(b) 所示。

(2) 按照时间顺序绘制回归残差项 e_t 的图形。如果 $e_t(t = 1, 2, \cdots, n)$ 随着 t 的变化逐次有规律地变化,呈现锯齿形或循环形状的变化,就可判断 e_t 存在相关,表明 u_t 存在着自相关。如果 e_t 随着的变化逐次变化并不频繁地改变符号,而是几个正的 e_t 后面跟着几个负的,则表明随机误差项 μ_t 存在正自相关,如图 5-1(a) 所示。如果 e_t 随着 t 的变化逐次变化并不断地改变符号,那么随机误差项 u_t 存在负自相关,如图 5-1(b) 所示。

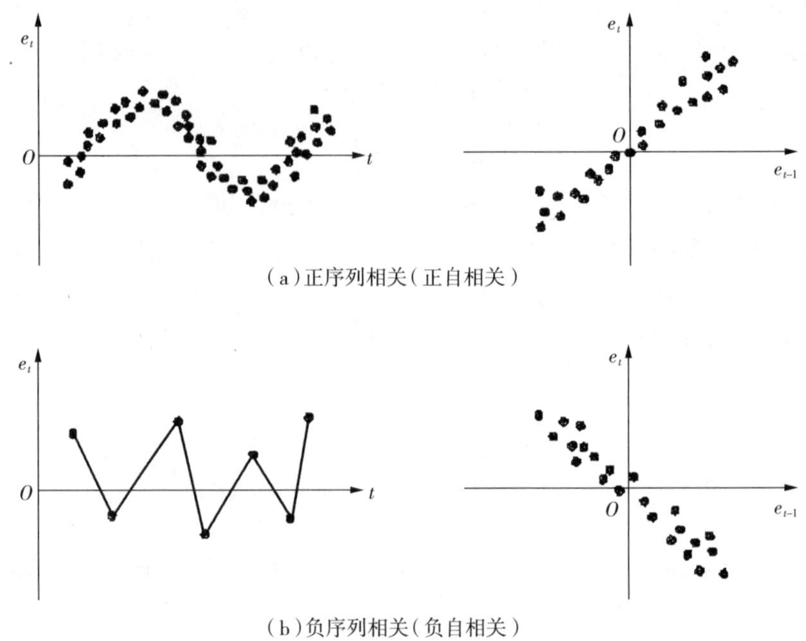

(a)正序列相关(正自相关)

(b)负序列相关(负自相关)

图 5－1　残差项的序列相关

5.3.2　DW 检验法

DW 检验是 J. 杜尔宾(J. Durbin) 和 G. S. 沃特森(G. S. Watson) 于 1950、1951 年提出的。它是利用残差 e_t 构成的统计量推断误差项 u_t 是否存在自相关。使用 DW 检验,应首先满足以下四个条件:

(1) 误差项 u_t 的自相关为一阶自回归形式,即 $u_t = \rho u_{t-1} + v_t$,v_t 为误差项,且满足古典假定;

(2) 因变量的滞后值 y_{t-1} 不能在回归模型中作解释变量;

(3) 样本容量应充分大($T > 15$);

(4) 截距项不为零,且数据无缺失项。

DW 检验步骤如下:给出假设

$$H_0:\rho = 0 \qquad (u_t \text{ 不存在自相关})$$

$$H_1:\rho \neq 0 \qquad (u_t \text{ 存在一阶自相关})$$

用残差值 e_t 计算统计量 DW,

$$\mathrm{DW} = \frac{\sum_{t=2}^{n}(e_t - e_{t-1})^2}{\sum_{t=1}^{n} e_t^2} \tag{5-5}$$

其中，分子是残差的一阶差分平方和，分母是残差平方和。把上式展开，

$$DW = \frac{\sum_{t=2}^{n} e_t^2 + \sum_{t=2}^{n} e_{t-1}^2 - 2\sum_{t=2}^{n} e_t e_{t-1}}{\sum_{t=1}^{n} e_t^2} \tag{5-6}$$

因为有

$$\sum_{t=2}^{n} e_t^2 \approx \sum_{t=2}^{n} e_{t-1}^2 \approx \sum_{t=1}^{n} e_t^2 \tag{5-7}$$

代入式(5-6)，则

$$DW \approx \frac{2\sum_{t=2}^{n} e_{t-1}^2 - 2\sum_{t=2}^{n} e_t e_{t-1}}{\sum_{t=2}^{n} e_{t-1}^2} = 2\left(1 - \frac{\sum_{t=2}^{n} e_t e_{t-1}}{\sum_{t=2}^{n} e_{t-1}^2}\right) = 2(1-\hat{\rho}) \tag{5-8}$$

因为ρ的取值范围是[−1,1]，所以DW统计量的取值范围是[0,4]。ρ与DW值的对应关系见表5-1。

表5-1 ρ与DW值的对应关系及意义

ρ	DW	u_t 的表现
$\rho=0$	$DW=2$	u_t 非自相关
$\rho=1$	$DW=0$	u_t 完全正自相关
$\rho=-1$	$DW=4$	u_t 完全负自相关
$0<\rho<1$	$0<DW<2$	u_t 有某种程度的正自相关
$-1<\rho<0$	$2<DW<4$	u_t 有某种程度的负自相关

实际上 DW = 0,2,4 的情形是很少见的。当 DW 取值在(0,2)，(2,4)之间时，怎样判别误差项u_t是否存在自相关呢？推导统计量DW的精确抽样分布是困难的，因为DW是依据残差e_t计算的，而e_t的值又与x_t的形式有关。DW检验与其他统计检验不同，它没有唯一的临界值用来制定判别规则。然而Durbin-Watson根据样本容量和被估参数个数，在给定的显著性水平下，给出了检验用的上、下两个临界值d_U和d_L。

(1) 若DW取值在$(0,d_L)$之间，拒绝原假设H_0，认为u_t存在一阶正自相关；

(2) 若DW取值在$(4-d_L,4)$之间，拒绝原假设H_0，认为u_t存在一阶负自相关；

(3) 若DW取值在$(d_U,4-d_U)$之间，接受原假设H_0，认为u_t无自相关；

(4) 若DW取值在(d_L,d_U)或$(4-d_U,4-d_L)$之间，这种检验没有结论，即不能判别u_t是否存在一阶自相关。判别规则可用图5-2表示。

当DW值落在"不确定"区域时，有两种处理方法：

(1) 加大样本容量或重新选取样本，重做DW检验。有时DW值会离开不确定区。

(2) 选用其他检验方法。

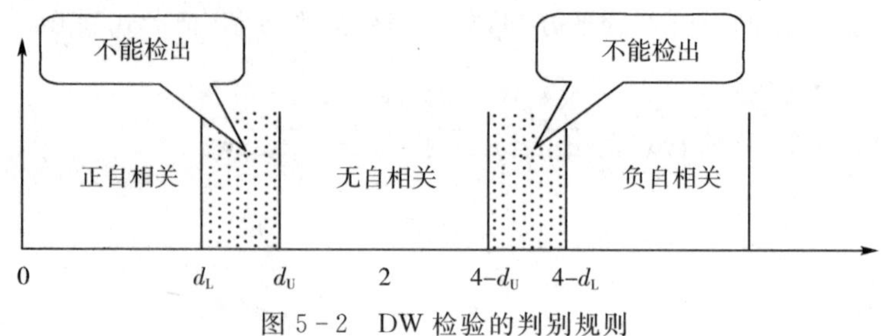

图 5-2　DW 检验的判别规则

DW 检验表 5-1 给出 DW 检验临界值。DW 检验临界值与三个参数有关：

(1) 检验水平 α；

(2) 样本容量 T；

(3) 原回归模型中解释变量个数 k(不包括常数项)。

注意：① 因为 DW 统计量是以解释变量非随机为条件得出的，所以当有滞后的内生变量作解释变量时，DW 检验无效；

② 不适用于联立方程模型中各方程的序列自相关检验；

③ DW 统计量不适用于对高阶自相关的检验。

5.3.3　回归检验法

回归检验法的步骤如下：

(1) 用给定样本估计模型并计算残差 e_t。

(2) 对残差序列 $e_t, t=1,2,\cdots,n$。用普通最小二乘法进行不同形式的回归拟合。如：

$$
\begin{aligned}
e_t &= \rho e_{t-1} + v_t \\
e_t &= \rho_1 e_{t-1} + \rho_2 e_{t-2} + v_t \\
e_t &= \rho e_{t-1}^2 + v_t \\
e_t &= \rho \sqrt{e_{t-1}} + v_t \\
&\cdots
\end{aligned}
\tag{5-9}
$$

(3) 对上述各种拟合形式进行显著性检验，从而确定误差项 u_t 存在哪一种形式的自相关。

回归检验法的优点是：适合于任何形式的自相关检验；若结论是存在自相关，则同时能提供出自相关的具体形式与参数的估计值。缺点是计算量大。

5.3.4　高阶自相关性的检验

1. 偏相关系数检验

偏相关系数是衡量多个变量之间相关程度的指标，可以用它来判断自相关性的类型。利用 EViews 软件计算偏相关系数，具体方式是：

【命令方式】IDENT　RESID

或【菜单方式】在方程窗口点击：

View \ Residual Test \ Correlogram－Q－statistics

屏幕将会输出 e_t 与 $e_{t-1}, e_{t-2}, \cdots, e_{t-p}$（$p$ 是事先指定的滞后期长度）的偏相关系数和相关系数，我们可以直观地看到残差图序列的相关情况。

2. 布罗斯-戈弗雷检验(Breusch-Godfrey Test)，简称为 BG 检验或是拉格朗日乘数检验。

对于模型：

$$Y_t = \beta_0 + \beta_1 X_{1t} + \beta_2 X_{2t} + \cdots + \beta_k X_{kt} + u_t \tag{5-10}$$

设自相关形式为：$u_t = \rho_1 u_{t-1} + \rho_2 u_{t-2} + \cdots + \rho_p u_{t-p} + v_t$ (5－11)

假设 $H_0: \rho_1 = \rho_2 = \cdots = \rho_p$ 即不存在自相关性。对该假设的检验过程如下：

(1) 利用 OLS 法估计模型，得到残差序列 e_t；

(2) 将 e_t 关于所有解释变量和残差的滞后值 $e_{t-1}, e_{t-2}, \cdots, e_{t-p}$ 进行回归，并计算辅助回归模型的判定系数 R^2；

布罗斯和戈弗雷证明在大样本的情况下，渐进的有：

$$nR^2 \sim \chi^2(p) \tag{5-12}$$

因此，对于显著水平 α，若有 nR^2 大于临界值，则拒绝原假设，即认为至少存在一个 ρ_i 值显著不为 0。

利用 EViews 软件可以直接地进行 BG 检验：在方程窗口点击 View \ Residual Test \ Serial Correlation LM Test，屏幕将显示辅助回归模型的有关信息。BG 检验需要输入滞后期的长度，在实际应用中，一般是从低阶的 $p=1$ 开始，直到 $p=10$ 左右。若检验结果均不显著，则可认为不存在自相关性。

5.4 自相关性的解决办法

前面我们讨论了自相关性产生的原因、存在的危害及检验的方法，那么，如果模型经过检验存在自相关性，该如何解决呢?解决的基本思路，就是通过一定的手段(如差分法）将模型中的自相关性消除，然后对模型中的未知参数进行估计。

5.4.1 广义差分法

设原线性回归模型：$y_t = a + bx_t + u_t$ (5－13)

存在一阶自相关性：$u_t = \rho u_{t-1} + v_t$

其中，v_t 为满足古典回归模型基本假定的随机误差项。将模型滞后一期，得：

$$y_{t-1} = a + bx_{t-1} + u_{t-1}$$

在方程两边同时乘以 ρ，并与原模型相减，得：

$$y_t - \rho y_{t-1} = a(1-\rho) + b(x_t - \rho x_{t-1}) + (u_t - \rho u_{t-1}) \tag{5-14}$$

定义变量变换：

$$y_t^* = y_t - \rho y_{t-1}$$
$$x_t^* = x_t - \rho x_{t-1} \quad (5-15)$$

则模型式(5-13)可以表示成：

$$y_t^* = A + bx_t^* + v_t \quad (5-16)$$

其中，$A = a(1-\rho)$。变换后模型的随机误差项 v_t 满足回归模型的基本假定，所以可以用 OLS 法估计参数 A,b，进而得到：

$$\hat{a} = \hat{A}/(1-\rho) \quad (5-17)$$

在式(5-15)中，若 $\rho = 1$，则

$$y_t^* = y_t - y_{t-1} = \Delta y_t$$
$$x_t^* = x_t - x_{t-1} = \Delta x_t \quad (5-18)$$

称为差分变换，而 ρ 的值介于 -1 与 1 之间，所以称式(5-15)为广义差分变换。经广义差分变换得到的模型称为广义差分模型。

若模型为多元线性回归模型，同理可以进行类似的广义差分变换：

$$y_t^* = y_t - \rho y_{t-1}$$
$$x_{1t}^* = x_{1t} - \rho x_{1,t-1}$$
$$x_{2t}^* = x_{2t} - \rho x_{2,t-1}$$
$$\vdots$$
$$x_{kt}^* = x_{kt} - \rho x_{k,t-1} \quad (5-19)$$

仍然可以得到满足基本假定的广义差分模型：

$$y_t^* = A + b_1 x_{1t}^* + b_2 x_{2t}^* + \cdots + b_k x_{kt}^* + v_t \quad (5-20)$$

如果自相关类型为高阶自回归形式：

$$u_t = \rho_1 u_{t-1} + \rho_2 u_{t-2} + \cdots + \rho_s u_{t-s} + v_t \quad (5-21)$$

则广义差分变换为(以一元线性回归模型为例)：

$$y_t^* = y_t - \rho_1 y_{t-1} - \rho_2 y_{t-2} - \cdots - \rho_s y_{t-s}$$
$$x_t^* = x_t - \rho_1 x_{t-1} - \rho_2 x_{t-2} - \cdots - \rho_s x_{t-s} \quad (5-22)$$

同理得到满足基本假定的模型：

$$y_t^* = A^* + bx_t^* + v_t \quad (5-23)$$

因此，只要存在自相关性的模型进行广义差分变换，就可以消除原模型中的自相关性，然后再对变换后的模型进行 OLS 估计，得到的仍然是最佳估计量。由于估计过程中使用了广义差分变换，所以称这种参数估计方法为广义差分法。

5.4.2　自相关系数 ρ 的估计方法

进行广义差分变换的前提是已知 ρ 的值。由于 ρ 是随机误差项的相关系数，u_i 值的不可观测性使得 ρ 的值也是未知的。利用广义差分法处理自相关性时，需要事先估计出 ρ 的值。ρ 常用的估计方法有以下几种：

1. 近似估计法

在大样本($n \geqslant 30$)的情况下，因为 $DW \approx 2(1-\rho)$，所以可以用 DW 值近似估计 ρ：

$$\hat{\rho} = 1 - DW/2 \tag{5-24}$$

对于小样本则使用泰尔近似公式：

$$\hat{\rho} = \frac{n^2(1-DW/2)+(k+1)^2}{n^2-(k+1)^2} \tag{5-25}$$

其中，k 为解释变量，当 $n \to \infty$ 时，$\hat{\rho} = 1 - DW/2$。

这样得到的 ρ 的估计值 $\hat{\rho}$ 精度不高，原因在于对有自相关的回归模型使用了普通最小二乘法。为了得到 ρ 的更精确的估计值，可采用科克伦-奥克特(Cochrane-Orcutt)迭代法。它的基本思想是通过逐次迭代寻求更为满意的 ρ 的估计值，然后再采用广义差分法。具体说，该方法是利用残差 e_t 来估计未知的 ρ。EViews 软件就是采用这种方法来估计自相关性模型的，并输出 ρ 的估计值、标准差以及 t 统计值等。【命令方式】LS Y C X AR(1)。如果模型为高阶自相关形式，再加上 AR(2)，AR(3)…… 等等。根据 AR 项的 t 统计值是否显著，可以进一步确定自相关性的具体形式。

2. Durbin 两步法

Durbin 两步法的步骤如下：

(1) 通过广义差分回归式求 ρ 的估计值 $\hat{\rho}$；

(2) 利用 $\hat{\rho}$ 进行广义差分变换，再对原模型求广义最小二乘估计值。

以一阶相关形式为例具体介绍如下：

将原模型做广义差分变换后得到式(5-14)，再将其变换后得：

$$y_t = a(1-\rho) + \rho y_{t-1} + b(x_t - \rho x_{t-1}) + (\varepsilon_t - \rho\varepsilon_{t-1}) + v_t \tag{5-26}$$

这是一个满足基本假定的三元线性回归模型，其中解释变量 y_{t-1} 的回归系数恰好为 ρ，因此 OLS 估计出 ρ 的估计值 $\hat{\rho}$。

可以转换得：$y_t - \rho y_{t-1} = a(1-\rho) + b(x_t - \rho x_{t-1}) + (u_t - \rho u_{t-1})$　　(5-27)

定义变量变换：

$$\begin{aligned} y_t^* &= y_t - \hat{\rho} y_{t-1} \\ x_t^* &= x_t - \hat{\rho} x_{t-1} \end{aligned} \tag{5-28}$$

则模型式(5-27)可以表示成：

$$y_t^* = A + b x_t^* + v_t \tag{5-29}$$

其中，$A = a(1-\hat{\rho})$。变换后模型的随机误差项 v_t 满足回归模型的基本假定，所以可以

用 OLS 法估计参数 A,b,进而得到:

$$\hat{a}=\hat{A}/(1-\hat{\rho}) \tag{5-30}$$

5.5 案例分析

居民消费模型是研究居民消费行为的常用工具。通过对中国农村居民消费模型的分析可判断农村居民的边际消费倾向,也能用于农村居民消费水平的预测。影响居民消费的因素很多,但由于受各种条件的限制,通常只引入居民收入一个变量做解释变量,即消费模型设定为

$$Y_t=\beta_1+\beta_2 X_t+u_t \tag{5-31}$$

其中,Y_t 为农村居民人均消费支出,X_t 为农村居民人均纯收入,u_t 为随机误差项。表5-2 是《中国统计年鉴》收集的中国农村居民 1985 年 ~ 2006 年的收入与消费数据。

表 5-2 1985 年 ~ 2006 年农村居民人均收入和消费 (单位:元)

年份	全年人均纯收入(现价)	全年人均消费性支出(现价)	消费价格指数(1985 = 100)	人均实际纯收入(1985 年可比价格)	人均实际消费性支出(1985 年可比价格)
1985	397.60	317.42	100.0	397.60	317.40
1986	423.80	357.00	106.1	399.43	336.48
1987	462.60	398.30	112.7	410.47	353.42
1988	544.90	476.70	132.4	411.56	360.05
1989	601.50	535.40	157.9	380.94	339.08
1990	686.30	584.63	165.1	415.69	354.11
1991	708.60	619.80	168.9	419.54	366.96
1992	784.00	659.80	176.8	443.44	373.19
1993	921.60	769.70	201.0	458.51	382.94
1994	1221.00	1016.81	248.0	492.34	410.00
1995	1577.70	1310.36	291.4	541.42	449.69
1996	1923.10	1572.10	314.4	611.67	500.03
1997	2090.10	1617.15	322.3	648.50	501.77
1998	2162.00	1590.33	319.1	677.53	498.28
1999	2214.30	1577.42	314.3	704.52	501.75
2000	2253.40	1670.00	314.0	717.64	531.85
2001	2366.40	1741.00	316.5	747.68	550.08
2002	2475.60	1834.00	315.2	785.41	581.85
2003	2622.24	1943.30	320.2	818.86	606.81
2004	2936	2185	343	855.98	637.03
2005	3255	2555	343	948.98	744.90
2006	3587	2829	348.1	1030.45	812.70

注:资料来源于《中国统计年鉴》(1986—2007)。

5.5.1 参数估计

为了消除价格变动因素对农村居民收入和消费支出的影响,不宜直接采用现价人均纯

收入和现价人均消费支出的数据，而需要用经消费价格指数进行调整后的1985年可比价格计算的人均纯收入和人均消费支出的数据做回归分析。

根据表5-2中调整后的1985年可比价格计算的人均纯收入和人均消费支出的数据，在EViews中点击New项，建立Workfile，输入X，Y的数据。点击Quick，选Estimate Equation项，在OLS对话框中，键入Y C X，输出如下结果(见图5-3)。

EViews - [Equation: UNTITLED Workfile: UNTITLED]

File Edit Objects View Procs Quick Options Window Help

View | Procs | Objects | Print | Name | Freeze | Estimate | Forecast | Stats | Resids

Dependent Variable: Y
Method: Least Squares
Date: 05/12/08 Time: 09:44
Sample: 1985 2006
Included observations: 22

Variable	Coefficient	Std. Error	t-Statistic	Prob.
C	58.52877	17.28430	3.386239	0.0029
X	0.687332	0.027035	25.42379	0.0000

R-squared	0.969987	Mean dependent var	477.7441
Adjusted R-squared	0.968486	S.D. dependent var	136.9261
S.E. of regression	24.30739	Akaike info criterion	9.305946
Sum squared resid	11816.99	Schwarz criterion	9.405132
Log likelihood	-100.3654	F-statistic	646.3690
Durbin-Watson stat	0.959528	Prob(F-statistic)	0.000000

图5-3 EViews输出的回归结果

则消费模型$\hat{Y}_t = 58.52877 + 0.6873X_t$ (5-32)

$$SE = (17.2843)\ (0.0270)$$

$$t = (3.3862)\quad (25.4240)$$

$$R^2 = 0.9700, F = 646.3690, df = 20, \text{DW} = 0.9595$$

5.5.2 分析

该回归方程可决系数较高，回归系数均显著。对样本量为22、一个解释变量的模型、5%显著水平，查DW统计表可知，$d_L = 1.24$，$d_U = 1.43$，模型中DW $< d_L$，显然消费模型中有自相关。这一点从残差图中也可看出，点击EViews方程输出窗口的按钮Resids可得到残差图，如图5-4所示。

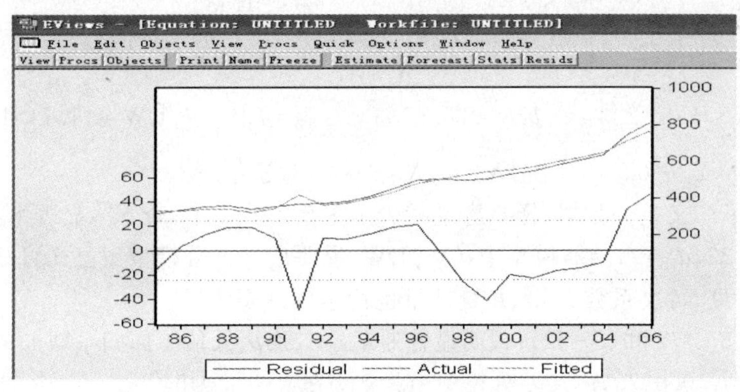

图5-4 残差图

图 5－4 残差图中，残差的变动有系统模式，连续为正和连续为负，表明残差项存在一阶正自相关，模型中 t 统计量和 F 统计量的结论不可信，需采取补救措施。

5.5.3 自相关问题的处理

为解决自相关问题，选用科克伦-奥克特迭代法。由模型式(5－32) 可得残差序列 e_t，在 EViews 中，每次回归的残差存放在 resid 序列中，为了对残差进行回归分析，需生成命名为 e 的残差序列。在主菜单选择 Quick/Generate Series 或点击工作文件窗口工具栏中的 Procs/Generate Series，在弹出的对话框中输入 e = resid，点击 OK 得到残差序列 e_t。使用 e_t 进行滞后一期的自回归，在 EViews 命令栏中输入 ls e e(－1) 可得回归方程

$$e_t = 0.5139e_{t-1} \tag{5-33}$$

由式(5－33) 可知$\hat{\rho} = 0.5139$，对原模型进行广义差分，得到广义差分方程

$$Y_t - 0.5139Y_{t-1} = \beta_1(1-0.5139) + \beta_2(X_t - 0.5139X_{t-1}) + \mu_t \tag{5-34}$$

对式(5－34) 的广义差分方程进行回归，在 EViews 命令栏中输入 ls Y－0.5139 * Y(－1)c X－0.5139 * X(－1)，回车后可得方程输出结果，如图 5－5 所示。

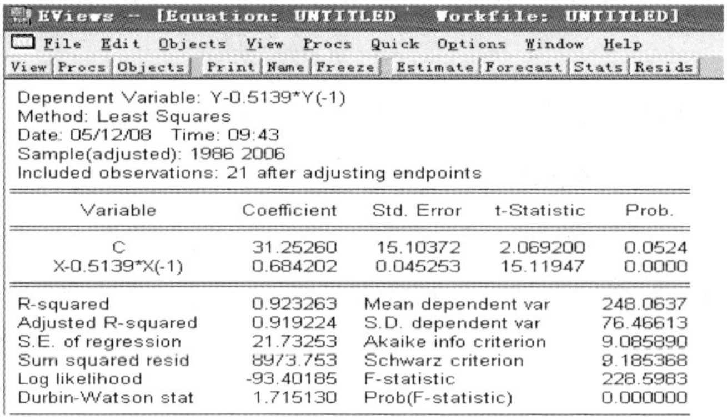

EViews － [Equation: UNTITLED Workfile: UNTITLED]

File Edit Objects View Procs Quick Options Window Help

View | Procs | Objects | Print | Name | Freeze | Estimate | Forecast | Stats | Resids

Dependent Variable: Y-0.5139*Y(-1)
Method: Least Squares
Date: 05/12/08 Time: 09:43
Sample(adjusted): 1986 2006
Included observations: 21 after adjusting endpoints

Variable	Coefficient	Std. Error	t-Statistic	Prob.
C	31.25260	15.10372	2.069200	0.0524
X-0.5139*X(-1)	0.684202	0.045253	15.11947	0.0000

R-squared	0.923263	Mean dependent var	248.0637
Adjusted R-squared	0.919224	S.D. dependent var	76.46613
S.E. of regression	21.73253	Akaike info criterion	9.085890
Sum squared resid	8973.753	Schwarz criterion	9.185368
Log likelihood	-93.40185	F-statistic	228.5983
Durbin-Watson stat	1.715130	Prob(F-statistic)	0.000000

图 5－5 广义差分方程输出结果

由图 5－5 可得回归方程为

$$\hat{Y}_t^* = 31.2526 + 0.6842X_t^*$$

$$SE = (15.1037) \qquad (0.0453)$$

$$t = (2.0692) \qquad (15.11947)$$

$$R^2 = 0.9233 \qquad F = 228.5983 \qquad df = 19 \qquad DW = 1.7151 \tag{5-35}$$

式中，$\hat{Y}_t^* = Y_t - 0.5139Y_{t-1}$，$X_t^* = X_t - 0.5139X_{t-1}$。

由于使用了广义差分数据，样本容量减少了 1 个，为 21 个。查 5% 显著水平的 DW 统计表可知 $d_L = 1.22$，$d_U = 1.42$，模型中 $d_U <$ DW，说明广义差分模型中已无自相关，不必再进行迭代。同时可见，可决系数 R^2、t、F 统计量也均达到理想水平。

对比模型(5－35) 和(5－32)，很明显普通最小二乘法低估了回归系数$\hat{\beta}_2$ 的标准误差。原模型中 $SE(\hat{\beta}_2) = 0.0270$，广义差分模型中为 $SE(\hat{\beta}_2) = 0.0453$。

经广义差分后样本容量会减少 1 个，为了保证样本数不减少，可以使用普莱斯-温斯腾

变换补充第一个观测值，方法是 $X_1^* = X_1\sqrt{1-\rho^2}$ 和 $Y_1^* = Y_1\sqrt{1-\rho^2}$。在本例中即为 $X_1\sqrt{1-0.5139^2}$ 和 $Y_1\sqrt{1-0.5139^2}$。由于要补充因差分而损失的第一个观测值，所以在 EViews 中就不能采用前述方法直接在命令栏输入 Y 和 X 的广义差分函数表达式，而是要生成 X 和 Y 的差分序列 X^* 和 Y^*。在主菜单选择 Quick/Generate Series 或点击工作文件窗口工具栏中的 Procs/Generate Series，在弹出的对话框中输入 $Y^* = Y - 0.5139 * Y(-1)$，点击"OK"得到广义差分序列 Y^*。同样的方法得到广义差分序列 X^*。此时的 X^* 和 Y^* 都缺少第一个观测值，需计算后补充进去，计算得 $X_1^* = 341.06$，$Y_1^* = 272.27$，双击工作文件窗口的 X^* 打开序列显示窗口，点击 Edit＋/－按钮，将 $X_1^* = 341.06$ 补充到与 1985 年对应的栏目中，得到 X^* 的 22 个观测值的序列。同样的方法可得到 Y^* 的 22 个观测值序列。在命令栏中输入 $Ls\ Y^*\quad c\quad X^*$ 得到普莱斯-温斯腾变换的广义差分模型为

$$Y_t^* = 31.3577 + 0.6850X_t^*$$

$$SE = (14.7641) \qquad (0.0442)$$

$$t = (2.1239) \qquad (15.5001)$$

$$R^2 = 0.9232 \qquad F = 240.2545 \qquad \text{df} = 22 \qquad \text{DW} = 1.7072 \tag{5-36}$$

对比模型式(5-36)和式(5-35)可发现，两者的参数估计值和各检验统计量的几乎没有差异，说明在本例中使用普莱斯-温斯腾变换与直接使用科克伦-奥克特两步法的估计结果无显著差异，这是因为本例中的样本比较大。如果实际应用中样本较小，则两者的差异会较大。通常对于小样本，应采用普莱斯-温斯腾变换补充第一个观测值。

由差分方程(5-34)有

$$\hat{\beta}_1 = \frac{31.3577}{1-0.5139} = 64.5087 \tag{5-37}$$

由此，我们得到最终的中国农村居民消费模型为

$$Y_t = 64.5087 + 0.6850X_t \tag{5-38}$$

由式(5-38)的中国农村居民消费模型可知，中国农村居民的边际消费倾向为 0.6850，即中国农民每增加收入 1 元，将增加消费支出 0.6850 元。

思考与练习

1. 什么是序列自相关？计量经济模型产生自相关的原因有哪些？
2. 怎样认识用一阶自回归表示序列自相关？简述 DW 检验的应用条件。
3. 对于线性回归模型

$Y_t = b_0 + b_1X_t + u_t$，已知 u_t 为一阶自回归形式。

证明：ρ 的估计值

$$\hat{\rho} \approx \frac{\sum_{t=2}^{n} e_t e_{t-1}}{\sum_{t=2}^{n} e_{t-1}^2}$$

4. 表 5-3 是某市文娱消费支出 Y 与生活费收入 X 的资料。

表 5-3　某市文娱消费支出与生活费收入情况

年份	文娱消费支出 Y	生活费收入 X	年份	文娱消费支出 Y	生活费收入 X
1	1137.8	11617	7	207.4	21512
2	1301.2	13297	8	2143.9	23124
3	1526.3	15790	9	2283.3	24724
4	1687.3	18017	10	2420.5	26175
5	1776.4	19314	11	2530.7	27219
6	1885.7	20198	12	2702.0	28915

要求：

(1) 用 OLS 法估计消费函数

$$Y_t = b_0 + b_1 X_t + u_t$$

并检验自相关性(分别用图示法和分析法)；

(2) 用杜宾两步法估计模型，并将所得的结果与原结果进行比较。

5. 案例分析，收集中国储蓄存款总额(Y，亿元)与 GDP 的历年数据，研究两者之间的关系。具体要求：

(1) 以 GDP 为解释变量，以 Y 为被解释变量建立一元线性回归模型；

(2) 计算 DW 统计量的值；

(3) 用广义差分法建立模型消除自相关。

6. 表 5-4 给出了某地区 1990～2010 年的地区生产总值(Y)与固定资产投资额(X)的数据。

表 5-4　地区生产总值(Y)与固定资产投资额(X)　　(单位：亿元)

年份	地区生产总值(Y)	固定资产投资额(X)	年份	地区生产总值(Y)	固定资产投资额(X)
			2000	3124	544
1990	1402	216	2001	3158	523
1991	1624	254	2002	3578	548
1992	1382	187	2003	4067	668
1993	1285	151	2004	4483	699
1994	1665	246	2005	4897	745
1995	2080	368	2006	5120	667
1996	2375	417	2007	5506	845
1997	2517	412	2008	6088	951
1998	2741	438	2009	7042	1185
1999	2730	436	2010	8756	1180

(1) 使用对数线性模型 $\ln Y_t = \beta_1 + \beta_2 \ln X_t + u_t$ 进行回归，并检验回归模型的自相关性；

(2) 采用广义差分法处理模型中的自相关问题。

(3) 令 $X_t^* = X_t / X_{t-1}$(固定资产投资指数)，$Y_t^* = Y_t / Y_{t-1}$(地区生产总值增长指数)，使用模型 $\ln Y_t^* = \beta_1 + \beta_2 \ln X_t^* + v_t$，该模型中是否有自相关？

第6章　多重共线性

在第四章和第五章，我们讨论了线性回归模型随机误差项违背同方差性假设和互相独立假设时的检验方法和估计方法，称为异方差性问题和自相关性问题。异方差性和序列相关性都表现于模型的随机误差项。在本章，我们将讨论计量模型中普遍存在的一种解释变量违背古典假设的问题，即多重共线性。

6.1　多重共线性及其产生的原因

6.1.1　多重共线性的含义

对于多元线性回归模型

$$Y_i = \beta_0 + \beta_1 X_{1i} + \beta_2 X_{2i} + \cdots + \beta_k X_{ki} + u_i \quad (i = 1,2,3,\cdots,n) \tag{6-1}$$

其基本假设之一是解释变量 $X_1, X_2, \cdots, X_k$ 是互相独立的。如果模型的解释变量之间存在较强的线性关系，或者说，存在一组不全为零的常数项 $\lambda_1, \lambda_2, \cdots, \lambda_k$，使得：

$$\lambda_1 X_{1i} + \lambda_2 X_{2i} + \cdots + \lambda_k X_{ki} + v_i = 0 \tag{6-2}$$

其中，v_i 是一个随机误差项，则称该模型存在着多重共线性(Multicollinearity)。“共线性”表示存在着线性相关关系，“多重”意味着相关关系的多种组合。

多重共线性根据共线程度分为两类：一类是完全多重共线性，就是解释变量 $X_1, X_2, \cdots, X_k$ 之间相关关系等于1，也就是式(6-2)中 $v_i = 0$。另一类是不完全多重共线性(也称近似的多重共线性)，就是解释变量 $X_1, X_2, \cdots, X_k$ 之间相关关系趋近于1。完全多重共线性的情况并不多见，一般出现的大都是不完全多重共线性。

6.1.2　多重共线性产生的原因

多重共线性本质上是样本现象。虽然，样本来自总体，样本中包含有总体信息，当总体密切相关时，多重共线性就很严重。但是，即使总体并非密切相关，样本数据间也会存在线性相关。通常，模型产生多重共线性的原因主要有：

1. 经济变量之间的内在联系

这是产生多重共线性的根本原因。例如，工业生产函数中劳动投入量与资金投入量、需求函数中商品自身价格与其互补品价格、消费函数中收入与财产、农业生产函数中耕地面积与施肥量等，都存在着一定的相互关系。事实上，经济系统中各要素之间是相互依存、相互制约的，在数量关系上必然有一定的联系。因此，从这个意义上讲，多重共线性是计量经济模型中不可避免的问题，只是影响程度有所不同而已。

2. 经济变量变化趋势的共向性

有些经济变量并没有明显的内在联系，但由于在考察的样本期内，其变化方向的一致性（同升或同降）使得样本数据高度相关。例如，在经济繁荣时期，各项经济变量，如收入、消费、投资、价格、就业人数等等都趋向于增长；而在经济衰退时期，又几乎一致地放慢增长速度。如果把这些有相关共同趋势的变量作为解释变量，就会产生多重共线性。

3. 解释变量中引入滞后变量

目前在计量经济模型中，正越来越多地使用滞后变量作为解释变量来反映真实的经济关系。例如，在消费函数中不仅要有本期的可支配收入，还应该考虑以往各期的收入。固定资产存量变动的影响因素不仅有本期投资，还应该考虑以往若干期的投资，等等。同一变量的前后期值从经济性质上看，只是时间上不同，从经济意义上看，这些变量间是高度线性相关的。因此，模型中引入滞后变量，多重共线性就难以避免。

4. 样本资料的原因

完全符合理论模型的样本数据是难以收集的。因此，建模时，对现有的数据资料往往只有被动接受。当特定样本存在某种程度的多重共线性时，由于样本信息的匮乏，往往也只有采用。

一般经验告诉我们，对于采用时间序列数据做样本、以简单线性形式建立的计量经济学模型，往往存在多重共线性。以截面数据作样本时，问题不那么严重，但仍然是存在的。例如，研究企业生产函数，资本投入和劳动力投入几乎就是高度相关的，因为大企业资本和劳动力投入就多，小企业资产和劳动力投入就少。

需要指出的是，建立计量模型时多重共线性是不可避免的。我们要做的是如何把多重共线性产生的影响降到最低，而不是消除它。

6.2 多重共线性的后果

古典回归模型要求不存在完全的多重共线性，所以即使模型存在严重的多重共线性，OLS 估计仍然是最佳线性无偏估计。但在计量经济学模型中一旦出现多重共线性，如果仍采用普通最小二乘法估计模型参数，会产生下列不良后果：

6.2.1 增大 OLS 估计的方差

假定二元回归模型

$$Y_i = \beta_0 + \beta_1 X_{1i} + \beta_2 X_{2i} + u_i \qquad (6-3)$$

可证明，$\hat{\beta}_1$，$\hat{\beta}_2$ 的方差为：

$$D(\hat{\beta}_1) = \frac{\sigma^2}{\sum (X_{1i} - \overline{X}_1)^2} \cdot \frac{1}{1 - r_{12}^2} \qquad (6-4)$$

$$D(\hat{\beta}_2) = \frac{\sigma^2}{\sum (X_{2i} - \overline{X}_2)^2} \cdot \frac{1}{1 - r_{12}^2} \qquad (6-5)$$

其中，r_{12} 为 X_1，X_2 的相关系数。式子第二项因子称为方差膨胀因子，记成 VIF；VIF 表明，OLS 估计量的方差因多重共线性的存在而变大。当 X_1，X_2 高度相关时，VIF $\rightarrow \infty$；所以，随着多重共线性程度的增强，OLS 估计量的方差会增大并趋向无穷大。表 6－1 直观地反映了 VIF 的变化情况。

表 6－1　多重共线性对参数估计方差的影响

r_{12}^2	0	0.5	0.8	0.9	0.95	0.96	0.97	0.98	0.99	0.999
VIF	1	2	5	10	20	25	33	50	100	1000

当 $r_{12}^2 = 0.8$ 时，$D(\hat{b}_1)$5 倍于 $r_{12}^2 = 0$ 时的方差；当 $r_{12}^2 > 0.9$ 时，方差呈现出急剧增大的趋势。

6.2.2　每个解释变量的单独影响难以区分

计量经济研究中经常需要利用回归系数定量地来分析各个解释变量对被解释变量的单独影响程度。但在多重共线性的情况下，解释变量的相关性将无法保持其他变量不变，从而难以分离出每个解释变量的单独影响。

例如，假定农业生产函数为：

$$Y = b_0 + b_1 X_1 + b_2 X_2 + b_3 X_3 + u \tag{6-6}$$

其中 Y 为产量，X_1，X_2，X_3 分别为劳动力、土地面积和化肥使用量。化肥使用量 X_3 和土地面积 X_2 之间存在着一定的技术关系，设 $X_3 = \lambda X_2$，又设 k 为任意常数，则模型的回归系数应该是唯一确定的，但由于 k 是任意常数，使得 X_2 和 X_3 的系数都不能唯一确定。因此，在多重共线性的条件下，回归系数无法唯一确定。

6.2.3　t 检验的可靠性会下降

一般利用 t 统计量：$t = \dfrac{\hat{b}_i - b_i}{S(\hat{b}_i)} \sim t_\alpha(n-k-1)$ 来考察变量 X_i 的重要性。在多重共线性的影响下，系数估计误差 $S(\hat{b}_i)$ 的增大将会导致 t 统计量值的减小，这可能使得原来显著的 t 值变为不显著的，因此容易将有重要影响的变量误认为是不显著的变量。

6.2.4　回归模型缺乏稳定性

从同一总体中抽取不同的样本估计模型，得到的估计值不会完全相同，但不应该有显著差异，这时模型称为是稳定的。但是，当模型存在着多重共线性时，样本数据即使有微小的变化，也可能导致系数估计值发生明显的变化，参数估计对样本的变化比较敏感，这实际上是 OLS 估计方差变大的另外一个表现。

6.3　多重共线性的检验

在多元线性回归模型中，由于多重共线性是普遍存在的，造成的后果也比较复杂，有些后果可能来自于其他因素的影响，因此对于多重共线性的检验缺少统一的原则。一般可以从解释变量相关性和OLS估计量的结果等方面进行研究，即计算参数估计量的标准差、解释变量之间的偏相关系数，做出综合判断。

6.3.1 样本决定系数检验

多重共线性可用线性回归方程表示。对 K 个解释变量 $X_1,X_2,\cdots,X_k$，分别以其中一个对其他所有的解释变量回归，得到 K 个辅助回归方程式：

$$X_i = f(X_1,X_2,\cdots,X_{i-1},X_{i+1},\cdots,X_k) \qquad i=1,2,\cdots,k \tag{6-7}$$

算出 K 个判定系数，其中判定系数很大且接近于1的，表明对应的辅助回归方程拟合程度最高，则相应的 X_i 可用其他解释变量的线性组合表示，即 X_i 与其他解释变量多重共线性。下面我们以含有两个解释变量或多个解释变量的模型为例，了解如何检验模型中的多重共线性。

1. 模型中只有两个解释变量

(1) 利用解释变量样本观测值的散点图来考察两者是否存在显著的线性关系；

(2) 计算两个解释变量之间的相关系数 r，$|r|$ 越接近1，二者线性关系越强；

(3) 可以建立两个解释变量之间的线性回归模型，拟合优度 R^2 越接近1，解释变量之间的线性关系越显著。

在EViews软件中可以直接计算解释变量的相关系数：

【命令方式】COR　解释变量名

或【菜单方式】将解释变量输入数组窗口，并在窗口中点击 View \ Correlations。

2. 模型中有三个以上解释变量

(1) 计算解释变量回归的 R_i^2

可以分别用其中的一个解释变量对其他所有的解释变量进行线性回归，并分别计算拟合优度 $R_1^2,R_2^2,\cdots,R_k^2$，其中拟合优度最大且接近1的，说明对应的解释变量与其他所有的解释变量之间线性关系显著。

(2) 计算相关系数

也可以计算两两解释变量的相关系数，其值接近1或-1，说明相应解释变量之间的线性关系显著。

(3) 方差膨胀因子检验

对于多元线性回归模型，$\hat{\beta}_i$ 的方差可以表示成：

$$D(\hat{\beta}_i) = \frac{\sigma^2}{\sum(X_{ij}-\overline{X}_i)^2}\cdot\frac{1}{1-R_i^2} = \frac{\sigma^2}{\sum(X_{ij}-\overline{X}_i)^2}\cdot \mathrm{VIF}_i \tag{6-8}$$

其中，R_i^2 为 X_i 关于其他解释变量辅助回归模型的判定系数，VIF_i 为方差膨胀因子。随着多重共线性的增强，VIF以及估计系数都在增大。因此，可以用VIF作为衡量多重共线性的一个指标；一般当 $\mathrm{VIF}>10$（此时 $R_i^2>0.9$），认为模型存在较为严重的多重共线性。

另一个与VIF等价的指标是容许度TOL(Tolerance)，其定义为：

$$\mathrm{TOL}_i = (1-R_i^2) = 1/\mathrm{VIF}_i \tag{6-9}$$

显然，$0\leqslant \mathrm{TOL}\leqslant 1$，当 x_i 与其他解释变量高度相关时，$\mathrm{TOL}\rightarrow 0$。因此，一般当TOL＜

0.1时，认为模型存在较为严重的多重共线性。

6.3.2 参数估计值的经济检验

考察参数OLS估计值的符号和大小，如果不符合经济理论或者实际情况的，则说明该模型可能存在着多重共线性。

6.3.3 参数估计值的统计检验

若多元线性回归模型的拟合优度 R^2 较大，但回归系数在统计上均不显著（或者回归系数没有办法合理解释），即 t 检验值绝对过小，就说明模型存在多重共线性。

6.4 多重共线性的解决方法

设定计量经济模型时，为全面反映各因素的影响，总是尽量选取被解释变量的所有因素，但这样又容易产生多重共线性。因此必须采取措施进行解决。在解决多重共线性时，首先应该明确以下两点：

(1) 多重共线性的主要后果是无法区分每个解释变量的单独影响，因此，如果建立模型的目的是进行预测，只要模型的拟合优度较高（即能正确反映所有解释变量的总影响），并且解释变量的相关类型在预测期内保持不变，则可以忽略多重共线性的问题。

(2) 引起多重共线性的原因是模型中存在相关解释变量，所以消除多重共线性的根本方法只能是从模型中剔除这些变量。但直接剔除变量会产生新的问题：

① 模型的经济意义不合理。例如，生产函数中资金与劳动者人数通常是高度相关的，但从中剔除任何一个要素都不太合适；

② 如果剔除的是重要解释变量，则这些变量的影响将反映在随机误差项中，使模型产生异方差性或自相关性；

③ 若剔除不当还会产生设定误差问题。

因此，处理多重共线性问题需谨慎，下面介绍几种常用的方法。

6.4.1 直接剔除次要或可替代变量

根据经济理论和实际经验设定计量模型易考虑过多的解释变量，其中可能有一些无显著影响的次要变量，还有一些变量的影响可用模型中的其他变量来替代。所以，在估计模型之前，为了避免多重共线性的影响，应剔除这样的变量。

次要变量可通过被解释变量与解释变量的相关系数检验、相关图分析等方法加以鉴别；利用辅助回归模型检验多重共线性时，又可以提供解释变量之间相互替代的信息。

6.4.2 间接剔除重要的解释变量

1. 利用附加信息

例如，在Cobb-Douglas生产函数中：

$$Y = AL^{\alpha}K^{\beta} \tag{6-10}$$

劳动投入量 L 与资金投入量 K 之间通常是高度相关的,若用附加信息:$\alpha+\beta=1$(规模报酬不变),则:

$$Y=AL^{1-\beta}K^{\beta}=AL(\frac{K}{L})^{\beta} \text{ 或 } \frac{Y}{L}=A(\frac{K}{L})^{\beta} \tag{6-11}$$

记成

$$y=Y/L, k=K/L \tag{6-12}$$

则 C-D 函数可表示为:$y=Ak^{\beta}$

此时二元模型转成一元模型,当然不存在多重共线性的问题,可用 OLS 估计 $\hat{A}$,$\hat{\beta}$,进而得出 $\alpha=1-\hat{\beta}$。

又如,设工业能源需求函数为:$y=a+b_1x_1+b_2x_2+u$,其中,x_1、x_2 分别为重、轻工业总产值。由于重、轻工业发展的共向性,很可能使模型存在多重共线性。由于 b_1、b_2 分别是重轻工业的单位能耗,若根据历史统计得到 $b_1=\lambda b_2$,利用这个附加信息,则工业能源需求函数可以表示成为:$y=a+b_2(\lambda x_1+x_2)+u=a+b_2x^*+u$,其中,$x^*=\lambda x_1+x_2$,模型转换成一元模型,估计出 $\hat{a}$,$\hat{b}_2$ 之后,又得到 $\hat{b}_1=\lambda\hat{b}_2$,从而在消除多重共线性的影响情况下得到工业能源需求函数。

2. 变换模型形式

对原定的模型进行适当的变换,也可以消除或削弱原模型中解释变量之间的相关关系。具体有三种变换方式:

(1) 变换模型的函数形式,如将线性模型转换成双对数模型、半对数模型、多项式模型等;

(2) 变换模型的变量形式,如引入差分变量、相对数变量等;

(3) 改变变量的统计指标,如将生产过程中的资金投入量取成固定资金或流动资金(或两者之和),劳动投入量取成职工人数或工资总额,经济增长指标取成 GDP、GNP、国民收入等。

例如,若将需求函数取成:

$$Q=\beta_0+\beta_1Y+\beta_2P_0+\beta_3P_1+u \tag{6-13}$$

则商品自价格 P_0 与互价格 P_1 之间往往是高度相关的,此时可以用相对价格 P_0/P_1 综合反映价格因素的影响,而将需求函数设成:

$$Q=\alpha_0+\alpha_1Y+\alpha_2(P_0/P_1)+u \tag{6-14}$$

3. 综合使用时序数数据与横截面数据

如果能同时获得变量的时序数据和横截面数据,则先利用某类数据估计出模型中的部分参数,再利用另一类数据估计模型的其余参数。

例如,设某类商品的需求函数为:

$$\ln y=b_0+b_1\ln x+b_2\ln P+u \tag{6-15}$$

其中 y 为商品需求量,x,P 分别为居民收入和该商品价格,并且已知在时序样本数据中 x 与 P 高度相关,为此:

(1) 收集最近一年的该商品的销售量和居民收入的统计资料。由于商品价格在一年中的变化幅度不大，所以将需求函数取成：

$$\ln y_i = a_0 + a_1 \ln x_i + u_i \tag{6-16}$$

利用横截面资料估计该模型，得到需求的收入弹性 a_1。

(2) 原需求函数中的 b_1 也是需求的收入弹性，所以 $b_1 \approx a_1$（此时实际上假设历年的平均收入弹性与近期的收入弹性近似相等），将原模型变换成：

$$y_t^* = b_0 + b_1 \ln P_t + u_i \tag{6-17}$$

其中 $y_t^* = \ln y_t - \hat{a}_1 \ln x_t$，再利用历年商品的销售量、居民收入和价格的统计资料估计模型，得到 $\hat{b}_0$，$\hat{b}_1$，从而消除多重共线性的影响下，估计需求函数：

$$\ln \hat{y} = \hat{b}_0 + \hat{b}_1 \ln x + \hat{b}_2 \ln P \tag{6-18}$$

上述几种方法的处理原理是，通过减少模型中解释变量的个数的方式来消除多重共线性的影响，但并不是直接剔除有重要影响的解释变量，模型中还是保留了这些变量的影响，所以称为间接剔除。

6.4.3　逐步回归法

建立计量经济模型的时候，一般是将解释变量全部引入模型，然后再根据统计检验和定性分析从中逐个剔除次要的或产生多重共线性的变量。选择变量是一个由多到少的过程，而逐步回归选择变量时，却是一个由少到多的过程，即从所有解释变量中间先选择影响最为显著的变量建立模型，然后再将模型之外的变量逐个引入模型，每引入一个变量，就对模型中的所有变量进行一次显著性检验，并从中剔除不显著的变量；逐步引入 — 剔除 — 引入，直到模型之外所有变量均不显著时为止。许多统计分析软件都有逐步回归程序，但根据计算机软件自动挑选的模型往往统计检验合理，经济意义并不理想。因此，实际应用中一般是依据逐步回归的原理，结合主观分析来筛选变量。

具体步骤为：

(1) 利用相关系数从所有解释变量中选取相关性最强的变量建立一元回归模型。

(2) 在一元回归模型中分别引入第二个变量，共建立 $K-1$ 个二元回归模型（设共有 K 个解释变量），从这些模型中再选取一个较优的模型。选择时要求模型中每个解释变量影响显著，参数符号正确，$\bar{R}^2$ 值有所提高。

(3) 在选取的二元回归模型中以同样方式引入第三个变量，如此下去，直至无法引入新的变量时为止。

6.5　案例分析

近年来，中国旅游业一直保持高速发展，旅游业作为国民经济新的增长点，在整个社会经济发展中的作用日益显现。为了规划中国未来旅游产业的发展，需要定量地分析影响中国旅游市场发展的主要因素。经分析，影响国内旅游市场收入的主要因素，除了国内旅游人数和旅游支出以外，还可能与相关基础设施有关。为此，考虑的影响因素主要有国内旅游人数

X_2，城镇居民人均旅游支出 X_3，农村居民人均旅游支出 X_4，并以公路里程 X_5 和铁路里程 X_6 作为相关基础设施的代表。为此设定了如下对数形式的计量经济模型：

$$Y_t = \beta_1 + \beta_2 X_{2t} + \beta_3 X_{3t} + \beta_4 X_{4t} + \beta_5 X_{5t} + \beta_6 X_{6t} + u_t \qquad (6-19)$$

其中：Y_t—— 第 t 年全国旅游收入；

X_2—— 国内旅游人数(万人)；

X_3—— 城镇居民人均旅游支出(元)；

X_4—— 农村居民人均旅游支出(元)；

X_5—— 公路里程(万公里)；

X_6—— 铁路里程(万公里)。

为估计模型参数，收集旅游事业发展最快的 1994 年 ～ 2006 年的统计数据，如表 6 - 2 所示：

表 6 - 2　1994 年 ～ 2006 年中国旅游收入及相关数据

年份	国内旅游收入 Y(亿元)	国内旅游人数 X_2(万人次)	城镇居民人均旅游支出 X_3(元)	农村居民人均旅游支出 X_4(元)	公路里程 X_5(万公里)	铁路里程 X_6(万公里)
1994	1023.5	52400	414.7	54.9	111.78	5.90
1995	1375.7	62900	464.0	61.5	115.70	5.97
1996	1638.4	63900	534.1	70.5	118.58	6.49
1997	2112.7	64400	599.8	145.7	122.64	6.60
1998	2391.2	69450	607.0	197.0	127.85	6.64
1999	2831.9	71900	614.8	249.5	135.17	6.74
2000	3175.5	74400	678.6	226.6	140.27	6.87
2001	3522.4	78400	708.3	212.7	169.80	7.01
2002	3878.4	87800	739.7	209.1	176.52	7.19
2003	3442.3	87000	684.9	200.0	180.98	7.30
2004	4710.7	110200	731.8	210.2	187.07	7.44
2005	5285.9	121200	737.1	227.6	334.52	7.54
2006	6299.7	139400	766.4	221.9	345.7	7.71

数据来源：《中国统计年鉴 2007》

1. 输入数据

利用 EViews 软件，输入 Y、X_2、X_3、X_4、X_5、X_6 等数据，采用这些数据对模型进行 OLS 回归，结果如图 6 - 1 所示。

```
EViews - [Equation: UNTITLED   Workfile: UNTITLED]
File Edit Objects View Procs Quick Options Window Help
View|Procs|Objects| Print|Name|Freeze| Estimate|Forecast|Stats|Resids|

Dependent Variable: Y
Method: Least Squares
Date: 05/12/08   Time: 09:19
Sample: 1994 2006
Included observations: 13

Variable        Coefficient    Std. Error    t-Statistic    Prob.

C               -920.7595      1696.474      -0.542749      0.6041
X2              0.042670       0.006991      6.103910       0.0005
X3              5.198705       1.803787      2.882106       0.0236
X4              2.613782       1.260813      2.073092       0.0769
X5              1.528056       1.646696      0.927953       0.3843
X6              -504.0434      413.7746      -1.218159      0.2626

R-squared            0.995366    Mean dependent var      3206.792
Adjusted R-squared   0.992055    S.D. dependent var      1563.647
S.E. of regression   139.3734    Akaike info criterion   13.01623
Sum squared resid    135974.6    Schwarz criterion       13.27697
Log likelihood       -78.60548   F-statistic             300.6849
Durbin-Watson stat   1.840140    Prob(F-statistic)       0.000000
```

图 6－1　EViews 输出的回归结果

2. 分析

该模型 $R^2=0.9954$，$\bar{R}^2=0.9921$ 可决系数很高，F 检验值 300.6845，明显显著。但是当 $\alpha=0.05$ 时，$t_{\alpha/2}(n-k-1)=t_{0.025}(13-6)=2.776$，不仅 X_4、X_5、X_6 系数的 t 检验不显著，而且 X_6 系数的符号与预期的相反，这表明很可能存在严重的多重共线性。

3. 检验

计算各解释变量的相关系数，选择 X_2、X_3、X_4、X_5、X_6 数据，点“view/correlations”得相关系数矩阵（如表 6－3 所示）：

表 6－3　自变量的相关系数表

	X_2	X_3	X_4	X_5	X_6
X_2	1.000000	0.918851	0.751960	0.947977	0.941681
X_3	0.918851	1.000000	0.865145	0.859191	0.963313
X_4	0.751960	0.865145	1.000000	0.664946	0.818137
X_5	0.947977	0.865145	0.664946	1.000000	0.897708
X_6	0.941681	0.963313	0.818137	0.897708	1.000000

由相关系数矩阵可以看出：各解释变量相互之间的相关系数较高，证实确实存在严重多重共线性。

4. 消除多重共线性

采用逐步回归的办法，检验和解决多重共线性问题。分别作 Y 对 X_2、X_3、X_4、X_5、X_6 的一元回归，结果如表 6－4 所示：

表 6－4　回归结果

变量	X_2	X_3	X_4	X_5	X_6
参数估计值	0.0593	12.7558	16.902	18.096	2641.99
t 统计量	13.6099	7.1132	3.7176	7.0190	10.5253
R^2	0.9439	0.8214	0.5568	0.8175	0.9097

按 R^2 的大小排序为：X_2、X_6、X_3、X_5、X_4。

以 X_2 为基础，顺次加入其他变量逐步回归。首先加入 X_6 回归结果为：

$$\hat{Y}_t = -7892.99 + 0.0363X_2 + 1165.377X_6 \tag{6-20}$$

$$t = (5.6446) \quad (3.9974) \quad R^2 = 0.97842$$

当取 $\alpha = 0.05$ 时，$t_{\alpha/2}(n-k-1) = t_{0.025}(13-3) = 2.22281$，$X_6$ 参数的 t 检验显著，不予以剔除，加入 X_3 回归得

$$\hat{Y}_t = -1316.92 + 0.04604X_2 - 540.555X_6 + 6.9144X_3 \tag{6-21}$$

$$t = (9.3579) \quad (-1.1091) \quad (3.8021) \quad R^2 = 99.1721$$

当取 $\alpha = 0.05$ 时，$t_{\alpha/2}(n-k-1) = t_{0.025}(13-4) = 2.2622$，$X_6$ 参数的 t 检验不显著，予以剔除，加入 X_5 回归得

$$\hat{Y}_t = -3452.787 + 0.03572X_2 + 5.27746X_3 + 1.8398X_5 \tag{6-22}$$

$$t = (4.9585) \quad (6-9413) \quad (0.9343) \quad R^2 = 0.99142$$

X_2、X_3 参数的 t 检验显著，剔除 X_5，再加入 X_4 回归得

$$\hat{Y}_t = -2961.623 + 0.04385X_2 + 3.19427X_3 + 2.762X_4 \tag{6-23}$$

$$t = (15.466) \quad (2.9896) \quad (2.5436) \quad R^2 = 99.38$$

$$\overline{R}^2 = 0.987186 \quad F = 231.7935 \quad \text{DW} = 1.952587$$

当取 $\alpha = 0.05$ 时，$t_{\alpha/2}(n-k-1) = t_{0.025}(13-4) = 2.2622$，$X_2$、$X_3$、$X_4$ 系数的 t 检验都显著，拟合程度也好，这是最后消除多重共线性的结果。

5. 结论

在其他因素不变的情况下，当城镇居民人均旅游支出 X_3 和农村居民人均旅游支出 X_4 分别增长1元时，国内旅游收入 X_5 将分别增长3.19亿元和2.76亿元。在其他因素不变的情况下，国内旅游人数每增加1万人次，国内旅游收入 Y 将增长0.044亿元。

思考与练习

1. 为什么说从本质上线性回归模型的多重共线性是一种样本现象？举例说明经济变量之间的多重共线性。

2. 造成多重共线性的原因有哪些？会造成哪些不良的后果？

3. 检测多重共线性有哪些常用的方法？

4. 对于线性回归模型：$Y = XB + u$ 的最小OLS估计向量 $\hat{B} = (X'X)^{-1}X'Y$。

(1) 当 X 之间完全共线时，$\hat{B}$ 会出现什么情况？

(2) 根据什么判断存在完全共线性？

5. 家庭消费支出不仅取决于可支配收入，还取决于个人财富。设定模型：

$$Y_i = \beta_0 + \beta_1 X_{1i} + \beta_2 X_{2i} + u_i$$

其中,Y 为消费支出,X_1 为可支配收入,X_2 为财富。试用表 6－5 的数据进行回归分析:

表 6－5　相关数据资料

编号	Y	X_1	X_2
1	70	80	810
2	65	100	1009
3	90	120	1273
4	95	140	1425
5	110	160	1693
6	115	180	1876
7	120	200	2052
8	140	220	2201
9	155	240	2435
10	150	260	2686

(1) 对所得结果进行 R^2 检验,F 检验,t 检验;

(2) 所估计模型是否可靠?理由是什么?

6. 表 6－6 是某种商品的需求量、价格以及消费者收入的统计量:

表 6－6　某商品的需求量、价格及消费收入情况

年份	1	2	3	4	5	6	7	8	9	10
需求量 Y	3.5	4.3	5.0	6.0	7.0	9.0	8.0	10	12	14
价格 X_1	16	13	10	7	7	5	4	3	3.5	2
收入 X_2	15	20	30	42	50	54	65	72	85	90

要求:(1) 检验 X_1 和 X_2 是否存在严重的多重共线性。

(2) 如何解决或减轻多重共线性的影响?并给出这一问题的回归方程。

7. 案例分析:搜集数据研究我国钢铁产量 Y(万吨) 与生铁产量 X_1(万吨)、发电量 X_2(亿千瓦小时)、固定资产投资 X_3(亿元)、国内生产总值 X_4(亿元)、铁路运输量 X_5(万吨)之间的关系。分析多重共线性的可能类型,并根据逐步回归原理,建立该国钢铁产量预测模型。

8. 查询我国 1991～2010 年能源消费总量(Y)、产业结构(第二产业比重)(X_1)、地区生产总值(X_2)、人口数量(X_3)、CPI(X_4) 的统计数据。

(1) 建立对数线性多元回归模型,检验各变量间是否存在多重共线性。

(2) 如果有多重共线性,如何解决这个问题?

第 7 章　虚拟变量回归

7.1　虚拟变量及其作用

7.1.1　虚拟变量

前面所研究的回归模型，其变量都是在取一些实际的数值，一般是连续的。实际工作中经常遇到变量取离散数值的情形，它的回归模型需要给予特殊考虑。在经济分析中还经常遇到因变量不是数值的情况，比如买与不买、升与降、有与无等。这些选择可以给予一个虚拟变量并赋予数值代表。这样的回归当然就更有特色了。

在回归模型中，因变量不仅受到那些取实际数值的自变量(如价格、工资收入、产量、温度、距离、重量等等)的影响，而且受到一些不取实际数值的自变量(如性别、国籍、种族、颜色、学位、地震、罢工、政治动乱、政府更替等等)的影响。要在模型中反映这种影响，可以引进虚拟变量，人为给予这些因素一定数值。如果某因素只有两种选择(如性别)，可以引进虚拟变量

$$D_i = \begin{cases} 1 & \text{第 } i \text{ 个样本来自男性} \\ 0 & \text{第 } i \text{ 个样本来自女性} \end{cases}$$

当然也可以给 D_i 赋值(1，－1)或(1,2)，怎样赋值要看实际问题表示是否计算方便。如果某因素有多项选择，如学位，你可以引进虚拟变量 $D_i = \begin{cases} 1 & \text{学士} \\ 2 & \text{硕士} \\ 3 & \text{博士} \end{cases}$

像上述这样一类用来描述经济现象的定量属性(类别)的变量称之为虚拟变量(Dummy Variables)。

7.1.2　引入虚拟变量的必要性及作用

现实经济生活错综复杂，要求人们按照经济变量的质或量的不同，分别进行处理。因此，在回归模型中，有必要引入虚拟变量，以表示这些质的区别。例如，消费函数，在平时与战争时，经济萧条与繁荣时，乃至性别、教育程度、季节性等不同时，都会因质的不同表现出不同的差异。

(1) 计量经济学模型，需要经常考虑属性因素的影响。例如，职业、战争与和平、繁荣与萧条、文化程度、灾害、季节。

(2) 属性因素往往很难直接度量它们的大小，只能给出它们的“Yes—$D=1$”或“No—D

= 0”，或者它们的程度或等级。

(3) 为了反映属性因素和提高模型的精度，必须将属性因素“量化”，通过构造 0-1 型的人工变量来量化属性因素。

引入虚拟变量的作用主要有以下三个方面：

(1) 分离异常因素的影响，例如分析我国 GDP 的时间序列，必须考虑“文革”因素对国民经济的破坏性影响，剔除不可比的“文革”因素；

(2) 检验不同属性类型对因变量的作用，例如工资模型中的文化程度、季节对销售额的影响；

(3) 提高模型的精度，相当于将不同属性的样本合并，扩大了样本容量(增加了误差自由度，从而降低了误差方差)。

7.1.3　虚拟变量的设置

1. 虚拟变量的设置

虚拟变量是用以反映质的属性的一个人工变量，通常记为 D(Dummy)。虚拟变量 D 只取 0 或 1 两个值，对基础类型或肯定类型设 $D=1$，对比较类型或否定类型设 $D=0$。

虚拟变量的赋值是任意的(一般取整数序列 $0,1,2,\cdots,d$)；虚拟变量赋值为 0 的类别称之为基准类，或对比类，或控制类，或遗漏类(根据研究习惯而约定的)。虚拟变量 D 的系数(回归系数)称之为差别截距系数，它表明取值为1的类别与基准类截距的差别，类别对应变量贡献的差异。

虚拟变量在模型中，可以作解释变量，也可以作因变量。虚拟变量作解释变量时出现在方程的右端，虚拟变量作因变量(被解释变量)时出现在方程的左端。

引入虚拟变量后，回归方程中一般同时含有解释变量和虚拟变量，这种结构的模型被称为虚拟变量模型或斜方差分析模型。

另外，根据虚拟变量是解释变量或是被解释变量，也分为虚拟自变量模型和虚拟因变量模型(其中，虚拟变量作因变量又称抉择模型)。

数学意义：引入的虚拟变量和定量变量没有什么本质区别。因此，经典线性回归计量分析方法是有效的。

经济学意义：引入“虚拟变量”是为了刻画、区分、说明经济现象的属性，仅此而已。

2. 虚拟变量的设置原则

在模型中引入多个虚拟变量时，虚拟变量的个数应按下列原则确定：

如果有 m 种互斥的属性类型，在模型中引入 $m-1$ 个虚拟变量，否则会出现完全共线性问题，陷入虚拟变量的陷阱。

例如，性别有两个互斥的属性，引用 $2-1=1$ 个虚拟变量；再如，文化程度分小学、初中、高中、大学、研究生 5 类，引用 4 个虚拟变量。

7.2 虚拟变量作解释变量的模型

7.2.1 虚拟变量作加项

设对某种职业者的工资采集了10个样本，列于表7-1，单位略去，性别栏中1表示男性，0表示女性。

表7-1 某种职业者工资资料 （单位：百元）

序号	1	2	3	4	5	6	7	8	9	10
工资	22.0	19.0	18.0	21.7	18.5	21.0	20.5	17.0	17.5	21.2
性别	1	0	0	1	0	1	1	0	0	1

我们以性别为自变量建立回归模型

$$Y_i = \beta_0 + \beta_1 D_i + u_i \tag{7-1}$$

对于表中资料回归得：

$$Y_i = 18.00 + 3.28D_i$$

它表示，女性的平均工资为18，男性的平均工资为 $18 + 3.28 = 21.28$。由于回归系数 β_1 的 t 统计量为7.44，远大于临界值，非常显著，故认为该项工作男女工资存在差别。

图7-1为EViews软件估计结果。

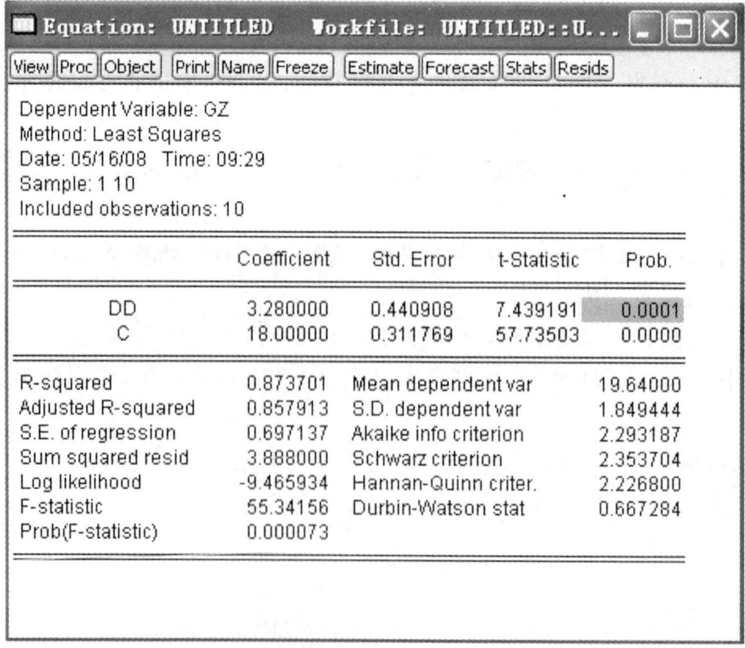

注：变量 DD 即方程中的虚拟变量 D；C 为常数

图7-1 EViews软件估计结果

一般地,对模型式(7-1)

$$E(Y_i \mid D_i = 0) = \beta_0 \tag{7-2}$$

$$E(Y_i \mid D_i = 1) = \beta_0 + \beta_1 \tag{7-3}$$

若 β_1 显著性检验通过,应认为 D_i 的属性集合存在显著差别。

上面的模型除了考虑性别外,没有考虑任何其他因素。如果考虑其他因素对工资的影响,比如工龄,可以取实际数值,以 X 表示,则有模型

$$Y_i = \beta_0 + \beta_1 D_i + \beta_2 X_i + u_i \tag{7-4}$$

此时

$$E(Y_i \mid X_i, D_i = 0) = \beta_0 + \beta_2 X_i \tag{7-5}$$

$$E(Y_i \mid X_i, D_i = 1) = (\beta_0 + \beta_1) + \beta_2 X_i \tag{7-6}$$

如果系数 β_1 是统计显著的,表示工资还是存在性别差异的。

如果某个因素有3个属性,能不能用这种两项选择的开关变量表示呢?可以使用两个开关变量。比如学位分3个等级:学士,硕士,博士,就引进

$$D_{1i} = \begin{cases} 0 & 学士 \\ 1 & 其他 \end{cases}$$

$$D_{2i} = \begin{cases} 0 & 硕士 \\ 1 & 博士 \end{cases}$$

建立如下模型

$$Y_i = \beta_0 + \beta_1 D_{1i} + \beta_2 D_{2i} + \beta_3 X_i + u_i \tag{7-7}$$

则

$$E(Y_i \mid X_i, D_1 = 0, D_2 = 0) = \beta_0 + \beta_3 X_i \tag{7-8}$$

$$E(Y_i \mid X_i, D_1 = 1, D_2 = 0) = \beta_0 + \beta_1 + \beta_3 X_i \tag{7-9}$$

$$E(Y_i \mid X_i, D_1 = 1, D_2 = 1) = \beta_0 + \beta_1 + \beta_2 + \beta_3 X_i \tag{7-10}$$

不过更多的情况是将两个虚拟变量用来区分两个因素,如用 D_1 区分性别,用 D_2 区分肤色,等等。

可以使用更多的虚拟变量,如有人研究业余兼职者的工资状况,建立如下的回归方程

$$Y = 37.07 + 0.403X_1 - 90.06D_2 + 75.51D_3 + 47.33D_4 + 113.64D_5 + 2.26X_6 + u_i \tag{7-11}$$

式中,X_1 是第一职业工资;$D_2 \sim D_5$ 都是开关变量,用来区分肤色(白人、非白人),居住地(城区、非城区),地域(西部、非西部),学历(高等教育、非高等教育);X_6 是年龄。

上述谈到的都是虚拟变量作加项，它影响回归方程的均值，即影响模型的截距。

7.2.2 虚拟变量作乘项

下面考虑虚拟变量作乘项，它影响回归方程的斜率。开始我们也看一个具体的数值例子。表 7-2 是英国 1946 年 ~ 1963 年居民储蓄与收入资料，单位是百万英镑。

表 7-2 英国 1946 年 ~ 1963 年居民储蓄与收入资料

年份	储蓄	收入	年份	储蓄	收入
1946	0.36	8.8	1955	0.59	15.5
1947	0.21	9.4	1956	0.90	16.7
1948	0.08	10.0	1957	0.95	17.70
1949	0.20	10.6	1958	0.82	18.6
1950	0.10	11.0	1959	1.04	19.7
1951	0.12	11.9	1960	1.53	21.1
1952	0.41	12.7	1961	1.94	22.8
1953	0.50	13.5	1962	1.75	23.9
1954	0.43	14.3	1963	1.99	27.20

表上粗略显示，资料可以分为两个时期：1946 年 ~ 1954 年为战后恢复时期；1955 年 ~ 1963 年为振兴时期。我们可以分别建立两个回归方程

$$Y_{1i} = \beta_{10} + \beta_{11} X_{1i} + u_{1i}, i = 1, \cdots, n_1 \tag{7-12}$$

$$Y_{2i} = \beta_{20} + \beta_{21} X_{2i} + u_{2i}, i = 1, \cdots, n_2 \tag{7-13}$$

对于本例具体资料，可以回归得：

$$Y_{1i} = -0.2663 + 0.0470 X_{1i} \tag{7-14}$$

$$Y_{2i} = -1.3957 + 0.1314 X_{2i} \tag{7-15}$$

两个方程的斜率不一样，反映储蓄增长速度后来加快了。

要检验这组资料是否真的应该划分为两组，建立两个回归模型，或者说要检验这两个回归方程是否有显著性差别，可以使用 Chow 检验法（具体方法其他章节介绍）。但是，一组资料用两个方程描述会带来诸多不便。使用虚拟变量，可以用一个方程描述回归方程斜率参数（非常数因子）的变化。

对于本例资料，可以建立如下方程

$$Y_i = \beta_0 + \beta_1 D_i + \beta_2 X_i + \beta_3 (D_i X_i) + u_i \tag{7-16}$$

其中，Y 为储蓄；X 为收入；D 为二值虚拟变量

$$D=\begin{cases}1 & X_i \text{ 属于第一个时期}\\ 0 & X_i \text{ 属于第二个时期}\end{cases}$$

则

$$E(Y_i \mid X_i, D_i=0)=\alpha_1+\beta_1 X_i \tag{7-17}$$

$$E(Y_i \mid X_i, D_i=1)=(\alpha_1+\alpha_2)+(\beta_1+\beta_2)X_i \tag{7-18}$$

对于本例资料，可以计算得回归方程

$$\hat{Y}_i=-1.3957+1.1294D_i+0.1314X_i-0.0844D_iX_i \tag{7-19}$$

取 $D_i=0$，则

$$\hat{Y}_i=-1.3957+0.1314X_i \tag{7-20}$$

取 $D_i=1$，则

$$\begin{aligned}\hat{Y}_i&=(-1.3957+1.1294)+(0.1314-0.0844)X_i\\&=-0.2663+0.0470X_i\end{aligned} \tag{7-21}$$

与两个方程效果是一致的（末位数含有舍入误差）。

图 7-2 为方程（7-16）的估计结果。

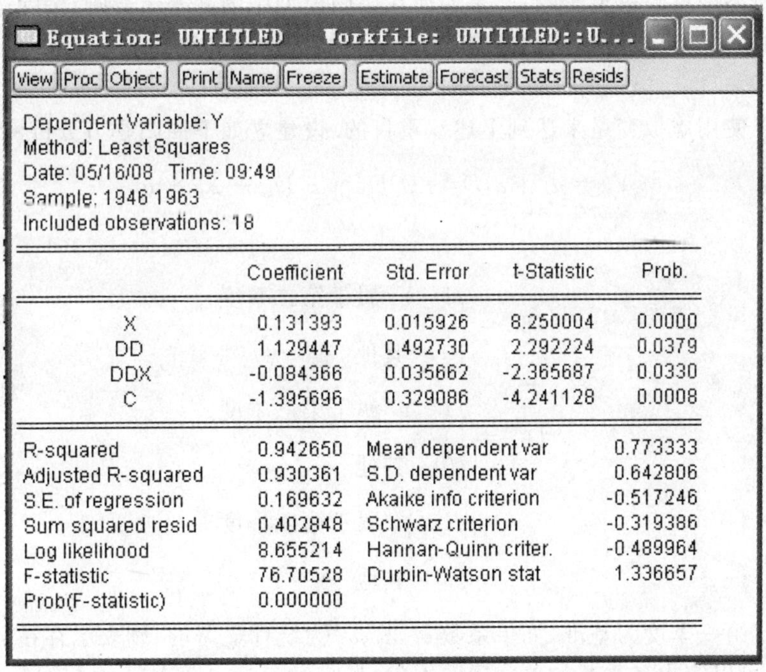

Equation: UNTITLED　Workfile: UNTITLED::U...

View | Proc | Object | Print | Name | Freeze | Estimate | Forecast | Stats | Resids

Dependent Variable: Y
Method: Least Squares
Date: 05/16/08　Time: 09:49
Sample: 1946 1963
Included observations: 18

	Coefficient	Std. Error	t-Statistic	Prob.
X	0.131393	0.015926	8.250004	0.0000
DD	1.129447	0.492730	2.292224	0.0379
DDX	-0.084366	0.035662	-2.365687	0.0330
C	-1.395696	0.329086	-4.241128	0.0008

R-squared	0.942650	Mean dependent var	0.773333
Adjusted R-squared	0.930361	S.D. dependent var	0.642806
S.E. of regression	0.169632	Akaike info criterion	-0.517246
Sum squared resid	0.402848	Schwarz criterion	-0.319386
Log likelihood	8.655214	Hannan-Quinn criter.	-0.489964
F-statistic	76.70528	Durbin-Watson stat	1.336657
Prob(F-statistic)	0.000000		

注：变量 DD 即方程中的虚拟变量 D；C 为常数；DDX 表示虚拟变量与 X 的乘积。

图 7-2　方程 7-16 的 EViews 回归结果

效果是一致的，为什么要采用一个方程而不用两个方程？除了便于统一处理外，一个方程很大的优点是增加了自由度，从而增加了参数估计的精度。样本数几乎增加一倍，而因增加变量数仅减少两个自由度。自由度 $= n - m$。

有人使用虚拟变量建立失业率与工作空位率之间的关系，也是有一个参数变化点：

$$UN_i = \beta_0 + \beta_1 D_i + \beta_2 V_i + \beta_3 (D_i V_i) + u_i \tag{7-22}$$

这里 UN 是失业率(unemployment rate)，V 是工作空位率(job-vacancy rate)，D 是二值开关变量。

有人建立起服装消费与性别、文化教育的关系，使用两个开关变量

$$Y_i = \beta_0 + \beta_1 D_{1i} + \beta_2 D_{2i} + \beta_3 X_i + u_i \tag{7-23}$$

这里 Y 是服装的消费量，X 是收入，D_1 用来区分性别，D_2 用来区分受教育程度。由于考虑女性受过高等教育者的服装消费远大于其他人，即性别因素与受教育程度有交互作用，故将回归方程改进为

$$Y_i = \beta_0 + \beta_1 D_{1i} + \beta_2 D_{2i} + \beta_3 X_i + \beta_4 (D_{1i} D_{2i}) + u_i \tag{7-24}$$

即添加一项$(D_{1i} D_{2i})$以反映交互作用。

7.2.3 季节分析

怎样使用虚拟变量做季节分析？

许多经济资料受季节影响，如销售旺季一般在第一季度。做季节分析有两个任务，一是如何在回归模型中反映季节影响；二是如何在回归模型中消除季节影响。消除季节影响的任务也是重要的，这样可以看到总的趋势。许多重要经济指针如物价指数，是消除了季节影响的。

我们可以使用虚拟变量来达到上述双重目的。设建立如下回归季节分析模型

$$Y_i = \alpha_1 + \alpha_2 D_{2i} + \alpha_3 D_{3i} + \alpha_4 D_{4i} + X\beta + u_i \tag{7-25}$$

其中

$$D_{2i} = \begin{cases} 1 & Y_i \text{ 属于第二季度} \\ 0 & \text{其他} \end{cases}$$

$$D_{3i} = \begin{cases} 1 & Y_i \text{ 属于第三季度} \\ 0 & \text{其他} \end{cases}$$

$$D_{4i} = \begin{cases} 1 & Y_i \text{ 属于第四季度} \\ 0 & \text{其他} \end{cases}$$

这里假定第一季度为基准。如果系数 α_2、α_3、α_4 为统计显著的，则表示存在显著的季节因素影响，而且可以定出各季节的单独回归方程。最后的系数 β 是对非季节因子作响应的，它就剔除了季节影响。下面以具体资料来作说明。

【算例 7.2.3】 季节分析模型

表 7-3 是美国制造业在 1965 年至 1970 年利润与销售额的资料。每年分 4 个季度统计，单位为亿美元。

表7-3　美国制造业利润销售额数据

年度	季度	利润	销售额
1965	Ⅰ	10.503	114.862
	Ⅱ	12.092	123.968
	Ⅲ	10.834	121.454
	Ⅳ	12.201	131.917
1966	Ⅰ	12.245	129.911
	Ⅱ	14.001	140.976
	Ⅲ	12.213	137.828
	Ⅳ	12.820	147.465
1967	Ⅰ	11.349	136.989
	Ⅱ	12.615	147.26
	Ⅲ	11.014	141.536
	Ⅳ	12.730	151.776
1968	Ⅰ	12.539	148.862
	Ⅱ	14.849	158.913
	Ⅲ	13.203	155.727
	Ⅳ	14.947	168.409
1969	Ⅰ	14.151	162.781
	Ⅱ	15.949	176.057
	Ⅲ	14.024	172.419
	Ⅳ	14.315	183.327
1970	Ⅰ	12.381	170.415
	Ⅱ	13.991	181.313
	Ⅲ	12.174	176.712
	Ⅳ	10.985	180.370

建立式(7-25)的季节分析模型，调用本例数据使用计量软件回归得：

$$\hat{Y} = 6.68 + 1.309D_2 - 0.218D_3 + 0.170D_4 + 0.038X$$

对于回归系数的显著性 t 检验，在0.10显著性水平下，t 统计量分别为3.88，2.04，-0.34，0.26，3.31。可见第二季度 D_2 的系数通过10%显著性水平检验，显著；销售额 X 的系数显著，而第三、第四季度的系数不显著。回归方程中 X 的系数0.038就是消除了季节影响的,它表示销售额每增加 1 美元,平均利润将增加约 3.8 美分。

图 7－3 为方程(7－25) 的 EViews 估计结果。

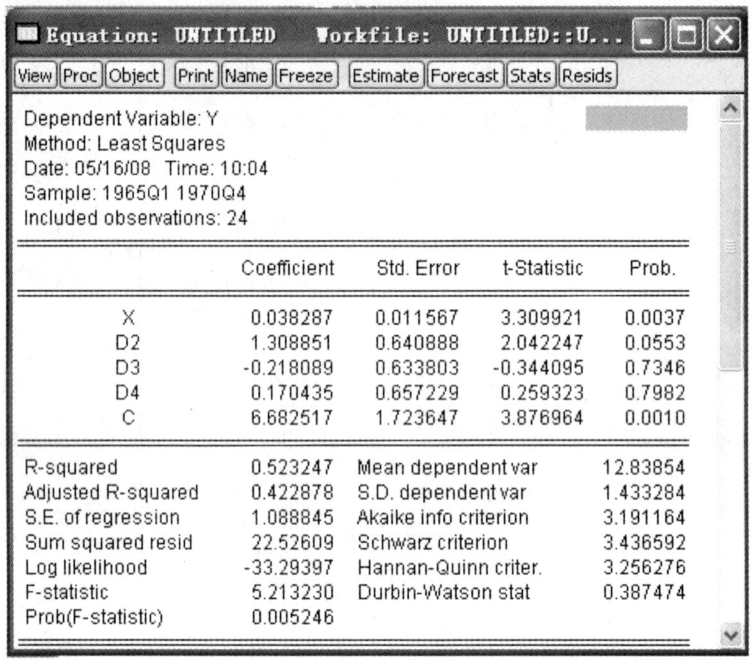

Equation: UNTITLED Workfile: UNTITLED::U...

View Proc Object Print Name Freeze Estimate Forecast Stats Resids

Dependent Variable: Y
Method: Least Squares
Date: 05/16/08 Time: 10:04
Sample: 1965Q1 1970Q4
Included observations: 24

	Coefficient	Std. Error	t-Statistic	Prob.
X	0.038287	0.011567	3.309921	0.0037
D2	1.308851	0.640888	2.042247	0.0553
D3	-0.218089	0.633803	-0.344095	0.7346
D4	0.170435	0.657229	0.259323	0.7982
C	6.682517	1.723647	3.876964	0.0010

R-squared	0.523247	Mean dependent var	12.83854
Adjusted R-squared	0.422878	S.D. dependent var	1.433284
S.E. of regression	1.088845	Akaike info criterion	3.191164
Sum squared resid	22.52609	Schwarz criterion	3.436592
Log likelihood	-33.29397	Hannan-Quinn criter.	3.256276
F-statistic	5.213230	Durbin-Watson stat	0.387474
Prob(F-statistic)	0.005246		

图 7－3　方程 7－25 的 EViews 估计结果

既然只有第二季度显著,则可以考虑建立简化的季节分析模型

$$Y = \alpha_1 + \alpha_2 D_2 + X\beta + u \tag{7-26}$$

这在我们的程序里很容易办到。回归得:

$$\hat{Y} = 10.71 + 1.311 D_2 + 0.0122 X$$

7.3　虚拟因变量的模型

上一节介绍的虚拟变量都是作自变量,在经济工作中还经常遇到因变量是虚拟变量或离散变量的情形。比如,统计居民有无住房与收入关系,则可以建立模型

$$Y_i = \beta_0 + \beta_1 X_i + u_i \tag{7-27}$$

$$Y_i = \begin{cases} 1 & \text{有住房} \\ 0 & \text{无住房} \end{cases}$$

研究股市涨落:

$$Y_i = X_i'\beta + \varepsilon_i \tag{7-28}$$

$$Y_i = \begin{cases} 1 & \text{涨} \\ 0 & \text{落} \end{cases}$$

诸如此类的二值选择问题还有很多很多。

可能有人会说，这样的回归有什么问题吗？是的，是有些问题。本节将逐步揭示和解决这类回归模型存在的问题。

7.3.1　二值选择的线性概率模型

我们考虑住房与收入关系的二值选择模型(7-27)。线性回归模型

$$Y = X\beta + u \quad E(u) = 0, \quad \mathrm{Var}(u) = \sigma^2 I_n \tag{7-29}$$

经常可以写成等价形式

$$E(Y) = X\beta, \quad \mathrm{Var}(Y) = \sigma^2 I_n \tag{7-30}$$

因此式(7-1)也可以写为：

$$E(Y_i \mid X_i) = \beta_0 + \beta_1 X_i \tag{7-31}$$

不过方差我们暂不作假定。

由于 Y_i 取值非0即1，如设 Y_i 取1的概率为 P_i，则它取0的概率为 $1-P_i$，并且

$$E(Y_i) = 0 \cdot (1-p_i) + 1 \cdot p_i = p_i \tag{7-32}$$

所以自然有

$$0 \leqslant E(Y_i \mid X_i) \leqslant 1 \tag{7-33}$$

这是一个应有的限制，但是普通最小二乘结果很难保证遵守这一限制。这是第一个特殊点。

考虑随机误差项

$$u_i = Y_i - \beta_0 - \beta_1 X_i \tag{7-34}$$

由于 Y_i 非0即1，故

$$u_i = \begin{cases} 1-\beta_0-\beta_1 X_i & \text{当 } Y_i = 1 \\ -\beta_0-\beta_1 X_i & \text{当 } Y_i = 0 \end{cases} \tag{7-35}$$

故这个二值选择模型的残差难以服从正态分布，而是服从二项分布。这是与普通最小二乘相比的第二个特殊点。

既然 u_i 服从二项分布，就有二项分布的方差：

$$\mathrm{Var}(u_i) = P_i(1-P_i) = E(Y_i \mid X_i)[1-E(Y_i \mid X_i)] \tag{7-36}$$

可见残差项的方差不是常数，而与 Y_i 的条件期望值有关，即它是异方差的。这是第三个特殊点。

尽管如此，对于二值选择模型还是可以试一试线性回归模型。当对应 $Y_i = 1$ 的 X_i 比较集中于一点，对应于 $Y_i = 0$ 的 X_i 比较集中于另一点时，回归效果可能是好的。

【算例 7.3.1】　有无住房与收入关系模型

设对住房与收入有如表7-4的调查资料

表 7-4　住房与收入调查资料

序号	Y	X	序号	Y	X
1	1	8	21	1	22
2	1	16	22	1	16
3	1	18	23	0	12
4	0	11	24	0	11
5	0	12	25	1	16
6	1	19	26	0	11
7	1	20	27	1	20
8	0	13	28	1	18
9	0	9	29	0	11
10	0	10	30	0	10
11	1	17	31	1	17
12	1	18	32	0	13
13	0	14	33	1	21
14	1	20	34	1	20
15	0	6	35	0	11
16	1	19	36	0	8
17	1	16	37	1	17
18	0	10	38	1	16
19	0	8	39	0	7
20	1	18	40	1	17

建立二值选择回归模型

$$Y_i = \beta_0 + \beta_1 X + u_i \tag{7-37}$$

$$Y_i = \begin{cases} 1 & \text{有住房} \\ 0 & \text{无住房} \end{cases}$$

作 OLS 得：

$$\hat{Y}_i = -0.8009 + 0.0938X_i \tag{7-38}$$

$$R^2 = 0.6842$$

这里 β_1 可以解释为：收入每增加 1 个单位，有住房的概率就会增加 9.38%，而不能解释成收入每增加 1 个单位，Y 增加 0.0938 个单位，因为因变量是非连续的，即非 0 即 1 变量。

7.3.2　二值选择因变量模型

上述谈到二值选择模型存在三个特殊点，其中方差非正态问题可以通过大样本渐近分布为正态来弥补，异方差问题可以用广义最小二乘方法弥补。而要求 $0 \leqslant \hat{Y}_i \leqslant 1$ 则用普通线性概率回归难以做到。

除这三个特殊点之外，还应有一个自然的要求，就是 $\hat{Y}_i$ 随 X 的增加而变化的速率应该越来越慢，而不能像线性模型那样直来直去成比例增长。以住房-收入模型而言

$$\hat{Y}_i = -0.8009 + 0.0938X_i \tag{7-39}$$

当收入为 10 时，有住房的可能性是 0.137；当收入提高到 20 时，有住房的可能性为 1.075，已超过 100%；当收入为 30 时，则为 2.013，等等。显然，这个模型需要改进。

改进的目标可以用图 7-4 表示。

如果有一个这样的模型函数，则它满足 $0 \leqslant \hat{Y}_i \leqslant 1$，同时变化越来越缓，比较符合实际。亿万富翁与百万富翁，尽管收入相差百倍，但有住房的可能性应该是差不多的；一年旷课 300 天的学生与旷课 200 天的学生不及格的可能性差不多；每天抽 1 包烟与每天抽 3 包烟的人得肺癌的可能性也差不多。

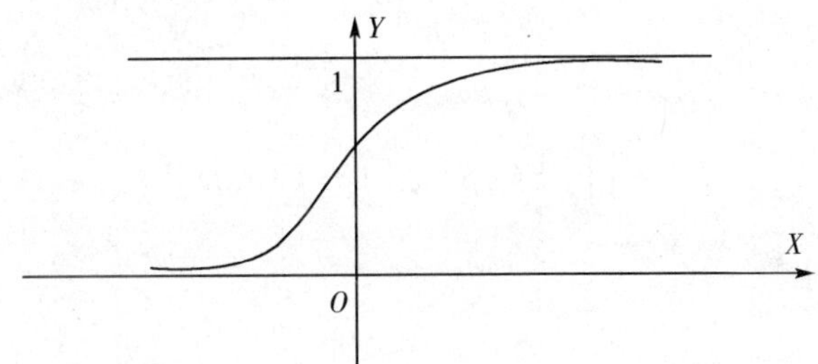

图 7-4　住房-收入模型的改进目标

怎样找到这样一个函数呢？

假设有一个未被观察到的潜在变量 y_i^*，它与 x_i 之间具有线性关系，即

$$y_i^* = x_i\beta + u_i^* \tag{7-40}$$

其中，u_i^* 是扰动项。y_i 和 y_i^* 的关系如下：

$$y_i = \begin{cases} 1 & y_i^* > 0 \\ 0 & y_i^* \leqslant 0 \end{cases} \tag{7-41}$$

当 y_i^* 大于临界值 0 时，$y_i = 1$；当 y_i^* 小于等于 0 时，$y_i = 0$。这里把临界值选为 0，但事实上只要 x_i 包含有常数项，临界值的选择就是无关的，所以不妨设为 0。这样

$$\begin{aligned} P(y_i = 1 \mid x_i, \beta) &= P(y_i^* > 0) = P(u_i^* > -x_i\beta) = 1 - F(-x_i\beta) \\ P(y_i = 0 \mid x_i, \beta) &= P(y_i^* \leqslant 0) = P(u_i^* \leqslant -x_i\beta) = F(-x_i\beta) \end{aligned} \tag{7-42}$$

其中,F 是 u_i^* 的分布函数,要求它是一个连续函数,并且是单调递增的。因此,原始的回归模型可以看成如下的一个回归模型:

$$y_i = 1 - F(-x_i\beta) + u_i \tag{7-43}$$

即 y_i 关于它的条件均值的一个回归。

分布函数的类型决定了二元选择模型的类型,根据分布函数 F 的不同,二元选择模型可以有不同的类型,常用的二元选择模型如表 7-5 所示:

表 7-5　常用的二元选择模型

u_i^* 对应的分布	分布函数 F	相应的二元选择模型
标准正态分布	$\Phi(x)$	Probit 模型
逻辑分布	$e^x/(1+e^x)$	Logit 模型

7.3.3　二元选择模型的估计问题

除了二元线性概率模型外,其他二元选择模型一般均采用极大似然估计。似然函数为:

$$L = \prod_{y_i=0}[1-F(x_i\beta)]\prod_{y_i=1}F(x_i\beta) \tag{7-44}$$

即

$$L = \prod_{i=1}^{N}[F(x_i\beta)]^{y_i}[1-F(x_i\beta)]^{1-y_i} \tag{7-45}$$

对数似然函数为:

$$\ln L = \sum_{i=1}^{N}\{y_i\ln F(x_i\beta) + (1-y_i)\ln[1-F(x_i\beta)]\} \tag{7-46}$$

对数似然函数的一阶条件为:

$$\frac{\partial \ln L}{\partial \beta} = \sum_{i=1}^{N}\left[\frac{y_i f_i}{F_i} + (1-y_i)\frac{-f_i}{(1-F_i)}\right]x_i = 0 \tag{7-47}$$

其中,f_i 表示概率密度函数。那么如果已知分布函数和密度函数的表达式及样本值,求解该方程组,就可以得到参数的极大似然估计量。例如,将上述两种分布函数和密度函数代入式(7-47)中,就可以得到两种模型的参数极大似然估计。但是式(7-47)通常是非线性的,需用迭代法进行求解。

二元选择模型中估计的系数不能被解释成对因变量的边际影响,只能从符号上判断。如果为正,表明解释变量越大,因变量取 1 的概率越大;反之,如果系数为负,表明相应的概率将越小。

图 7-5,图 7-6 为【算例 7.3.1】的 Probit 和 Logit 估计。

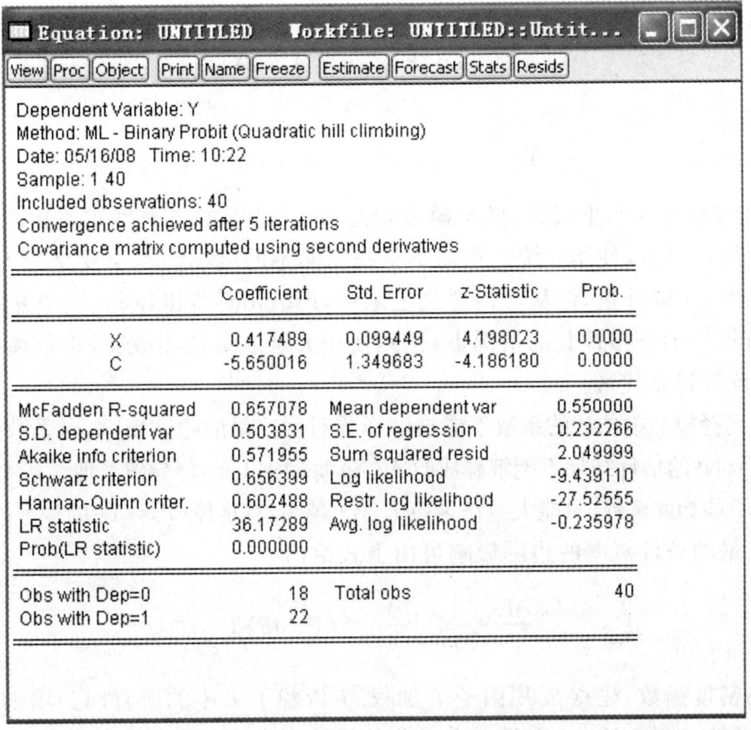

Equation: UNTITLED Workfile: UNTITLED::Untit...

View Proc Object Print Name Freeze Estimate Forecast Stats Resids

Dependent Variable: Y
Method: ML - Binary Probit (Quadratic hill climbing)
Date: 05/16/08 Time: 10:22
Sample: 1 40
Included observations: 40
Convergence achieved after 5 iterations
Covariance matrix computed using second derivatives

	Coefficient	Std. Error	z-Statistic	Prob.
X	0.417489	0.099449	4.198023	0.0000
C	-5.650016	1.349683	-4.186180	0.0000

McFadden R-squared	0.657078	Mean dependent var	0.550000
S.D. dependent var	0.503831	S.E. of regression	0.232266
Akaike info criterion	0.571955	Sum squared resid	2.049999
Schwarz criterion	0.656399	Log likelihood	-9.439110
Hannan-Quinn criter.	0.602488	Restr. log likelihood	-27.52555
LR statistic	36.17289	Avg. log likelihood	-0.235978
Prob(LR statistic)	0.000000		
Obs with Dep=0	18	Total obs	40
Obs with Dep=1	22		

图 7－5　【算例 7.3.1】的 Probit 估计的 EViews 结果

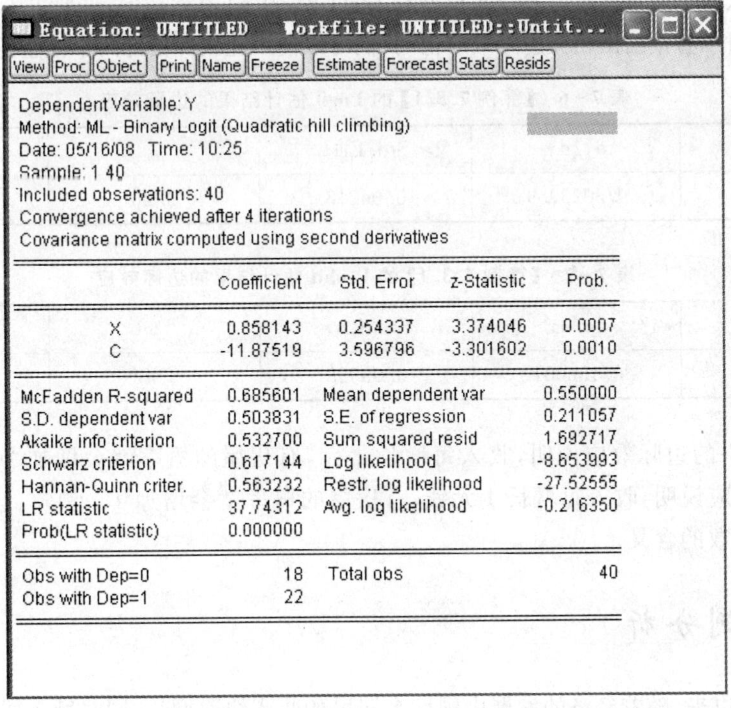

Equation: UNTITLED Workfile: UNTITLED::Untit...

View Proc Object Print Name Freeze Estimate Forecast Stats Resids

Dependent Variable: Y
Method: ML - Binary Logit (Quadratic hill climbing)
Date: 05/16/08 Time: 10:25
Sample: 1 40
Included observations: 40
Convergence achieved after 4 iterations
Covariance matrix computed using second derivatives

	Coefficient	Std. Error	z-Statistic	Prob.
X	0.858143	0.254337	3.374046	0.0007
C	-11.87519	3.596796	-3.301602	0.0010

McFadden R-squared	0.685601	Mean dependent var	0.550000
S.D. dependent var	0.503831	S.E. of regression	0.211057
Akaike info criterion	0.532700	Sum squared resid	1.692717
Schwarz criterion	0.617144	Log likelihood	-8.653993
Hannan-Quinn criter.	0.563232	Restr. log likelihood	-27.52555
LR statistic	37.74312	Avg. log likelihood	-0.216350
Prob(LR statistic)	0.000000		
Obs with Dep=0	18	Total obs	40
Obs with Dep=1	22		

图 7－6　【算例 7.3.1】的 Logit 估计的 EViews 结果

Probit 模型结果：

$$\hat{Y}^* = -5.65 + 0.4175X \tag{7-48}$$

Logit 模型结果：

$$\hat{Y}^* = -11.8752 + 0.8581X \tag{7-49}$$

从 Z 统计量显著性水平观察，两个模型均通过了 95% 的显著性水平检验，表明两个方程回归效果较好。之所以使用 Z 统计量而不是我们熟悉的 t 统计量，主要是因为，虽然这里的 Z 统计量也相当于 t 统计量，但从严格意义上来说，Probit 模型和 Logit 模型并不服从真正的 t 分布，在没有更好的分布检验的情况下，仍然使用 t 分布检验，但强调并非真正的 t 分布检验，而使用 Z 统计量来代替。

由于二元选择模型中估计的系数不能被解释成对因变量的边际影响，对系数的解释就显得复杂。对上述 Probit 的估计结果不能解释成收入(X) 每增加 1 元，将导致 Y 增长 0.4175 单位；Logit 模型的结果也不能如此解释。只能大致认为收入(X) 越高，有房屋($Y=1$) 的概率越大。

解释自变量的条件概率的边际影响可由下式给出：

$$\frac{\partial E(y \mid x,\beta)}{\partial x_j} = f(-x\beta)\beta_j \tag{7-50}$$

f 是 F 的密度函数。注意 β_j 用因子 f 加权，f 依赖于 x 中的所有回归项的值。还要注意到，既然密度函数是非负的，x_j 中的一个变化的影响方向就只依赖于系数 β_j 的符号。β_j 正值意味着 x_j 增加将会增加反应的概率；负值意味着相反的结果。

EViews 软件不能直接给出 Probit 模型和 Logit 模型的边际效应值，需要手工计算。但另一统计软件 Stata 可以直接给出相关边际效应值，我们可以使用此软件估计两个模型的边际效应值。

表 7-6 【算例 7.3.1】的 Logit 估计结果的边际效应

variable	dy/dx	Std. Err.	z	$P>z$
x	0.2025389	0.06218	3.26	0.001

表 7-7 【算例 7.3.1】的 Probit 估计结果的边际效应

variable	dy/dx	Std. Err.	z	$P>z$
x	0.156001	0.03523	4.43	0

Logit 结果的边际效应说明，收入每增长 1 元，有房屋的概率就会增加 20.25%；Probit 结果的边际效应说明，收入每增长 1 元钱，有房屋的概率就会增加 15.60%。这样，就很好地解释了模型系数的含义。

7.4 案例分析

改革开放以来，随着经济的发展中国城乡居民的收入快速增长，同时城乡居民的储蓄存款也迅速增长。经济学界的一种观点认为，20 世纪 90 年代以后由于经济体制、住房、医疗、养老等社会保障体制的变化，使居民的储蓄行为发生了明显改变。为了考察改革开放以来中国居民的储蓄存款与收入的关系是否已发生变化，以城乡居民人民币储蓄存款年底余额代表居民储蓄(Y)，以国民总收入 GNI 代表城乡居民收入，来分析居民收入对储蓄存款影响的数量关系。

表 7-8 为 1978 年～2003 年中国的国民总收入和城乡居民人民币储蓄存款年底余额及增加额的数据。

表 7-8　国民总收入与居民储蓄存款　　（单位：亿元）

年份	国民总收入(GNI)	城乡居民人民币储蓄存款年底余额(Y)	城乡居民人民币储蓄存款增加额(YY)	年份	国民总收入(GNI)	城乡居民人民币储蓄存款年底余额(Y)	城乡居民人民币储蓄存款增加额(YY)
1978	3624.1	210.6	NA	1991	21662.5	9241.6	2121.800
1979	4038.2	281.0	70.4	1992	26651.9	11759.4	2517.800
1980	4517.8	399.5	118.5	1993	34560.5	15203.5	3444.100
1981	4860.3	532.7	124.2	1994	46670.0	21518.8	6315.300
1982	5301.8	675.4	151.7	1995	57494.9	29662.3	8143.500
1983	5957.4	892.5	217.1	1996	66850.5	38520.8	8858.500
1984	7206.7	1214.7	322.2	1997	73142.7	46279.8	7759.000
1985	8989.1	1622.6	407.9	1998	76967.2	53407.5	7615.400
1986	10201.4	2237.6	615.0	1999	80579.4	59621.8	6253.000
1987	11954.5	3073.3	835.7	2000	88254.0	64332.4	4976.700
1988	14922.3	3801.5	728.2	2001	95727.9	73762.4	9457.600
1989	16917.8	5146.9	1374.2	2002	103935.3	86910.6	13233.20
1990	18598.4	7119.8	1923.4	2003	116603.2	103617.7	16631.90

数据来源：《中国统计年鉴 2004》，中国统计出版社。表中"城乡居民人民币储蓄存款年增加额"为年鉴数值，与用年底余额计算的数值有差异。

为了研究 1978 年～2003 年期间城乡居民储蓄存款随收入的变化规律是否有变化，考证城乡居民储蓄存款、国民总收入随时间的变化情况，如图 7-7 所示：

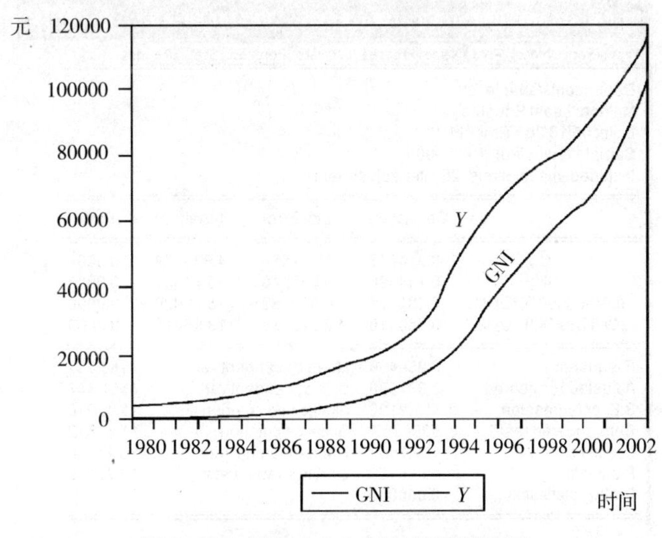

图 7-7　国民收入与居民储蓄关系图

从图7-7中，尚无法得到居民的储蓄行为发生明显改变的详尽信息。取居民储蓄的增量(YY)，并作时序图(见图 7-8)。

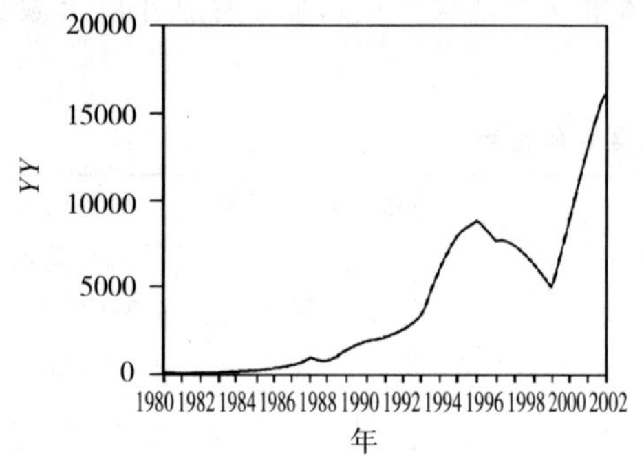

图 7-8　国民收入图

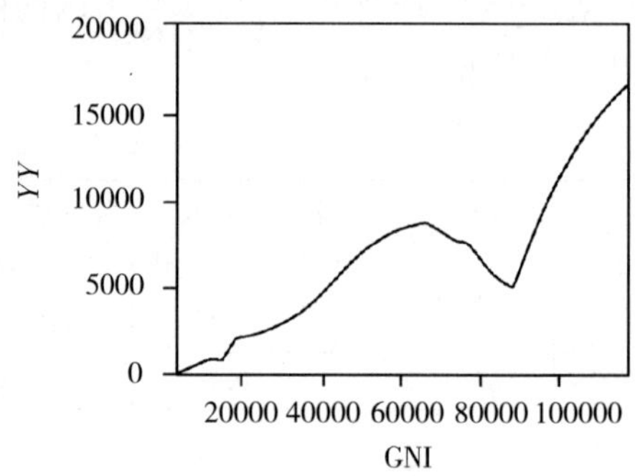

图 7-9　居民储蓄变化图

从图 7-8 可以看出，国民收入表现出了明显的阶段特征：在 1996 年和 2000 年有两个明显的转折点。再从图 7-9 看城乡居民储蓄存款增量与国民总收入之间关系也呈现出了相同的阶段性特征。

为了分析居民储蓄行为在 1996 年前后和 2000 年前后三个阶段的数量关系，引入虚拟变量 D_1 和 D_2。D_1 和 D_2 的选择，是以 1996、2000 年两个转折点作为依据的，1996 年的 GNI 为 66850.50 亿元，2000 年的 GNI 为 88254.00 亿元，并设定以加法和乘法两种方式同时引入虚拟变量的模型：

$$Y_t = \beta_1 + \beta_2 \text{GNI}_t + \beta_3(\text{GNI}_t - 66850.50)D_{1t} + \beta_4(\text{GNI}_t - 88254.00)D_{2t} + u_t$$

其中：$D_{1t} = \begin{cases} 1 & t = 1996\text{ 年以后} \\ 0 & t = 1996\text{ 年及以前} \end{cases}$　　$D_{2t} = \begin{cases} 1 & t = 2000\text{ 年以后} \\ 0 & t = 2000\text{ 年及以前} \end{cases}$

对上式进行回归后，得到图 7-10 中所示估计结果。

Equation: UNTITLED　Workfile: UNTITLED::U...

View | Proc | Object | Print | Name | Freeze | Estimate | Forecast | Stats | Resids

Dependent Variable: YY
Method: Least Squares
Date: 05/16/08 Time: 11:11
Sample (adjusted): 1979 2003
Included observations: 25 after adjustments

	Coefficient	Std. Error	t-Statistic	Prob.
C	-830.4045	172.1626	-4.823374	0.0001
GNI	0.144486	0.005740	25.17001	0.0000
(GNI-66850.5)*DUM1	-0.291371	0.027182	-10.71920	0.0000
(GNI-88254.0)*DUM2	0.560219	0.040136	13.95810	0.0000

R-squared	0.989498	Mean dependent var	4168.652
Adjusted R-squared	0.987998	S.D. dependent var	4581.447
S.E. of regression	501.9182	Akaike info criterion	15.42040
Sum squared resid	5290359.	Schwarz criterion	15.61542
Log likelihood	-188.7550	Hannan-Quinn criter.	15.47449
F-statistic	659.5450	Durbin-Watson stat	1.677712
Prob(F-statistic)	0.000000		

图 7-10　案例 7-8 的 EViews 估计结果

即有：

$$\hat{YY}_t = -830.4045 + 0.1445\text{GNI}_t - 0.2914(\text{GNI}_t - 66850.50)D_{1t}$$

$$+ 0.5602(\text{GNI}_t - 88254.00)D_{2t}$$

$$SE = (172.1626) \quad (0.0057) \quad (0.0272) \quad (0.0401)$$

$$t = (-4.8234) \quad (25.1700) \quad (-10.7192) \quad (13.9581)$$

$$R^2 = 0.9895 \quad \bar{R}^2 = 0.9880 \quad F = 659.5450 \quad \text{DW} = 1.6777$$

由于各个系数的 t 检验均大于2，表明各解释变量的系数显著地不等于0，居民人民币储蓄存款年增加额的回归模型分别为：

$$\hat{YY}_t = \begin{cases} \hat{YY}_t = -830.4045 + 0.1445\text{GNI}_t + \varepsilon_{1t} & t \leqslant 1996 \\ \hat{YY}_t = 18649.8312 - 0.1469\text{GNI}_t + \varepsilon_{2t} & 1996 < t \leqslant 2000 \\ \hat{YY}_t = -30790.0596 + 0.4133\text{GNI}_t + \varepsilon_{3t} & t > 2000 \end{cases}$$

这表明三个时期居民储蓄增加额的回归方程在统计意义上确实是不相同的。1996 年以前收入每增加 1 亿元，居民储蓄存款的增加额为 0.1445 亿元；在 2000 年以后，则为 0.4133 亿元，已发生了很大变化。上述模型与城乡居民储蓄存款与国民总收入之间的散布图是吻合的，与当时中国的实际经济运行状况也是相符的。

需要指出的是，在上述建模过程中，主要是从教学的目的出发运用虚拟变量法则，没有考虑通货膨胀因素。而在实证分析中，储蓄函数还应当考虑通货膨胀因素。

思考与练习

1. 引入虚拟变量的作用是什么？
2. 虚拟变量引入有几种模型，如何判断？
3. 虚拟变量设置的原则是什么？
4. 为什么要引入虚拟因变量？
5. Logit 估计和 Probit 估计适用的范围有何区别？
6. 某研究所 1999 年 50 名硕士考生的入学总分数（score）及录取情况见表 7-9。考生考试总分数用 score 表示，Y 为录取状态（录取为 1，否则为 0），D 为应届生与往届生的虚拟变量（应届生为 1，否则为 0）。请用 Probit 和 Logit 模型估计入学分数以及往、应届生对录取与否的影响，并解释说明之。

表 7-9　50 名硕士考生的入学考试总分数及录取状况数据表

Obs	Y	score	D	Obs	Y	score	D	Obs	Y	score	D
1	1	401	1	18	0	355	1	35	0	332	1
2	1	401	0	19	0	354	1	36	0	332	1
3	1	392	1	20	0	354	0	37	0	331	1
4	1	387	0	21	0	353	1	38	0	330	1
5	1	384	1	22	0	350	0	39	0	328	1
6	1	379	0	23	0	349	0	40	0	328	1
7	1	378	0	24	0	349	0	41	0	321	1
8	1	376	0	25	0	348	1	42	0	321	1
9	1	371	1	26	0	347	1	43	0	318	1
10	1	362	0	27	0	347	1	44	0	318	1
11	1	362	0	28	0	344	1	45	0	316	0
12	1	362	1	29	0	339	1	46	0	308	1
13	1	361	1	30	0	338	0	47	0	308	0
14	0	359	1	31	0	338	1	48	0	304	1
15	0	358	1	32	0	336	1	49	0	303	0
16	1	356	1	33	0	334	0	50	0	302	1
17	0	356	1	34	0	332	1				

7. 下边给出了某地区制造业造业利润和销售额的季度数据

（单位：元）

年份季度	利润(Y)	销售额(X)	年份季度	利润(Y)	销售额(X)
2001 年 1	10503	114862	2004 年 1	12539	148862
2	12092	123968	2	14849	153913
3	10834	123545	3	13203	155727
4	12201	131917	4	14947	168409
2002 年 1	12245	129911	2005 年 1	14151	162781
2	14001	140976	2	15949	176057
3	12213	137828	3	14024	172419
4	12820	145465	4	14315	183327
2003 年 1	11349	136989	2006 年 1	12381	170415
2	12615	145126	2	13991	181313
3	11014	141536	3	12174	176712
4	12730	151776	4	10985	180370

注：假定利润不仅与销售额有关，而且和季度因素有关。

(1) 如果认为季度影响使利润平均值发生变异，应如何引入虚拟变量？

(2) 如果认为季度影响使利润对销售额的变化率发生变异，应当如何引入虚拟变量？

(3) 如果认为上述两种情况都存在，又应当如何引入虚拟变量？对上述三种情况分别估计利润模型，进行对比分析。

第 8 章　分布滞后模型与自回归模型

8.1　滞后效应与滞后变量模型

前面谈论的模型都是静态模型，本章将开始学习动态模型，即描述了因变量相对于它的过去值的时间走径。滞后变量模型考虑了时间因素的作用，使静态分析的问题有可能成为动态分析。含有滞后解释变量的模型，又称动态模型(Dynamic Model)。因变量受到自身或另一解释变量的前几期值影响的现象称为滞后效应。表示前几期值的变量称为滞后变量。

8.1.1　经济生活中的滞后效应

在经济学中，因变量对解释变量的依赖很少是瞬时的。因变量与解释变量的回应有一个时间的延迟，这种时间延迟就是滞后。在经济运行过程中，广泛存在时间滞后效应。某些经济变量不仅受到同期各种因素的影响，而且也受到过去某些时期的各种因素甚至自身的过去值的影响。另外，由于经济活动的惯性，一个经济指标以前的变化态势往往会延续到本期，从而形成被解释变量的当期变化同自身过去取值水平相关的情形。经济通常把这种过去时期的、具有滞后作用的变量叫做滞后变量(Lagged Variable)，含有滞后变量的模型称为滞后变量模型。

我们来看一个消费函数的例子。

通常认为，本期的消费除了受本期的收入影响之外，还受上一期或更上一期收入的影响。假定消费者将每一年收入的 50% 用于当年消费，30% 用于第二年消费，10% 用于第三年消费，其余作为长期储蓄，这样消费函数表示为：

$$C_t = \alpha + 0.5Y_t + 0.3Y_{t-1} + 0.1Y_{t-2} + u_t$$

其中，C_t，Y_t 分别为第 t 年的消费和收入，Y_{t-1}，Y_{t-2} 为第 $t-1$ 年，第 $t-2$ 年的收入，α 为常数。

8.1.2　产生滞后效应的原因

为什么在经济生活中会出现滞后现象?本书主要从三个因素来分析。

第一，心理因素。人们的观念和习惯是长期形成的，适应新的经济环境常常需要一段时间。例如，当收入水平提高或物价降低时，人们为了维持自己的生活习惯，往往不会立即增加消费，如果认为收入是长期增长，那么也许会增加自己的消费水平，但这仍需要判断，而判断也是需要时间的。

第二，技术因素。如果相对于劳动力而言，资本的价格下跌致使使用资本代替劳动力更为经济，资本的增加必然需要时间，而且人们若预期价格下降是暂时现象，特别是在资本价格的暂时下跌后会回到原来的水平，厂商就不会很快用资本来代替劳动力了。

第三，制度因素。劳动契约和管理制度，或者菜单效应都会造成滞后。例如工人经常受到与企业签订的合同的约束，不能根据劳动市场行情随时调整自己的工资。

8.1.3 滞后变量模型

在涉及动态数据的回归分析中，如果回归模型不仅含有解释变量的当前值，还含有它们的滞后值，就叫它为分布滞后模型。如果模型在它的解释变量中包含有因变量的一个或多个滞后值，就称它为自回归模型。

分布滞后模型：

$$Y_t = \alpha + \beta_0 X_t + \beta_1 X_{t-1} + \beta_2 X_{t-2} + \cdots + \beta_s X_{t-s} + u_t \tag{8-1}$$

这种模型表明 t 期的 Y 不仅受 X 当期影响，还要受 X 的过去各期的影响。我们常见到的消费函数就是一个分布滞后模型：

$$C_t = a + b_0 Y_t + b_1 Y_{t-1} + b_2 Y_{t-2} + u_t$$

自回归模型：

$$Y_t = \alpha + \beta_0 X_t + \gamma_1 Y_{t-1} + \gamma_2 Y_{t-2} + \cdots + \gamma_q Y_{t-q} + \mu_t \tag{8-2}$$

模型不仅含有 X 的当期值，主要的是含有被解释变量 Y 的 q 个时期的滞后值。常见的例如税收函数：

$$T_t = a + bY_t + cT_{t-1} + u_t$$

其实，我们必须还要考虑一个重要的问题，就是滞后期的选取，即上面的 s 和 q，这在下面的估计检验中是必须要弄清楚的。根据滞后期选取是否有限，滞后模型分为有限滞后模型和无限滞后模型。

8.2 分布滞后模型的估计

8.2.1 分布滞后估计遇到的问题

对于模型(8－1)，我们可以看到：

分布滞后模型可以分为有限分布滞后模型与无限分布滞后模型。对于无限分布滞后模型，由于滞后项无限多而样本观测总是有限的，所以不能直接对其进行估计。而对于有限分布滞后模型，如果随机扰动项满足古典假定，可以考虑用最小二乘法对模型进行估计。我们可以归结以下几方面的缺陷：

(1) 自由度问题。如果有限分布滞后模型的滞后长度为 s，样本观测值个数 n 较小，随滞后长度 s 的增大，有效性样本容量 $n-s$ 变小，会出现自由度不足的问题。

(2) 多重共线性问题。由于经济活动的前后继起性，经济变量的滞后值之间通常存在较强的联系，所以分布滞后模型中滞后解释变量观测值之间往往会存在严重的多重共线性问题。若直接使用最小二乘法进行估计，则至少有些参数的估计会有较大偏差。

(3) 滞后长度难于确定。在实际经济分析中用分布模型来处理滞后现象时，模型中滞后长度的确定较为困难，没有充分的先验信息可供参考。

基于以上原因，必须对模型进行变换，以减少被估计参数的数目。可以考虑对滞后变量加以约束，把这些滞后变量组合成新的变量。具体方法有经验加权法、阿尔蒙多项式法和卡伊克方法等。

8.2.2　有限分布滞后模型估计的处理方法

无限分布滞后模型的估计思路：转化为自回归模型进行估计

1. 经验加权法

所谓经验加权估计法，是根据实际经济问题的特点及经验判断，对滞后变量赋予一定的权数，利用这些权数构成各滞后变量的线性组合，以形成新的变量，再应用最小二乘法进行估计。

常见的滞后结构类型有：

(1) 递减滞后结构。有一种分布为几何分布，这种分布假定滞后解释变量的权重都为正数，而且随着时间按几何指数下降，模型为：

$$\begin{aligned} Y_t &= \alpha + \beta(X_t + wX_{t-1} + w^2 X_{t-2} + \cdots + w^s X_{t-s}) + u_t \\ &= \alpha + \beta \sum_{s=0}^{\infty} w^s X_{t-s} + u_t \qquad 0 < w < 1 \end{aligned} \tag{8-3}$$

比如，消费函数服从以一个滞后期为 3 期的分布滞后模型。

这个模型的滞后期为 3，各期权数分别是$\frac{1}{2}$、$\frac{1}{4}$、$\frac{1}{6}$、$\frac{1}{8}$。近期收入对消费的影响较大，而远期收入的影响将越来越小。

$$W_t = \frac{1}{2}X_t + \frac{1}{4}X_{t-1} + \frac{1}{6}X_{t-2} + \frac{1}{8}X_{t-3} \tag{8-4}$$

假定消费函数是线性的，设以下模型：

$$C_t = \alpha + \beta W_t + u_t \tag{8-5}$$

把式(8-4)代入式(8-5)，得

$$C_t = \alpha + \beta(\frac{1}{2}X_t + \frac{1}{4}X_{t-1} + \frac{1}{6}X_{t-2} + \frac{1}{8}X_{t-3}) + u_t \tag{8-6}$$

用 OLS 估计所得的估计值为：

$$\hat{b}_0 = \frac{\hat{\beta}}{2}, \hat{b}_1 = \frac{\hat{\beta}}{4}, \hat{b}_2 = \frac{\hat{\beta}}{6}, \hat{b}_3 = \frac{\hat{\beta}}{8}$$

(2) 不变滞后结构。滞后变量的各期影响不随时间而变化，例如估计模型为：

$$Y_t = a + bW_t + u_t$$

而假定各期权数都为$\frac{1}{4}$，滞后期为 3

$$W_t = \frac{1}{4}X_t + \frac{1}{4}X_{t-1} + \frac{1}{4}X_{t-2} + \frac{1}{4}X_{t-3}$$

同理估计得到各参数的估计值为：

$$\hat{b}_i = \frac{\hat{b}}{4} \quad i = 0,1,2,3$$

(3) 倒 V 型滞后结构。这种模型的各期权数呈先递增后递减的特点。投资函数就是一个很好的例子。例如估计的投资模型为：

$$I = a + bW_t + u_t$$

假定滞后期为 4，各期权数分别为$\frac{1}{8}$，$\frac{1}{4}$，$\frac{1}{2}$，$\frac{1}{4}$，$\frac{1}{8}$，则合成新的解释变量：

$$W_t = \frac{1}{8}Y_t + \frac{1}{4}Y_{t-1} + \frac{1}{2}Y_{t-2} + \frac{1}{4}Y_{t-3} + \frac{1}{8}Y_{t-4}$$

同理可以估计参数值。

这种估计方法虽然操作简单，但权数设置和滞后期的选取的主观随意性较大，自由度不足；由于在估计相继的滞后过程中，剩下的自由度愈来愈少，致使估计检验的效果不那么好，只有获得足够多的数据，才能消除这种影响。但数据的收集并不是我们想象中的那么简单。

多重共线性：特别是在经济时间序列数据中，相继的滞后值一般都是高度相关的，因此多重共线性将影响整个估计过程。滞后长度难于确定，没有任何先验性的指引，只能靠主观断定。

2. 阿尔蒙估计

阿尔蒙估计原理：利用多项式逼近滞后模型参数的变化结构，减少了待估参数的数目，从而消除多重共线性。其原理为，把待估模型的滞后项系数看成是相应滞后期 i 的函数，在以滞后期 i 为横轴，滞后期系数的值为纵轴的坐标系中，若这些滞后系数能很好地拟合在一条光滑曲线上，我们就可以由一个关于 i 的次数较低的 m 次多项式很好地逼近，用数学模型可以表示为：

$$\beta_i = \alpha_0 + \alpha_1 i + \alpha_2 i^2 + \cdots + \alpha_m i^m \qquad (i = 0,1,2,\cdots,s;m < s) \tag{8-7}$$

对于这样一个有限滞后模型：

$$Y_t = \alpha + \beta_0 X_t + \beta_1 X_{t-1} + \beta_2 X_{t-2} + \cdots + \beta_k X_{t-k} + u_t \tag{8-8}$$

这又可以简洁地写为：

$$Y_t = \alpha + \sum_{i=0}^{k}\beta_i X_{t-i} + u_t \tag{8-9}$$

把式(8－7)代入式(8－9)，我们可以得到：

$$Y_t = \alpha + \sum_{i=0}^{k}(\alpha_0 + \alpha_1 i + \alpha_2 i^2 + \cdots + \alpha_m i^m)X_{t-i} + u_t$$

$$= \alpha + \alpha_0 \sum_{i=0}^{k} X_{t-i} + \alpha_1 \sum_{i=0}^{k} iX_{t-i} + \alpha_2 \sum_{i=0}^{k} i^2 X_{t-i} + \cdots + \alpha_m \sum_{i=0}^{k} i^m X_{t-i} + u_t \tag{8-10}$$

我们定义：

$$Z_{0t} = \sum_{i=0}^{k} X_{t-i}$$

$$Z_{1t} = \sum_{i=0}^{k} iX_{t-i}$$

$$Z_{2t} = \sum_{i=0}^{k} i^2 X_{t-i}$$

$$\vdots$$

$$Z_{mt} = \sum_{i=0}^{k} i^m X_{t-i}$$

以上的变量变换就是阿尔蒙变化，那么原分布滞后模型就表示为：

$$Y_t = \alpha + \alpha_0 Z_{0t} + \alpha_1 Z_{1t} + \alpha_2 Z_{2t} + \cdots + \alpha_m Z_{mt} + u_t \tag{8-11}$$

在阿尔蒙模型中，Y 是对构造变量 Z 估计，而不是针对原始变量 X 作回归。如果随机干扰项 u 满足经典线性回归模型的假定的话，这样得到的 α 和 α_i 的估计值应该具有良好的统计性质。

利用 OLS 法估计系数 $\alpha, \alpha_0, \alpha_1, \alpha_2, \cdots, \alpha_m$，我们即可从式(8－7)中估计到原始的一系列 β_i，如下：

$$\hat{\beta}_0 = \hat{a}_0$$

$$\hat{\beta}_1 = \sum_{i=0}^{m} \hat{a}_i$$

$$\vdots$$

$$\hat{\beta}_m = \hat{a}_0 + \sum_{k=1}^{m} \hat{a}_k m^k$$

其实书中的 m 是很少的，我们只是为了追求一般化。由此我们看到阿尔蒙代换能使解释变量个数明显减少，而且 Z_i 之间的相关程度也大大减少，从而削弱或消除了多重共线性的影响，而且适用于多种形式的分布滞后结构。不过使用阿尔蒙需要事先确定两个问题：滞后期长度(本节的 k) 和多项式的次数(本节的 m)。

滞后期 m 长度的确定可以根据经济理论或事件经验加以确定，也可以通过一些统计检验来加以确定。这里介绍两种检验方法：

第一，可以根据解释变量 X 的各期滞后值与被解释变量 Y 之间的相关系数大致判断滞后期长度。

第二，在滞后模型中逐步添加滞后变量，扩大滞后期的长度，直到模型的拟合优度 $\overline{R}^2$ 不再明显提高为止，或者先取一个较长的滞后期，再逐步剔除滞后变量，缩短滞后期长度，直到模型的拟合优度 $\bar{R}^2$ 不再明显下降为止。

8.2.3 考伊克估计

对于模型

$$Y_t = \alpha + \beta_0 X_t + \beta_1 X_{t-1} + \beta_2 X_{t-2} + \cdots + \beta_k X_{t-k} + u_t \tag{8-12}$$

假定，各滞后变量的系数 β_k 按一定的几何级数等比下降，即

$$\beta_k = \beta_0 \lambda^k \qquad k = 0, 1, \cdots$$

其中 $\lambda(0 < \lambda < 1)$ 称为衰减率，而且各期滞后解释变量对被解释变量的总影响为 $\sum_{k=0}^{\infty}\beta_k = \beta_0(\frac{1}{1-\lambda})$。

我们把 $\beta_k = \beta_0\lambda^k$ 代入(8-12)得：

$$\begin{aligned} Y_t &= \alpha + \beta_0 X_t + \beta_0\lambda X_{t-1} + \beta_0\lambda^2 X_{t-2} + \cdots + u_t \\ &= \alpha + \beta_0 \sum_{i=0}^{\infty}\lambda^i X_{t-i} + u_t \end{aligned} \tag{8-13}$$

把式(8-13)滞后一期，得：

$$\begin{aligned} Y_{t-1} &= \alpha + \beta_0 X_{t-1} + \beta_0\lambda X_{t-2} + \beta_0\lambda^2 X_{t-3} + \cdots + u_{t-1} \\ &= \alpha + \beta_0 \sum_{i=1}^{\infty}\lambda^{i-1} X_{t-i} + u_{t-1} \end{aligned} \tag{8-14}$$

对式(8-14)两边同时乘以 λ，得：

$$\begin{aligned} \lambda Y_{t-1} &= \lambda\alpha + \lambda\beta_0 X_{t-1} + \beta_0\lambda^2 X_{t-2} + \beta_0\lambda^3 X_{t-3} + \cdots + \lambda u_{t-1} \\ &= \lambda\alpha + \beta_0 \sum_{i=1}^{\infty}\lambda^i X_{t-i} + \lambda u_{t-1} \end{aligned} \tag{8-15}$$

式(8-13)－式(8-15)得：

$$Y_t - \lambda Y_{t-1} = \alpha(1-\lambda) + \beta_0 X_t + (u_t - \lambda u_{t-1}) \tag{8-16}$$

经整理得到，

$$Y_t = \alpha(1-\lambda) + \beta_0 X_t + \lambda Y_{t-1} + v_t \tag{8-17}$$

其中 $v_t = u_t - \lambda u_{t-1}$

式(8-16)就是考伊克模型。

以上就是考伊克变换。我们看到变换后的模型只有三个待估变量，即 α, β_0, λ，简化了原模型估计的繁琐。而且 Y_{t-1} 代替了 $X_{t-1}, X_{t-2}, \cdots, X_{t-k}$，就已经解决了多重共线性的问题。

虽然这个模型有很多优点，但也存在不少缺点：

第一，由于 Y_{t-1} 是随机变量，而且也是模型的一个解释变量，如果很有可能违背经典

OLS理论，这个理论是建立在这样的假定基础上：解释变量或非随机的，或者，如果是随机的，将是独立于随机干扰项的。所以我们要弄清 Y_{t-1} 是否满足这一假定。

第二，因为 $v_t = u_t - \lambda u_{t-1}$，$v_t$ 的统计性质依赖于 u_t 的统计性质的假定，即使原始的 u_t 是序列无关的，v_t 却可能是序列相关的，所以，考伊克模型存在序列相关的问题。

第三，考伊克模型的干扰项很少是一阶序列相关的，所以违背了德宾-沃森检验的基本假定之一。

8.3　考伊克模型的经济理论基础

8.3.1　适应性预期模型

经济活动主体在经济活动中常常根据他们对某些经济变量未来走势的预期来改变自己的行为决策。这些经济变量的变化会或多或少地受到另一些经济变量预期值的影响。为了处理这种经济现象，我们可以将解释变量预期值引入模型，建立一个预期模型。

假设包含一个预期解释变量的模型，表示为：

$$Y_t = \alpha + \beta X_t^* + u_t \tag{8-18}$$

其中，Y_t 为被解释变量，X_t^* 为解释变量预期值，u_t 为随机扰动项。

自适应预期假定认为，经济活动主体对某经济变量的预期，是通过循序渐进的认识过程形成的，即经济主体会根据自己过去在做预期时所犯错误的修改，来修正他们以后每一时期的预期，也就是按过去预期偏差的某一比例对当期的期望进行修改，使其更符合目标。用数学式表达为：

$$X_t^* = \lambda(X_t - X_{t-1}^*) + X_{t-1}^* \tag{8-19}$$

也可以写为：

$$X_t^* - X_{t-1}^* = \lambda(X_t - X_{t-1}^*) \tag{8-20}$$

其中，参数 λ 为适应系数。这样，修正量为 $\lambda(X_t - X_{t-1}^*)$，它是前一期预期误差 $(X_t - X_{t-1}^*)$ 的一部分。

若将式(8-19)改为

$$X_t^* = \lambda X_t + (1-\lambda)X_{t-1}^* \tag{8-21}$$

那么 λ 与 $1-\lambda$ 可以认为是 X_t 与 X_{t-1}^* 的权数，这表明本期预期值是前一期预期值和本期实际值的加权平均。一般情况下，$0 \leqslant \lambda \leqslant 1$。当 $\lambda = 0$，表示预期没有进行修正，当 $\lambda = 1$，则表示本期预期与前一期预期无关，即本期实际值作为预期值。

所以我们将解释变量预期值满足自适应调整过程的期望模型称为自适应预期模型。

将式(8-21)代入式(8-18)，得：

$$Y_t = \alpha + \beta[\lambda X_t + (1-\lambda)X_{t-1}^*] + u_t \tag{8-22}$$

将式(8-18)滞后一期，再乘以 $1-\lambda$，得：

$$(1-\lambda)Y_{t-1} = \alpha(1-\lambda) + \beta(1-\lambda)X_{t-1}^{*} + (1-\lambda)u_{t-1} \tag{8-23}$$

将式(8-22)减去式(8-23),得:

$$Y_t = \lambda\alpha + \lambda\beta X_t + (1-\lambda)Y_{t-1} + \mu_t - (1-\lambda)u_{t-1} \tag{8-24}$$

令 $\alpha^* = \lambda\alpha, \beta_0^* = \lambda\beta, \beta_1^* = 1-\lambda, u_t^* = u_t - (1-\lambda)u_{t-1}$

这样式(8-24)就变为:

$$Y_t = \alpha^* + \beta_0^* X_t + \beta_1^* Y_{t-1} + u_t^* \tag{8-25}$$

自适应预期模型用自回归形式表示了。

8.3.2 存量调整模型

在经济活动中,会遇到为了适应解释变量的变化,被解释变量有一个预期的最佳值与之对应的现象。例如,企业为了确保生产或供给,必须保持一定的原材料储备,对应一定的产量或销售量,存在着预期最佳库存量。也就是说,解释变量的现值影响被解释变量的预期值,用数学式表达:

$$Y_t^* = \alpha + \beta X_t + \mu_t \tag{8-26}$$

其中,Y_t^* 为被解释变量的理想值,X_t 为解释变量的现值。

不过,被解释变量的预期水平在某个周期内一般不能完全实现,而只能得到部分的调整,即被解释变量的实际变化仅仅是预期变化的一部分。用数学式表示为:

$$Y_t - Y_{t-1} = \delta(Y_t^* - Y_{t-1}) \tag{8-27}$$

δ 的取值范围为 $0 < \delta \leqslant 1$,称为调整系数。在一般情况下,$0 \leqslant \delta \leqslant 1$。当 $\delta = 1$ 时,$Y_t = Y_t^*$,表明实际变动等于预期变动,调整在当前完全实现。当 $\delta = 0$ 时,$Y_t = Y_{t-1}$,表明本期值和上期值一样,完全没有调整。

调整机制还有一种形式为:

$$Y_t = \delta Y_t^* + (1-\delta)Y_{t-1} \tag{8-28}$$

表示在时期 t 得到的解释变量的实际值是该时期的理想值与前一期实际值分别以 δ 和 $1-\delta$ 为权的一个加权平均。

把式(8-26)代入式(8-28),得:

$$\begin{aligned} Y_t &= \delta(\alpha + \beta X_t + \mu_t) + (1-\delta)Y_{t-1} \\ &= \delta\alpha + \delta\beta X_t + (1-\delta)Y_{t-1} + \delta\mu_t \end{aligned} \tag{8-29}$$

令 $\alpha^* = \delta\alpha, \beta_0^* = \delta\beta, \beta_1^* = 1-\delta, \mu_t^* = \delta\mu_t$,则式(8-29)转化为

$$Y_t = \alpha^* + \beta_0^* X_t + \beta_1^* Y_{t-1} + \mu_t^* \tag{8-30}$$

这样局部调整模型就用自回归模型表示了。

8.3.3 适应性预期与存量调整模型的组合

两个模型结构很相似,都是自回归的,但在概念和理论基础上,两者却有很大差别,自适

应预期模型以价格、利率等不确定性为依据，而局部调整模型是出于对技术或制度上的一些因素的考虑，也反映了一种心理作用。

8.4　自回归模型的检验和估计

8.4.1　估计遇到的问题

上面谈论的考伊克模型、自适应模型与局部调整模型都可以表示为一阶自回归形式：

$$Y_t = \alpha + \beta_0 X_t + \beta_1 Y_{t-1} + u_t \tag{8-31}$$

此自回归模型中的解释变量中含有滞后解释变量 Y_{t-1}，它是随机变量，可能与随机扰动项相关，而且随机扰动项还可能自相关。也就是说，模型可能违背古典假定，从而给模型的估计带来一定困难。如果使用最小二乘法直接估计自回归模型，则估计可能有偏差，而且不是一致估计。因此，估计自回归模型需要解决两个问题：一是设法消除 Y_{t-1} 与随机扰动项的相关性；二是检验随机扰动项是否存在自相关。

为了解决解释变量 Y_{t-1} 与随机扰动项存在自相关带来的估计偏差，可采用工具变量法；诊断一阶自回归模型扰动项是否存在自相关，可采用德宾 H 检验法。

8.4.2　工具变量法

由于在自回归模型中，解释变量 Y_{t-1} 势必与误差项 u_t 相关，则 OLS 将不适用，我们要寻找一个与 Y_{t-1} 高度相关但与误差项 u_t 不相关的变量作为 Y_{t-1} 的替代，这样的替代变量就是工具变量。

我们可以用 $\hat{Y}_{t-1}, \hat{Y}_{t-2}, \cdots, \hat{Y}_{t-p}$ 工具变量，来代替滞后解释变量 $Y_{t-1}, Y_{t-2}, \cdots, Y_{t-q}$ 进行估计，这样，自回归模型变为以下形式：

$$Y_t^* = \hat{\alpha} + \hat{\beta}_0 X_t + \hat{\gamma}_1 \hat{Y}_{t-1} + \hat{\gamma}_2 \hat{Y}_{t-2} + \cdots + \hat{\gamma}_q \hat{Y}_{t-q} \tag{8-32}$$

所以工具变量的选择满足三个条件，一是工具变量与所代替的解释变量高度相关；二是工具变量与随机误差项不相关；三是工具变量与其他解释变量不相关，以免出现多重共线性。

但是，一个明显的问题摆到我们面前：怎么去寻找比 Y_{t-1} 更好的替代变量，使它们满足以上三个条件？不过，要找到好的工具变量并不是件容易的事。

8.4.3　检验自回归模型的自相关：德宾 *H* 检验

不管是考伊克和自适应性预期模型，还是局部调整模型，误差项中，都极有可能存在自相关，我们能不能用德宾-沃森 d 检验呢？答案是：不行。因为在自回归模型中，用德宾-沃森 d 检验所估算的 d 通常有偏向 2 的偏误，即存在一种妨碍发现相关性的内在偏误。而且德宾-沃森 d 检验适合一阶自相关。不过德宾提出了一种自回归模型一阶序列相关检验，即德宾 H 检验：

$$H = \hat{\rho}\sqrt{\frac{n}{1 - n[\mathrm{var}(\hat{\alpha}_2)]}}$$

其中 n 为样本容量，$\mathrm{var}(\hat{\alpha}_2)$ 为滞后项 Y_{t-1} 的系数的方差，$\hat{\rho}$ 为一阶序列相关 ρ 的估计值。不过，实际中，正如前面的章节所说的，ρ 的估计为：

$$\hat{\rho} \approx 1 - \frac{DW\text{ 值}}{2}$$

以后要是不指明的话，我们都会用这个式子来求 $\hat{\rho}$。

H 统计量的特点：

不管回归模型中含有多少个 X 变量或多少个 Y 的滞后值，都可以用；计算 H 时只需考虑滞后项 Y_{t-1} 的系数的方差；该检验是一种大样本检验，严格地说，不适用于小样本。

$D-W$ 检验的缺陷：如果 $0 < n\mathrm{var}(\hat{\alpha}_2) < 1$ 超过 1，检验将不适用。

8.5 滞后效应分析

8.5.1 效应的乘数分析

1. 对于分布滞后模型 $Y_t = \alpha + \beta_0 X_t + \beta_1 X_{t-1} + \beta_2 X_{t-2} + \cdots + \beta_s X_{t-s} + u_t$

β_i 反映滞后解释变量各期值 X_{t-i} 对 Y_t 的影响程度，其中 β_0 为短期影响乘数，表示解释变量变化一个单位对同期（t 期）被解释变量产生的影响，即短期影响。

β_i 为动态影响乘数，反映了解释变量在各滞后期的单位变化对 Y_t 产生的影响，即解释变量的滞后影响。

$\sum_{i=0}^{k}\beta_i$ 为中期影响乘数，反映了解释变量对 Y_t 的 k 期的累计影响；

$\sum_{i=0}^{\infty}\beta_i$ 为长期影响乘数，表明 X 变动一个单位对 Y_i 产生的总影响。

比如考伊克模型

$$\begin{aligned} Y_t &= \alpha + \beta_0 X_t + \beta_1 X_{t-1} + \beta_2 X_{t-2} + \cdots + \beta_k X_{t-k} + u_t \\ &= \alpha + \beta_0 X_t + \lambda X_{t-1} + \lambda^2 X_{t-2} + \cdots + \lambda^k X_{t-k} + u_t \end{aligned}$$

$\sum_{k=0}^{\infty}\beta_k = \beta_0\left(\frac{1}{1-\lambda}\right)$ 即为各期滞后解释变量对被解释变量的总影响。

2. 前面谈论过的三个常见的自回归模型

(1) 考伊克模型：

$$Y_t = \alpha(1-\lambda) + \beta_0 X_t + \lambda Y_{t-1} + v_t$$

(2) 自适应预期模型：

$$Y_t = \gamma\alpha + \gamma\beta X_t + (1-\gamma) Y_{t-1} + v_t$$

(3) 局部调整模型：

$$Y_t = \delta\alpha + \delta\beta X_t + (1-\delta) Y_{t-1} + v_t$$

三者统一表示为一阶自回归模型：

$$Y_t = c_0 + c_1 X_t + c_2 Y_{t-1} + v_t$$

将其逐步递推，可以转换为几何分布滞后模型

$$Y_t = \frac{c_0}{1-c_2} + c_1 X_t + c_1 c_2 X_{t-1} + c_1 c_2^2 X_{t-2} + \cdots$$

所以一阶自回归模型的各项滞后效应指标为：

短期乘数：c_1

动态乘数：$c_1 c_2^i \qquad i = 1,2,\cdots$

长期乘数：$\frac{c_1}{1-c_2}$

平均滞后：$\frac{c_2}{1-c_2}$

8.5.2　速度分析

解释变量的各期乘数反映的是滞后效应的逐步波及和扩散过程，有时我们需要分析效应的速度，即滞后效应需要经历多长时间才能发挥一定的作用。常用指标有：

1. 乘数效应比 D_s

$$D_s = \frac{s\text{ 期中期乘数}}{\text{长期乘数}} = \frac{\sum_0^s \beta_i}{\sum_0^\infty \beta_i}$$

D_s 反映了 X_t 的变动在经历 s 期之后，对 Y_t 的影响所完成的程度。使 D_s 达到某个比值的 s 期越小，则作用时间越快，滞后时间越短。

2. 平均滞后时间 MLT

$$\text{MLT} = \frac{\sum_{i=0}^\infty i\beta_i}{\sum_{i=0}^\infty \beta_i}$$

MLT 实际上是以各期延期乘数为权数的、各滞后期的加权平均数，反映了滞后期的平均长度，比值越小，则 Y_t 对 X_t 变化的反应速度越快。

8.6　案例分析

研究表 8-1 列出的某地区制造业历年库存 Y 与销售额 X 的统计资料，建立分布滞后模型进行分析。

表 8-1　某地区 1990 年 ～ 2006 年制造业库存与销售额统计资料　（单位：亿元）

年份	库存 Y	销售额 X	年份	库存 Y	销售额 X
1990	50070	27280	1999	84655	46449
1991	52707	30219	2000	90875	50282
1992	53814	30796	2001	97074	53555
1993	54939	30896	2002	101645	52859
1994	58213	33113	2003	102445	55917
1995	60043	35032	2004	107719	62017
1996	63383	37335	2005	120870	71398
1997	68221	41003	2006	147135	82078
1998	77965	44869			

为了研究库存与销售额之间的关系，我们采用阿尔蒙法估计有限分布滞后模型。

用 EViews 先确定 X 滞后期的长度：

输入 CROSS　Y　X 输出的结果如图 8-1 所示。

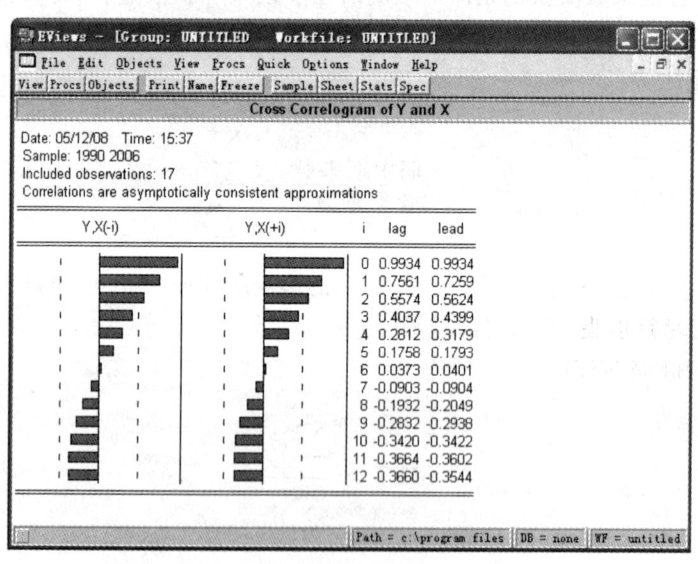

图 8-1　Y 与 X 各期滞后值的相关系数

从图 8-1 中 Y 与 X 各期滞后值得相关系数可知，库存额与当年和前两年的销售额相关，所以设：

$$Y_t = \alpha + \beta_0 X_t + \beta_1 X_{t-1} + \beta_2 X_{t-2} + \varepsilon_t$$

将系数 $\beta_i(i = 0,1,2)$ 用二次多项式表示，即

$$\beta_0 = \alpha_0$$

$$\beta_1 = \alpha_0 + \alpha_1 + \alpha_2$$

$$\beta_2 = \alpha_0 + 2\alpha_1 + 4\alpha_2$$

则原模型可变为

$$Y_t = \alpha + \alpha_0 Z_{0t} + \alpha_1 Z_{1t} + \alpha_2 Z_{2t} + \mu_t$$

在 EViews 工作状态中运行，输入 LS　Y　C　PDL(X,2,2)

输出的结果如图 8-2 所示。

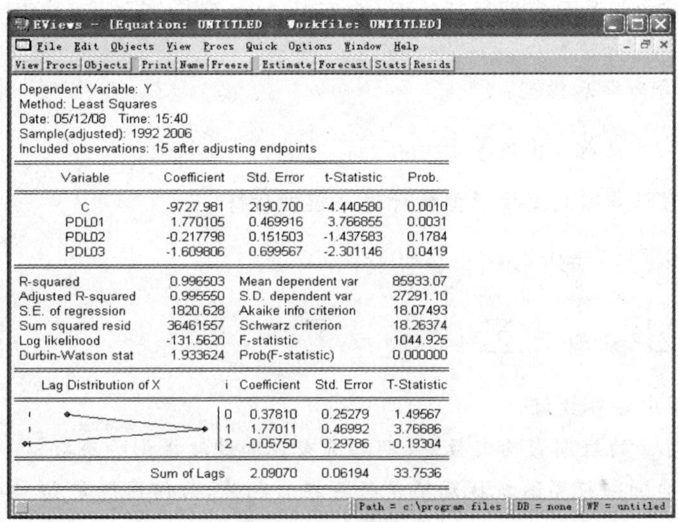

EViews - [Equation: UNTITLED　Workfile: UNTITLED]

File Edit Objects View Procs Quick Options Window Help

View | Procs | Objects | Print | Name | Freeze | Estimate | Forecast | Stats | Resids

Dependent Variable: Y
Method: Least Squares
Date: 05/12/08 Time: 15:40
Sample(adjusted): 1992 2006
Included observations: 15 after adjusting endpoints

Variable	Coefficient	Std. Error	t-Statistic	Prob.
C	-9727.981	2190.700	-4.440580	0.0010
PDL01	1.770105	0.469916	3.766855	0.0031
PDL02	-0.217798	0.151503	-1.437583	0.1784
PDL03	-1.609806	0.699567	-2.301146	0.0419

R-squared	0.996503	Mean dependent var	85933.07
Adjusted R-squared	0.995550	S.D. dependent var	27291.10
S.E. of regression	1820.628	Akaike info criterion	18.07493
Sum squared resid	36461557	Schwarz criterion	18.26374
Log likelihood	-131.5620	F-statistic	1044.925
Durbin-Watson stat	1.933624	Prob(F-statistic)	0.000000

Lag Distribution of X	i	Coefficient	Std. Error	T-Statistic
	0	0.37810	0.25279	1.49567
	1	1.77011	0.46992	3.76686
	2	-0.05750	0.29786	-0.19304
Sum of Lags		2.09070	0.06194	33.7536

Path = c:\program files | DB = none | WF = untitled

图 8-2　回归结果

经阿尔蒙变换之后的估计结果为(Z_i 用 PDL 表示)

$$\hat{Y}_t = -9727.981 + 1.7701Z_{0t} - 0.2178Z_{1t} - 1.6098Z_{2t}$$

$$\hat{a} = -9727.98, \hat{a}_0 = 1.7701, \hat{a}_1 = -0.2178, \hat{a}_2 = -1.6098$$

$$\hat{\beta}_i = \alpha_0 + (i-1)\alpha_1 + (i-1)^2\alpha_2, i = 0,1,2$$

$$\hat{\beta}_0 = \hat{a}_0 - \hat{a}_1 + \hat{a}_2 = 0.37810$$

$$\hat{\beta}_1 = \hat{a}_0 = 1.7701$$

$$\hat{\beta}_2 = \hat{a}_0 + \hat{a}_1 + \hat{a}_2 = -0.05750$$

$t =$　　(3.77)　　(−1.44)　　(−2.30)

$R^2 = 0.9965$　　修正的 $R^2 = 0.9955$　　DW = 1.93

这样库存模型最终形式就为：

$$\hat{Y}_t = -9727.981 + 0.37810X_t + 1.77011X_{t-1} - 0.05750X_{t-2}$$

思考与练习

1. 什么是滞后现象?产生滞后现象的原因有哪些?

2. 在估计分布滞后模型和自回归模型中常会遇到哪些困难?我们是怎么处理这些困难的?

3. 简述考伊克模型的特点。

4. 考察以下分布滞后模型:

$$Y_t = \alpha + \beta_0 X_t + \beta_1 X_{t-1} + \beta_2 X_{t-2} + \beta_3 X_{t-3} + u_t$$

假定我们要用多项式阶数为 2 的有限多项式估计这个模型,并根据一个有 60 个观测值的样本求出了二阶多项式系数的估计值为:$\hat{\alpha}_0 = 0.3$,$\hat{\alpha}_1 = 0.51$,$\hat{\alpha}_2 = 0.1$,试计算$\hat{\beta}_i (i = 0, 1, 2, 3)$。

5. 考察以下分布滞后模型:

$$Y_t = \alpha + \beta_0 X_t + \beta_1 X_{t-1} + \beta_2 X_{t-2} + u_t$$

假如用二阶有限多项式变换模型估计这个模型后得:

$$\hat{Y}_t = 0.5 + 0.71 z_{0t} + 0.25 z_{1t} - 0.30 z_{2t}$$

式中,$z_{0t} = \sum_{0}^{3} x_{t-i}$,$z_{1t} = \sum_{0}^{3} i x_{x-i}$,$z_{2t} = \sum_{0}^{3} i^2 x_{t-i}$

(1) 求原模型中各参数值;

(2) 估计 x 对 y 的短期影响乘数、长期影响乘数和过渡性影响乘数。

6. 检验一阶自回归模型随机扰动项是否存在自相关,为何用德宾 H 检验而不用 DW 检验?

7. 表 8-2 给出某地区 1986 年到 2007 年固定资产投入 Y 与销售额 X 的资料

表 8-2 某相关资料 (单位:亿元)

年份	Y	X	年份	Y	X
1986	36.99	52.805	1997	128.68	168.129
1987	33.60	55.906	1998	123.97	163.351
1988	35.42	63.027	1999	117.35	172.547
1989	42.35	72.931	2000	139.61	190.682
1990	52.48	84.790	2001	152.88	194.538
1991	53.66	86.589	2002	137.95	194.657
1992	58.53	98.797	2003	141.06	206.326

（续表）

年份	Y	X	年份	Y	X
1993	67.48	113.201	2004	163.45	223.541
1994	78.13	126.905	2005	183.80	232.724
1995	95.13	143.936	2006	192.61	139.459
1996	112.60	154.391	2007	182.82	235.142

试就下列模型，按照一定的处理方法估计模型参数，并解释模型的经济意义，探测模型扰动项的一阶自相关性。

(1) 设定模型 $Y_t^* = \alpha + \beta X_t + u_t$

运用局部调整假定。

(2) 设定模型 $Y_t = \alpha + \beta X_t^* + u_t$

运用自适应预期假定。

(3) 运用阿尔蒙多项式变换法，估计分布滞后模型

$$Y_t = \alpha + \beta_0 X_t + \beta_1 X_{t-1} + \cdots + \beta_4 X_{t-4} + u_t$$

8. 设 $M_t = \alpha + \beta_1 Y_t^* + \beta_2 R_t^* + u_t$

其中，M 为实际货币流通量，Y^* 为期望社会商品零售额，R^* 为期望储蓄额。对于期望值做以下假定

$Y_t^* = \gamma_1 Y_t + (1-\gamma_1) Y_{t-1}^*$

$R_t^* = \gamma_2 R_t + (1-\gamma_2) R_{t-1}^*$

其中，γ_1，γ_2 为期望系数，均小于1。

(1) 如何利用可观测的量来表示 M_t？

(2) 分析这样变换存在什么问题。

(3) 利用表 8-3 的数据进行回归，估计模型，并做检验。

表 8-3　数据回归　（单位：亿元）

年份	M_t	Y_t^*	R_t^*
1991	2128.40	7517.000	617.5000
1992	2586.70	9636.000	275.6000
1993	3450.70	14998.00	679.4000
1994	4669.70	19260.60	634.1000
1995	5851.50	23877.00	998.5000
1996	6833.40	26867.20	1459.300
1997	7489.20	28457.60	2857.200

（续表）

年份	M_t	Y_t^*	R_t^*
1998	7900.30	29545.90	3051.500
1999	8267.10	30701.60	2248.800
2000	8934.90	32499.80	2240.200
2001	9859.90	37460.80	2204.700
2002	10789.6	42304.90	2794.200
2003	12151.4	51382.70	2686.200

9. 考虑模型

$$\hat{Y}_t = -3012 + 0.1408X_t + 0.2306X_{t-1}$$

$$t = (-6.27) \quad (2.6) \quad (4.26)$$

$$R^2 = 0.727$$

其中,Y 为通货膨胀率,X 为生产设备使用率。

(1) 生产设备使用率对通货膨胀率的短期影响和长期影响分别为多大?

(2) 如果现无原始数据,估计回归模型 $Y_t = b_1 + b_2X_t + b_3Y_{t-1} + u_t$,你怎样估计生产设备使用率对通货膨胀率的短期和长期影响?

10. 查找某地区消费总额 Y(亿元)和货币收入总额 X(亿元)的 1990—2010 年度资料,分析该地区消费与收入的关系:

(1) 做 Y_t 关于 X_t 的回归,对回归结果进行分析判断;

(2) 建立分布滞后模型,用库伊克变换转换为库伊克模型后进行估计,并对估计结果进行分析判断;

(3) 建立局部调整——自适应期望综合模型进行分析。

第9章　联立方程模型

联立方程模型是相对于单一方程模型而言的。单方程模型只能描述经济变量之间的单向因果关系，即若干解释变量的变化引起被解释变量的变化情况。但经济现象的错综复杂性，使得经济系统中很可能包含多个经济关系，而且有些经济变量之间并不是简单的单向因果关系，而是相互依存、互为因果的关系。为了描述变量之间的双向或是多向因果关系，就需要建立含有多个方程的方程组模型。联立方程计量经济学模型是以经济系统为研究对象，以揭示经济系统中各因素、各部分之间的数量关系和系统的数量特征为目标，用于经济系统的预测、分析和评价，是计量经济学模型的重要组成部分。

9.1　联立方程模型的基本概念

联立方程计量经济学模型问题是从两方面提出来的。一是从研究对象的角度，为了满足实际研究对象的需要而建立联立方程计量经济学模型；二是从计量经济学理论方法的角度，为了估计联立方程计量经济学模型的需要而发展起来的新的理论与方法。

单方程计量经济学模型，是用单一方程描述某经济变量与影响该变量变化的单因素之间的数量关系。因此，它适用于单一经济现象的研究，揭示其中的单向因果关系。但是，经济现象是极为复杂的，其中诸因素之间的关系，在很多情况下，不是单一方程所能描述的那种简单的单向因果关系，而是相互依存、互为因果的，这时就需要用一组方程组成的多方程模型，其中每个方程都描述了变量间的一个因果关系，并且所描述的经济系统中有多少个因果关系，联立方程模型中对应的就应该有多少个方程。我们称这些经济现象为经济系统。

经济系统并没有严格的空间概念。国民经济是一个系统，一个地区的经济也是一个系统，甚至某一项经济活动也是一个系统。例如，我们进行商品购买决策时，由于存在收入或预算的制约，在决定是否购买某一种商品时，必须考虑到对其他商品的需求与其他商品的价格，这样，不同商品的需求量之间是互相影响、互为因果的。那么商品购买决策就是一个经济系统。

9.1.1　变量

在联立方程计量经济学模型中，对于其中每个随机方程，其变量仍然有被解释变量与解释变量之分。但是对于模型系统而言，已经不能用被解释变量与解释变量来划分变量。正如上面所说的，同一个变量，在这个方程中作为被解释变量，在另一个方程中则可能作为解释变量。对于联立方程计量经济学模型系统而言，变量分为内生变量和外生变量两大类，外生变量与滞后内生变量又被统称为先决变量。

我们先看一个例子。

例 9-1 简单的宏观经济模型

在简化的凯恩斯收入决定模型中引入政府支出 G，投资 I 不再是外生变量，而是收入 Y 的函数，即内生变量。此时

$$\begin{cases} C_t = \alpha_0 + \alpha_1 Y_t + u_{1t} & \text{消费方程} \\ I_t = \beta_0 + \beta_1 Y_t + \beta_2 Y_{t-1} + u_{2t} & \text{投资方程} \\ Y_t = C_t + I_t + G_t & \text{收入方程} \end{cases} \tag{9-1}$$

这就是由国内生产总值(Y)、居民消费总额(C)、投资总额(I)和政府支出(G)等变量构成的简单凯恩斯宏观经济模型，反映了国内生产总值中各项指标之间的关系。其中，第一个方程表示居民消费总额是由国内生产总值决定的，称为消费方程；第二个方程表示投资总额是由国内生产总值和前一年的国内生产总值共同决定，称为投资方程；第三个方程表示国内生产总值是由居民消费总额、投资总额和政府支出共同决定，称为收入方程，其在假定进出口平衡的情况下，是一个恒等式。模型中有 4 个经济变量，其中居民消费、投资、国内生产总值之间都是互为因果关系，只有构造多个方程才能将它们作为一个完整的系统进行描述和分析。这就是一个简单的描述宏观经济的联立方程计量经济学模型。

在联立方程计量经济学模型中，有一些在单方程计量经济学模型中没有出现的概念，即使是已经出现的概念，其内涵也发生了变化，所以搞清楚基本概念是十分重要的。

1. 内生变量(endogenous variables)

所谓内生变量，即其取值是由模型系统内部决定的变量。如例 9-1 中的消费、投资、收入等都是内生变量。内生变量一般有以下特点：

(1) 内生变量既受模型中其他变量的影响，同时又影响模型中的其他内生变量。如例 9-1 中的投资 I_t，既受 Y_t 和 Y_{t-1} 的影响，同时又影响 Y_t，I_t 的值就是在这种相互影响中确定的。

(2) 内生变量一般都直接或间接地受模型系统中随机误差项的影响，所以都是具有某种概率分布的随机变量。

(3) 内生变量的变化一般都用模型中的某一个方程来描述，所以模型中每个方程等号左端的变量(即被解释变量)都是内生变量。但是有些内生变量未必就一定是模型中某个方程的被解释变量。

2. 外生变量(exogenous variables)

所谓外生变量，即其取值由模型系统之外其他因素决定的变量。如例 9-1 中的政府消费 G，由于在所构造的宏观经济模型中，没有任何方程说明它是如何变化的，所以政府消费 G 的变化是由模型系统外部的因素来控制和影响的，即为外生变量。外生变量的特点是：

(1) 外生变量的变化将对模型系统中的内生变量直接产生影响，但自身变化却由模型系统之外的其他因素来决定。

(2) 相对于所构造的联立方程模型，外生变量可以视为可控的非随机变量，从而与模型中的随机误差项不相关。

在单方程模型中，人们有时也习惯地将被解释变量称为内生变量，解释变量称为外生变量。将联立方程模型中的变量划分为内生变量和外生变量之后，可以正确区分模型中每个变量的含义和作用。但是，应该强调指出，内、外生变量的划分是相对的。某一个变量究竟是内

生变量，还是外生变量，完全取决于计量经济研究的目的，即由所设定的计量经济模型来决定。如例 9-1 的宏观经济模型中，如果在投资函数中再增加一个解释变量——利率 R，此时因模型中并没有用某个方程来说明利率 R 的变化，即认为利率的调整完全由模型之外的因素来决定，所以 R 是外生变量。但是，如果在宏观经济模型中再相应增加一个利率方程：

$$R_t = c_0 + c_1(Y_t - Y_{t-1}) + c_2(M_t - M_{t-1}) + u_{3t} \tag{9-2}$$

式中，M_t 为货币供应量，则利率 R 称为内生变量，同时又增添了一个外生变量 M_t。因此，在构造联立方程模型时，应该根据研究目的，事先确定模型中应该包含哪些内生变量，这些内生变量又由哪些经济关系来描述。在所涉及的经济关系中，哪些因素可以视为外生变量?一般情况下，外生变量都是一些可控制的政策变量、条件变量、经济参数变量、虚拟变量等等。

3. 先决变量(predetermined variables)

相对于本期内生变量，滞后内生变量和外生变量的值都是已知的(即已事先决定的)，所以将它们统称为先决变量(又称为前定变量)。如例 9-1 的宏观经济模型中，前期国内生产总值 Y_{t-1} 为滞后内生变量，与政府消费 G 一起构成先决变量。

由于外生变量是非随机变量，与模型中的随机误差项不相关。如果随机误差项不存在自相关，则滞后内生变量与随机误差项也不相关。因此，先决变量与方程中的随机误差项通常是互不相关的。

9.1.2 结构式模型(structural model)

根据经济理论和行为规律建立的描述经济变量之间直接关系结构的计量经济学方程系统称为结构式模型。例 9-1 的简单宏观经济模型就算一个结构式模型。

结构式模型中的每一个方程都是结构方程(structural equation)，各个结构方程的参数被称为结构参数(structural parameter or coefficient)。在结构方程中，解释变量中可以出现内生变量。将一个内生变量表示为其他内生变量、先决变量和随机干扰项的函数形式，被称为结构方程的正规形式。结构方程的方程类型如下：

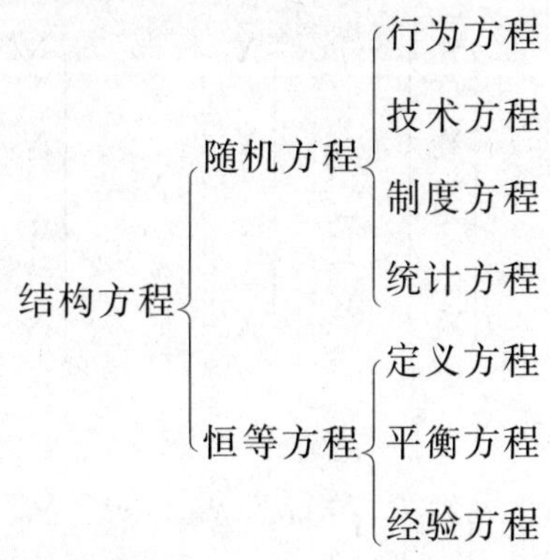

(1) 行为方程：即解释或描述居民、企业或政府经济行为的方程。例 9-1 中的消费函数反映了消费者行为，投资函数反映了投资者行为。

(2) 技术方程：即根据客观经济技术关系建立的方程。例如，生产函数就是反映了一定生产技术条件下，生产要素投入量与产出量之间技术关系的方程。

(3) 制度方程：即由法律、政策法令、规章制度决定的经济数量关系。例如，根据税收制度建立的税收方程就是制度方程。

(4) 统计方程：即根据经济变量之间统计相关关系建立的方程。例如，工业总产值与国有企业产值之间、居民消费与政府消费之间、重工业能源消耗与轻工业能源消耗之间等等，在数据上都存在较强的相关关系。但这些方程并没有反映经济变量之间的内在联系，所以在结构式模型中要尽量避免使用统计方程。

(5) 恒等方程：包括定义方程、平衡方程（或称为均衡条件）和经验方程。如例 9-1 的恒等方程，就是国民经济核算中按支出法定义的国内生产总值，属于统计定义方程。平衡方程就是反映某种均衡关系的恒等式。经验方程仅描述由经验得到的数据之间的确定性关系，没有什么实质性意义。所以在恒等方程中，经验方程较多的结构式模型不是好的模型，应该尽可能地避免出现经验方程。

如果结构式模型中方程个数等于内生变量个数，则称结构式模型为完备的，或称其为完备模型。

习惯上用 Y 表示内生变量，X 表示先决变量，u 表示随机干扰项，β 表示内生变量的结构参数，γ 表示先决变量的结构参数。如果模型中有常数项，可以看为一个外生的虚变量 X_0，它的观测值始终取 1。那么，具有 g 个内生变量，k 个先决变量，g 个结构方程的模型被称为完备的结构式模型。在完备的结构式模型中，独立的结构方程的数目等于内生变量的数目，每个内生变量都分别由一个方程来描述。一个完备的结构式模型可以写成

$$BY + \Gamma X = N \tag{9-3}$$

或

$$(B \quad \Gamma)\begin{pmatrix} Y \\ X \end{pmatrix} = N \tag{9-4}$$

其中

$$Y = \begin{pmatrix} Y_1 \\ Y_2 \\ \vdots \\ Y_g \end{pmatrix}, X = \begin{pmatrix} X_1 \\ X_2 \\ \vdots \\ X_k \end{pmatrix}, N = \begin{pmatrix} N_1 \\ N_2 \\ \vdots \\ N_g \end{pmatrix}$$

用 n 表示样本容量，则

$$Y = \begin{pmatrix} Y_1 \\ Y_2 \\ \vdots \\ Y_g \end{pmatrix} = \begin{pmatrix} y_{11} & y_{12} & \cdots & y_{1n} \\ y_{21} & y_{21} & \cdots & y_{2n} \\ \vdots & \vdots & \vdots & \vdots \\ y_{g1} & y_{g2} & \cdots & y_{gn} \end{pmatrix}$$

$$X = \begin{pmatrix} X_1 \\ X_2 \\ \vdots \\ X_k \end{pmatrix} = \begin{pmatrix} x_{11} & x_{12} & \cdots & x_{1n} \\ x_{21} & x_{22} & \cdots & x_{2n} \\ \vdots & \vdots & \vdots & \vdots \\ x_{k1} & x_{k2} & \cdots & x_{kn} \end{pmatrix}$$

$$N = \begin{pmatrix} N_1 \\ N_2 \\ \vdots \\ N_g \end{pmatrix} = \begin{pmatrix} u_{11} & u_{12} & \cdots & u_{1n} \\ u_{21} & u_{22} & \cdots & u_{2n} \\ \vdots & \vdots & \vdots & \vdots \\ u_{g1} & u_{g2} & \cdots & u_{gn} \end{pmatrix}$$

参数矩阵为：

$$B = \begin{pmatrix} \beta_{11} & \beta_{12} & \cdots & \beta_{1g} \\ \beta_{21} & \beta_{22} & \cdots & \beta_{2g} \\ \vdots & \vdots & \vdots & \vdots \\ \beta_{g1} & \beta_{g2} & \cdots & \beta_{gg} \end{pmatrix}$$

$$\Gamma = \begin{pmatrix} \gamma_{11} & \gamma_{12} & \cdots & \gamma_{1k} \\ \gamma_{21} & \gamma_{22} & \cdots & \gamma_{2k} \\ \vdots & \vdots & \vdots & \vdots \\ \gamma_{g1} & \gamma_{g2} & \cdots & \gamma_{gk} \end{pmatrix}$$

$B\Gamma$ 为结构参数矩阵。

将简单凯恩斯宏观经济模型写成矩阵方程式的形式，其中各个矩阵为：

$$Y = \begin{pmatrix} C_t \\ I_t \\ Y_t \end{pmatrix} = \begin{pmatrix} C_1 & C_2 & \cdots & C_n \\ I_1 & I_2 & \cdots & I_n \\ Y_1 & Y_2 & \cdots & Y_n \end{pmatrix}$$

$$X = \begin{pmatrix} 1 \\ Y_{t-1} \\ G_t \end{pmatrix} = \begin{pmatrix} 1 & 1 & \cdots & 1 \\ Y_0 & Y_1 & \cdots & Y_{n-1} \\ G_1 & G_2 & \cdots & G_n \end{pmatrix}$$

$$N = \begin{pmatrix} N_1 \\ N_2 \\ 0 \end{pmatrix} = \begin{pmatrix} u_{11} & u_{12} & \cdots & u_{1n} \\ u_{21} & u_{22} & \cdots & u_{2n} \\ 0 & 0 & \cdots & 0 \end{pmatrix}$$

$$(B \quad \Gamma) = \begin{pmatrix} 1 & 0 & -\alpha_1 & -\alpha_0 & 0 & 0 \\ 0 & 1 & -\beta_1 & -\beta_0 & -\beta_2 & 0 \\ -1 & -1 & 1 & 0 & 0 & -1 \end{pmatrix}$$

综上所述,结构式模型具有如下特点:

(1) 模型直观地描述了经济变量之间的关系结构,模型的经济意义明确。如式(9-1)中,第一个方程是依据绝对收入假说建立的消费函数;第二个方程是投资函数,表示投资额的变化主要取决于本期和上期的国内生产总值;第三个方程是定义方程,反映了进出口平衡情况下收入(GDP)、消费和投资之间的统计定义关系,模型清晰地描述了各宏观经济变量之间的相互关系和现实结构。

(2) 模型只反映了各变量之间的直接影响,却无法直观地反映各变量之间的间接影响和总影响。例如,政府消费 G_t 的增加将会引起 Y_t 的变化,进而引起居民消费 C_t 的变化,但这种间接影响却无法通过结构方程直接反映出来。同样的,上期收入 Y_{t-1} 通过投资 I_t、收入 Y_t 等变量对居民消费 C_t 的间接影响也没有直观地反映出来。

(3) 无法直接运用结构式模型进行预测。联立方程模型预测就是根据(已知的) 前定变量的值,预测模型中(未知的) 内生变量。但是结构式方程中的解释变量中间,往往还包含着需要预测的内生变量,所以无法进行预测。

9.1.3 简化式模型

将联立方程计量经济学模型的每个内生变量表示成所有先决变量和随机扰动项的函数,即用所有先决变量作为每个内生变量的解释变量,所形成的模型称为简化式模型。显然,简化式模型并不反映经济系统中变量之间的直接关系,并不是经济系统的客观描述,因此也不是我们研究的对象。但是,由于简化式模型中作为解释变量的变量中没有内生变量,可以采用普通最小二乘法估计每个方程的参数,所以它在联立方程计量经济学模型研究中具有重要的作用。简化式模型中每个方程称为简化式方程(reduced-form equations),方程的参数称为简化式参数(reduced-form coefficients)。通常用 $\prod$ 表示简化式参数,于是简化式模型的矩阵形式为:

$$Y = \prod X + E \tag{9-5}$$

其中

$$\prod = \begin{pmatrix} \pi_{11} & \pi_{12} & \cdots & \pi_{1k} \\ \pi_{21} & \pi_{22} & \cdots & \pi_{2k} \\ \vdots & \vdots & \vdots & \vdots \\ \pi_{g1} & \pi_{g2} & \cdots & \pi_{gk} \end{pmatrix}$$

宏观经济模型式(9-1) 的简化式模型为:

$$\begin{cases} C_t = \pi_{10} + \pi_{11} Y_{t-1} + \pi_{12} G_t + u_{1t} \\ I_t = \pi_{20} + \pi_{21} Y_{t-1} + \pi_{22} G_t + u_{2t} \\ Y_t = \pi_{30} + \pi_{31} Y_{t-1} + \pi_{32} G_t + u_{3t} \end{cases} \tag{9-6}$$

其中，$t = 1, 2, \cdots, n$。

结构式模型与简化式模型的区别与联系：

(1) 结构式模型直观地描述了经济变量之间的关系结构，模型有十分明确的经济含义；简化式模型并不反映经济变量之间的这种直接关系，没有明确的经济含义。但它却反映了先决变量对内生变量的总影响情况，所以便于直接进行经济预测定量分析。但结构式模型却不便于进行经济预测、政策评价等定量分析。

(2) 结构式模型中的解释变量可能是先决变量，也可能是内生变量；简化式模型中的解释变量均为先决变量。

(3) 简化式模型可以用最小二乘法估计参数，但结构式模型不能直接用最小二乘法估计参数。

(4) 简化式模型可以通过变量的连续替换从结构式模型中导出。

针对结构式模型和简化式模型的不同特点，在实际应用中应根据不同的研究目的合理地选择模型，同时也需要了解两种模型之间的转换过程，一级结构式参数与简化式参数之间的关系。

9.2 联立方程模型的识别

联立方程计量经济学模型是由多个方程组成，对方程之间的关系有严格的要求，否则模型就可能无法估计。因此，在进行模型估计之前首先要判断它是否可以估计，这就是模型的识别(identification)。

9.2.1 识别的概念

我们首先看一个例子。模型式(9-7)有如下三个方程构成的简单宏观经济模型：

$$\begin{cases} C_t = \alpha_0 + \alpha_1 Y_t + u_{1t} \\ I_t = \beta_0 + \beta_1 Y_t + u_{2t} \\ Y_t = C_t + I_t \end{cases} \tag{9-7}$$

其中，$t = 1, 2, \cdots, n$。

上式中 C 为消费总额，包括居民消费和政府消费，在假定进出口平衡的情况下，国内生产总值为消费总额与投资总额之和。模型中消费总额与投资总额都用国内生产总值解释，在经济学上也是可以接受的。所以，如果该模型可以估计，不失为一个描述消费总额、投资总额和国内生产总值关系的总量宏观经济模型。

但是，分析发现，消费方程是包含 C、Y 和常数项的直接线性方程，而投资方程和国内生产总值方程的某种线性组合(消去 I)所构成的新方程也是包含 C、Y 和常数项的直接线性方程。现在,问题出现了,当我们收集了 C、Y 的样本观测值,并进行参数估计后,很难判断得到的是消费方程的参数估计量还是新组合方程的参数估计量。这时,我们只能认为原模型中的消费方程是不可估计的。这种情况被称为不可识别。

1. 识别的定义

关于识别的定义,有以下三种等价的表述形式:

(1) 如果联立方程模型中某个结构方程具有确定的统计形式,则称该方程是可识别的,否则,称该方程是不可识别的。

(2) 如果联立方程模型中某个结构方程无法用模型中的其他方程线性组合相同的统计形式,则称该方程是可识别的,否则为不可识别的。

(3) 如果联立方程模型中某个结构方程中的结构参数,可以从参数关系体系的方程组中求解得到,则称该方程为可识别的,否则为不可识别的。

所谓统计形式,即方程中的变量和变量之间的函数关系式。"确定的统计形式",即模型中其他方程或所有方程的任意线性组合所构成的新的方程,都不再具有这种统计形式。因此上述第(1)、第(2)种定义的等价性很容易理解。第(3)种定义实际上是引出"识别性"概念的最初定义,即在分析"结构参数是否可以通过简化式参数求得"而产生的问题。如果某个结构方程不具有确定的统计形式,则根据参数关系体系也不可能用简化式参数将结构参数确定下来。

模型式(9-7)中的消费方程已经被证明不具有确定的统计形式,因为其他两个方程的线性组合形成的新方程与它的统计形式完全相同。如果某个结构方程不具有确定的统计形式,那么根据参数关系体系,在已知简化式模型参数估计值时,就不能得到该结构方程的确定的结构参数估计值。

2. 模型的识别

上述识别的定义是针对结构方程而言的。模型中每个需要估计其参数的随机方程都存在识别问题。如果一个模型中的所有随机方程都是可以识别的,则认为该联立方程计量经济学模型系统是可以识别的。反过来,如果一个模型系统中存在一个不可识别的随机方程,则认为该联立方程计量经济学模型系统是不可以识别的。恒等方程由于不存在参数估计问题,所以也不存在识别问题。但是,必须注意,在判断随机方程的识别性问题时,应该将恒等方程考虑在内。例如,模型式(9-7)中正是恒等方程与投资方程的线性组合,构成了与消费方程具有相同统计形式的新方程,使得消费方程不可识别。

3. 恰好识别与过度识别

可识别的结构方程又分为两种情况:如果根据参数关系体系只能求得结构参数的唯一解,则称该结构方程是恰好识别;如果求解不唯一,则称其为过度识别。

现以农产品的供需模型为例,分析模型识别状态的变化过程。

模型 1

需求函数:$Q = a_0 + a_1 P + a_2 Y + u_1$

供给函数:$Q = b_0 + b_1 P + u_2$

在需求函数中加入一个外生变量 —— 消费者收入 Y,则简化式模型为:

$$\begin{cases} P = \pi_{10} + \pi_{11}Y + v_1 \\ Q = \pi_{20} + \pi_{21}Y + v_2 \end{cases} \tag{9-8}$$

参数关系体系为：

$$\pi_{10} = \frac{b_0 - a_0}{a_1 - b_1} \qquad \pi_{11} = \frac{-a_2}{a_1 - b_1}$$

$$\pi_{20} = \frac{a_1 b_0 - a_0 b_1}{a_1 - b_1} \qquad \pi_{22} = \frac{-a_2 b_1}{a_1 - b_1}$$

待求的结构参数有5个，而参数关系体系中只有4个方程，无法由简化式参数解出所有的结构参数，所以模型整体上是不可识别的，但其中的供给函数却是可识别的，因为：

$$\frac{\pi_{22}}{\pi_{11}} = \frac{-a_2 b_1/(a_1 - b_1)}{-a_2/(a_1 - b_1)} = b_1$$

$$\pi_{20} - b_1\pi_{10} = \frac{a_1 b_0 - b_0 b_1}{a_1 - b_1} = b_0$$

所以供给函数中的结构参数 b_0、b_1 可以用简化式参数唯一确定，是恰好识别的方程。

根据方程的统计形式也可以判断模型的识别性。将需求函数和供给函数分别乘以常数 λ、$1-\lambda$ 后相加，两个方程的线性组合为：

$$Q = c_0 + c_1 P + c_2 Y + \omega \tag{9-9}$$

其中，

$$c_0 = \lambda a_0 + (1-\lambda)b_0$$

$$c_1 = \lambda a_1 + (1-\lambda)b_1$$

$$c_2 = \lambda a_2$$

$$\omega = \lambda u_1 + (1-\lambda)u_2$$

线性组合后的方程与需求函数有相同的统计形式(变量相同，且均为线性函数)，所以需求函数是不可识别的。但它与供给函数的统计形式不同，即供给函数的统计形式可以唯一确定，所以是可识别的，并且是恰好识别的(只有唯一一组解)。

在需求函数中增加一个变量之后，供给函数由不可识别变成可识别的，这给我们一个启示：一个方程能否识别取决于模型中其他方程所含变量的个数。所以，在供给函数中也加入一个外生变量 —— 天气条件指数 R，则需求函数应该也变成可识别的。

模型2

需求函数：$Q = a_0 + a_1 P + a_2 Y + u_1$

供给函数：$Q = b_0 + b_1 P + b_2 R + u_2$

其简化式模型为：

$$\begin{cases} P = \pi_{10} + \pi_{11}Y + \pi_{12}R + v_1 \\ Q = \pi_{20} + \pi_{21}Y + \pi_{22}R + v_2 \end{cases} \tag{9-10}$$

待求解的结构参数有 6 个，系数关系体系中的方程恰好也是 6 个，所以结构参数可以通过简化式参数唯一确定，需求函数变成恰好识别的，整个模型也是恰好识别的。

同理，两个方程的线性组合方程为：

$$Q = c_0 + c_1 P + c_2 Y + c_2 R + \omega \tag{9-11}$$

它在统计形式上既不同于需求函数，又不同于供给函数，从而说明需求函数和供给函数都是可识别的。

模型 3

需求函数：$Q = a_0 + a_1 P + a_2 Y + a_3 P_0 + u_1$

供给函数：$Q = b_0 + b_1 P + b_2 R + u_2$

此时在需求函数中又加入一个外生变量：替代品价格 P_0。则模型的简化式为：

$$\begin{cases} P = \pi_{10} + \pi_{11} Y + \pi_{12} R + \pi_{13} P_0 + v_1 \\ Q = \pi_{20} + \pi_{21} Y + \pi_{22} R + \pi_{23} P_0 + v_2 \end{cases} \tag{9-12}$$

模型中有 8 个简化式参数，而待确定的结构参数有 7 个。所以结构参数可以由简化式参数解出，但解不唯一。由系数关系体系可以推出，供给函数的结构参数可以得到两组解，所以，供给函数是过度识别的。

需要特别指出的是，在求解线性代数方程组时，如果方程数目大于未知数数目，被认为无解；如果方程数目小于未知数数目，被认为有无穷多解。但是在这里，无穷多解意味着没有确定值，所以，如果参数关系体系中有效方程数目小于未知结构参数估计量数目，就认为不可识别。如果参数关系体系中有效方程数目大于未知结构参数估计量数目，那么每次从中选择与未知结构参数估计量数目相等的方程数，可以解得一组结构参数估计值；换一组方程，又可以解得一组结构参数估计值，这样就可以得到多组结构参数估计值，被认为可以识别，但不是恰好识别，而是过度识别。

9.2.2 结构式的识别条件

以上是从识别的定义出发来判断结构方程的识别性，但是当模型包含较多的变量和方程时，这样判断就比较麻烦。从识别的概念出发，完全可以对联立方程计量经济学模型的识别状态进行判断，实际中也是这样做的。但从理论的角度出发，人们总希望有一些规范的判断方法。这里首先介绍一种直接从待判断的结构方程出发的方法，称为结构式条件。

联立方程计量经济学模型的结构式(9-3)为

$$BY + \Gamma X = N$$

式中的第 i 个方程中包含 g_i 个内生变量(含被解释变量)和 k_i 个先决变量(含常数项)，模型系统中内生变量和先决变量的数目仍用 g 和 k 表示，矩阵 $B_0\Gamma_0$ 表示第 i 个方程中未包含的变量(包括内生变量和先决变量)在其他 $g-1$ 个方程中对应系数所组成的矩阵。于是，判断第 i 个结构方程识别状态的结构式条件为：

如果 $R(B_0\Gamma_0) < g-1$，则第 i 个结构方程不可识别；

如果 $R(B_0\Gamma_0) = g-1$，则第 i 个结构方程可以识别，并且如果 $k-k_i = g_i-1$，则第 i 个

结构方程恰好识别；

如果 $k-k_i > g_i-1$，则第 i 个结构方程过度识别。

其中符号 R 表示矩阵的秩。一般将该条件的前一部分称为秩条件(rank condition)，用以判断结构方程是否识别；后一部分称为阶条件(order condition)，用以判断结构方程恰好识别或者过度识别。

下面我们用模型式(9－13)解释结构式条件的应用。模型为：

$$\begin{cases} C_t = \alpha_0 + \alpha_1 Y_t + \alpha_2 C_{t-1} + \alpha_3 P_{t-1} + u_{1t} \\ I_t = \beta_0 + \beta_1 Y_t + \beta_2 Y_{t-1} + u_{2t} \\ Y_t = C_t + I_t \end{cases} \tag{9-13}$$

其中，$t=1,2,\cdots,n$。

结构参数矩阵为：

$$B\Gamma = \begin{pmatrix} 1 & 0 & -\alpha_1 & -\alpha_0 & 0 & -\alpha_2 & -\alpha_3 \\ 0 & 1 & -\beta_1 & -\beta_0 & -\beta_2 & 0 & 0 \\ -1 & -1 & 1 & 0 & 0 & 0 & 0 \end{pmatrix}$$

首先判断第一个结构方程的识别状态。对于第一个方程，有

$$B_0\Gamma_0 = \begin{pmatrix} 1 & -\beta_2 \\ -1 & 0 \end{pmatrix}$$

$$R(B_0\Gamma_0) = 2 = g-1$$

所以，该方程可以识别。我们看到，矩阵 $B_0\Gamma_0$ 实际上就是矩阵 $B\Gamma$ 除去第一个结构方程参数所在的行(第一行)和第一行中非 0 元素(对应于第一个结构方程包含的元素)所在的列之后剩下的元素按照原次序排列而得到的。先写出矩阵 $B\Gamma$，然后再从中得到与所判断的方程对应的矩阵 $B_0\Gamma_0$，既简单，又不容易出错。又因为有

$$k-k_1 = 1 = g_1-1$$

所以，第一个结构方程为恰好识别的结构方程。与我们上面的判断结论是一致的。

再看第二个结构方程，有

$$B_0\Gamma_0 = \begin{pmatrix} 1 & -\alpha_2 & -\alpha_3 \\ -1 & 0 & 0 \end{pmatrix}$$

$$R(B_0\Gamma_0) = 2 = g-1$$

所以，该方程可以识别。并且

$$k-k_2 = 2 > g_2-1$$

所以，第二个结构方程为过度识别的结构方程，与我们上面的判断结论也是一致的。

第三个方程是平衡方程，不存在识别问题。

综合以上结果，该联立方程计量经济学模型是可以识别的。

9.2.3　简化式识别条件

如果已经知道联立方程计量经济学模型的简化式模型参数，那么可以通过对简化式模

型的研究达到判断结构式模型是否被识别的目的。对于简化式模型式(9-5)

$$Y = \prod X + E$$

简化式识别条件为：

如果 $R(\prod_2) < g_i - 1$，则第 i 个结构方程不可识别；

如果 $R(\prod_2) = g_i - 1$，则第 i 个结构方程可以识别，并且如果 $k - k_i = g_i - 1$，则第 i 个结构方程恰好识别；

如果 $k - k_i > g_i - 1$，则第 i 个结构方程过度识别。

其中，$\prod_2$ 是简化式参数矩阵 $\prod$ 中划去第 i 个结构方程不包含的内生变量所对应的行和第 i 个结构方程中包含的先决变量所对应的列之后，剩下的参数按原次序组成的矩阵。至于为什么用 $\prod_2$ 而不用其他符号，是与它在矩阵 $\prod$ 中的分块位置有关。其他符号、变量的含义与结构式识别条件相同。一般也将该条件的前一部分称为秩条件，用以判断结构方程是否识别；后一部分称为阶条件，用以判断结构方程恰好识别或者过度识别。

下面我们看模型式(9-14)

有一联立方程计量经济学模型，其结构式模型如下：

$$\begin{cases} y_{1i} = \alpha_1 y_{2i} + \alpha_2 x_{1i} + \alpha_3 x_{2i} + u_{1i} \\ y_{2i} = \beta_1 y_{3i} + \beta_2 x_{3i} + u_{2i} \\ y_{3i} = \gamma_1 y_{1i} + \gamma_2 y_{2i} + \gamma_3 y_{3i} + u_{3i} \end{cases} \tag{9-14}$$

其中，$t = 1,2,\cdots,n$。

$K = 3, g = 3$，已知其简化式模型参数矩阵为：

$$\prod = \begin{pmatrix} 4 & -2 & 3 \\ 2 & -1 & 1 \\ 2 & -1 & 0 \end{pmatrix}$$

现在利用简化式条件判断结构式模型的识别状态。

对于第一个结构式方程

$$k_1 = 2, \quad g_1 = 2$$

$$\prod_2 = \begin{pmatrix} 3 \\ 1 \end{pmatrix}$$

因为

$$R(\prod_2) = 1 = g_1 - 1$$

所以该方程是可以识别的。又因为

$$k - k_1 = 1 = g_1 - 1$$

所以该方程是恰好识别的。

对于第二个结构式方程

$$k_2 = 1, \quad g_2 = 2$$

$$\prod_2 = \begin{pmatrix} 2 & -1 \\ 2 & -1 \end{pmatrix}$$

因为

$$R(\prod_2) = 1 = g_2 - 1$$

所以该方程是可以识别的。又因为

$$k - k_2 = 2 > g_2 - 1$$

所以该方程是过度识别的。

对于第三个结构式方程

$$k_3 = 1, \quad g_3 = 3$$

$$\prod_2 = \begin{pmatrix} 4 & -2 \\ 2 & -1 \\ 2 & -1 \end{pmatrix}$$

因为

$$R(\prod_2) = 1 < g_3 - 1$$

所以该方程是不可以识别的。

综合上述结果，该联立方程计量经济学模型系统不可识别。

9.2.4　实际应用中的经验方法

当一个联立方程计量经济学模型系统中的方程数目比较多时，无论是从识别的概念出发，还是利用规范的结构式或联立方程计量经济学模型简化式识别条件，对模型进行识别，困难都是很大的，或者说是不可能的。因为一般实际联立方程计量经济学模型包含几百个、上千个方程是正常的。这就是理论与实际的脱节，理论上很严格的方法在实际中往往是无法应用的，在实际中应用的往往是一些经验方法。

关于联立方程计量经济学模型的识别问题，我们并不是等到理论模型建立之后，再像上面所介绍的那样进行识别，而是在建立模型的过程中设法保证模型的可识别性。那么，在建立模型时就要遵循如下原则：

在建立某个结构方程时，要使该方程包含前面每一个方程都不包含的至少 1 个变量（内生或先决变量）；同时使前面每一个方程中都包含至少 1 个该方程未包含的变量，并且互不相同。

该原则的前一句话是保证该方程的引入不破坏前面已有方程的可识别性。只要新引入方程包含前面每一个方程中都不包含的至少 1 个变量，那么它与前面方程的任意线性组合都不能构成与前面方程相同的统计形式，原来可以识别的方程仍然是可以识别的。

该原则的后一句话是保证该新引入方程本身是可以识别的。只要前面每个方程都包含至少 1 个该方程所未包含的变量，并且互不相同，那么所有方程的任意线性组合都不能构成与该方程相同的统计形式。

9.3 联立方程模型的估计

对于可识别的联立方程模型，下一步就是设法估计模型中的参数。联立方程模型的估计方法分为两大类，即单方程估计方法与系统估计方法。

单方程估计方法即对模型中的结构方程逐个进行估计，估计过程中主要考虑每一个方程所包含的信息，而不涉及模型系统中各方程之间的相互关系，所以也称为有限信息估计法。常用的单方程估计方法有：普通最小二乘法(ordinary least square，OLS)、间接最小二乘法(indirect least square，ILS)、工具变量法(instrumental variables，IV)、二段最小二乘法(two-stage least squares，2SLS)、有限信息极大似然法(limited-information maximum likelihood，LIML)、有限信息最小方差比法(limited-information least variable ration，LILVR) 等等。

系统估计法是对整个模型中的所有结构方程同时进行估计，同时得到模型中所有结构参数的估计量。由于估计过程中要考虑模型的整体结构，以及施加在每个方程上的约束，利用了模型系统的全部信息，所以又称为完全信息法。常用的系统估计方法有：三段最小二乘法(three-stage least squares，3SLS)、完全信息极大似然法(full-information maximum likelihood，FIML) 等。

下面主要介绍几种简单常用的联立方程模型的单方程估计方法。

9.3.1 狭义的工具变量法(IV)

工具变量方法是一类估计方法的统称，可以有各种不同的选择工具变量的方法。在这里仅指一种特定的工具变量而言，故称为“狭义的工具变量法”。

1. 工具变量的选取

对于联立方程计量经济学模型

$$BY + \Gamma X = N \tag{9-15}$$

的每一个结构方程，如第 1 个方程，可以写成如下形式：

$$Y_1 = \beta_{12}Y_2 + \beta_{13}Y_3 + \cdots + \beta_{1g_1}Y_{g1} + \gamma_{11}X_1 + \gamma_{12}X_2 + \cdots + \gamma_{1k_1}X_{k1} + N_1 \tag{9-16}$$

该方程包含 $g_1 - 1$ 个内生解释变量和 k_1 个先决解释变量。写成矩阵形式为：

$$Y_1 = (Y_0 \quad X_0)\begin{pmatrix} B_0 \\ \Gamma_0 \end{pmatrix} + N_1 \tag{9-17}$$

其中

$$Y_0=(Y_2\quad Y_3\quad\cdots\quad Y_{g_1})=\begin{pmatrix}y_{21}&y_{31}&\cdots&y_{g_11}\\y_{22}&y_{32}&\cdots&y_{g_12}\\\vdots&\vdots&\vdots&\vdots\\y_{2n}&y_{3n}&\cdots&y_{g_1n}\end{pmatrix}$$

$$X_0=(X_1\quad X_2\quad\cdots\quad X_{k1})=\begin{pmatrix}x_{11}&x_{21}&\cdots&x_{k_11}\\x_{12}&x_{22}&\cdots&x_{k_12}\\\vdots&\vdots&\vdots&\vdots\\x_{1n}&x_{2n}&\cdots&x_{k_1n}\end{pmatrix}$$

$$B_0=\begin{pmatrix}\beta_{12}\\\beta_{13}\\\vdots\\\beta_{1g_1}\end{pmatrix},\quad \Gamma_0=\begin{pmatrix}\gamma_{11}\\\gamma_{12}\\\vdots\\\gamma_{1k_1}\end{pmatrix},\quad Y_1=\begin{pmatrix}y_{11}\\y_{12}\\\vdots\\y_{1n}\end{pmatrix},\quad N_1=\begin{pmatrix}u_{11}\\u_{12}\\\vdots\\u_{1n}\end{pmatrix}$$

n 为样本容量，请读者注意这里的 B_0，Γ_0 的含义已不同于结构式识别条件中的($B_0\Gamma_0$)。

欲估计结构方程式(9－17)，必须克服随机解释变量问题，有效的方法是工具变量法。这里，我们自然就想到，方程中没有包含的($k-k_1$) 个先决变量基本满足工具变量的条件，可以选择它们作为方程中包含的(g_1-1) 个内生解释变量的工具变量。如此选择工具变量的方法被称为狭义的工具变量法。

如果结构方程式(9－17) 是恰好识别的，即满足($k-k_1$) ＝ (g_1-1)，那么，工具变量的选择就很简单。

如果结构方程式(9－17) 是过度识别的，即满足($k-k_1$) ＞ (g_1-1)，那么，工具变量的选择就比较麻烦。而且参数估计结果有一定的任意性，因为每从($k-k_1$) 个没有包含在方程之中的先决变量中选出(g_1-1) 个变量作为工具变量，就得到一组参数估计值。共计有 $C_{k-k_1}^{g_1-1}$ 种不同的参数估计值。所以，我们一致认为，这种工具变量法只适用于恰好识别的结构方程的估计。

2. IV 参数估计及其统计特性

选择 X_0^* 作 Y_0 的工具变量，得到的参数估计量为：

$$\begin{pmatrix}\hat{B}_0\\\hat{\Gamma}_0\end{pmatrix}_{IV}=((X_0^*X_0)'(Y_0X_0))^{-1}(X_0^*X_0)'Y_1 \tag{9-18}$$

其中

$$X_0^*=\begin{pmatrix}X_{k_1+1},1&X_{k_1+2},1&\cdots&X_k,1\\X_{k_1+1},2&X_{k_1+2},2&\cdots&X_k,2\\X_{k_1+1},n&X_{k_1+2},n&\cdots&X_k,n\end{pmatrix}$$

工具变量法参数估计量，一般情况下，在小样本下是有偏的，但在大样本下是渐近无偏的。如果选取的工具变量与方程随机误差项不相关，那么其参数估计量是无偏性估计量。

3. 参数估计量与工具变量的次序无关

对于恰好识别的结构方程，选择该方程中没有包含的 $k-k_1$ 个先决变量作为方程中包含的 g_1-1 个内生解释变量的工具变量，虽然只有一组选择，但是在这一组中具体哪个先决变量作为哪个内生变量的工具变量，仍然具有任意性。然而这种任意性对参数估计量没有影响。

从上面知道，工具变量法参数估计量是一个关于该参数估计量的正规方程组的解。由该正规方程组的形成过程可以看出，如果工具变量的次序不同，也就是工具变量被使用的先后不同，那么正规方程组中的方程的次序将不相同。但是由代数知识可知，在一个线性方程组中，方程的次序不影响方程组的解。所以，只要选择的工具变量组中的变量是相同的，只能得到一种参数估计量，而与变量的次序无关。

9.3.2 间接最小二乘法(ILS)

联立方程计量经济学模型的结构方程中包含有内生解释变量，不能直接采用普通最小二乘法估计其参数。但是对于简化式方程，正如在关于简化式模型概念介绍中提到的，可以采用普通最小二乘法直接估计其参数，于是就提出了间接最小二乘法：先对关于内生解释变量的简化式方程采用普遍最小乘法简化式参数，得到简化式参数估计量，然后通过参数关系体系，计算得到结构式参数的估计量。

间接最小二乘法只适用于恰好识别的结构方程的参数估计，因为只有恰好识别的结构方程，才能从参数关系体系中得到唯一一组结构参数的估计量。

为了更清楚地看出这种模型的性质，我们只考虑含有三个方程的方程组：

$$\begin{cases} Y_1=\beta_{10}+\gamma_{11}X_1+\gamma_{12}X_2+u_1 \\ Y_2=\beta_{20}+\beta_{21}Y_1+\gamma_{21}X_1+\gamma_{22}X_2+u_2 \\ Y_3=\beta_{30}+\beta_{31}Y_1+\beta_{32}Y_2+\gamma_{31}X_1+\gamma_{32}X_2+u_3 \end{cases} \tag{9-19}$$

其中各个 Y、X 分别为内生变量和外生变量。

现考虑式(9－19)中的第一方程。因为它的右边仅含有外生变量，又因为按假定外生变量与扰动项 μ_1 不相关，所以此方程满足经典OLS法中的解释变量与干扰项不相关的基本假定，因而OLS可直接应用于此方程的估计。再考虑式(9－19)中的第二个方程。它不但含有非随机的各个 X，还含有内生变量 Y_1 作为解释变量。那么，如果 Y_1 和 Y_2 是不相关的，OLS就可应用于此方程。但是不是这种情形呢？由于影响 Y_1 和 μ_1 按假定是和 μ_2 不相关的，所以答案是肯定的。因此，为了研究实际问题的需要，在考虑 Y_2 时就可把 Y_1 看作前定的，从而可以用OLS估计第二个方程。把这种推理再推进一步，由于 Y_1 和 Y_2 都与 μ_3 不相关，我们又可对式(9－19)中的第三个方程应用OLS。

于是，在递归系统中，OLS可分别地应用于每一个方程。其实在这种情况下，我们并没有联立方程的问题。从这种系统的结构看，显然不存在内生变量之间的相互依赖性。比方说，Y_1 影响 Y_2，但 Y_2 不影响 Y_1。类似地，Y_1 和 Y_2 影响 Y_3，而反过来并不受 Y_3 的影响。换言之，就是前一个方程的内生变量对后一个方程而言是前定变量，而后一个方程的内生变量对前一个方程没有影响，每个方程都展现一种单向的因果关系。

下面介绍间接最小二乘法，它就是对一个恰好能够识别的结构式方程，从结构式方程中导出的相应简化式方程来利用 OLS 法估计出简化型参数的估计值，间接地求出结构式系数的方法，称为间接最小二乘法(indirect least square，简称 ILS)。

具体步骤如下：

(1) 识别。看联立方程模型是否可以识别，若恰好识别，则转下一步。

(2) 先求出简化型方程组，导出参数关系式体系，使得在每一个方程中被解释变量为唯一的内生变量，并且仅仅是外生变量和随机变量的函数。

(3) 利用样本观测值数据对每一个简化式方程进行 OLS 估计。

(4) 将简化型参数估计值代入参数关系式，求出原始结构式系数的估计值。

下面我们看式(9-20)某种商品市场供求模型：

$$\begin{aligned} &\text{供给方程} \quad Q_s = b_{10}P + 0X_1 + b_{12}X_2 + b_{13}X_3 + u_1 \\ &\text{需求方程} \quad Q_d = b_{20}P + b_{21}X_1 + b_{22}X_2 + 0X_3 + u_2 \\ &\text{均衡方程} \quad Q_s = Q_d = Q \end{aligned} \tag{9-20}$$

其中，Q 为商品供需平衡量；P 为市场价格；X_1 为可支配收入；X_2 为单位成本；X_3 为市场占有份额。

P 为内生变量，其他为外生变量。$g=2, k=3$

1. 识别

结构式系数矩阵

$$\begin{array}{c} \\ (B,\Gamma) = \end{array} \begin{array}{c} \begin{matrix} Q & P & X_1 & X_2 & X_3 \end{matrix} \\ \begin{pmatrix} 1 & -b_{10} & 0 & -b_{12} & -b_{13} \\ 1 & -b_{20} & -b_{21} & -b_{22} & 0 \end{pmatrix} \end{array}$$

(1) 识别供应方程：$g_1=2, k_1=2$

① 阶条件：

$$k-k_1=3-2=g_1-1=2-1$$

② 秩条件：

$$r(B_0,\Gamma_0)=r(-b_{21})=1$$

$$g_1-1=2-1=1$$

$$r(B_0,\Gamma_0)=g-1=1$$

③ 因为阶条件取等号，恰好识别。

(2) 识别需求方程：$g_2=2, k_2=2$

① 阶条件：

$$k-k_2=3-2=1$$

$$g_2-1=2-1=1$$

$$k-k_2=g_2-1$$

② 秩条件：

$$r(B_0,\Gamma_0)=r(-b_{13})=1$$

$$g-1=2-1=1$$

$$r(B_0,\Gamma_0)=g-1=1$$

③ 因为阶条件取等号，方程恰好识别。

2. 简化型方程

$$\begin{cases}Q=\pi_{11}X_1+\pi_{12}X_2+\pi_{13}X_3\\ P=\pi_{21}X_1+\pi_{22}X_2+\pi_{23}X_3\end{cases}\tag{9-21}$$

参数关系式

$$B\prod=-\Gamma$$

3. 应用 OLS 法估计简化型方程的参数

在样本观测值的支持下，利用 OLS 法对每个简化式方程分别估计其参数，得到 π_{ij} 的估计值 $\hat{\pi}_{ij}$，$i=1,2;j=1,2,3$。

相应的参数关系式为：

$$\begin{bmatrix}1 & -b_{10}\\ 1 & -b_{20}\end{bmatrix}\begin{bmatrix}\hat{\pi}_{11} & \hat{\pi}_{12} & \hat{\pi}_{13}\\ \hat{\pi}_{21} & \hat{\pi}_{22} & \hat{\pi}_{23}\end{bmatrix}=-\Gamma=\begin{bmatrix}0 & b_{12} & b_{13}\\ b_{21} & b_{22} & 0\end{bmatrix}$$

4. 求结构式参数

对于供应方程

$$\hat{\pi}_{11}-b_{10}\hat{\pi}_{21}=0,\quad 得\ \hat{b}_{10}=\hat{\pi}_{11}/\hat{\pi}_{21}$$

$$\hat{\pi}_{12}-b_{10}\hat{\pi}_{22}=b_{12},\quad 得\ \hat{b}_{12}=\frac{\hat{\pi}_{12}\hat{\pi}_{21}-\hat{\pi}_{11}\hat{\pi}_{22}}{\hat{\pi}_{21}}$$

$$\hat{\pi}_{13}-b_{10}\hat{\pi}_{23}=b_{13},\quad 得\ \hat{b}_{13}=\frac{\hat{\pi}_{13}\hat{\pi}_{21}-\hat{\pi}_{11}\hat{\pi}_{23}}{\hat{\pi}_{21}}$$

对于需求方程，则

$$\hat{\pi}_{11}-b_{20}\hat{\pi}_{21}=b_{21}\quad \hat{\pi}_{12}-b_{20}\hat{\pi}_{22}=b_{22}\quad \hat{\pi}_{13}-b_{20}\hat{\pi}_{23}=0$$

据此可以求出 b_{20} 的估计量，从而可以得出 b_{21}、b_{22} 的估计量。即

$$\hat{b}_{20}=\hat{\pi}_{13}/\hat{\pi}_{23}$$

$$\hat{b}_{21}=\hat{\pi}_{11}-\hat{b}_{20}\hat{\pi}_{21}=\frac{\hat{\pi}_{11}\hat{\pi}_{23}-\hat{\pi}_{13}\hat{\pi}_{21}}{\hat{\pi}_{23}}$$

$$\hat{b}_{22} = \hat{\pi}_{12} - b_{20}\ \hat{\pi}_{22} = \frac{\hat{\pi}_{12}\ \hat{\pi}_{23} - \hat{\pi}_{13}\ \hat{\pi}_{22}}{\hat{\pi}_{23}}$$

由此可得全部结构式方程的参数估计。

对于联立方程模型的一般形式，假设它的第 i 个结构式方程为：

$$Y_i = \beta_{i1}Y_1 + \beta_{i2}Y_2 + \cdots + \beta_{i(i-1)}Y_{i-1} + \beta_{i(i+1)}Y_{i+1} + \cdots + \beta_{ig_1}Y_{g_1}$$

$$+ \gamma_{i1}X_1 + \gamma_{i2}X_2 + \cdots + \gamma_{ik_i}X_{k_1} + u_i$$

其中 g_i, k_i 分别为该结构式方程所含的内生变量和前定变量个数，于是 $Y_1, Y_2, \cdots, Y_{g_i}$ 相应的简化式方程为：

$$Y_{gi} = \prod_{gi\times k} X_{k\times 1} + V$$

如果将结构式方程记为：

$$\beta_0 Y_0 + \Gamma_0 X_0 = U$$

简化式方程可记为：

$$Y_0 = \prod X + V \tag{9-22}$$

其中

$$Y_0 = [Y_i, Y_1, Y_2, \cdots, Y_{i-1}, Y_{i+1}, \cdots, Y_{g_i}]^T,\quad X = [X_1, X_2, \cdots, X_{k_i}]^T$$

$$B_0 = [1, -\beta_{i1}, -\beta_{i2}, \cdots, -\beta_{i(i-1)}, -\beta_{i(i+1)}, \cdots, -\beta_{ig_i}]$$

$$\Gamma_0 = [-\gamma_{i1}, -\gamma_{i2}, \cdots, -\gamma_{ik_i}]$$

参数关系式为：

$$B_0 \prod_1 = -\Gamma_0 \tag{9-23}$$

$$B_0 \prod_2 = 0 \tag{9-24}$$

其中

$$\prod_1 = \begin{bmatrix} \pi_{11} & \pi_{12} & \cdots \pi_{1k_i} \\ \pi_{21} & \pi_{22} & \cdots \pi_{2k_i} \\ \vdots & \vdots & \vdots \\ \pi_{g_i1} & \pi_{g_i2} & \cdots \pi_{g_ik_i} \end{bmatrix},\quad \prod_2 = \begin{bmatrix} \pi_{1k_i+1} & \pi_{1k_i+2} & \cdots \pi_{1k} \\ \pi_{2k_i+1} & \pi_{2k_i+2} & \cdots \pi_{2k} \\ \vdots & \vdots & \vdots \\ \pi_{g_ik_i+1} & \pi_{g_ik_i+2} & \cdots \pi_{g_ik} \end{bmatrix}$$

对式(9-22)采用OLS法估计得到 $\hat{\prod}$，后由式(9-24)可得到 $\hat{B}_0$，再由式(9-23)得到 $\hat{\Gamma}_0$。

在上述估计过程中，不是直接对结构式方程采用 OLS 法，而是对简化式方程采用 OLS

法，然后计算得到结构式参数估计值。

9.3.3 两阶段最小二乘法

前面介绍了 IV 与 ILS 法，它们都只适合于恰好识别的结构式方程的参数估计问题。而实际中的联立方程计量经济学模型，由于模型规模一般较大，所含的前定变量与内生变量都较多，但在每一个方程中所含的变量数却很少，因此经常出现 $k-k_i>g_i-1$ 的情形。这时就需要利用两阶段最小二乘法（two-stage least squares，2SLS）进行估计。两阶段最小二乘法简记为 2SLS。2SLS 方法最早是由 H. 西尔（H. Theil）和 R. L. 巴斯曼（R. L. Basmann）于 1953 年和 1957 年各自独立提出的，在理论上可以认为是间接最小二乘法（ILS）和工具变量法（IV）的推广。它是估计过度识别模型的单方程估计方法中最重要的一种方法，在恰好识别情况下，2SLS 的参数估计结果与 ILS 和 IV 法相同。

2SLS 方法提出的目的在于尽可能地消除联立方程模型中由于解释变量中存在的内生变量所造成的偏差。其第一阶段，对模型的简化式方程应用 OLS 法，以得到内生变量的估计量；第二阶段，把出现的结构式方程右端的内生变量用在第一阶段得到的估计量来代替，使之由随机变量变成确定量，再对结构式方程应用 OLS 法，以得到结构式参数的估计值。

设被估计方程形如：

$$Y_1=\beta_{12}Y_2+\beta_{13}Y_3+\cdots+\beta_{1g_1}Y_{g_1}+\gamma_{11}X_1+\gamma_{12}X_2+\cdots+\gamma_{1k_1}X_{k_1}+u_1 \quad (9-25)$$

方程中作为解释变量的内生变量共有 g_i-1 个，随机项 μ 满足基本假定。

$Y_2,Y_3,\cdots,Y_{g_1}$ 相应的简化式方程组

$$Y_i=\pi_{i1}X_1+\pi_{i2}X_2+\cdots+\pi_{ik}X_k+V_i,\qquad i=2,3,\cdots,g_1 \quad (9-26)$$

在应用二阶段最小二乘法的整个过程中，并没有涉及结构方程中内生解释变量和先决解释变量的数目，所以二阶段最小二乘法的应用与方程的识别状态无关，既适用于恰好识别的结构方程，又适用于过度识别的结构方程。

9.4 联立方程模型的检验

与单方程计量经济学模型一样，联立方程计量经济学模型在完成估计之后，也要进行检验，包括单方程检验和方程系统的检验。

凡是在单方程计量经济学模型中必须进行的各项检验，对于联立方程计量经济学模型中的结构方程，以及应用 2SLS 和 3SLS 方法过程中的简化式方程，都是适用的和需要的，在此不再重复。下面着重介绍模型系统的检验。

1. 拟合效果检验

对于联立方程计量经济学模型

$$BY+\Gamma X=N \quad (9-27)$$

当结构参数估计量已经得到，并通过了对单个方程的检验之后，有

$$\hat{B}\hat{Y}+\hat{\Gamma}\hat{X}=0 \quad (9-28)$$

将样本期的先决变量观测值代入式(9-28)，求解该方程组，即可得到内生变量的估计值 $\hat{Y}$。将估计值与实际观测值进行比较，据此判断模型系统的拟合效果。

如何求解方程组式(9-28)，模型系统虽然是线性系统，但并不排除式(9-28)中存在非线性方程。这些方程所表现的变量之间的直接关系是非线性关系，但经过某种变换后以线性形式出现在模型中，例如用 Cobb-Dauglass 生产函数表示的生产方程。所以，对给定 X 的值，求解内生变量的估计值 $\hat{Y}$ 的常用方法是迭代法。

常用的判断模型系统拟合效果的检验统计量是"均方百分比误差"，用 RMS 表示。其计算方法为：

$$\mathrm{RMS}_i = \sqrt{\sum_{k=1}^{n} \frac{e_{it}^2}{n}}$$

$$e_{it} = \frac{y_{it} - \hat{y}_{it}}{y_{it}}$$

其中，RMS_i 为第 i 个内生变量的"均方百分比误差"；n 为样本容量。一般认为，在各种检验统计量中，RMS 具有更普遍的意义，对检验模型系统的总体拟合优度更为有效。

显然，当 $\mathrm{RMS}_i = 0$，表示第 i 个内生变量估计值与观测值完全拟合。一般地，在 g 个内生变量中，RMS $<$ 5% 的变量数目占 70% 以上，并且每个变量的 RMS 不大于 10%，则认为模型系统总体拟合效果较好。

2. 预测性能检验

建立联立方程计量经济学模型，一般要花费较长的时间，当模型建成后，样本期之后的时间截面上的内生变量实际观测值已经知道，这就有条件对模型系统进行预测检验。将该时间截面上的先决变量实际观测值代入模型，计算所有内生变量预测值，并计算其相对误差

$$\mathrm{RE} = \frac{y_{i0} - \hat{y}_{i0}}{y_{i0}}, \qquad i = 1, 2, \cdots, g$$

其中 y_{i0}，$\hat{y}_{i0}$ 分别为第 i 个内生变量的观测值与预测值；g 为模型中内生变量数目。

同样，也没有绝对的标准。一般认为，如果 RE $<$ 5% 的变量数目占 70% 以上，并且每个变量的相对误差不大于 10%，则认为模型系统总体预测性能较好。

有人会因此提出责难，认为这个标准太低了。例如，用模型来预测粮食产量，一般讲年实际增长率不会超过 5%，而模型的预测误差允许达到 5%，这样的预测还有什么意义呢?对于这类情况，应该在建立模型时加以考虑，如建立增量模型而不是总量模型。

3. 方程间误差传递检验

由于联立方程计量经济学模型系统中变量之间互为解释变量，那么就存在误差的传递，需要对此进行检验。

一个总体结构清晰的计量经济学模型系统，应该存在一些明显的关键路径，描述主要经济行为主体的经济活动过程，这是由经济系统的特征所决定的。在关键路径上，方程之间存在明显的递推关系。例如，在一个中国宏观经济模型中，生产方程、收入方程、分配方程、投资方程、固定资产形成方程等，就构成一个关键路径。而且存在着递推关系，由固定资产决定总产值，由总产值决定国民收入，由国民收入决定财政收入，由财政收入决定投资，由投资决定固定资产。在关键路径上进行误差传递分析，可以检验总体模型的模拟优度和预测精度。

如果关键路径上的方程数目为 T，e_i 为第 i 个方程的随机误差估计值，下列三个统计量都可以用来衡量关键路径上的误差水平。它们是：

$$\text{误差均值} = \frac{1}{T}\sum_{i=1}^{T} e_i$$

$$\text{均方根误差} = \sqrt{\frac{1}{T}\sum_{i=1}^{T} e_i^2}$$

$$\text{冯诺曼比} = \frac{\sum_{i=2}^{T}(e_i - e_{i-1})^2}{\sum_{i=1}^{T} e_i^2}\frac{T}{T-1}$$

误差均值应用较少，因为存在正负相抵的问题，均方根误差和冯诺曼比应用较多，显然是越小越好。其中又以冯诺曼比对误差传递程度的检验功能最强，如果误差在方程之间没有传递，该比值为 0。

4. 样本点间误差传递检验

上述几种检验中构造的检验统计量都是在同一时间截面上计算其数值。在联立方程计量经济学模型系统中，由于经济系统的动态性，决定了有一定数量的滞后内生变量。由于滞后内生变量的存在，使得模型预测误差不仅在方程之间传递，而且在不同的时间截面之间，即样本点之间传递。所以对模型进行滚动预测检验是必要的。

如果样本期为 $t=1,2,\cdots,n$，对于模型式(9-28)，给定 $t=1$ 时的所有先决变量的观测值，包括滞后内生变量，求解方程组，得到内生变量的预测值 $\hat{Y}_1$；对于 $t=2$，只给定外生变量的观测值，滞后内生变量则以前一时期的预测值代替，求解方程组，得到内生变量的预测值 $\hat{Y}_2$；如此逐年滚动预测，直至得到 $t=n$ 时的内生变量的预测值 $\hat{Y}_n$，并求出该滚动预测值与实际观测值的相对误差。另外，将 $t=n$ 时的所有先决变量的观测值，包括滞后内生变量的实际观测值代入模型，求解方程组，得到内生变量的非滚动预测值 $\hat{Y}_n'$，并求出该非滚动预测值与实际观测值的相对误差。比较两种结果，二者的差异表明模型预测误差在不同的时间截面之间传递。

从上述检验过程可以看出，滚动预测检验是较为严格有效的检验。

9.5 案例分析

9.5.1 研究目的和模型设定

依据凯恩斯宏观经济调控原理，建立简化的中国宏观经济调控模型。经理论分析，采用基于三个部门的凯恩斯总需求决定模型，在不考虑进出口的条件下，通过消费者、企业、政府的经济活动，分析总收入的变动对消费和投资的影响。设理论模型如下：

$$\begin{cases} Y_t = C_t + I_t + G_t \\ C_t = \alpha_0 + \alpha_1 Y_t + u_{1t} \\ I_t = \beta_0 + \beta_1 Y_t + u_{2t} \end{cases} \tag{9-29}$$

其中，Y_t 为支出的 GDP，C_t 为消费，I_t 为投资，G_t 为政府支出；内生变量为 Y_t，C_t，I_t；前定变量为 G_t，即 $M = 3$，$K = 1$。

9.5.2　模型的识别性

根据上述理论方程，其结构型的标准形式为：

$$\begin{cases} -C_t - I_t + Y_t - G_t = 0 \\ -\alpha_0 + C_t - \alpha_1 Y_t = u_{1t} \\ -\beta_0 + I_t - \beta_1 Y_t = u_{2t} \end{cases} \tag{9-30}$$

标准形式的系数矩阵 (B,Γ) 为：

$$(B,\Gamma) = \begin{pmatrix} 0 & -1 & -1 & 1 & -1 \\ -\alpha_0 & 1 & 0 & -\alpha_1 & 0 \\ -\beta_0 & 0 & 1 & -\beta_1 & 0 \end{pmatrix}$$

由于第一个方程为恒定式，所以不需要对其识别性进行判断。下面判断消费函数和投资函数的识别性。

1. 消费函数的识别性

首先，用阶条件判断。这时 $m_2 = 2$，$k_2 = 0$，因为 $K - k_2 = 1 - 0 = 1$，并且 $m_2 - 1 = 2 - 1 = 1$，所以 $K - k_2 = m_2 - 1$，表明消费函数有可能为恰好识别。

其次，用秩条件判断。在 (B,Γ) 中划去消费函数所在的第二行和非零系数所在的第一、第二、第四列，得

$$(B_0,\Gamma_0) = \begin{pmatrix} -1 & -1 \\ 1 & 0 \end{pmatrix}$$

显然，$\text{Rank}(B_0,\Gamma_0) = 2$，则由秩条件，表明消费函数是可识别。再根据阶条件，表明消费函数是恰好识别。

2. 投资函数的识别性

由于投资函数与消费函数的结构相近，判断过程与消费函数完全一样，故投资函数的阶条件和秩条件的判断予以省略。结论是投资函数也为恰好识别。

综合上述各方程的判断结果，得出该模型为恰好识别。

9.5.3　宏观经济模型的估计

由于消费函数和投资函数均为恰好识别，因此，可用间接最小二乘估计法(ILS) 估计参数。选取 GDP、消费、投资，并用财政支出作为政府支出的替代变量。这些变量取自 1978 年

～2006 年中国宏观经济的历史数据，见表 9－1。

表 9－1　1978 年～2006 年中国宏观经济的历史数据

年份	GDP	消费	投资	政府支出
1978	3617	1759.1	1377.9	480
1979	4112.6	2011.5	1478.9	622.2
1980	4607.6	2331.2	1599.7	676.7
1981	4991.7	2627.9	1630.2	733.6
1982	5499	2902.9	1784.2	811.9
1983	6165.4	3231.1	2039	895.3
1984	7361.4	3742	2515.1	1104.3
1985	9443.8	4687.4	3457.5	1298.9
1986	10763.7	5302.1	3941.9	1519.7
1987	12266.6	6126.1	4462	1678.5
1988	15539.7	7868.1	5700.2	1971.4
1989	17496.9	8812.6	6332.7	2351.6
1990	18837.5	9450.9	6747	2639.6
1991	21959.9	10730.6	7868	3361.3
1992	27289.6	13000.1	10086.3	4203.2
1993	37617.6	16412.1	15717.7	5487.8
1994	49583.3	21844.2	20341.1	7398
1995	62218.3	28369.7	25470.1	8378.5
1996	72704.4	33955.9	28784.9	9963.6
1997	78108.6	36921.5	29968	11219.1
1998	82902.4	39229.3	31314.2	12358.9
1999	88588.4	41920.4	32951.5	13716.5
2000	96358.8	45854.6	34842.8	15661.4
2001	106647.7	49213.2	39769.4	17665.1
2002	117256.2	52571.3	45565	19119.9
2003	133412.5	56834.4	55963	20615.1
2004	156201.3	63833.5	69168.4	23199.4
2005	178469	71217.5	80646.3	26605.2
2006	204516.4	80120.5	94103.2	30292.7

资料来源：《中国统计年鉴 2007》。

根据 ILS 法，首先将结构型模型转变为简化型模型，则宏观经济模型的简化型模型为：

$$Y = \pi_{00} + \pi_{01}G$$

$$C = \pi_{10} + \pi_{11}G$$

$$I = \pi_{20} + \pi_{21}G$$

其中结构型模型的系数与简化型模型系数的关系为：

$$\pi_{00} = \frac{\alpha_0 + \beta_0}{1 - \alpha_1 - \beta_1}, \quad \pi_{01} = \frac{1}{1 - \alpha_0 - \beta_0}, \quad \pi_{10} = \alpha_0 + \alpha_1 \frac{\alpha_0 + \beta_0}{1 - \alpha_1 - \beta_1}$$

$$\pi_{11} = \frac{\alpha_1}{1 - \alpha_1 - \beta_1}, \quad \pi_{20} = \beta_0 + \beta_1 \frac{\alpha_0 + \beta_0}{1 - \alpha_1 - \beta_1}, \quad \pi_{21} = \frac{\beta_1}{1 - \alpha_1 - \beta_1}$$

其次，用 OLS 法估计简化型模型的参数。进入 EViews 软件，确定时间范围；编辑输入数据；选择估计方程菜单。则估计简化型样本回归函数的过程是：按路径：Quick/Estimate Equation/ Equation Specification，进入“Equation Specification” 对话框。

在“Equation Specification” 对话框里，分别键入：“GDP C GOV”、“COM C GOV”、“INV C GOV”，其中，GDP 表示 Y，COM 表示 C，INV 表示 I，GOV 表示 G。得到三个简化型方程的估计结果，写出简化型模型的估计式：

$$\hat{Y} = 845.4491 + 6.544012G$$

$$\hat{C} = 2088.951 + 2.691963G$$

$$\hat{I} = -1243.502 + 2.852048G$$

即简化型系数的估计值分别为：

$$\hat{\pi}_{00} = 845.4491, \quad \hat{\pi}_{01} = 6.544012, \quad \hat{\pi}_{02} = 2088.951$$

$$\hat{\pi}_{11} = 2.691963, \quad \hat{\pi}_{20} = -1243.502, \quad \hat{\pi}_{21} = 2.852048$$

最后，因为模型是恰好识别，则由结构型模型系数与简化型模型系数之间的关系，可唯一地解出结构型模型系数的估计。解得的结构型模型的参数估计值为：

$$\hat{\alpha}_0 = 1375.548, \quad \hat{\alpha}_1 = 0.411363$$

$$\hat{\beta}_0 = -1246.35, \quad \hat{\beta}_1 = 0.435826$$

从而结构型模型的估计式为：

$$Y = C + I + G$$

$$C = 1375.548 + 0.411363Y + u_1$$

$$I = -1246.35 + 0.435826Y + u_2$$

思考与练习

1. 为什么要建立联立方程计量经济学模型？联立方程计量经济学模型适用于什么样的经济现象？

2. 联立方程计量经济学模型的识别状况可以分为几类？其含义各是什么？

3. 联立方程计量经济学模型的单方程估计有哪些主要的方法?其适用条件和统计性质各是什么?

4. 一个由2个方程构成的简单商品供求模型如下:

供给方程:$Q_t = \alpha_0 + \alpha_1 P_t + \mu_{1t}$

需求方程:$Q_t = \beta_0 + \beta_1 P_t + \mu_{2t}$

其中,P 为均衡价格,Q_t 是供求平衡状态下的供给量或需求量。试从模型简化式与结构式关系体系回答下列问题:

(1) 该模型两个方程是否可识别?

(2) 如果对该模型需求函数增加消费者收入变量 Y_t,则两方程的识别状态有何变化?

(3) 如果再在上述模型的供给方程中引入新变量上期商品价格 P_{t-1},则两方程的识别状态有何变化?

(4) 如果在需求函数中继续引入表示消费者财富的变量 W_t,则两方程的识别状态又有何变化?

5. 对习题4联立模型的每种情况,按结构式识别条件进行识别。

6. 回答下列问题:

为什么要讨论联立方程模型的识别问题?

(1) 模型的识别性有几种类型?试解释各自的含义。

(2) 如何对不可识别的方程进行简单的修改使之可以识别?

(3) 如何在构造联立方程模型的过程中就设法保证模型的可识别性?解释其理由。

7. 设联立方程模型为:

$$C_t = a_0 + a_1(Y_t - T_t) + a_2 C_{t-1} + \varepsilon_{1t}$$

$$T_t = b_0 + b_1(Y_t - Y_{t-1}) + b_2 Y_{t-1} + \varepsilon_{2t}$$

$$Y_t = C_t + I_t + G_t$$

$$K_t = K_{t-1} + I_t$$

其中,K 是资本存量,其余变量与宏观经济模型中的定义相同。

(1) 指出模型中的内生变量、外生变量、前定变量;

(2) 利用阶条件和秩条件判断模型的识别性。

8. 联立方程模型的估计方法有几种类型?解释其产生原因。

9. 联立方程模型的单方程估计方法与单方程模型的估计方法有什么区别与联系?

10. 试说明间接最小二乘法和二段最小二乘法的原理及步骤;在什么条件下,两种方法的估计结构是等价的?

11. 下表是我国1990年～2006年国内生产总值(GDP)、货币供应量($M2$)、政府支出(G)和投资支出(I)的统计资料,试用表中数据建立我国的收入—货币供给模型;

$$\mathrm{GDP}_t = a_0 + a_1 M2_t + a_2 I_t + a_3 G_t + \mu_{1t}$$

$$M2_t = b_0 + b_1 \mathrm{GDP} + b_2 M2_{t-1} + \mu_{2t}$$

(1) 判别模型的识别性。

(2) 分别使用 OLS 和 2SLS 方法估计模型,并比较两种方法的结果。

年份	GDP	$M2$	I	G	C
1990	18837.5	15293.4	6747	2639.6	9450.9
1991	21959.9	19349.9	7868	3361.3	10730.6
1992	27289.6	25402.2	10086.3	4203.2	13000.1
1993	37617.6	34879.8	15717.7	5487.8	16412.1
1994	49583.3	46923.5	20341.1	7398	21844.2
1995	62218.3	60750.5	25470.1	8378.5	28369.7
1996	72704.4	76094.9	28784.9	9963.6	33955.9
1997	78108.6	90995.3	29968	11219.1	36921.5
1998	82902.4	104498.5	31314.2	12358.9	39229.3
1999	88588.4	119897.9	32951.5	13716.5	41920.4
2000	96358.8	134610.4	34842.8	15661.4	45854.6
2001	106647.7	158301.9	39769.4	17665.1	49213.2
2002	117256.2	185007	45565	19119.9	52571.3
2003	133412.5	221222.8	55963	20615.1	56834.4
2004	156201.3	254107	69168.4	23199.4	63833.5
2005	178469	298755.7	80646.3	26605.2	71217.5
2006	204516.4	345603.6	94103.2	30292.7	80120.5

12. 回答下列问题:

(1) 联立方程模型的检验包括哪些内容?

(2) 联立方程模型的系统检验包括哪些内容?其与单方程模型的同类检验有何区别?

(3) 模型的系统检验有哪些评价指标?其中均方误差可以分解成哪三项指标?试解释各分项指标的含义。

13. 考虑如下的货币供求模型:

货币需求:$M_t^d = \beta_0 + \beta_1 Y_t + \beta_2 R_t + \beta_3 P_t + u_{1t}$

货币供给:$M_t^s = \alpha_0 + \alpha_1 Y_t + u_{2t}$

其中,M = 货币,Y = 收入,R = 利率,P = 价格,u_{1t},u_{2t} 为误差项;R 和 P 是前定变量。

(1) 需求函数可识别吗?

(2) 供给函数可识别吗?

(3) 你会用什么方法去估计可识别的方程中的参数?为什么?

(4) 假设我们把供给函数加以修改,多加进两个解释变量 Y_{t-1} 和 M_{t-1},会出现什么识别问题?你还会用你在(3) 中用的方法吗?为什么?

第 10 章　时间序列分析

大多数经济数据特别是宏观经济数据都为时间序列数据，所以对时间序列进行计量经济学分析在计量经济学中占有十分重要的地位。在前面的几章中，我们所涉及的时间序列都是平稳的。但是，在用一个时间序列对另一个时间序列作回归时，往往都能得到从统计数据来看是较好的结果，例如常常会得到一个很高的 R^2 值。然而实际上，它们两者之间也许没有任何有意义的关系，这种情况说明存在谬误回归（或伪回归）问题。这种问题之所以产生，是因为我们所涉及的时间序列可能是非平稳的。因此通过对时间序列的样本值的分析来估计产生这个时间序列样本的随机过程的性质，对回归分析是十分重要的。本章将对时间序列的基本概念以及时间序列的平稳性的检验和协整理论逐一进行论述，然后对因果关系检验与向量自回归模型等问题展开讨论。

10.1　时间序列的基本概念

在本章之前所介绍的建模方法，可以说是一种结构建模法，即以经济理论作为构建经济计量模型的基础，它是 20 世纪五六十年代计量经济学的主导方法论。然而，这种方法所构建的计量经济学模型在 1973 年末出现的石油危机引起的经济动荡面前却失灵了。这里的失灵不是指这些模型没能预见石油危机的出现，而是指这些模型无法预计石油危机引起的经济动荡对许多基本经济变量的动态影响，因此引起了计量经济学界对结构模型方法论的认真反思。众所周知，现实经济是错综复杂的，对于社会的发展、体制的变迁、技术的创新等等，要用具有一定规律性的计量经济学或动态多元非线性方程组对其加以描述并非易事。一方面，对这些现实经济行为进行定性描述的经济理论并不是一成不变的，对同一经济现象的解释常有相悖的理论模型形式同时并存，这意味着我们运用结构模型方法论时，所依赖的经济理论的基础尚不能说是确切可靠的；另一方面，时间序列数据是计量经济学模型分析的主要数据形式，在实证分析中，这些经济时序数据往往具有样本小、汇总加工程度高、统计质量不尽如人意、序列自身或与其他序列的相互独立性低等特征，因而所含建模的有效信息较小，另外不少经济学中重要的变量没有对应的统计指标，因此成为不可观测的变量。

基于这些考虑，计量经济学家认为，结构模型方法论有其长处但也有其弱点。其弱点在于对先验设定理论的极强依赖性。人们对结构参数估计值的信赖度很大程度上依赖于对理论模型的信赖度。一旦理论模型失灵或过时，所估计的结构参数也随之失去意义。另外，所获得的理论与样本数据之间满意的吻合结果往往要凭借建模者的艺术，而这些艺术往往带有较多“英明先见”的成分。于是，计量经济学家们在 20 世纪 80 年代初提出了一种与结构模型方法论背道而驰的“数据驱动”建模途径，以描述样本数据的特征作为建模的主要准则，在“让数据为自身说话”的信念之下分析序列本身的概率或随机性质。他们认为，任何经济变量的观测值是由随机数据生成过程生成。在建模中，首先应对这个生成过程做出假定，然后才能开展模型的参数估计及推断工作。若统计推断不理想，则需要修正原生成过程的假定，重复进行统计推断，直到分析结果达到一定的内生一致性或收敛性为止。这样所建的模型对样本具有很强的依赖性，且易对样本中的偶然或瞬变因素及长期因素不加分辨，因而所建模型的参数一般都不需要有明确的经济意义。

正是有了这两种建模途径及在此基础上不断完善的过程，才出现了计量经济学建模理论自 20 世纪 80 年代以来的重大发展。其中包括经济理论中的因果检验、单位根检验、协整理论、误差校正模型、ARCH 模型及变形等理论和应用成果的出现，很大程度上改变了传统计量经济学的理论和方法，并在经济学和金融学中得到了广泛的应用。

当然，作为教科书要全面介绍这些内容是有很大困难的。尽管这些理论和方法已有十几年的历史，但它们已包含了如此丰富的内容，以至于不可能在一本书中加以介绍。同时，浩如烟海的文献中并存着众多的体系和观点，对计量经济学科的发展起着相辅相成的作用，这也很难在一本书中反映。因此本章以介绍计量经济学的新进展为目的，用尽量少的数学语言介绍时间序列的平稳性、单位根检验、协整理论和误差校正模型、因果关系检验、向量自回归模型等概念框架，使读者对这些新理论和新方法在基本思想和具体操作应用上有一个初步的认识。计量经济学在这方面的发展，涉及较为深奥的数学知识，有兴趣的读者可参阅有关的书籍和文献。

在介绍上述方法之前，先介绍所涉及的一些基本概念。

10.1.1　随机过程与时间序列

1. 随机过程(stochastic process)

要把时间序列的研究提升到理论高度来认识，必须介绍随机过程。时间序列不是无源之水，它是由相应的随机过程产生的。只有从随机过程的高度认识了它的一般规律，对时间序列的研究才会有指导意义，对时间序列的认识才会更深刻。

自然界中事物变化的过程可以分成两类，一类是确定型过程，一类是非确定型过程。确定型过程即可以用关于时间 t 的函数描述的过程。例如，真空中的自由落体运动过程，电容器通过电阻的放电过程，行星的运动过程等。非确定型过程即不能用一个(或几个)关于时间 t 的确定性函数描述的过程。换句话说，对同一事物变化的过程独立、重复地进行多次观测而得到的结果是不相同的。例如，对河流水位的测量。其中每一时刻的水位值都是一个随机变量。如果以一年的水位记录作为实验结果，便得到一个水位关于时间的函数 Y_t。这个水位函数是预先不可确知的，只有通过测量才能得到，而在每年中同一时刻的水位纪录是不相同的。

由随机变量组成的一个有序序列称为随机过程，记为 $\{Y(s,t);s\in S,t\in T\}$，其中 S 表示样本空间，代表试验场合；T 表示序数集，代表时间变化。对于每一个 $t,t\in T,X(\cdot,t)$ 是样本空间 S 中的一个随机变量。对于每一个 $s,s\in S,y(s,\cdot)$ 是随机过程在序数集 T 中的一次实现。随机过程简记为 $\{Y_t\}$ 或 Y_T。随机过程也常简称为过程。

2. 时间序列(time series)

随机过程的一次实现或一次观测结果称为时间序列，用 $\{Y_t,t\in T\}$ 表示。简记为 $\{Y_t\}$ 或 Y_t。时间序列中的元素称为观测值。自然科学领域中的许多时间序列常常是平稳的。如工业生产中对液面、压力、温度的控制过程，某地的气温变化过程，某地100年的水文资料等。但经济领域中多数宏观经济时间序列却都是非平稳的。如一个国家的年GDP序列、年投资序列、年进出口序列等。

随机过程和时间序列一般分为两类：一类是离散型的，一类是连续型的。本书只考虑离散型随机过程和时间序列，即观测值是从相同时间间隔点上得到的。离散型时间序列可通过两种方法获得。一种是抽样于连续变化的序列。比如某市每日中午观测到的气温值序列。另一种是计算一定时间间隔内的累积值。比如中国的年基本建设投资额序列、农作物年产量序列等。

随机过程与时间序列的关系表示如下：

随 机 过 程：$\{Y_1, Y_2, \cdots, Y_{T-1}, Y_T\}$

第1次观测：$\{Y_1^1, Y_2^1, \cdots, Y_{T-1}^1, Y_T^1\}$

第2次观测：$\{Y_1^2, Y_2^2, \cdots, Y_{T-1}^2, Y_T^2\}$

$\vdots \quad \vdots \quad \vdots \quad \vdots \quad \vdots$

第n次观测：$\{Y_1^n, Y_2^n, \cdots, Y_{T-1}^n, Y_T^n\}$

例如，要记录某市日电力消耗量，则每日的电力消耗量就是一个随机变量，于是得到一个日电力消耗量关于天数t的函数。而这些以年为单位的函数族构成了一个随机过程$\{Y_t\}$，$t = 1,2,\cdots,365$。因为时间以天为单位，是离散的，所以这个随机过程是离散型随机过程。而一年的日电力消耗量的实际观测值序列就是一个时间序列。

随机过程和它的一个实现之间的区别可类比于横截面数据中总体和样本之间的区别，正如我们由样本数据引出关于总体的推断那样，在时间序列分析中，我们利用随机过程的一个实现去引出其背后的随机过程的推断。但是，由此也可以看出，时间分析与横截面数据分析的一个显著不同。在时间序列分析中，我们推断的是一个随机过程的变化规律或几个随机过程的变化规律以及它们之间的结构关系；在横截面数据分析中，推断的是几个随机变量之间的结构关系。正是由此不同，导致了两种分析的不同方法及内容。

10.1.2 平稳和非平稳的时间序列

1. 平稳时间序列

广泛地说，如果一个随机时间序列的均值和方差在时间过程上保持常数，并且在任何两时期之间的协方差值仅依赖于该两时期间的距离或滞后，而不依赖于计算这个协方差的实际时间，就称它为平稳的。

更正规的数学表述为：设有一随机时间序列，如果：

第一，均值$E(Y_t) = \mu$与时间t无关。

第二，方差$\mathrm{Var}(Y_t) = E(Y_t - \mu)^2 = \sigma^2$与时间无关。

第三，协方差$\gamma_k = \mathrm{Cov}(Y_t, Y_{t+k}) = E(Y_t - \mu)(Y_{t+k} - \mu)$只与间隔期$k$有关而与时间$t$无关，称这样的协方差为滞后$k$的自协方差，也就是相隔$k$期的两个$Y$值之间的协方差。如果

$k=0$ 就得到 γ_0，这无非就是 Y 的方差是不变的（$=\sigma^2$）；如果 $k=1$，γ_1 就是 Y 的两相邻值之间的协方差。则称这样的随机时间序列为平稳的时间序列。

我们知道平稳时间序列的期望和方差是固定不变的，协方差只与所考察的两个时期的间隔长度有关，而与时间 t 无关，因此对平稳时间序列而言，任何震荡都是暂时的，随着时间的推移，这些影响逐渐消失，回复到长期平均水平。

特别地，具有零均值和相同方差的不相关随机过程称为纯随机或白噪声（purely random or white noise）过程（如图 10－1）。白噪声过程可能不常见，但是，正如我们将要看到的，白噪声过程的加权和却是非白噪声过程的一种很好的表达方式。可以说，白噪声是组成随机过程的“最小单位”，是对随机过程可能达到的最佳认识，如果除了白噪声的随机性质外，随机过程的其他结构都得到描述，则可以认为对该过程有了完全的描述。

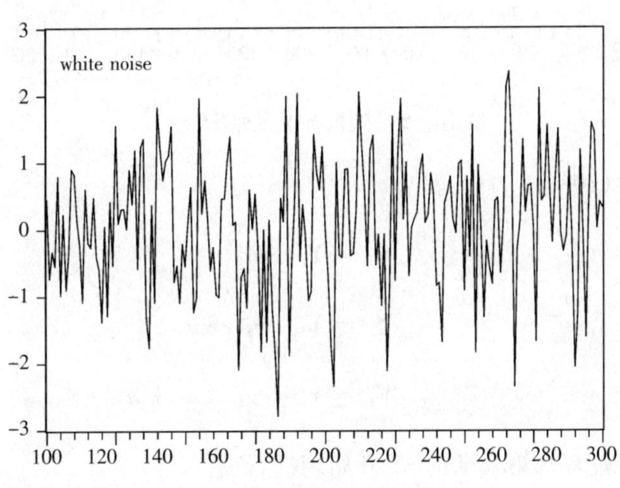

图 10－1　白噪声序列（$\sigma^2=1$）

平稳性是一个很重要的特性，因为它保证了随机过程基本上没有结构变动，这种结构变动将使预测遇到困难或不可能。

2. 非平稳时间序列

所谓时间序列的非平稳性，是指时间序列的统计规律随着时间的位移而发生变化，即生成变量的时间序列数据的随机过程的特征随时间而变化。只要上面的三个条件不全满足，则该时间序列是非平稳的。当时间序列是非平稳的时候，前面所介绍的计量经济模型技术将遇到极大的困难。

非平稳时间序列要么均值随时间而变化，要么方差随时间而变化，或者两者同时在发生变化，也就是时间序列不存在可收敛的长期平均水平，且方差随时间推移而无限增大。因此，对非平稳时间序列的冲击将产生永久的影响，非平稳时间序列具有明显的趋势。

下面介绍几种常见的非平稳时间序列模型。

（1）随机游走（random walk）过程

假设 u_t 是均值为 0 和方差为 σ^2 的白噪音误差项。若

$$Y_t=Y_{t-1}+u_t \tag{10-1}$$

则称 Y_t 序列为随机游走序列(如图 10－2)。

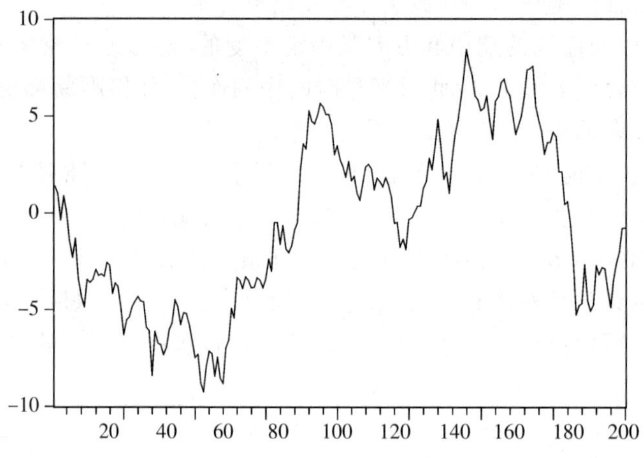

图 10－2 随机游走序列($\sigma^2=1$)

现在,我们从式(10－1)可以得出

$$Y_1 = Y_0 + u_1$$

$$Y_2 = Y_0 + u_1 + u_2$$

$$Y_3 = Y_0 + u_1 + u_2 + u_3$$

一般地,若这个过程从第 0 期的 Y_0 开始,我们就有

$$Y_t = Y_0 + \sum u_t \tag{10－2}$$

因此,

$$E(Y_t) = E(Y_0 + \sum u_t) = Y_0 \tag{10－3}$$

同理,可以证明

$$\mathrm{Var}(Y_t) = t\sigma^2 \tag{10－4}$$

上式表明,Y 的均值等于其初始值或起始值(一个常数),但随着 t 的增加,其方差无限增大,因此违背了平稳性条件。简言之,随机游走过程是一个非平稳的随机过程。实践中通常设定 Y_0 为 0,此时 $E(Y_t)=0$。

随机游走过程的一个有趣特征是,随机冲击(即随机误差项)的持久性,从式(10－2)中明显可见:Y_t 等于初始的 Y_0 加上各期随机冲击项之和。结果是,一个特定的冲击永远也不会消失。比如,若 $u_2=2$ 而非 $u_2=0$,则从 Y_2 开始所有的 Y_t 都将提高两个单位,而且这个冲击的影响永远也不会消失。

有趣的是,若将式(10－1)写成

$$Y_t - Y_{t-1} = \Delta Y_t = u_t \tag{10-5}$$

其中 Δ 为一阶差分算子。容易证明，尽管 Y_t 是非平稳的，但其一阶差分却是平稳的。换言之，一个随机游走时间序列的一阶差分是平稳的。

(2) 带漂移的随机游走（random walk with drift）序列

让我们把式(10-1)改写成

$$Y_t = \delta + Y_{t-1} + u_t \tag{10-6}$$

其中 δ 被称为漂移参数（drift parameter）或漂移项。我们称 Y_t 这样的序列为带漂移的随机游走序列（如图 10-3）。δ 之所以被称为漂移参数或漂移项，是因为式(10-6)的一阶差分 $Y_t - Y_{t-1} = \Delta Y_t = \delta + u_t$，表明 Y_t 根据 δ 为正或负而向上或向下漂移。

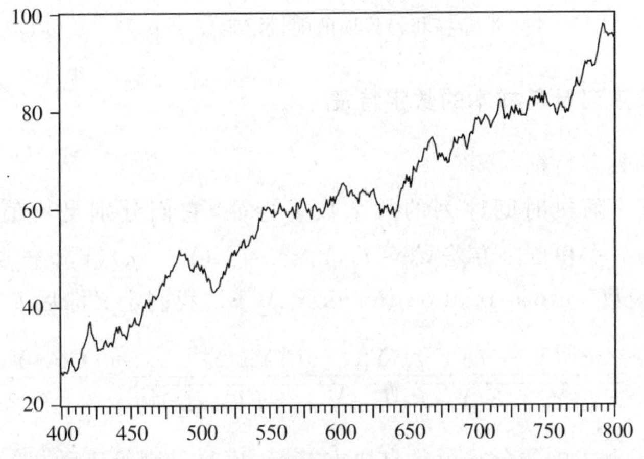

图 10-3　带漂移的随机游走序列($\delta = 0.1$)

通过讨论不带漂移随机游走的程序，可以证明，漂移的随机游走模型

$$E(Y_t) = Y_0 + t\delta \tag{10-7}$$

$$\text{var}(Y_t) = t\sigma^2 \tag{10-8}$$

如你所见，带漂移的随机游走的均值和方差都随着时间而递增，同样违背了(弱)平稳性条件。简言之，带不带漂移项的随机游走，都是一个非平稳的时间序列。

(3) 带漂移和趋势项的随机游走序列

随机游走序列式(10-1)、式(10-6)是比较简单的非平稳序列，它是

$$Y_t = \delta + \gamma t + Y_{t-1} + u_t \tag{10-9}$$

的特例。式(10-9)称为同时带有漂移和确定性趋势的随机游走序列（如图 10-4），也称为确定性趋势非平稳过程（non-stationary process with deterministic trend）。容易证明，该时间序列是非平稳时间序列。

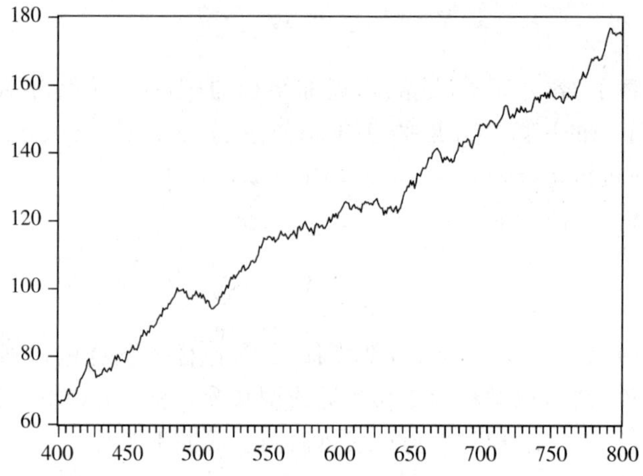

图 10－4　带漂移和趋势项的随机游走（$\delta=0.1,\gamma=0.1$）

10.1.3　随机时间序列及其样本的数字特征

1. 时间序列的数字特征

我们已经知道了随机时间序列的几个数字特征，它们分别是均值 $E(Y_t)=\mu$、方差 $\mathrm{Var}(Y_t)=E(Y_t-\mu)^2$ 和自协方差 $\mathrm{Cov}(Y_t,Y_{t+k})=E(Y_t-\mu)(Y_{t+k}-\mu)$，下面引入另一个数字特征：自相关函数（autocorrelation function，ACF）。我们定义滞后 k 期的自相关函数为

$$\rho_k=\frac{E[(Y_t-E(Y_t))(Y_{t+k}-E(Y_{t+k}))]}{\sqrt{E[(Y_t-E(Y_t))^2]E[(Y_{t+k}-E(Y_{t+k}))^2]}}=\frac{\mathrm{Cov}(Y_t,Y_{t+k})}{\sigma_{Y_t}\sigma_{Y_{t+k}}} \tag{10-10}$$

对于平稳过程，上式中的分子就是自协方差 γ_k，而分母则等于随机过程的方差 γ_0，所以对于平稳过程，我们有：$\rho_k=\dfrac{\gamma_k}{\gamma_0}$。显然，$\rho_0=1$ 对任何随机过程都成立，而对于平稳时间序列显然有 $\rho_k=\rho_{-k}$。

由于协方差和方差都以相同的度量单位度量，所以 ρ_k 是没有度量单位的数字，或者说是纯数字。和任何一个相关系数一样，它介于 -1 和 1 之间。若将 ρ_k 对 k 描点，则所得到的图被称为总体相关图（population correlogram）。

2. 样本的数字特征

刻画随机过程性质的一些数字特征，只有在随机过程的生成机制是已知时才能精确地知道。对于一个具体的经济时间序列来说，其背后的生成机制是不可能精确地知道的，所以时间序列背后的随机时间序列的数字特征如均值、方差、自协方差和自相关函数是不可能精确求出的，它们是纯理论性的，对它所刻画的随机过程，我们通常只有有限个观测值，因此，在实际应用中，需要它们的估计。这些估计的数字特征称为样本数字特征，如样本均值、样本方差、样本自协方差和样本自相关函数等。

时间序列 Y_t 的样本均值定义为：

$$\overline{Y}=\frac{1}{n}\sum Y_t \tag{10-11}$$

时间序列 Y_t 的样本方差定义为：

$$\hat{\gamma}_0 = \frac{\sum (Y_t - \overline{Y})^2}{n} \tag{10-12}$$

时间序列 Y_t 的样本自协方差定义为：

$$\hat{\gamma}_k = \frac{\sum (Y_t - \overline{Y})(Y_{t+k} - \overline{Y})}{n} \tag{10-13}$$

时间序列 Y_t 的样本自相关函数（sample autocorrelation function，SACF ）定义为：

$$\hat{\rho}_k = \frac{\sum (Y_t - \overline{Y})(Y_{t+k} - \overline{Y})}{\sum (Y_t - \overline{Y})^2} = \frac{\hat{\gamma}_k}{\hat{\gamma}_0} \tag{10-14}$$

显然，对样本自相关函数，我们有$\hat{\rho}_k = \hat{\rho}_{-k}$。将$\hat{\rho}_k$ 对 k 描点，则称之为样本相关图（sample correlogram），由于样本自相关函数关于原点的对称性，所以，在作以 k 为横坐标，以$\hat{\rho}_k$ 为纵坐标的样本相关图时，只需画出 k 为正值的情形。

关于用样本数字特征来估计随机时间序列的数字特征的一个问题是：样本数字特征是在不同时间点上的样本值或样本值的函数的平均，而随机时间序列的数字特征是在同一时间点上的随机变量的数字特征，用这样的样本数字特征来估计随机时间序列的数字特征具有合理性吗？或者说，这样的估计是一致的吗？对于协方差平稳的随机时间序列而言，回答是肯定的，其理论证明所涉及的渐近理论超出了本书的范围，在这里就不介绍了。

10.1.4　时间序列数据的 AR、MA 和 ARMA 模型

时间序列数据背后的随机过程，也就是生成这些数据的数据生成过程。对于平稳性随机过程的描述，可建立多种形式的时间序列分析模型，这些模型刻画了时间序列变量的路径。随机时间序列分析模型分为三种类型：自回归模型（auto-regressive model，AR）、移动平均模型（moving average model，MA）和自回归移动平均模型（auto-regressive moving average model，ARMA）。

1. 自回归模型（AR）

若时间序列 Y_t 为它的前期值和随机项的线性函数，可以表示为：

$$Y_t = \varphi_1 Y_{t-1} + \varphi_2 Y_{t-2} + \cdots + \varphi_p Y_{t-p} + u_t \tag{10-15}$$

则称该时间序列 Y_t 为自回归序列，该模型为 p 阶自回归模型，记为 AR(p)。参数 φ_1，φ_2，…，φ_p 为自回归参数，是模型的待估参数，随机项 u_t 为服从 0 均值，方差为 σ_u^2 的正态分布的白噪声序列，且与 Y_{t-1}，Y_{t-2}，…，Y_{t-p} 不相关。

2. 移动平均模型（MA）

若时间序列 Y_t 为它的当前与前期随机干扰的线性组合，可以表示为：

$$Y_t = u_t - \theta_1 u_{t-1} - \theta_2 u_{t-2} - \cdots - \theta_q u_{t-q} \tag{10-16}$$

则称该时间序列 Y_t 为移动平均序列，该模型为 q 阶移动平均模型，记为 MA(q)。参数 $\theta_1,\theta_2,\cdots,\theta_q$ 为移动平均参数，是待估参数。

3. 自回归移动平均模型(ARMA)

若时间序列 Y_t 为它的前期值以及当前和前期随机干扰的线性函数，也就是上述两种模型的结合，可以表示为：

$$Y_t = \varphi_1 Y_{t-1} + \varphi_2 Y_{t-2} + \cdots + \varphi_p Y_{t-p} + u_t - \theta_1 u_{t-1} - \theta_2 u_{t-2} - \cdots - \theta_q u_{t-q} \quad (10-17)$$

则称该时间序列 Y_t 为自回归移动平均序列，该模型为(p,q)阶自回归移动平均模型，记为 ARMA(p,q)，参数 $\varphi_1,\varphi_2,\cdots,\varphi_p$ 为自回归参数，$\theta_1,\theta_2,\cdots,\theta_q$ 为移动平均参数，是模型的待估参数。

10.1.5　单整和单位根过程

1. 单整

一般地，若非平稳过程 $\{Y_t\}$ 的一阶差分为平稳的，则称其为一阶单整的，记为 $I(1)$。若使一个时间序列变成平稳序列，需对其进行两次差分(即对一阶差分再取一阶差分)，则称之为二阶单整(integrated of order 2)序列。一般地，若一个(非平稳的)时间序列只有经过 d 次差分才能变成平稳序列，则称之为 d 阶单整序列，并记为 $Y_t \sim I(d)$。

若一个时间序列 Y_t 一开始就是平稳的(即不需要进行任何差分)，则称之为 0 阶单整序列，并记之为 $Y_t \sim I(0)$。

单整时间序列有如下性质值得注意：令 X_t、Y_t 和 Z_t 为三个时间序列。

(1) 若 $X_t \sim I(0)$ 和 $Y_t \sim I(1)$，则 $X_t + Y_t \sim I(1)$：即平稳和非平稳时间序列的线性组合或之和是非平稳的。

(2) 若 $X_t \sim I(d)$，则 $Z_t = a + bX_t \sim I(d)$，其中 a 和 b 为常数。即一个 $I(d)$ 序列的线性函数仍是 $I(d)$。因此，若 $X_t \sim I(0)$，则 $Z_t = a + bX_t \sim I(0)$。

(3) 若 $X_t \sim I(d_1)$ 和 $Y_t \sim I(d_2)$，其中 $d_1 < d_2$，则 $Z_t = aX_t + bY_t \sim I(d_2)$。

(4) 若 $X_t \sim I(d)$ 和 $Y_t \sim I(d)$，则 $Z_t = aX_t + bY_t \sim I(d^*)$；$d^*$ 通常都等于 d，但在某些情况下 $d^* < d$。

一般地说，在经济数据中，表示流量的序列，例如，以不变价格表示的消费额、收入等经常表现为一阶单整；表示存量的序列，例如，以不变价格表示的资产总值、储蓄余额等经常表现为二阶单整；用当年价格表示的流量的序列，例如，以当年价格表示的消费额、收入等，由于价格指数的作用，也经常表现为二阶单整；而像利率等序列，经常表现为 0 阶单整。

2. 单位根过程

对于一个实际的时间序列数据，我们并不知道其真正的数据生成过程(Data Generating Process，简称 DGP)，只能通过假设和基于假设的统计推断来确定其数据生成过程。为此，我们假定数据 Y_t 是由 AR(1) 所生成，即

$$Y_t = \rho Y_{t-1} + u_t \quad (10-18)$$

$u_t \sim iid(0,\sigma^2)$ 且 4 阶矩有限，由 u_t 为稳定过程，当 $|\rho| < 1$ 时，由式(10-18) 所生成的 Y_t 亦是稳定的，而当 $\rho = 1$ 时，经过迭代有

$$Y_t = \sum_{i=1}^{t} u_t \tag{10-19}$$

称 $\sum_{i=1}^{t} u_t$ 为随机趋势，因此，当 $\rho = 1$ 时，数据由随机趋势所支配。将式(10-18)用滞后算子 L 来表示，有

$$(1-\rho L)Y_t = u_t \tag{10-20}$$

而式(10-20)所对应的特征函数为：

$$| 1-\rho L | = 0 \tag{10-21}$$

当式(10-21)有一个根位于单位圆上即 $| L | = 1$，有 $| \rho | = 1$ 时，此时由式(10-19)可知，Y_t 由随机趋势所决定。这样，$\rho = 1$ 刻画了数据生成过程式(10-18)的特征根位于单位圆上且数据由随机趋势所支配，因此，$\rho = 1$ 时称式(10-18)为单位根过程，简记为 $I(1)$。不难看出，$\rho = 1$ 时，有 $\Delta Y_t = u_t$ 为稳定过程，记 $\Delta Y_t \sim I(0)$。

随机过程 $\{Y_t, t = 1, 2, \cdots\}$ 称为带常数项的单位根过程，如果

$$Y_t = \delta + \rho Y_{t-1} + u_t \tag{10-22}$$

其中，$\delta \neq 0$，$\rho = 1$，$\{u_t\}$ 为一稳定过程。同样，它是对带漂移的随机游走的推广，该过程反复迭代可得：

$$Y_t = \delta t + \sum_{i=1}^{t} u_i \tag{10-23}$$

显然，该过程也具有一个明显的趋势。

随机过程 $\{Y_t, t = 1, 2, \cdots\}$ 称为带趋势的稳定过程，如果

$$Y_t = C + rt + u_t \tag{10-24}$$

其中，$\{u_t\}$ 为稳定过程。实质上，带趋势的稳定过程也是非平稳过程，因为它的期望 $E(Y_t) = C + rt$ 是时间的函数。

在以上三种情况下，数据生成过程都可写成：

$$(1-L)Y_t = \alpha + u_t$$

其中，L 为滞后算子，α 分别为 0、δ 和 r，$\{u_t\}$ 为稳定过程。它们的特征方程 $1 - w = 0$ 有一个单位根 $w = 1$，因此可将以上三种随机过程通称为单位根过程。

显然，单位根过程或带常数项的单位根过程是一阶单整的，可记为 $Y_t \sim I(1)$。实际上，一阶单整过程与(带常数项的)单位根过程是同义的。

3. 单位根过程的性质

(1) 伪回归(谬误回归现象)

为了看出平稳的时间序列为什么如此重要，应考虑如下两个随机步游模型：

$$Y_t = Y_{t-1} + u_t \tag{10-25}$$

$$X_t = X_{t-1} + v_t \tag{10-26}$$

其中，我们从 $u_t \sim N(0,1)$ 中生成了 u_t 的500次观测，从 $v_t \sim N(0,1)$ 中生成了 v_t 的500次观测，并假定 Y 和 X 的初始值都为零。我们还假定 u_t 和 v_t 都不存在序列相关，而且彼此间也不存在相关关系。就我们目前所知，这两个时间序列都是非平稳的，即它们都是 $I(1)$ 或表现出随机趋势。

假设我们将 Y_t 对 X_t 回归，见表10-1。由于 Y_t 和 X_t 是不相关的 $I(1)$ 过程，所以 Y 对 X 的回归中所得到的 $R^2 > d$ 应该趋于0，即这两个变量之间不应该有任何关系。

表10-1　Y_t 对 X_t 的回归结果

变量	系数	标准误	t 统计量
C	−13.2556	0.6203	−21.36856
X	0.3376	0.0443	7.61223
	$R^2 = 0.1044$	$d = 0.0121$	

如你所见，X 的系数是高度统计显著的，尽管 R^2 值有些低，但它在统计上显著异于零。基于这些结论，你可能得出 Y 和 X 之间存在显著统计关系的结论，尽管先验假定它们之间没有任何关系。这就是对尤尔(G. U. Yule)首次发现的谬误或伪回归(spurious or nonsense regression)的简单概括。根据葛兰杰和纽博尔德的分析，$R^2 > d$ 就是怀疑所估计的回归是谬误回归的一个很好的经验法则，上例正是如此。

这是因为对于式(10-22)或式(10-23)这种单位根过程的分析中发现，即使两个随机变量之间本来毫无关系(如英国的失业人口与太阳黑子之间)，但是由于用来做回归估计的时间序列数据具有趋势，这种趋势在回归估计中的作用是主要的，从而导致回归系数的估值是十分显著的。因此，在对两个随机变量利用其时间序列数据做回归之前，必须检验时间序列是否为单位根过程。若是，则必须考虑克服伪回归。

(2) 长记忆时间序列与短记忆时间序列

一般地，平稳过程都是短记忆过程，即序列的当前值不受很早以前的冲击的影响或很久以前的影响很小，以至于可以忽略。例如 $Y_t = \delta + \rho Y_{t-1} + u_t(\rho < 1)$，则 $Y_t = \delta \sum_{i=1}^{t-1} \rho^i + \sum_{i=1}^{t-1} \rho^i u_i$，$u_t$ 的系数以指数形式下降为0。而式(10-18)和式(10-22)两种单位根过程是长记忆过程，即很早以前的一个冲击对过程的当前值仍然具有显著影响，或这种影响不会随时间的"间隔"而减弱。如式(10-22)，$Y_t = \delta + Y_{t-1} + u_i$ 即 $Y_t = \delta t + \sum_{i=1}^{t} u_i$，旧冲击和新冲击具有相同的权重。需注意的是式(10-24)形式的单位根过程 $Y_t = C + rt + u_t$ 与式(10-22)很相似，但是，在统计上却具有不同的意义，式(10-24)是短记忆的。

时间序列的这种短记忆和长记忆性质，具有重要的意义。若某一经济时序比如国内生产总值(GDP)是式(10-18)或式(10-22)形式的单位根过程，它受到的一次冲击，能有永久的影响。果真如此的话，我们在做经济政策（如货币政策）分析时，则必须重新考虑政策的这种永久影响。

(3) 差分与去势

对单位根过程进行差分或去势处理往往是令人感兴趣的，但是，对不同形式的单位根过程，施行差分或去势处理，效果往往也是不一样的。对式(10－18) 和式(10－22) 差分之后可得到一个平稳过程，而对式(10－24) 差分得到的却是 MA(1) 过程；相反，对式(10－24) 进行去势处理后，可得到平稳过程，而对式(10－18) 和式(10－22) 进行去势处理，尽管也能得到显著的与时间 t 的关系，但对认识时间序列的特征显然是无帮助的。

综上所述，辨明某一时间序列是否为单位根过程以及为何种形式的单位根过程，既具有统计意义，也具有经济意义，模型的设定也涉及单位根的判断问题，所以，下一节便介绍单位根的检验方法。

10.2　时间序列的平稳性检验

在实际问题中，当我们得到某随机时间序列的样本数据时，首要的问题是判断它的平稳性。常见的时间序列的平稳性检验方法有以下几种：利用图形分析；利用样本自相关函数的平稳性检验；特征根检验法；游程检验法；单位根检验。其中用得最多的是单位根检验，我们将重点放在单位根检验上。

10.2.1　利用图形法进行平稳性检验

利用图形法进行平稳性判断是最简单的一种平稳性检验方法。该方法是利用时间序列资料图，观察趋势性或周期性。如果序列存在着明显的趋势或周期变化，则表明该序列可能是非平稳时间序列。如果序列是一条围绕其平均值上下波动的曲线，则该时间序列可能是一个平稳的时间序列。

这种方法直观简单，易于粗判断，但主观性较强，精确度不高，所以在进行科学判断的时候，一般不采取此种方法，但这种直观感受是更规范的平稳性检验的起点。

10.2.2　利用样本自相关函数的平稳性检验

由于不同的时间序列具有不同形式的自相关函数，于是可以从时间序列的自相关函数的形状分析中来判断时间序列的稳定性。但是，自相关函数是纯理论性的，因此，在实际应用中，就采用样本自相关函数来判断时间序列是否为平稳过程。

一般来说，随着 k 的增大，样本自相关函数$\hat{\rho}_k$ 的值很快地下降为零，也就是说$\hat{\rho}_k$ 迅速衰减，产生这样的样本的随机时间序列往往是平稳的；反之，当样本自相关函数$\hat{\rho}_k$ 不随着 k 的增大而快速下降为零时，也就是说$\hat{\rho}_k$ 衰减非常缓慢，往往表明时间序列不平稳。通过样本相关图便可清楚地看到$\hat{\rho}_k$ 是否很快地随着 k 的增大而下降为零。让我们通过一个例子来说明。

例 10－1　表 10－2 是按当年的绝对量计算的中国的 GDP 序列及其对数的序列，GDP 的对数 ln(GDP) 所构成的时间序列可以看成是一个随机时间序列的实现，此时间序列是平稳的吗？(资料来源于《中国统计年鉴 2006》及中华人民共和国统计局网站 http:

//www. stats. gov. cn)

表 10-2　按当年的绝对量计算的中国的 GDP 序列及其对数序列

年份	GDP(亿元)	ln(GDP)	年份	GDP(亿元)	ln(GDP)
1978	3605.6	8.190243471	1993	36938.1	10.51699882
1979	4092.6	8.316935744	1994	50217.4	10.82411686
1980	4592.9	8.432266912	1995	63216.9	11.05432695
1981	5008.8	8.518951644	1996	74163.6	11.21402874
1982	5590	8.628734566	1997	81658.5	11.3103012
1983	6216.2	8.734914067	1998	86531.6	11.36826494
1984	7362.7	8.904181992	1999	90964.1	11.4182202
1985	9076.7	9.113465969	2000	98749	11.50033656
1986	10508.5	9.259939732	2001	108972.4	11.59884992
1987	12277.4	9.415515453	2002	120350.3	11.69816194
1988	15388.6	9.641382255	2003	136398.8	11.82333823
1989	17311.3	9.759114746	2004	160280.4	11.98468006
1990	19347.8	9.870333997	2005	186700.9	12.13726315
1991	22577.4	10.02470468	2006	210871	12.25900185
1992	27565.2	10.22430939	2007	246619	12.41559991

在以年份为横轴，GDP 的对数为纵轴的坐标系中作曲线图，如图 10-5 所示。

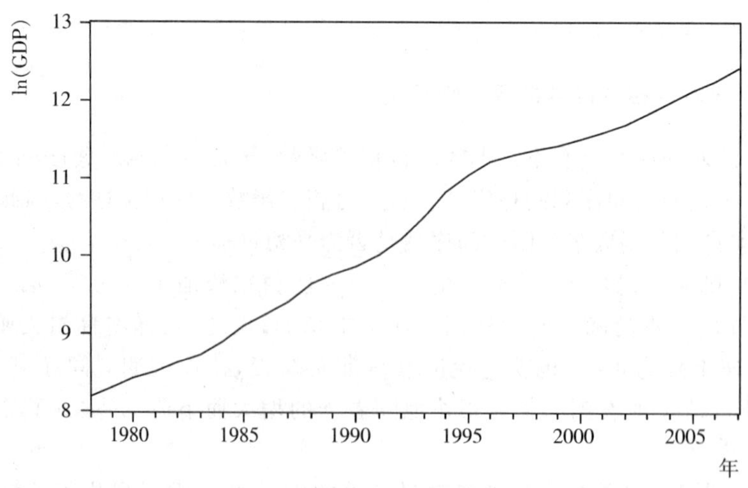

图 10-5　中国 GDP 对数曲线图

从图 10-5 中可以看出 ln(GDP) 有明显的趋势，所以它可能是非平稳的。关于这一结论能否从样本自相关图中看出呢？为此先计算当 k 值分别为 1 到 9 时，样本自相关函数 $\hat{\rho}_k$ 的所对应的值，如表 10-3 所示。

表 10-3 ln(GDP) 的自相关系数

k	1	2	3	4	5	6	7	8	9
$\hat{\rho}_k$	0.835	0.689	0.562	0.445	0.337	0.234	0.146	0.087	0.044

根据表 10-3，以滞后期 k 为横轴、以样本自相关函数 $\hat{\rho}_k$ 为纵轴作样本自相关图，如图 10-6 所示。

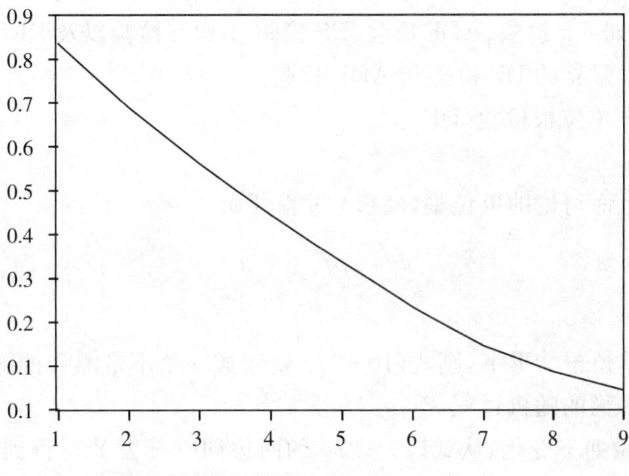

图 10-6 ln(GDP) 的样本自相关图

从图 10-6 中明显看出，ln(GDP) 的样本自相关函数 $\hat{\rho}_k$，并不是随着 k 的增大而快速地下降为零，所以从样本自相关图也能看出 ln(GDP) 的非平稳性。

常用计量分析软件都有给出序列相关图的功能，因此运用相关图检验时间序列的平稳性非常方便。而且相关图不仅包括自相关图，还包括偏自相关图，它们不仅在检验时间序列平稳性方面有用，还可以作为识别和选择时间序列模型等的重要依据。当然自相关图检验还是比较粗糙的，仍然包含相当程度的主观判断，不一定能得出客观明确的结论，还需要运用更正规的检验方法即单位根检验。

10.2.3 特征根检验法

该方法是首先对序列拟合一个恰当的模型，再针对该模型计算其对应特征方程的特征根。如果它的所有特征根均在单位圆之外，则该序列平稳；否则非平稳。

10.2.4 游程检验法

该方法的基本思想是：作为平稳序列，高于平均数与低于平均数的变化应该适当。如果游程过少，表明观察值持续高于或低于均值，序列可能存在趋势性或周期性；如果游程过多，说明序列中存在此小彼大、此大彼小的必然趋势。游程的数目为多少才恰当，需要经过统计检验来回答。

H_0：平稳　　　　H_1：非平稳

设序列的长度为 N，$N = N_+ + N_-$，游程总数为 r。游程总数服从 r 分布。当 N_+，N_- 大于15时(大样本)，可以作正态近似。检验统计量 $Z = \frac{r - E(r)}{\sqrt{D(r)}} \sim N(0,1)$。其中，$E(r) = \frac{2N_+ N_-}{N} + 1$；$D(r) = \frac{2N_+ N_- (2N_+ N_- - N)}{N^2(N-1)}$。

10.2.5　单位根检验(Unit Root Test)

前面叙述了检验时间序列平稳性的一些规则，但是，在很多情况下，需要较正式的检验方法，单位根检验就是现代计量经济分析检验一个时间序列是非平稳的正式方法。单位根检验的方法有多种，例如DF检验、ADF检验、PP检验、KPSS检验以及ERS检验。这里主要介绍在实证研究中较为常见的DF检验和ADF检验。

1. Dickey-Fuller单位根检验(DF)

(1)DF检验

首先从我们在上面讨论的单位根(随机)过程开始：

$$Y_t = \rho Y_{t-1} + u_t \tag{10-27}$$

其中 u_t 为白噪声误差项。

若 $\rho = 1$，即在单位根情形下，则式(10-27)就变成一个不带漂移的随机游走模型，我们知道这种模型是非平稳的随机过程。

对式(10-27)做如下变化：从式(10-27)的两边同时减去 Y_{t-1} 得到：

$$Y_t - Y_{t-1} = \rho Y_{t-1} - Y_{t-1} + u_t = (\rho - 1)Y_{t-1} + u_t \tag{10-28}$$

进而可写成：

$$\Delta Y_t = \delta Y_{t-1} + u_t \tag{10-29}$$

其中 $\delta = \rho - 1$，而 Δ 和平常一样表示一阶差分算子。

因此，在实践中，不用估计式(10-27)，我们估计式(10-29)并检验 $\delta = 0$ 的原假设。若 $\delta = 0$，则 $\rho = 1$，即存在单位根，从而意味着所检验的时间序列是非平稳的。在继续估计式(10-29)之前，注意到，若 $\delta = 0$，则式(10-29)变成 $\Delta Y_t = Y_t - Y_{t-1} = u_t$，由于 u_t 是白噪声误差项，所以它是平稳的，这意味着一个随机游走时间序列的一阶差分是平稳的，我们以前已经得到过这一结论。

现在转向对式(10-29)的估计。取 Y_t 的一阶差分，并将它们对 Y_{t-1} 回归，看回归中估计的斜率系数($= \hat{\delta}$)是否为零。若为零，则断定 Y_t 是非平稳的；但若为负，则断定 Y_t 是平稳的。换句话说，非平稳性或单位根问题，可表示为 $\rho = 1$ 或 $\delta = 0$。从而可以将检验时间序列的非平稳性问题简化成在方程式(10-27)的回归中，检验参数 $\rho = 1$ 是否成立，或者在方程式(10-29)的回归中，检验参数 $\delta = 0$ 是否成立。这类检验可分别用下面两个检验进行：

$$t(\hat{\rho}) = \frac{\hat{\rho} - 1}{s(\hat{\rho})} \quad \text{或} \quad t(\hat{\delta}) = \frac{\hat{\delta}}{s(\hat{\delta})} \tag{10-30}$$

式中，$s(\hat{\rho})$ 和 $s(\hat{\delta})$ 分别为参数估计值$\hat{\rho}$ 和$\hat{\delta}$ 的标准误差。

这里的问题是，式(10－30) 计算的值不服从 t 分布，而是服从一个非标准的甚至是非对称的分布。它服从于迪克(Dickey) 和富勒(Fuller) 于 1976 年提出的 Dickey-Fuller 分布，即我们后面所说的 DF 分布，因此假设检验时不能查 t 临界值表，需要用另外的分布表。

当 $\rho=1$ 或 $\delta=0$ 时，Y_t 是不平稳的序列。$t(\hat{\rho})$ 或 $t(\hat{\delta})$ 的极限分布不再是标准正态分布。这时，我们定义 DF 统计量：

$$\mathrm{DF}=t(\hat{\rho})=\frac{\hat{\rho}-1}{s(\hat{\rho})}=\frac{\hat{\rho}-1}{s_u\left(\sum_{t=1}^{T}Y_{t-1}{}^2\right)^{-1/2}}=\frac{\left(\sum_{t=1}^{T}Y_{t-1}{}^2\right)^{-1/2}}{s_u}\frac{\sum_{t=1}^{T}u_tY_{t-1}}{\sum_{t=1}^{T}Y_{t-1}{}^2}$$

$$=\frac{\sum_{t=1}^{T}u_tY_{t-1}}{s_u\left(\sum_{t=1}^{T}Y_{t-1}{}^2\right)^{1/2}}$$

可以证明当，当 $T\to\infty$ 时

$$\mathrm{DF}=\frac{\hat{\rho}-1}{s(\hat{\rho})}\Rightarrow\frac{(1/2)\sigma^2(W(1)^2-1)}{\left(\sigma^2\int_0^1W(i)^2\mathrm{d}i\right)^{1/2}\sigma}=\frac{(1/2)(W(1)^2-1)}{\left(\int_0^1W(i)^2\mathrm{d}i\right)^{1/2}}\qquad(10-31)$$

DF 统计量的极限分布是 Wiener 过程的函数，由于这些极限分布无法用解析的方法求解，一般都是用模拟和数值计算的方法进行研究，但 DF 统计量的表达式与通常意义的 t 统计量完全相同，检验规则也一样。

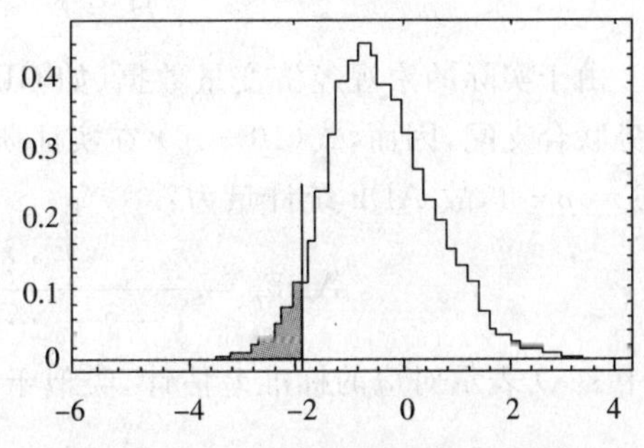

图 10－7　DF 检验示意图

像在经典线性单方程模型中介绍的变量显著性检验 t 统计量的计算一样，估计上述方程式(10－27) 或式(10－29)，并计算得到 DF 统计量的值；从 DF 分布表中查出给定显著性水平下的临界值；如果 DF 统计量的值大于临界值，则接受原假设，Y_t 是不平稳的序列；如果 DF 统计量的值小于临界值，则拒绝原假设，此时可以得出 Y_t 是平稳的序列。

因为用 DF 统计量作单位根检验，所以此检验称作 DF 检验(由 Dickey 和 Fuller 提出)。DF 检验采用的是 OLS 估计，但 DF 统计量并不服从 t 分布，DF 检验是左单端检验。

(2)DF 检验时应注意的几个问题

在 DF 检验中我们应该注意以下几个问题：

① 式(10－29) 中 ΔY_t 和 Y_{t-1} 的下标分别为 t 和 $t-1$，计算时不要用错。

② 在实际检验中，若原假设不能被拒绝，说明 Y_t 是非平稳序列(起码为一阶非平稳序列)。接下来应该继续检验 ΔY_t 的平稳性，即

$$\Delta Y_t=\delta\Delta Y_{t-1}+u_t\qquad(10-32)$$

直至结论为平稳为止。从而获知 Y_t 为几阶单整序列。

③ 当模型中含有漂移项和趋势项时

$$\Delta Y_t = \beta_1 + \delta Y_{t-1} + u_t \tag{10-33}$$

$$\Delta Y_t = \beta_1 + \beta_2 t + \delta Y_{t-1} + u_t \tag{10-34}$$

检验用临界值应分别从表附-6的不同部分中查找。

④ 式(10-29)的残差序列$\hat{u}_t$不能存在自相关。如存在自相关，说明Y_t不是一个AR(1)过程，则不能使用DF检验。

2. 扩展的Dickey-Fuller单位根检验(ADF)

在实际应用中，数据一般都具有不同程度的相关性，因此假定u_t不相关是一个很强的条件，弱化这一条件即校正残差的相关性能有效地提高检验势，这就是ADF单位根检验。

(1)ADF检验

DF检验存在着一个前提，它假定随机扰动项u_t不存在自相关。由于在实际经济活动中，大多数经济过程是不满足此项假设的，为此需要用到扩展的迪克-富勒(1979)检验法(Augmented Dickey-Fuller Test)，即ADF检验。在ADF检验中，常常把DF检验的模型的右边扩展为包含序列Y_t的变化量的滞后项。这一检验是假定Y_t的DGP为AR(p)过程，故检验方程为以下三个方程之一：

$$\Delta Y_t = \delta Y_{t-1} + \xi_1 \Delta Y_{t-1} + \cdots + \xi_{p-1} \Delta Y_{t-p+1} + u_t \tag{10-35}$$

$$\Delta Y_t = \beta_0 + \delta Y_{t-1} + \xi_1 \Delta Y_{t-1} + \cdots + \xi_{p-1} \Delta Y_{t-p+1} + u_t \tag{10-36}$$

$$\Delta Y_t = \beta_0 + \beta_1 t + \delta Y_{t-1} + \xi_1 \Delta Y_{t-1} + \cdots + \xi_{p-1} \Delta Y_{t-p+1} + u_t \tag{10-37}$$

$$H_0: \delta = 0 \qquad H_1: \delta \neq 0$$

由于实际的宏观经济变量数据(如GDP、消费、投资等)，绝大多数是由随机趋势和确定趋势联合支配，因而，式(10-36)在实证研究中广泛使用，我们以此为例说明ADF检验。由于$\delta = \rho - 1$，故ADF统计量为：

$$\mathrm{ADF}_\rho = \frac{T \cdot \hat{\delta}}{1 - \hat{\xi}_1 - \cdots - \hat{\xi}_{p-1}} \quad 和 \quad \mathrm{ADF}_t = \frac{\hat{\delta}}{s(\hat{\delta})} \tag{10-38}$$

其中$s(\cdot)$表示对应的标准差估计。类似于DF的分布函数的推导有：

$$\mathrm{ADF}_\rho \Rightarrow \frac{2^{-1}(W(1)^2 - 1) - W(1)\int_0^1 W(i)\mathrm{d}i}{\int_0^1 W(i)^2 \mathrm{d}i - (\int_0^1 W(i)\mathrm{d}i)^2}$$

$$\mathrm{ADF}_t \Rightarrow \frac{2^{-1}(W(1)^2 - 1) - W(1)\int_0^1 W(i)\mathrm{d}i}{[\int_0^1 W(i)^2 \mathrm{d}i - (\int_0^1 W(i)\mathrm{d}i)^2]^{1/2}} \tag{10-39}$$

由此可见，ADF的分布只是在DF分布的分子分母上分别减去校正相关的因子，因此，它是DF分布的推广，ADF检验服从与DF统计量一样的渐近分布，所以可以使用相同的临界值。ADF检验采用的单边检验中的左侧检验法(和DF检验一样)，即如果统计量大于临界值(ADF检验的临界值一般是负的)，则接受原假设，即序列服从单位根过程，意味着所考察的序列是非平稳的。反之，如果统计量小于临界值，则拒绝原假设，即序列不存在单位根，说明序列是平稳的。

总之，ADF 检验扩展了 DF 检验，但其表述和渐近分布函数及其推导没有实质性变化。由于实际数据绝大多数具有不同程度的相关性，因而 ADF 检验是实证研究的主要工具。但是，如何保证实证结论的准确性还取决于两个问题。其一是滞后阶的确定，其二是选取哪一个模型作为估计模型。

(2)ADF 检验滞后阶的选取

我们知道，ΔY_t 的滞后项加入检验方程是为校正自相关性，因此滞后阶的选取既要截获相关性，同时又要尽量减少信息损失(滞后阶越大，用于估计的有效样本就越少，从而使信息损失越大)，基于这一思想，实证中常用的方法有两种：其一，渐近 t 检验，即对较大的滞后阶 p，用 t 检验确认 $\hat{\xi}_{p-1}$ 是否显著，若不显著，减少 p 值直到对应的系数的 t 值显著。由于 t 显著是对 $\Delta Y_{t-i}(\sim I(0))$ 的系数而言的，故 t 统计量是渐近有效的，但一般而言，显著性水平应稍高如 $\alpha = 0.15$ 或 0.20 亦可。其二，基于最小信息准则来选取滞后阶 p，即定义

$$I_k = \log \hat{\sigma}_u^2 + p \cdot C^T / T \tag{10-40}$$

令 $C_T = 2$，称 I_k 为赤池信息准则(Akaike Infomation Criterion，AIC)，令 $C_T = \log T$，称 I_k 为施瓦茨信息准则(Schwarz Criterion，SC)，即

$$\text{AIC} = \log \hat{\sigma}_u^2 + 2p/T \tag{10-41}$$

$$\text{SC} = \log \hat{\sigma}_u^2 + p\log T/T \tag{10-42}$$

选取较大的滞后阶 p，计算对应的 AIC(或 SC)，然后减少 p，直至 AIC(SC) 最小并基于此确定最终滞后的阶数。由于 AIC 和 SC 渐近一致，故使用 AIC 或 SC 均是可行的。这两种方法确定滞后阶数体现了从一般到特殊的思想，即从一般(较大)的 p 值开始直至最优的滞后阶(或特殊的滞后阶)。

实施上述从一般到特殊的方法确定滞后阶有可能犯过度差分(overdifference) 和不足差分(underdifference) 的错误，即初始的 p 值选取得过大(小)，使其逐渐减小(增大) 的过程中确定了不恰当的滞后阶。然而，从一般到特殊所确定的滞后阶或最小的 AIC(或 SC)，从实证的角度并不能保证估计残差具有严格的 iid 性质，而不适当的 p 值可能导致检验势降低，因而，选取理想的 p 值并非易事，这一点导致了对上述方法的批评。

实际经验表明，对不同的 p 值，若结论一致，则无须考虑残差而认定这一结论为最终结论，一般地，这一结论具有很高的检验势。这是因为，无论通过何种方法选取 p 值，只是在某种程度上校正了自相关性而并非完全校正，因此，若不同的 p 值的结论是一致的，则这一结论为正确结论，一般具有很高的检验势。若不同的 p 值产生相互矛盾的结论，则对不同的 p 值所产生的 OLS 残差，直接进行 iid 正态检验，从中选取最显著的正态检验的统计量值所对应的 p 值并基于此认定最终结论。不难看出，这一方法正是直接出于校正相关这一目的，尽管这一方法需要较多的计算(但均能在软件包上实现)，但却能保证结论的有效性。

(3) 检验模型的设定与再检验

对实际数据而言，真正的数据生成过程是未知的，单位根检验的思想是先假设再做统计推断来认定数据是否由单位根过程所生成。因此，选取带截距或不带截距以及是否应加上时间趋势的模型检验单位根，就是实证分析中首先面临的问题，即如何选取式(10-35)、式(10-36) 和式(10-37) 之一作为检验方程。

解决这一问题的经验做法是：考察数据图形，如数据图形呈现出无规则上升、下降并反复这一状况，说明数据主要由随机趋势所支配，故初步选取式(10－35)作为检验模型；若数据图形呈明显的随时间递增(减)的趋势且趋势并不太陡，说明支配数据轨迹的既有随时趋势，亦有确定趋势，故初步选取式(10－36)为检验模型；若数据图形随时间呈快速增(减)长的趋势，说明确定性趋势中的时间趋势占绝对支配地位，因而可初步选取式(10－37)作为单位根检验的模型。然而基于初步选取的模型应进一步检验截距或时间趋势的显著性，以调整或确认初步选取的设定是否适当。

3. 菲利普斯-佩龙(Philips-Perron，PP)单位根检验

DF检验的一个重要假定是误差项独立同分布。ADF检验则通过增加回归子差分项的滞后值使DF检验考虑了误差项中可能的序列相关。菲利普斯(Philips)和佩龙(Perron)在考虑误差项的序列相关时，没有添加回归子的滞后差分项，而是使用了非参数统计方法(nonparametric statistical methods)。由于PP检验的渐近分布与ADF检验统计量的渐近分布相同，所以我们在此就不深究这个问题了。

4. EViews中怎样做单位根检验

从工作文件(Work File)中打开序列数据(Series)窗口。点击View键，选Unit Root Test功能。这时会打开一个对话框，得到如图10－8所示界面：

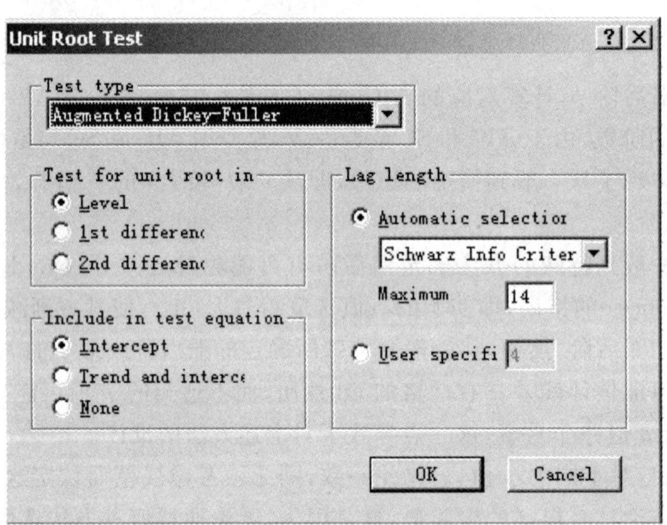

图10－8　单位根检验窗口

其中有四项选择。也就是说，进行单位根检验必须定义四项：

(1) 选择检验类型

在Test type的下拉列表中，选择检验方法(缺省选择是ADF检验)。EViews 5.0提供了六种检验单位根的方法：

①Augmented Dickey-Fuller(ADF) Test

②Philips-Perron(PP) Test

③Dickey-Fuller GLS Test

④Kwiatkowski，Phillips，Schmidt and Shin(KPSS) Test

⑤Elliot, Rothenberg, and Stock Point Optimal(ERS) Test

⑥Ng and Perron(NP) Test

(2) 选择被检验序列的形式

在 Test for unit root in 中确定序列在水平值(Level)、一阶差分(1st difference)、二阶差分(2nd difference) 下进行单位根检验(缺省状态是当前序列)。可以使用这个选项决定序列中单位根的个数。如果检验水平值未拒绝,而在一阶差分拒绝原假设,序列中含有一个单位根,是一阶单整 $I(1)$;如果一阶差分后的序列仍然拒绝了原假设,则需要选择二阶差分。一般而言,一个序列经过两次差分以后都可以变为一个平稳序列,也就是二阶单整 $I(2)$。

(3) 定义检验方程中需要包含的选项

在 Include in test equation 中定义在检验回归中是否漂移项(Intercept)、趋势项和漂移项(Trend and Intercept)、无附加项(None)或二者都不包含(缺省状态是加漂移项)。这一选择很重要,因为检验统计量在原假设下的分布随这三种情况不同而变化。在什么情况下包含漂移项或者趋势项,ADF 检验中已经说过。

(4) 定义序列相关阶数

在 Lag length 这个选项中可以选择一些确定消除序列相关所需的滞后阶数的准则。一般而言,EViews 默认 Schwarz 准则或 Akaike 准则。

定义上述选项后,单击 OK 进行检验。EViews 显示检验统计量和估计检验回归。

单位根检验后,应检查 EViews 显示的估计检验回归,尤其是如果对滞后算子结构或序列自相关阶数不确定,可以选择不同的右边变量或滞后阶数来重新检验。

下面我们通过例子来说明怎样在 EViews 中进行单位根检验。

例 10-2 利用中国 1990 年 1 月 ～ 2007 年 8 月居民消费价格指数(CPI) 时间序列数据,检验其是否平稳,并确定其单整阶数。(数据来源于《中国统计年鉴》及中华人民共和国统计局网站 http://www.stats.gov.cn)

在用 ADF 进行单位根检验前,需要设定序列的是否含有漂移项或者时间趋势项。我们可以通过画出原序列的图形来判断是否要加入漂移项或者时间趋势项。从图 10-9 的 CPI 图形可以看出含有漂移项,但不含有时间趋势项。

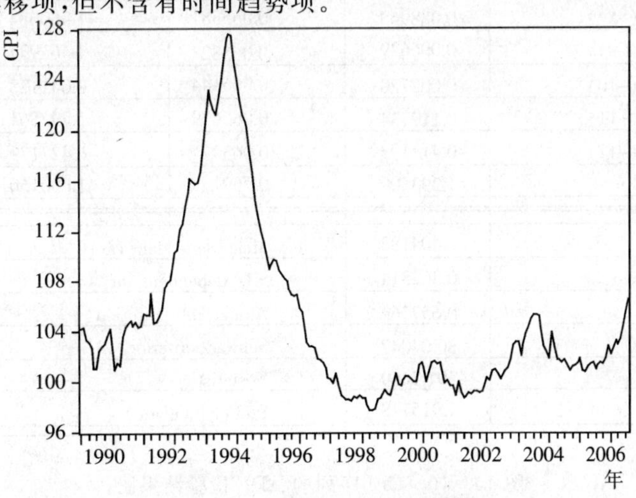

图 10-9 居民消费价格指数图形

CPI 序列的 ADF 检验结果如图 10 - 10。

Null Hypothesis: CPI has a unit root				
Exogenous:Constant				
Lag Length:12(Automatic based on SIC, MAXLAG=14)				
			t-Statistic	Prob.
Augmented Dickey-Fuller test statistic			-1.666963	0.4465
Test critical Values:	1% level		-3.463235	
	5% level		-2.875898	
	10% level		-2.574501	
Mackinnon(1996)one-sided P-Values.				
Augmented Dickey-Fuller Test Equation				
Dependent Variable: D(CPI)				
Method:Least Squares				
Date:03/01/08 Time:12:23				
Sample(adjusted):1991 M02 2007 M08				
Included observations: 1991 after adiustments				

Variable	Coefficient	Std. Error	t-Statistic	Prob.
CPI(-1)	-0.012175	0.007303	-1.666963	0.0972
D(CPI(-1))	0.263161	0.063903	4.118129	0.0001
D(CPI(-2))	0.101846	0.065819	1.547378	0.1235
D(CPI(-3))	-0.010378	0.066106	-0.156997	0.8754
D(CPI(-4))	-0.006075	0.065892	-0.092192	0.9266
D(CPI(-5))	0.167101	0.065846	2.537760	0.0120
D(CPI(-6))	0.137746	0.065050	2.117562	0.0355
D(CPI(-7))	0.115954	0.065302	1.775673	0.0774
D(CPI(-8))	0.088963	0.065381	1.360684	0.1753
D(CPI(-9))	0.096629	0.065827	1.467934	0.1438
D(CPI(-10))	0.002720	0.066144	0.041123	0.9672
D(CPI(-11))	0.117734	0.065679	1.792561	0.0747
D(CPI(-12))	-0.411193	0.063977	-6.427179	0.0000
C	1.293309	0.769753	1.680160	0.0946

R-squared	0.404182	Mean dependent var	0.021608
Adjusted R-squared	0.362314	S.D. dependent var	0.823693
S.E. of regression	0.657762	Akaike info criterion	2.067808
Sum squared resid	80.04047	Schwarz criterion	2.299498
Log likelihood	-191.7469	F-statistic	9.653649
Durbin-Watson stat	1.915778	Prob(F-statistic)	0.000000

图 10 - 10 CPI 序列的 ADF 检验结果图

输出的最上部分给出了检验结果。因为 ADF ＝－ 1.666963，分别大于不同检验水平的三个临界值，所以中国居民消费价格指数序列接受原假设，因此，CPI 序列是一个非平稳的序列。在此情况下，应该继续对 CPI 的差分序列进行单位根检验。ADF 检验结果如图 10－11。

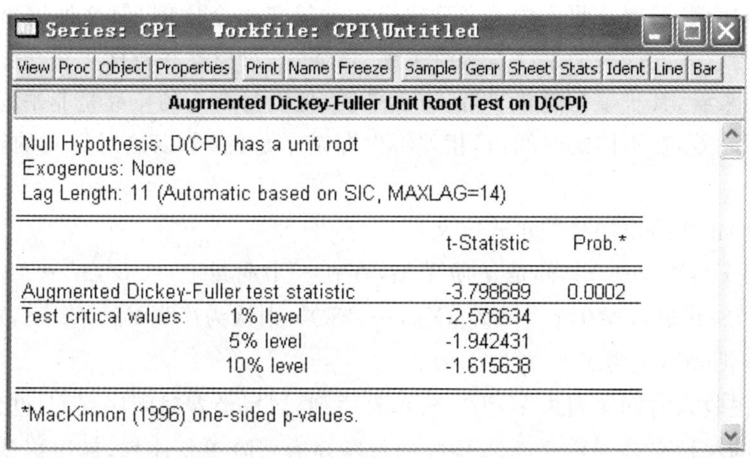
Series: CPI　Workfile: CPI\Untitled

View | Proc | Object | Properties | Print | Name | Freeze | Sample | Genr | Sheet | Stats | Ident | Line | Bar

Augmented Dickey-Fuller Unit Root Test on D(CPI)

Null Hypothesis: D(CPI) has a unit root
Exogenous: None
Lag Length: 11 (Automatic based on SIC, MAXLAG=14)

		t-Statistic	Prob.*
Augmented Dickey-Fuller test statistic		-3.798689	0.0002
Test critical values:	1% level	-2.576634	
	5% level	-1.942431	
	10% level	-1.615638	

*MacKinnon (1996) one-sided p-values.

图 10－11　CPI 差分序列的 ADF 检验结果图

检验结果显示，ADF ＝－ 3.798689，分别小于不同检验水平的三个临界值，一阶差分 ΔCPI 序列拒绝原假设，接受 ΔCPI 序列是平稳序列的结论。因此，CPI 序列是一阶单整序列，即 CPI $\sim I(1)$

在例 10－1 中，我们根据图形和样本自相关图，判断出中国 GDP 的对数序列可能是非平稳的，这里我们可以利用单位根检验判断中国的 GDP 对数序列是非平稳的。ADF 检验表明，ADF 值为－2.985939，分别大于 1% 显著性水平下的临界值－4.323979、5% 的临界值－3.580623 和 10% 的临界值－3.225334，所以接受原假设，表明我国 1978 年～2007 年度的 GDP 对数序列是非平稳的。

10.3　协整理论与误差修正模型

在进行时间序列分析时，传统的做法要求所用的时间序列必须是平稳的，即没有随机趋势或确定性趋势，否则将会产生伪回归现象。但是，在现实经济现象中的时间序列通常都是非平稳的。为了使回归有意义，可以对其实行平稳化。前面采用的方法是对时间序列进行差分，然后对差分序列进行回归。这样的做法忽略了原时间序列包含的有用信息，而这些信息对分析问题又是必要的。为了解决这一问题，发展了一种处理非平稳随机过程的新方法——协整理论。

协整(cointegration) 理论是格兰杰(Granger) 和恩格尔(Engle) 于 20 世纪 80 年代末正式提出的。随后，这种理论在国际上得到了广泛的应用，并在应用中得到了进一步发展，迅速发展成为当今世界经济学界的一个热门的前沿研究课题。我们在这里仅作最简单的介绍。虽然协整理论诞生于误差修正模型之后，但在本节中，为了便于理解，我们首先介绍协整理论，然后引出误差修正模型。

10.3.1　协整的定义及意义

1. 协整的定义

通俗地讲，协整意味着变量之间存在长期的均衡关系。例如，从长期看，消费与收入之间存在一个均衡比例，消费与收入的关系显然会常常偏离这个比例，但这种偏离只是随机的、暂时的，消费与收入的这种关系就是协整关系。再如，一对男女在舞厅里跳交际舞，单从其中的男人或女人来看，其步子是随机步游，也就是说，他们每个人的位移是非平稳的，但是他们两个人的位移之差，在不同的时间内，相差不大即是平稳的，所以这对男女的行走具有协整关系。

下面，我们正式给出协整的正式定义：

如果序列 $Y_{1t}, Y_{2t}, \cdots, Y_{kt}$ 都是 d 阶单整，存在一个向量 $\beta = (\beta_1, \beta_2, \cdots, \beta_k)$，使得 $Z_t = \beta Y'_t \sim I(d-b)$，其中，$b > 0$，$Y_t = (Y_{1t}, Y_{2t}, \cdots, Y_{kt})'$，则认为序列 $Y_{1t}, Y_{2t}, \cdots, Y_{kt}$ 是 (d,b) 阶协整(cointegration)，记为 $Y_t \sim CI(d,b)$。

例如，居民收入时间序列为 Y_t 为一阶单整序列，居民消费时间序列 C_t 也为一阶单整序列，如果二者的线性组合 $\beta_1 Y_t + \beta_2 C_t$ 构成的新序列为 0 阶单整序列，就可以认为序列 Y_t 与 C_t。是(1,1) 阶协整。

由此可见，如果两个变量都是单整变量，只有当它们的单整阶相同时，才可能协整，例如上面的居民收入 Y_t 和居民消费 C_t；如果它们的单整阶数不相同时，就不可能协整，例如居民消费 C_t 和居民储蓄余额 S_t（一般讲作为存量的居民储蓄余额 S_t 为二阶单整）。三个以上的变量，如果具有不同的单整阶数，有可能经过线性组合构成低阶单整变量。

从以上定义可以看出协整关系的经济意义是：两个经济变量尽管存在各自的长期波动规律，但是，如果它们之间具有协整关系，则变量之间就存在着一个长期稳定的比例关系，即均衡关系。例如居民收入 Y_t 和居民消费 C_t，如果它们各自都是一阶单整，并且它们是(1,1) 阶协整，则说明它们之间存在着一个长期稳定的比例关系，而这个比例关系就是消费倾向，也就是说消费倾向是不变的。反过来，如果两个变量具有各自的长期波动规律，但是它们不是协整的，则它们之间就不存在着一个长期稳定的比例关系。

2. 协整理论的重要意义

(1) 避免伪回归。如果一组非平稳时间序列之间不存在协整关系，则这一组变量构造的回归模型就是伪回归。伪回归模型有很高的 R^2 和 t 统计值，但参数估计值却毫无意义。伪回归是计量经济模型常常遇到的问题。大量实验结果表明，互不相干的非协整变量在统计检验时经常表现为显著相关。因此，对变量之间的协整关系进行检验，是正确建立计量经济模型的先决条件。

(2) 估计量的"超一致性"。在协整理论正式提出之前，为了防止出现伪回归，人们都是用平稳时间序列(或把非平稳时间序列变换为平稳时间序列) 建立回归模型。而协整理论表明，如果非平稳时间序列之间是协整的，可以直接建立回归模型，而且，其参数的最小二乘估计量具有"超一致性"，即以更快的速度收敛于参数的真实值。

(3) 区分变量之间的长期均衡关系和短期动态关系。格兰杰和恩格尔已证明，如果变量之间存在长期均衡关系，则均衡误差将显著影响变量之间的短期动态关系。

10.3.2　协整的检验

1. 两变量的 Engle－Granger 检验

目前，检验协整关系的方法有多种，但最简便且较常用的方法是恩格尔和格兰杰于 1987 年提出的检验方法，称为为恩格尔-格兰杰(Engle-Granfer，EG) 检验或增广恩格尔-格兰杰(Augmented Engle-Granger，AEG) 检验。

从协整的定义看，协整性检验需要用到 DF 检验或者 ADF 检验，我们可以对两个阶数相同的非平稳时间序列进行最小二乘估计，然后求其残差项，最后使用 DF 或 ADF 检验残差是否平稳，就可以判断两者是否存在协整关系。为了检验两变量 X_t 和 Y_t 是否为协整，其具体步骤如下：

(1) 对两时间序列 X_t 和 Y_t 进行平稳性检验，并判断其阶数。如果两者是阶数相同的非平稳序列，如都是一阶单整的，则进入下面的第二步；如果两变量的单整的阶不同，则两变量是不协整的；如果两变量是平稳的，则整个检验过程停止，这时可以采用标准回归技术处理。

(2) 用 OLS 方法估计方程 $Y_t = \beta X_t + u_t$，得到 $\hat{Y}_t = \hat{\beta} X_t$，$\hat{u}_t = Y_t - \hat{Y}_t$，称为协整回归。

(3) 检验$\hat{u}_t$ 的单整性，也就是对残差项进行平稳性检验。如果$\hat{u}_t$ 为稳定序列，则认为变量 Y_t 和 X_t 为(1，1) 阶协整，检验$\hat{u}_t$ 的单整性的方法即是上述的 DF 检验或者 ADF 检验。

如果上述单位根检验中不含有 $\Delta \hat{u}_t$ 的滞后项，就称上述方法为 Engle-Granger 检验(EG 检验)；如果上述单位根检验中包括 $\Delta \hat{u}_t$ 的滞后项，就称上述方法为 Augmented Engle-Granger 检验(AEG 检验)。

需要注意和重视的是，由于残差的估计值与协整参数相关，因此在使用单位根检验的是临界值与 DF 或 ADF 检验的不同。一般来说，由于残差的方差比较小，将导致认为残差序列平稳(即拒绝原假设) 的概率将比实际情况大。因此 EG 检验和 AEG 检验的临界值比 DF 检验、ADF 检验临界值为负且绝对值更大，位于 DF 检验或 ADF 检验临界值的左方。协整检验的临界值可以从表附-7 的 EG 和 AEG 临界值中查找，亦可从麦金农(Mackinnon) 提供的协整检验临界值通过计算得到。麦金农协整检验临界值与检验水平、所含时间序列数据个数、协整回归式中是否含有位移项、趋势项等因素有关。

另外，弄清楚 X_t 和 Y_t 是否为协整的另一个比较简单的方法是 CRDW 检验(协整回归 DW 统计值)，此检验的临界值最早由萨根和巴加瓦首次提供。在 CRDW 检验中，我们使用从协整回归中得到的 Durbin-Waston 统计量。现在的虚拟假设是 $d = 0$ 而不是 $d = 2$。这是因为，在第五章中我们观察到 $d \approx 2(1 - \hat{\rho})$，故若存在一个单位根，则估计的 ρ 将约为 1，这就意味着 d 约为 0。

基于对 100 次观测中每个观测的 10000 次模拟，检验真实的 $d = 0$ 这个假设的 1%、5%、10% 临界值分别是 0.511、0.386 和 0.322。因而，若计算的 d 值小于 0.511，我们就在 1% 的显著性水平上拒绝协整的虚拟假设。

2. 多变量协整关系的检验

上述 Engle－Granger 检验通常用于检验两变量之间的协整关系，对于多变量之间的协整关系，Johansen 于 1988 年、Juselius 于 1990 年分别提出了一种向量自回归模型进行检验的方法，通常称为 Johansen 检验，或 JJ 检验，由于其具体内容较为复杂，这里仅就其基本思想做简单介绍，详细内容请参考相关书籍。

假设$\boldsymbol{Y}_t=(Y_{1t},Y_{2t},\cdots,Y_{kt})'$为$k$维随机向量,考虑向量自回归模型(我们将在第五节介绍)

$$\boldsymbol{Y}_t=\Gamma\boldsymbol{Y}_{t-1}+u_t \tag{10-43}$$

对其做一阶差分,得

$$\boldsymbol{Y}_t-\boldsymbol{Y}_{t-1}=(\Gamma-1)\boldsymbol{Y}_{t-1}+u_t \tag{10-44}$$

或

$$\Delta\boldsymbol{Y}_t=\prod\boldsymbol{Y}_{t-1}+u_t \tag{10-45}$$

矩阵$\prod$包含了Y_t中各变量的线性组合。显然不是$\prod$中的所有行向量都是Y_t的协整向量。设这种独立的线性组合的个数为$r(<k)$,变量之间存在协整关系意味着对$\prod$的秩具有一定的约束。也就是说,对上式在无约束的条件下进行估计所得的$\prod$的秩应是r,所以,若对$\prod$施加秩$(\prod)=r$的约束后进行估计,两种估计结果应无显著差异,否则说明$\prod$的秩不为r,从而协整向量的个数不为r。

Johansen方法可以直接利用EViews 5.0轻松实现,而且同时给出协整向量的个数和协整向量。实际上,通过灵活运用EViews 5.0软件,还可以完成对协整向量的线性变换,从而达到对协整向量的识别。

10.3.3 误差修正模型

如果两个时间序列存在协整关系,则说明两者存在长期的均衡关系。也就是说,一个随机变量上升或下降,会带动另一个随机变量上升或下降。但是,在短期内,两者可能出现失衡。由于短期失衡不会长久,所以两者之间的误差最终会向长期均衡发展。因此,我们应如何建立模型来描述这一行为,以便将变量的短期行为与长期趋势联系起来?这就出现了误差修正模型(error correction model,ECM)。ECM是一种具有特定形式的计量经济学模型。误差修正这个术语最早是由萨根(Sargen)于1964年提出的,但是误差修正模型的基本形式是在1978年由戴维德逊(Davidson)、亨得瑞(Hendry)、瑟巴(Srba)和也欧(Yeo)等提出的(称为DHSY模型),后经恩格尔和格兰杰等进一步完善。

误差修正模型有单一方程模型和多方程模型两种形式。多方程误差修正模型是在向量自回归模型基础上建立起来的,称为向量误差修正模型,本教材没有涉及。本小节主要介绍单一方程的误差修正模型。为了便于理解,我们通过一个具体的模型来介绍它的结构。

1. 误差修正模型

理解误差修正模型,需要首先区分反映变量之间动态关系和静态关系的动态模型和静态模型。假定Y_t和Z_t是$I(0)$的,考虑经济活动的动态性,假设Y_t受自身滞后Y_{t-1}、外生变量Z_t及其滞后Z_{t-1}的影响,将模型设定为(1,1)阶的自回归分布滞后模型

$$Y_t=\beta_0+\beta_1Z_t+\beta_2Y_{t-1}+\beta_3Z_{t-1}+u_t \tag{10-46}$$

即当外生变量发生变动时,对Y_t的影响不是瞬间的,而是有一个过程的,在模型中假定

这一过程持续两期，同时 Y_t 还受到自身前期值的影响，其中 ε_t 为白噪声。考虑了这种动态性的模型称为动态模型。

与动态模型相对应的是 Y_t 与 Z_t 的静态模型，它反映了 Y_t 与 Z_t 之间的长期关系，即 Y_t 的期望与 Z_t 的期望之间的关系。令 $E(Y_t)=Y^*$，$E(Z_t)=Z^*$，对 $\forall t$ 都成立，并对式(10-46) 两边取期望，得

$$(1-\beta_2)Y^* = \beta_0+(\beta_1+\beta_3)Z^* \tag{10-47}$$

$$Y^* = \frac{\beta_0}{1-\beta_2}+\frac{\beta_1+\beta_3}{1-\beta_2}Z^* = k_0+k_1Z^* \tag{10-48}$$

它反映了变量 Y 与 Z 之间的均衡关系。大多经济理论所描述的关系正是变量之间的均衡关系，所以，这些理论一般称为均衡理论。$Y^*-k_0-k_1Z^*=0$ 反映了变量之间的均衡状态。外生变量 Z 的波动对 Y 的影响不是瞬间完成的，而是持续几个时期的一个过程，所以外生变量的波动将引致 $Y_t-k_0-k_1Z_t\neq 0$，于是，我们称 $\mathrm{ECM}_t=Y_t-k_0-k_1Z_t$ 为相对于理论均衡的非均衡偏离。随着外生变量 Z 的波动所产生的影响不断地在 Y 中得到充分反映，经济系统具有从非均衡向均衡不断调整的内在机制，即 Y 将受到这种非均衡偏离的制约。

更好的表明这一非均衡偏离因素在模型中的作用，让我们对式(10-46) 做如下的变换：

$$\begin{aligned}\Delta Y_t &= (Y_t-Y_{t-1})\\ &=\beta_0+\beta_1Z_t+(\beta_2-1)Y_{t-1}+\beta_3Z_{t-1}+u_t\\ &=\beta_0+\beta_1\Delta Z_t+(\beta_2-1)Y_{t-1}+(\beta_1+\beta_3)Z_{t-1}+u_t\\ &=\beta_0+\beta_1\Delta Z_t+(\beta_2-1)(Y_{t-1}-k_1Z_{t-1})+u_t\\ &=\beta_1\Delta Z_t+(\beta_2-1)(Y-k_0-k_1Z)_{t-1}+u_t\end{aligned} \tag{10-49}$$

从上式可以看出，非均衡项 $(Y-k_0-k_1Z)_{t-1}$ 对于 ΔY_t 起着负反馈作用（因一般 $\beta_2<1$），上式称为均衡修正模型。然而，在实际建模中，由于不少经验模型背后的理论模型是不确定的，建模者便习惯于称上式为误差修正模型，其中 $Y-k_0-k_1Z$ 为误差修正项。

式(10-49) 中参数 β_1 反映着 Z_t 之变动对 Y_t 之变动的瞬时响应程度，因此，可以将 β_1 解释为短期响应参数。概括起来，式(10-49) 将 ΔY_t 分解为三个具有不同含义的部分：短期扰动部分 ΔZ_t、非均衡扰动部分 $(Y-k_0-k_1Z)_{t-1}$ 及白噪声扰动部分 ε_t，它是内嵌了长期关系的短期模型。

模型式(10-49) 可以写成 $\Delta Y_t=\beta_1\Delta Z_t+\gamma\mathrm{ECM}+u_t$，其中 ECM 表示误差修正项。由式(10-46) 可知，一般情况下 $\beta_2<1$，所以有 $\gamma=\beta_2-1<0$。我们可以据此分析 ECM 的修正作用：如果 $(t-1)$ 时刻 Y 大于其均衡值，ECM 为正，γECM 为负，使得 ΔY_t 减少；如果 $(t-1)$ 时刻 Y 小于其均衡值，ECM 为负，γECM 为正，使得 ΔY_t 增大。体现了长期非均衡误差对 Y_t 的控制。

2. ECM 与协整的关系

以上讨论是在变量都是 $I(0)$ 的基础上的，当变量不是 $I(0)$ 的时候，假设都是 $I(1)$ 时，可以证明，若 Y_t 与 Z_t 是协整的，它们也可以写成形如式(10-49) 的误差修正形式。其中，$(1,-k_1)$ 就是协整向量。我们可以看到，在误差修正形式的左边 ΔY_t 是 $I(0)$ 的，右边也是 $I(0)$ 的。若 Y_t 与 Z_t 不协整，则右边第二项是 $I(1)$ 的，这说明模型设定是有误的。

3. 从协整理论到误差修正模型

前面提到，实际上是先有误差修正模型，然后再用协整理论去解释误差修正模型。那么在今天，我们就可以首先做变量之间的协整分析，发现变量之间的协整关系，即长期均衡关系，求出协整向量，以这种关系一期滞后构成误差修正项；然后，将误差修正项看作一个解释变量，连同其他反映短期波动的解释变量一起，建立短期模型，即得如式(10－49)的误差修正模型。这种模型既区分了变量之间的长期均衡关系和短期动态关系，又避免了伪回归，具有较强的经济意义。具体的建模过程见后面的案例分析。

10.4 因果关系检验

计量经济模型的建立过程，本质上是利用回归分析工具处理一个经济变量对其他经济变量的依存性问题，但这并不是暗示这个经济变量与其他经济变量间必然存在着因果关系。我们现在考虑这样的情况：假设两个变量，比如说国内生产总值 GDP 和广义货币供给量 $M2$ 常是高度相关的，但究竟是 GDP 的增长导致了 $M2$ 的增加，还是 $M2$ 的增加促使了 GDP 的增长，或者两者之间互为因果关系，即 $M2$ 引起 GDP 的变化同时 GDP 也引起 $M2$ 变化?从理论和实践两方面来回答这些问题，也许是一件非常繁琐的事，但简单地说，这些问题的实质是要在两个变量间存在时间上的先后关系时，是否能够从统计意义上检验出因果性的方向，即在统计上确定究竟 GDP 是 $M2$ 的因，还是 $M2$ 是 GDP 的因，或者 $M2$ 和 GDP 互为因果关系。

因果关系研究的有趣例子是回答“先有鸡还是先有蛋”的问题。1988 年有两位学者苏尔曼(Thurman)和费舍尔(Fisher)用两个变量的 1930 年 ～ 1983 年的年度数据，一个是鸡蛋产量(Eggs)，一个是同期鸡的产量(Chickens)，对此问题进行了统计研究。他们将 Eggs 对滞后的 Eggs 和滞后的 Chickens 进行回归，若滞后 Chickens 的系数在统计上至少有一个是显著的，则说明是先有鸡后有蛋，然后用类似的办法将 Chickens 对滞后的 Chickens 和滞后的 Eggs 回归，以检验是否先有蛋后有鸡。要得到这两个结论中的一个结论，必须得到单一方向的因果关系，即必须拒绝这一个变量不是另一变量发生变化的原因，同时还不能拒绝另一个变量不是这一个变量发生变化的原因。

苏尔曼和费舍尔的结果极富戏剧性，他们用 1 至 4 年的滞后值，断然拒绝了假设“蛋不影响鸡”；但却无法拒绝“鸡不影响蛋”这一假设。因此，他们得出的结论是先有蛋。

苏尔曼和费舍尔指出，这种方法也可以应用于其他重要问题的检验。例如，因果关系假设可能检验“谁笑到最后，谁笑得最好”和“骄傲意味着毁灭，轻敌意味着失败”是否真实。

由此可见，研究变量间因果关系是有必要的。关于因果性的研究，目前已有许多的文献报告，其研究领域和体系非常多，本节不打算对因果性的研究展开讨论，而是从相对简单的角度出发，仅讨论由 Granger 提出的因果关系检验法。

10.4.1 因果关系概述

所谓因果关系是指变量之间的依赖性，作为结果的变量是由作为原因的变量所决定的，原因变量的变化引起结果变量的变化。我们已经知道因果关系不同于相关关系，从一个回归关系式中，我们无法确定变量之间是否具有因果关系，虽然有时我们说回归方程中解释变量是被解释变量的因，但是，这一因果关系实际上是先验设定的，或者是在回归之前就已确定了的。比如，我们之所以在回归方程中以降雨量为解释变量，以农作物产量为被解释变量而不是相反，并不是出于统计上的原因，因为即使用降雨量对农作物产量进行回归，也可能得到显著的回归关系，而是普通常识提示我们不能把关系倒过来，因为用改变农作物产量来控制降雨量是不可能的。在许多情况下变量之间的因果关系并不总像农作物产量和降雨量之间那么一目了然，或没有充分的知识使我们认清变量之间的因果关系，而有时，弄清变量之间的因果关系往往是我们所关心的，即使某一经济理论宣称了一种因果关系，也需要给以经验上的支持。Granger 从预测的角度给出了因果关系的一种定义，并将这种定义下的因果关系称为 Granger 因果关系。

Granger 检验的基本依据是：将来不能预测过去；如果 Y 的变化是由 X 引起的，则 X 的变化应该发生在 Y 的变化之前。因此，利用分布滞后的概念，Granger 于 1969 年对变量之间的因果关系做了如下定义：如果 X 是引起 Y 变化的原因，则 X 应该有助于预测 Y，即在 Y 关于 Y 过去值的回归中，添加 X 的过去值作为独立的解释变量，应该显著增加回归的解释能力。此时，称 X 为 Y 的原因(Granger cause)，记为 $X \Rightarrow Y$。如果添加 X 的滞后变量之后，没有显著增加回归模型的解释能力，则称 X 不是 Y 的原因，记为 $X \nRightarrow Y$。

根据 Granger 的因果关系定义，X 和 Y 之间有以下四种关系：

(1) $X \Rightarrow Y, Y \nRightarrow X$　单向因果关系，X 是 Y 变化的原因；

(2) $Y \Rightarrow X, X \nRightarrow Y$　单向因果关系，Y 是 X 变化的原因；

(3) $X \Rightarrow Y, Y \Rightarrow X$　双向因果关系，即存在 X 到 Y 的单向因果关系，同时也存在 Y 到 X 的单向因果关系；

(4) $X \nRightarrow Y, Y \nRightarrow X$　X 和 Y 之间不存在因果关系，X 和 Y 是独立的。

10.4.2　Granger 因果关系检验

如果一个变量 X 无助于预测另一个变量 Y，则说 X 不是 Y 的 Granger 原因；相反，若 X 是 Y 的 Granger 原因，则必须满足两个条件：第一，X 应该有助于预测 Y，即在 Y 关于 Y 的过去值的回归中，添加 X 的过去值作为独立变量应当显著地增加回归的解释能力；第二，Y 不应当有助于预测 X，其原因是，如果 X 有助于预测 Y，Y 也有助于预测 X，则很可能存在一个或几个其他变量，它们既是引起 X 变化的原因，也是引起 Y 变化的原因。

于是，这种 Granger 原因是可以检验的。检验 X 是否为引起 Y 变化的 Granger 原因的过程如下：

(1) 利用 OLS 法，估计两个回归模型

① 有约束回归模型(r)：$Y_t = \sum_{i=1}^{p} \alpha_i Y_{t-i} + u_{1t}$

② 无约束回归模型(u)：$Y_t = \sum_{i=1}^{p} \alpha_i Y_{t-i} + \sum_{i=1}^{q} \beta_i X_{t-i} + u_{2t}$

并计算各自的回归残差平方和 RSS_u 和 RSS_r。

(2) 假设 $H_0: \beta_1 = \beta_2 = \cdots = \beta_q = 0 (X \nRightarrow Y)$，即 X 不是引起 Y 变化的 Granger 原因。也就是假设在模型 ① 中添加 X 的滞后变量并不能显著地增加模型的解释能力。

(3) 为检验该假设,构造 F 统计量

$$F=\frac{(\mathrm{RSS}_r-\mathrm{RSS}_u)/q}{\mathrm{RSS}_u/(n-p-q)}\sim F(q,n-p-q)$$

(4) 利用 F 统计量检验原假设 H_0。对于给定的显著水平 a,若 $F>F_a$,则拒绝原假设,认为 β_i 中至少有一个不显著为 0,即 X 是引起 Y 变化的 Granger 原因($X\Rightarrow Y$)。反之,则认为 X 不是引起 Y 变化的 Granger 原因($X\nRightarrow Y$)。

同理,可以检验"Y 是否是 X 的变化原因",只是在模型 ①、② 中将 X 和 Y 的位置交换。

最后,要得到 X 是 Y 的 Granger 原因的结论,必须同时拒绝原假设"X 不是引起 Y 变化的 Granger 原因"和接受原假设"Y 不是 X 的 Granger 原因"。

10.4.3 Granger 检验的 EViews 软件实现

我们利用 EViews 软件可以非常容易对两个变量进行因果关系检验,对于任意两个变量 X 和 Y,EViews 软件自动检验两个假设:$X\nRightarrow Y$,$Y\nRightarrow X$。

具体操作过程为:首先在工作文件窗口选择需作分析的两个变量 X 和 Y,并将它们作为一个数组打开;其次在数组窗口中点击 View\Granger Causality,并输入滞后期长度 m(注意此时取 $p=q=m$),屏幕将输出如图 10-12 所示的结果。或者在进入录有 X 和 Y 数据的 Workfile 窗口之后,在主窗口中,点击"Quick",出现选择画面,选择"Group statistics\Granger Test"后进入"Series List"窗口,在空白处输入 X Y 后点击"OK",进入"Lag Specification(指定滞后长度)"画面,选择适当的滞后长度,点击"OK"即可。

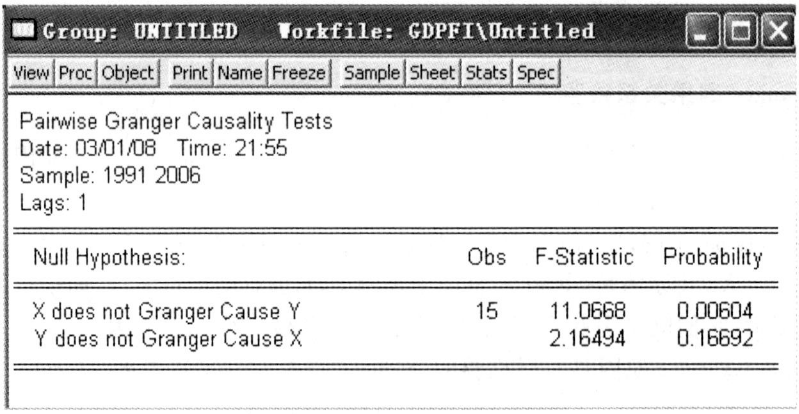

Group: UNTITLED Workfile: GDPFI\Untitled

View | Proc | Object | Print | Name | Freeze | Sample | Sheet | Stats | Spec

Pairwise Granger Causality Tests
Date: 03/01/08 Time: 21:55
Sample: 1991 2006
Lags: 1

Null Hypothesis:	Obs	F-Statistic	Probability
X does not Granger Cause Y	15	11.0668	0.00604
Y does not Granger Cause X		2.16494	0.16692

图 10-12 Granger 检验的输出结果

对于每一个假设,系统都给出了相应的 F 统计量值和大于此值的概率。如果 F 值较大、P 值较小,则拒绝原假设,认为一个变量是另一个变量变化的原因,即 $X\Rightarrow Y$(或 $Y\Rightarrow X$)成立;反之,则认为一个变量不是另一个变量变化的原因。例如,在图 10-12 的输出结果中,对于假设 $X\nRightarrow Y$,$p=0.00604$,所以拒绝原假设,X 是 Y 变化的原因;但对于假设 $Y\nRightarrow X$,$p=0.16692$,是一个大概率事件,无法拒绝原假设,所以认为 Y 不是 X 变化的原因。

例 10-3 表 10-4 是某市 1991 年 ~ 2006 年的 GDP 与固定资产投资(Fixed Investment,FI)数据,试检验 GDP 与固定资产投资是否存在因果关系。

表 10－4　某市 GDP 与固定资产投资(FI)数据　　(单位:亿元)

年份	GDP(亿元)	固定资产投资(FI)(亿元)	年份	GDP(亿元)	固定资产投资(FI)(亿元)
1991	651.9	138.18	1999	1034.51	416.75
1992	663.6	150.85	2000	992.17	428.13
1993	686.1	167.2	2001	957.24	465.97
1994	757.25	220.44	2002	959.55	510.81
1995	877.6	267.84	2003	951.68	565.64
1996	1033.52	328.46	2004	947.22	712.6
1997	1054.78	364.64	2005	1041.12	870.02
1998	1063.23	394.7	2006	1162.94	1143.82

利用 Granger 因果关系检验来判断固定资产投资与 GDP 之间的关系，如果检验拒绝原假设，则认为固定资产投资与 GDP 之间是 Granger 因果关系。选取不同的滞后长度，其结果总结如表 10－5 所示。

表 10－5　格兰杰(Granger)因果关系检验结果表

滞后长度	Granger 因果性	F 值	P 值	结论
1	FI → GDP	2.16494	0.16692	接受
	GDP → FI	11.0668	0.00604	拒绝
2	FI → GDP	5.83056	0.02376	拒绝
	GDP → FI	8.35399	0.00889	拒绝
3	FI → GDP	4.87647	0.04756	拒绝
	GDP → FI	8.59427	0.01363	拒绝
4	FI → GDP	3.90873	0.14589	接受
	GDP → FI	15.7939	0.02347	拒绝

表 10-5 的计算结果表明，在显著性水平 $\alpha=0.05$ 下，滞后长度为 2 和 3 时，固定资产投资是 GDP 的 Granger 原因；滞后长度为 1 至 4 时，GDP 都是固定资产投资的 Granger 原因。

在上述格兰杰因果性检验的回归模型中，分布滞后、自回归项滞后长度的选择理论上是任意的，但有时不同的滞后长度会导致检验的结果发生变化，即滞后期选择的不同可能会得到不一致的检验结果，这时候对于因果性判断的结果就要比较谨慎。实际应用中，最好是多选几个不同的滞后期进行检验，如果检验结果一致，则得出的结论是较为可信的。此外，格兰杰因果性检验的结论只是统计意义上的因果性，虽然可以作为真正的因果性的一种支持，但不能作为肯定或否定因果性的最终根据。当然，统计意义上的因果性也是有意义的，对经济预测等仍然能起很大的作用，也能作为经济预测、预警分析先导指标的选择根据。最后，格兰杰检验的特点决定了它只能运用于时间序列数据模型的因果性检验，对只有横截面数据的变量间的因果性则无法检验。另外，我们在进行 Granger 因果关系检验时，尚有两个因素应当加以考虑，一是被检验变量的平稳性，二是样本容量的长度。

10.5 向量自回归模型

联立方程组的结构性方法是用经济理论来建立变量之间关系的模型。但是，经济理论通常并不足以对变量之间的动态联系提供一个严密的说明。并且，内生变量既可以出现在等式的左端又可以出现在等式的右端，使得估计和推断更加复杂。为解决这些问题产生了一种用非结构性方法来建立各个变量之间关系的模型。这就是由 Sims 于 1980 年提出的向量自回归(vector autoregressive，VAR) 模型。这种模型采用多方程联立的形式，它不以经济理论为基础，在模型的每一个方程中，内生变量对模型的全部内生变量的滞后值进行回归，从而估计全部内生变量的动态关系。

10.5.1 向量自回归(VAR) 模型的概念

VAR模型是自回归模型的联立形式，所以称向量自回归模型。假设 $y_{1,t}$，$y_{2,t}$ 之间存在关系，如果分别建立两个自回归模型

$$y_{1,t} = f(y_{1,t-1}, y_{1,t-2}, \cdots)$$

$$y_{2,t} = f(y_{2,t-1}, y_{2,t-2}, \cdots)$$

则无法捕捉两个变量之间的关系。如果采用联立的形式，就可以建立起两个变量之间的关系。VAR 模型的结构与两个参数有关，一个是所含变量个数 k；一个是最大滞后阶数 p。

以两个变量 $y_{1,t}$，$y_{2,t}$ 滞后 1 期的 VAR 模型为例：

$$\begin{aligned} y_{1,t} &= \mu_1 + \pi_{1.11} y_{1,t-1} + \pi_{1.12} y_{2,t-1} + u_{1t} \\ y_{2,t} &= \mu_2 + \pi_{1.21} y_{1,t-1} + \pi_{1.22} y_{2,t-1} + u_{2t} \end{aligned} \tag{10-50}$$

其中 $u_{1t}, u_{2t} \sim \mathrm{IID}(0, \sigma^2)$，$\mathrm{cov}(u_{1t}, u_{2t}) = 0$。写成矩阵形式是：

$$\begin{pmatrix} y_{1t} \\ y_{2t} \end{pmatrix} = \begin{pmatrix} u_1 \\ u_2 \end{pmatrix} + \begin{pmatrix} \pi_{1.11} & \pi_{1.12} \\ \pi_{1.21} & \pi_{1.22} \end{pmatrix} \begin{pmatrix} y_{1,t-1} \\ y_{2,t-1} \end{pmatrix} + \begin{pmatrix} u_{1t} \\ u_{2t} \end{pmatrix} \tag{10-51}$$

设
$$Y_t = \begin{pmatrix} y_{1t} \\ y_{2t} \end{pmatrix}, \mu = \begin{pmatrix} \mu_1 \\ \mu_2 \end{pmatrix}, A_1 = \begin{pmatrix} \pi_{1.11} & \pi_{1.12} \\ \pi_{1.21} & \pi_{1.22} \end{pmatrix}, u_t = \begin{pmatrix} u_{1t} \\ u_{2t} \end{pmatrix}$$

则

$$Y_t = \mu + A_1 Y_{t-1} + u_t \tag{10-52}$$

那么，含有 k 个变量滞后 p 期的 VAR 模型表示如下：

$$Y_t = \mu + A_1 Y_{t-1} + A_2 Y_{t-2} + \cdots + A_p Y_{t-p} + u_t, u_t \sim \mathrm{IID}(0, \Omega) \tag{10-53}$$

其中

$$Y_t = (y_{1,t}, y_{2,t}, \cdots, y_{k,t})'$$

$$\mu = (\mu_1, \mu_2, \cdots, \mu_k)'$$

$$A_j = \begin{pmatrix} \pi_{j.11} & \pi_{j.12} & \cdots & \pi_{j.1k} \\ \pi_{j.21} & \pi_{j.22} & \cdots & \pi_{j.2k} \\ \vdots & \vdots & \ddots & \vdots \\ \pi_{j.k1} & \pi_{j.k2} & \cdots & \pi_{j.kk} \end{pmatrix}$$

Y_t 为 $k \times 1$ 阶时间序列列向量。μ 为 $k \times 1$ 阶常数项列向量。$A_1, A_2, \cdots, A_p$ 均为 $k \times k$ 阶参数矩阵，$u_t \sim \text{IID}(0, \Omega)$ 是 $k \times 1$ 阶随机误差列向量，其中每一个元素都是非自相关的，但这些元素，即不同方程对应的随机误差项之间可能存在相关。

因 VAR 模型中每个方程的右侧只含有内生变量的滞后项，它们与 u_t 是不相关的，所以可以用 OLS 法依次估计每一个方程，得到的参数估计量都具有一致性。

VAR 模型的特点是：

(1) 不以严格的经济理论为依据。在建模过程中只需明确两件事：一是共有哪些变量是相互有关系的，把有关系的变量包括在 VAR 模型中；二是确定滞后期 p，使模型能反映出变量间相互影响的绝大部分。

(2)VAR 模型对参数不施加零约束，参数估计值不论有无显著性，都保留在模型中。

(3)VAR 模型的解释变量中不包括任何当期变量，所有与联立方程模型有关的问题在 VAR 模型中都不存在。

(4)VAR 模型的另一个特点是有相当多的参数需要估计。比如一个 VAR 模型含有三个变量，最大滞后期 $p = 3$，则有 $pk^2 = 3 \times 3^2 = 27$ 个参数需要估计。当样本容量较小时，多数参数的估计量误差较大。

(5) 无约束 VAR 模型的应用之一是预测。由于在 VAR 模型中每个方程的右侧都不含有当期变量，这种模型用于预测的优点是不必对解释变量在预测期内的取值做任何预测。

西姆斯(Sims) 认为 VAR 模型中的全部变量都是内生变量。近年来也有学者认为具有单向因果关系的变量，也可以作为外生变量加入 VAR 模型。

作为VAR的一个例子，假设国内生产总值(GDP) 和固定资产投资(FI) 联合地由一个双变量的 VAR 模型决定，并且让常数为唯一的外生变量。内生变量滞后二阶的 VAR(2) 模型是：

$$\text{GDP}_t = a_{11}\text{GDP}_{t-1} + a_{12}\text{FI}_{t-1} + b_{11}\text{GDP}_{t-2} + b_{12}\text{FI}_{t-2} + \mu_1 + u_{1t}$$

$$\text{FI}_t = a_{21}\text{GDP}_{t-1} + a_{22}\text{FI}_{t-1} + b_{21}\text{GDP}_{t-2} + b_{22}\text{FI}_{t-2} + \mu_2 + u_{2t}$$

其中，a_{ij}, b_{ij}, μ_i 是要被估计的参数。也可表示成：

$$\begin{pmatrix} \text{GDP}_t \\ \text{FI}_t \end{pmatrix} = \begin{pmatrix} a_{11} & a_{12} \\ a_{21} & a_{22} \end{pmatrix} \begin{pmatrix} \text{GDP}_{t-1} \\ \text{FI}_{t-1} \end{pmatrix} + \begin{pmatrix} b_{11} & b_{12} \\ b_{21} & b_{22} \end{pmatrix} \begin{pmatrix} \text{GDP}_{t-2} \\ \text{FI}_{t-2} \end{pmatrix} + \begin{pmatrix} \mu_1 \\ \mu_2 \end{pmatrix} + \begin{pmatrix} u_1 \\ u_2 \end{pmatrix}$$

10.5.2　向量自回归模型的估计与设定

与单一时间序列模型相同，本节讨论的 VAR 模型也是限定于分析平稳的随机向量。

模型(10-52)右边没有内生变量,而且每个方程右边的变量又都是相同的,所以使用普通最小二乘法(OLS)可以得到一致且有效的估计量。对VAR的估计可利用EViews 5.0实现。

在估计之前,必须确定一个适当的滞后阶数 p。我们想使滞后数 p 较大,这样可以消除误差项中存在的自相关,以便能完整反映系统的动态特征。但是另一方面,滞后数越大,需要估计的参数就会迅速增多,同时,模型的自由度也就会越少,直接影响模型参数估计量的有效性,所以,选择 p 时,需综合考虑,即要有足够数目的滞后项,又要有足够数目的自由度。

对于单变量的情况,我们可以根据偏自相关函数来选择一个AR模型的适当的阶数。对多变量而言,偏自相关是一些矩阵,给 p 值的确定带来了一定的难度。修正的 $\overline{R}^2$、LR统计量、赤池信息准则(AIC)、施瓦茨准则(SC)和Hannan-Quinn信息准则都是在对模型因增添新的滞后项而损失自由度进行修正后,衡量模型拟合程度的指标。在实际的VAR模型的应用中,便往往根据AIC准则、SC准则或 $\overline{R}^2$ 进行滞后阶数的选择,将使AIC、SC值达到最小或 $\overline{R}^2$ 达到最大的 p 值选定为滞后阶数。

但是,在实际的建模中,特别是VAR模型中含有较多的变量时,因为可用样本容量太小而VAR模型中的参数太多,往往会遇到不得不选择小于理想的 P 值作为滞后阶数,这的确是VAR模型的一个缺陷。

例 10-4　某市1991年～2006年GDP和固定资产投资(FI)的VAR模型估计。(数据如表10-4所示)

仍使用表10-4的观测数据,介绍VAR模型的估计。为了创建一个VAR对象,应选择Quick/Estimate VAR… 或者选择Objects/New object/VAR或者在命令窗口中键入var。随即打开一个对话框,如图10-13。其中需要做五种选择:

(1) 选择模型类型(VAR Type)。无约束向量自回归(Unrestricted VAR)或者向量误差修正(Vector Error Correction)。无约束VAR模型是指VAR模型的简化式。缺省选择是"无约束向量自回归"。

(2) 在Estimation Sample编辑框中设置样本区间。

(3) 在Endogenous Variables编辑栏中输入相应的内生变量。

(4) 在Lag Intervals for Endogenous编辑框中输入滞后信息,表明哪些滞后变量应该被包括在每个等式的右端。这一信息应该成对输入,每一对数字描述一个滞后区间。例如,滞后对1　4表示用系统中所有内生变量的1阶到4阶滞后变量作为等式右端的变量。也可以添加代表滞后区间的任意数字,但都要成对输入。例如:2　4　6　9　12　12即为用2～4阶,6～9阶及第12阶滞后变量。

(5) 在Exogenous Variables编辑栏中输入相应的外生变量,系统通常会自动给出常数c作为外生变量。本例的选择见图10-13。

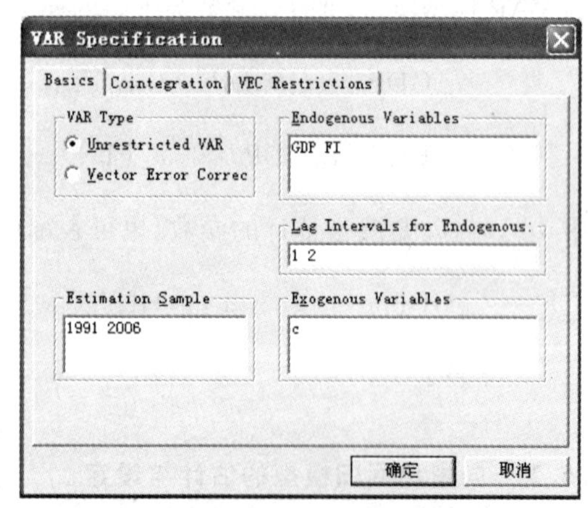

图10-13　VAR模型设定对话框

点击“OK”键，显示图 10－14 所示结果。表中的每一列对应 VAR 模型中一个内生变量的方程。对方程右端每一个变量，EViews 会给出系数估计值、估计系数的标准差(圆括号中)及 t－统计量(方括号中)。例如，在 GDP 的方程中 FI(－1) 的系数是 1.016606，标准差是 0.50745，t－统计量为 2.00337。同时，有两类回归统计量出现在 VAR 对象估计输出的底部：输出的第一部分显示的是每个方程的标准 OLS 回归统计量。根据各自的残差分别计算每个方程的结果，并显示在对应的列中。输出的第二部分显示的是 VAR 模型的回归统计量。

因此，向量自回归(VAR) 模型的估计式为：

$$\hat{GDP}_t = 1.1576GDP_{t-1} - 0.3693GDP_{t-2} + 1.0166FI_{t-1} - 1.0977FI_{t-2} + 198.8199$$

$$\hat{FI}_t = 0.1673GDP_{t-1} - 0.4878GDP_{t-2} + 1.1956FI_{t-1} + 0.3027FI_{t-2} + 162.5022$$

Var: UNTITLED　Workfile: GDPFI\Untitled

View | Proc | Object | Print | Name | Freeze | Estimate | Stats | Impulse | Resids

Vector Autoregression Estimates

Vector Autoregression Estimates
Date: 03/01/08　Time: 23:19
Sample (adjusted): 1993 2006
Included observations: 14 after adjustments
Standard errors in ( ) & t-statistics in [ ]

	GDP	FI
GDP(-1)	1.157616	0.167339
	(0.22816)	(0.14859)
	[5.07372]	[1.12620]
GDP(-2)	-0.369290	-0.487833
	(0.27208)	(0.17719)
	[-1.35728]	[-2.75315]
FI(-1)	1.016606	1.195638
	(0.50745)	(0.33047)
	[2.00337]	[3.61796]
FI(-2)	-1.097656	0.302702
	(0.66292)	(0.43172)
	[-1.65580]	[0.70115]
C	198.8199	162.5022
	(81.3874)	(53.0030)
	[2.44288]	[3.06591]
R-squared	0.946001	0.994938
Adj. R-squared	0.922001	0.992689
Sum sq. resids	10913.86	4628.763
S.E. equation	34.82313	22.67834
F-statistic	39.41714	442.2710
Log likelihood	-66.47626	-60.47205
Akaike AIC	10.21089	9.353150
Schwarz SC	10.43913	9.581385
Mean dependent	965.6364	489.7871
S.D. dependent	124.6875	265.2258

Determinant resid covariance (dof adj.)	573620.7
Determinant resid covariance	237057.5
Log likelihood	-126.3627
Akaike information criterion	19.48038
Schwarz criterion	19.93685

图 10－14　VAR 估计的输出结果

10.5.3 VAR 模型的脉冲响应函数和方差分解

由于 VAR 模型参数的 OLS 估计量只具有一致性，单个参数估计值的经济解释是很困难的。要想对一个 VAR 模型做出分析，通常是观察系统的脉冲响应函数和方差分解。

1. 脉冲响应函数(Impulse-response Function)

对第 i 个变量的冲击不仅直接影响第 i 个变量，而且通过 VAR 模型的动态结构传导给所有的其他内生变量。脉冲响应函数描述一个内生变量对误差冲击的反应。具体地说，脉冲响应函数刻画的是在一个扰动项上加上一次性的一个冲击对内生变量的当前值和未来值所带来的影响。

设 VAR(p) 模型为：

$$Y_t = A_1 Y_{t-1} + \cdots + A_p Y_{t-p} + u_t$$

也可以改写为：

$$(I - A_1 L - A_2 L^2 - \cdots - A_p L^p) Y_t = u_t$$

这里 Y_t 是一个 k 维内生变量向量，u_t 是方差为 Ω 的扰动向量。

假设 VAR(p) 可逆，我们可以得到 Y_t 的 VMA(∞) 的表达式

$$\begin{aligned} Y_t &= (I - A_1 L - A_2 L^2 - \cdots - A_p L^p)^{-1} u_t \\ &= (\psi_0 I + \psi_1 L + \psi_2 L^2 + \cdots) u_t \end{aligned}$$

VMA 表达式系数可以按下面的方式给出：VAR 的系数 A 和 VMA 的系数 ψ 必须满足下面关系

$$(I - A_1 L - A_2 L^2 - \cdots - A_p L^p)(I + \psi_1 L + \psi_2 L^2 + \cdots) = I$$

$$(I + C_1 L + C_2 L^2 + \cdots) = I$$

其中 $C_1 = C_2 = \cdots = 0$。关于 C_q 的条件递归定义了 VMA 系数。

$$\begin{aligned} \psi_1 &= A_1 \\ \psi_2 &= A_1 \psi_1 + A_2 \\ &\vdots \\ \psi_q &= A_1 \psi_{q-1} + A_2 \psi_{q-2} + \cdots + A_p \psi_{q-p} \end{aligned}$$

从而可知 VMA 的系数可以由 VAR 的系数递归得到。

考虑 VMA(∞) 的表达式

$$Y_t = (\psi_0 I + \psi_1 L + \psi_2 L^2 + \cdots) u_t$$

设 $\psi_q = (\psi_{q,ij})$，$q = 1,2,3,\cdots$，则 Y 的第 i 个变量 y_{it} 可以写成：

$$y_{it} = \sum_{j=1}^{k} (\psi_{0,ij} u_{jt} + \psi_{1,ij} u_{jt-1} + \psi_{2,ij} u_{jt-2} + \psi_{3,ij} u_{jt-3} + \cdots)$$

其中 k 是变量个数。

下面仅考虑两个变量($k=2$) 的情形：

$$\begin{pmatrix} y_{1t} \\ y_{2t} \end{pmatrix} = \begin{pmatrix} \psi_{0,11} & \psi_{0,12} \\ \psi_{0,21} & \psi_{0,22} \end{pmatrix} \begin{pmatrix} u_{1,t} \\ u_{2,t} \end{pmatrix} + \begin{pmatrix} \psi_{1,11} & \psi_{1,12} \\ \psi_{1,21} & \psi_{1,22} \end{pmatrix} \begin{pmatrix} u_{1,t-1} \\ u_{2,t-1} \end{pmatrix} + \begin{pmatrix} \psi_{2,11} & \psi_{2,12} \\ \psi_{2,21} & \psi_{2,22} \end{pmatrix} \begin{pmatrix} u_{1,t-2} \\ u_{2,t-2} \end{pmatrix} + \cdots$$

现在假定在基期给 y_1 一个单位的脉冲，即：

$$u_{1t} = \begin{cases} 1, & t=0 \\ 0, & \text{else} \end{cases}$$

u_{10}=1

-1 -2 0 1 2 3 4 5 …… t

$$u_{2t} = 0, \quad \forall t$$

由 y_1 的脉冲引起的 y_2 的响应函数：$\psi_{0,21}, \psi_{1,21}, \psi_{2,21}, \cdots$

$$t=0, y_{2,0} = \psi_{0,21}$$

$$t=1, y_{2,1} = \psi_{1,21}$$

$$t=2, y_{2,2} = \psi_{2,21}$$

$$t=3, y_{2,3} = \psi_{3,21}$$

$$t=4, y_{2,4} = \psi_{4,21}$$

由上述推导可知，由 y_1 的脉冲引起的 y_2 的响应函数序列是由 VMA(∞) 中系数矩阵 $\psi_q(=\psi_{q,ij})$ 第二行第一列的元素组成，$q=1,2,\cdots$。

因此，一般地，由对 y_j 的脉冲引起的 y_i 的响应函数可以求出如下：

$$\psi_{0,ij}, \psi_{1,ij}, \psi_{2,ij}, \psi_{3,ij}, \psi_{4,ij}, \cdots$$

其中 $\psi_{q,ij}$ 代表第 j 个变量的单位冲击引起的第 i 个变量的第 q 期滞后反映。

2. 方差分解(variance decomposition)

脉冲响应函数描述的是VAR中的一个内生变量的冲击给其他内生变量所带来的影响。而方差分解是把内生变量中的变化分解为对VAR的分量冲击，也就是通过分析每一个结构冲击对内生变量变化(通常用方差来度量) 的贡献度，进一步评价不同结构冲击的重要性。因此，方差分解给出对 VAR 模型中的变量产生影响的每个随机扰动的相对重要性的信息。

脉冲响应函数是随着时间的推移，来观察模型中各变量对于冲击是如何反应的，然而对于只是要简单地说明变量间的影响关系又稍稍过细了一些。因此，Sims 于 1980 年依据 VMA(∞) 表示，提出了方差分解方法，定量地把握变量间的影响关系。其思路如下：

由 VAR(p) 模型

$$Y_t = A_1 Y_{t-1} + \cdots + A_p Y_{t-p} + u_t$$

相应的 VMA(∞) 的表达式

$$Y_t = (\psi_0 I + \psi_1 L + \psi_2 L^2 + \cdots) u_t$$

可知，第 i 个变量 y_{ij} 可以写成：

$$y_{ij} = \sum_{j=1}^{k} (\psi_{0,ij} u_{jt} + \psi_{1,ij} u_{jt-1} + \psi_{2,ij} u_{jt-2} + \psi_{3,ij} u_{jt-3} + \cdots)$$

其中 k 是变量个数。

上式中各括号中的内容是第 j 个扰动项 u_j 从无限过去到现在时点对第 i 个变量 y_i 影响的总和。求其方差，因为 $\{u_{jt}\}$ 无序列相关，故

$$E[(\psi_{0,ij} u_{jt} + \psi_{1,ij} u_{jt-1} + \psi_{2,ij} u_{jt-2} + \cdots)^2] = \sum_{q=0}^{\infty} (\psi_{q,ij})^2 \sigma_{jj} \qquad j = 1,2,\cdots,k$$

这是把第 j 个扰动项对第 i 个变量的从无限过去到现在时点的影响，用方差加以评价的结果。此处还假定扰动项向量的协方差矩阵 Ω 是对角矩阵。于是 y_{it} 的方差 $\mathrm{var}(y_{it})$ 是上述方差的 k 项简单和

$$\mathrm{var}(y_{it}) = \sum_{j=1}^{k} \left\{ \sum_{q=0}^{\infty} (\psi_{q,ij})^2 \sigma_{jj} \right\}$$

y_{it} 的方差可以分解成 k 种不相关的影响，因此为了测定各个扰动项对 y_{it} 的方差有多大程度的贡献，定义了如下尺度：

$$\mathrm{RVC}_{j\to i}(\infty) = \frac{\sum_{q=0}^{\infty} (\psi_{q,ij})^2 \sigma_{jj}}{\mathrm{var}(y_{it})} = \frac{\sum_{q=0}^{\infty} (\psi_{q,ij})^2 \sigma_{jj}}{\sum_{j=1}^{k} \left\{ \sum_{q=0}^{\infty} (\psi_{q,ij})^2 \sigma_{jj} \right\}} \qquad i,j = 1,2,\cdots,k$$

即 RVC(Relative Variance Contribution)（相对方差贡献率），是根据第 j 个变量基于冲击的方差对 y_{it} 的方差的相对贡献度来作为观测第 j 个变量对第 i 个变量影响的尺度。实际上，不可能用到 $s=\infty$ 的 $\psi_{k,ij}$ 来评价。如果模型满足平稳性条件，则随着 q 的增大呈几何级数性的衰减，所以只需取有限的 s 项。

VAR(p) 模型的前 s 期的预测误差是：

$$u_{t+s} + \psi_1 u_{t+s-1} + \psi_2 u_{t+s-2} + \cdots + \psi_{s-1} u_{t+1}$$

故可得近似的相对方差贡献率(RVC)：

$$\mathrm{RVC}_{j\to i}(s) = \frac{\sum_{q=0}^{s-1} (\psi_{q,ij})^2 \sigma_{jj}}{\sum_{j=1}^{k} \left\{ \sum_{q=0}^{s-1} (\psi_{q,ij})^2 \sigma_{jj} \right\}} \qquad i,j = 1,2,\cdots,k$$

其中 $\mathrm{RVC}_{j\to i}(s)$ 具有如下的性质：

(1) $0 \leqslant \mathrm{RVC}_{j\to i}(s) \leqslant 1 \qquad i,j = 1,2,\cdots,k$

(2) $\sum_{j=1}^{k} \mathrm{RVC}_{j\to i}(s) = 1$

如果 $\mathrm{RVC}_{j\to i}(s)$ 大时，意味着第 j 个变量对第 i 个变量的影响大；相反的，$\mathrm{RVC}_{j\to i}(s)$ 小时，可以认为第 j 个变量对第 i 个变量的影响小。

10.6　案例分析

表 10－6 是 1992 年 1 月至 1998 年 12 月经居民消费价格指数调整的我国城镇居民的生活费支出(ZC) 与可支配收入(SR) 时间序列。试利用 EViews 软件,对我国城镇居民的生活费支出与可支配收入时间序列进行单位根检验,并确定单整阶数;对我国城镇居民的生活费支出与可支配收入进行协整检验,并估计我国城镇居民的生活费支出与可支配收入之间的误差修正模型。

表 10－6　城镇居民月人均生活费支出和可支配收入调整序列　(单位:元)

序列	月份	1992	1993	1994	1995	1996	1997	1998
可支配收入(SR)	1	151.83	265.93	273.98	370.00	438.37	521.01	643.40
	2	159.86	196.96	318.81	385.21	561.29	721.01	778.62
	3	124.00	200.19	236.45	308.62	396.82	482.38	537.16
	4	124.88	199.48	248.00	320.33	405.27	492.96	545.79
	5	127.75	200.75	261.16	327.94	410.06	499.90	567.99
	6	134.48	208.50	273.45	338.53	415.38	508.81	555.79
	7	145.05	218.82	278.10	361.09	434.70	516.24	570.23
	8	138.31	209.07	277.45	356.30	418.21	509.98	564.38
	9	144.25	223.17	292.71	371.32	442.30	538.46	576.36
	10	143.86	226.51	289.36	378.72	440.81	537.09	599.40
	11	149.12	226.62	296.50	383.58	449.03	534.12	577.40
	12	139.93	210.32	277.60	427.78	449.17	511.22	606.14
生活费支出(ZC)	1	139.47	221.74	234.28	307.10	373.58	419.39	585.70
	2	168.07	186.49	272.09	353.55	471.77	528.09	598.82
	3	110.47	185.92	202.88	263.37	350.36	390.04	417.27
	4	113.22	185.26	227.89	281.22	352.15	405.63	455.60
	5	115.82	187.62	235.70	299.73	369.57	426.81	466.20
	6	118.20	12.11	237.89	308.18	370.41	422.00	455.19
	7	118.03	186.75	239.71	315.87	376.90	428.70	458.57
	8	124.45	187.07	252.52	331.88	387.44	459.29	475.40
	9	147.70	219.23	286.75	385.99	454.93	517.06	591.41
	10	135.14	212.80	270.00	355.92	403.77	463.98	494.57
	11	135.20	205.22	274.37	355.11	410.10	422.96	496.69
	12	128.03	192.64	250.01	386.08	400.48	460.92	516.16

数据来源:转摘自易丹辉《数据分析与 EViews 的应用》,中国统计出版社 2002 年版,第 141 页。

1. 对我国城镇居民的生活费支出与可支配收入时间序列进行单位根检验

在 EViews 中建立文档，录入人均可支配收入(SR)和生活费支出(ZC)序列的数据。双击人均可支配收入(SR)序列，出现工作文件窗口，在其左上方点击 EViews 键出现下拉菜单，点击 Unit Root Test，出现对话框(图 10-15)，选择带截距项(Intercept)，在 Lag length 这个选项中，我们可以选择一些确定消除序列相关所需的滞后阶数的准则，也可以自己指定，我们采用EViews默认Schwarz信息准则来确定滞后的阶数。点击OK，得到估计结果，见图 10-16。

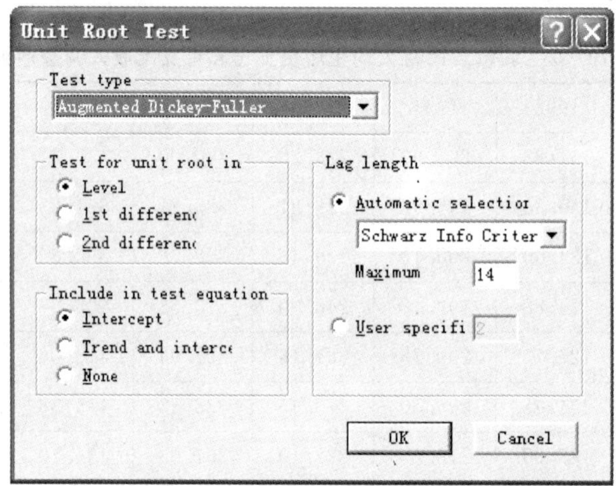

图 10-15　单位根检验回归方程设定(水平变量)

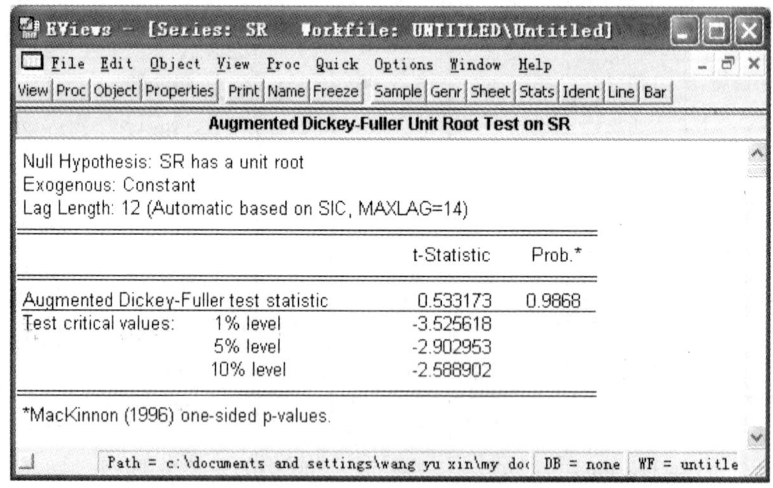

Augmented Dickey-Fuller Unit Root Test on SR

Null Hypothesis: SR has a unit root
Exogenous: Constant
Lag Length: 12 (Automatic based on SIC, MAXLAG=14)

		t-Statistic	Prob.*
Augmented Dickey-Fuller test statistic		0.533173	0.9868
Test critical values:	1% level	-3.525618	
	5% level	-2.902953	
	10% level	-2.588902	

*MacKinnon (1996) one-sided p-values.

图 10-16　SR 序列的 ADF 检验结果

从检验结果看，在 1%、5%、10% 三个显著性水平下，单位根检验的 MacKinnon 临界值分别为 −3.525618、−2.902953、−2.588902，ADF 检验统计量值 0.533173 大于相应临界值，从而不能拒绝原假设，表明人均可支配收入(SR)序列存在单位根，是非平稳序列。

为了得到人均可支配收入(SR)序列的单整阶数，应该继续对人均可支配收入的差分序列进行单位根检验。ADF 检验结果如图 10-17。

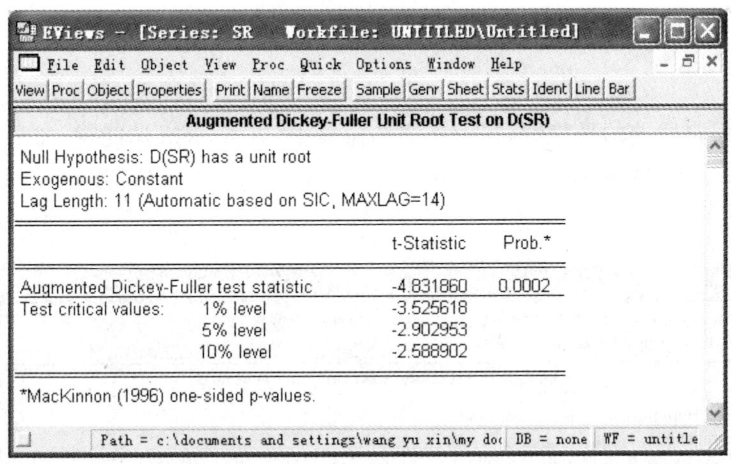
EViews - [Series: SR Workfile: UNTITLED\Untitled]

File Edit Object View Proc Quick Options Window Help

View | Proc | Object | Properties | Print | Name | Freeze | Sample | Genr | Sheet | Stats | Ident | Line | Bar

Augmented Dickey-Fuller Unit Root Test on D(SR)

Null Hypothesis: D(SR) has a unit root
Exogenous: Constant
Lag Length: 11 (Automatic based on SIC, MAXLAG=14)

		t-Statistic	Prob.*
Augmented Dickey-Fuller test statistic		-4.831860	0.0002
Test critical values:	1% level	-3.525618	
	5% level	-2.902953	
	10% level	-2.588902	

*MacKinnon (1996) one-sided p-values.

Path = c:\documents and settings\wang yu xin\my doc | DB = none | WF = untitle

图 10－17　SR 差分序列的 ADF 检验结果

从检验结果看，在 1%、5%、10% 三个显著性水平下，单位根检验的 MacKinnon 临界值分别为 －3.525618、－2.902953、－2.588902，ADF 检验统计量值为 －4.831860，小于相应临界值，从而拒绝原假设，表明人均可支配收入(SR) 的差分序列不存在单位根，是平稳序列。即 SR 序列是一阶单整的，SR ～ $I(1)$。

采用同样方法，可检验得到 ZC 序列也是一阶单整的，即 ZC ～ $I(1)$。

2. 对我国城镇居民的生活费支出与可支配收入进行协整检验

为了分析可支配收入(SR) 和生活费支出(ZC) 之间是否存在协整关系，我们先做两变量之间的回归，然后检验回归残差的平稳性。

以生活费支出(ZC) 为被解释变量，可支配收入(SR) 为解释变量，用 OLS 回归方法估计回归模型，结果见图 10－18。

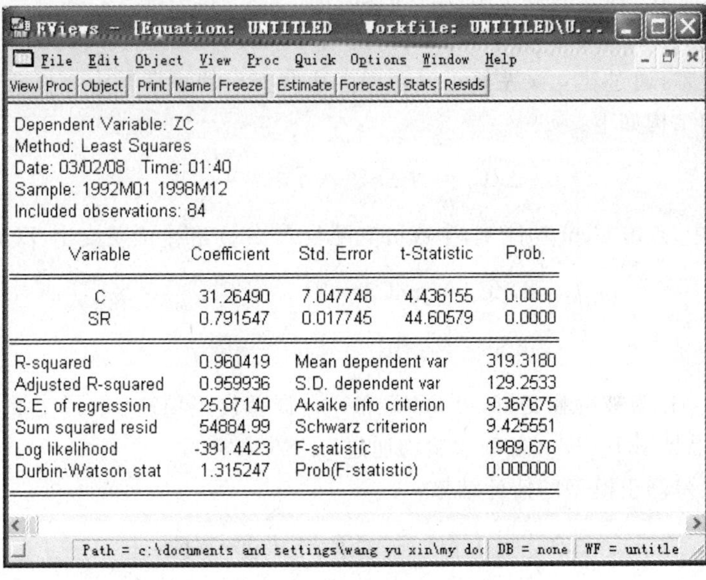
EViews - [Equation: UNTITLED Workfile: UNTITLED\U...

File Edit Object View Proc Quick Options Window Help

View | Proc | Object | Print | Name | Freeze | Estimate | Forecast | Stats | Resids

Dependent Variable: ZC
Method: Least Squares
Date: 03/02/08 Time: 01:40
Sample: 1992M01 1998M12
Included observations: 84

Variable	Coefficient	Std. Error	t-Statistic	Prob.
C	31.26490	7.047748	4.436155	0.0000
SR	0.791547	0.017745	44.60579	0.0000

R-squared	0.960419	Mean dependent var	319.3180
Adjusted R-squared	0.959936	S.D. dependent var	129.2533
S.E. of regression	25.87140	Akaike info criterion	9.367675
Sum squared resid	54884.99	Schwarz criterion	9.425551
Log likelihood	-391.4423	F-statistic	1989.676
Durbin-Watson stat	1.315247	Prob(F-statistic)	0.000000

Path = c:\documents and settings\wang yu xin\my doc | DB = none | WF = untitle

图 10－18　ZC 对 SR 的 OLS 回归结果

估计的回归模型为：

$$ZC = 31.26490 + 0.791547SR_t + \hat{u}_t \qquad (10-54)$$

为了检验回归残差的平稳性，在工作文档窗口中，点击Genr功能键，命令U＝Resid，将上述OLS回归得到的残差序列命名为新序列U，然后双击U序列，对U序列进行单位根检验。估计结果见图10－19。

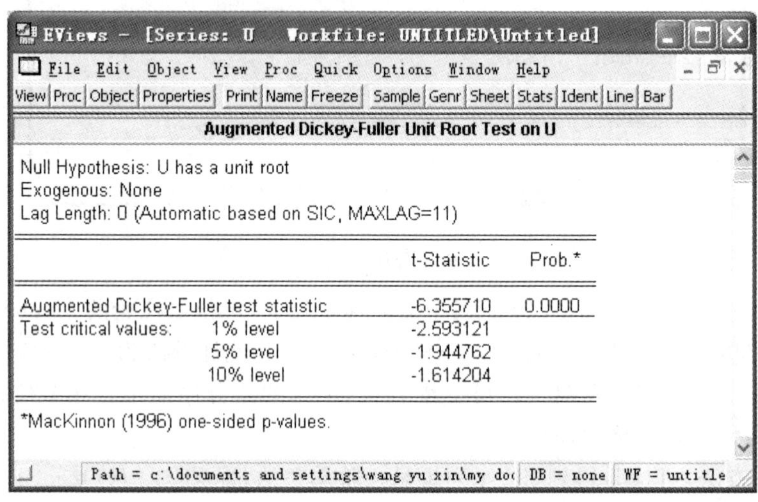
Augmented Dickey-Fuller Unit Root Test on U

Null Hypothesis: U has a unit root
Exogenous: None
Lag Length: 0 (Automatic based on SIC, MAXLAG=11)

		t-Statistic	Prob.*
Augmented Dickey-Fuller test statistic		-6.355710	0.0000
Test critical values:	1% level	-2.593121	
	5% level	-1.944762	
	10% level	-1.614204	

*MacKinnon (1996) one-sided p-values.

图10－19 ADF检验结果

从检验结果看残差序列不存在单位根，是平稳序列，说明可支配收入(SR)和生活费支出(ZC)之间存在协整关系。

3. 建立误差修正模型

可支配收入(SR)和生活费支出(ZC)之间存在协整，表明两者之间有长期均衡关系。但从短期来看，可能会出现失衡，为了增强模型的精度，可以把协整回归式(10－54)中的误差项$\hat{u}_t$看作均衡误差，通过建立误差修正模型把生活费支出的短期行为与长期变化联系起来。误差修正模型的结构如下：

$$\Delta ZC_t = \beta \Delta SR_t + \gamma \hat{u}_{t-1} + \varepsilon_t \qquad (10-55)$$

在EViews中，点击Genr功能键，生成可支配收入(SR)和生活费支出(ZC)的差分序列：

$$\begin{aligned} DZC_t &= \Delta ZC_t = ZC_t - ZC_{t-1} \\ DSR_t &= \Delta SR_t = SR_t - SR_{t-1} \end{aligned} \qquad (10-56)$$

然后以DZC_t作为被解释变量，以DZC_t和$\hat{u}_{t-1}$(误差修正项)为解释变量，估计回归模型式(10－55)，结果见图10－20(各项检验均通过)。

最终得到误差修正模型的估计结果：

$$\Delta\hat{ZC}_t = 0.711473\Delta SR_t - 0.609716\,\hat{u}_{t-1}$$

在模型中，差分项反映了变量短期波动的影响。被解释变量的波动可以分为两部分：一部分是短期波动，另一部分是长期均衡。

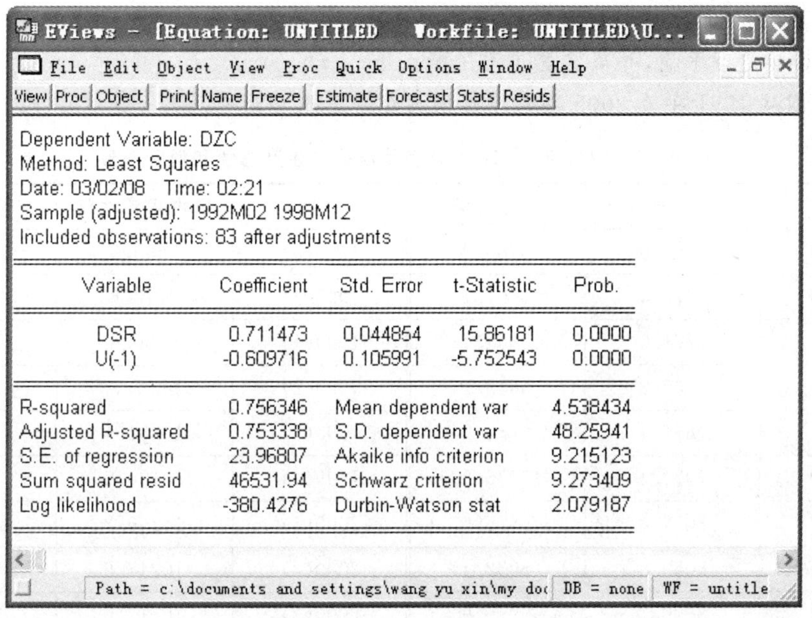

EViews - [Equation: UNTITLED　Workfile: UNTITLED\U...

File Edit Object View Proc Quick Options Window Help

View | Proc | Object | Print | Name | Freeze | Estimate | Forecast | Stats | Resids

Dependent Variable: DZC
Method: Least Squares
Date: 03/02/08　Time: 02:21
Sample (adjusted): 1992M02 1998M12
Included observations: 83 after adjustments

Variable	Coefficient	Std. Error	t-Statistic	Prob.
DSR	0.711473	0.044854	15.86181	0.0000
U(-1)	-0.609716	0.105991	-5.752543	0.0000

R-squared	0.756346	Mean dependent var	4.538434
Adjusted R-squared	0.753338	S.D. dependent var	48.25941
S.E. of regression	23.96807	Akaike info criterion	9.215123
Sum squared resid	46531.94	Schwarz criterion	9.273409
Log likelihood	-380.4276	Durbin-Watson stat	2.079187

Path = c:\documents and settings\wang yu xin\my doc　DB = none　WF = untitle

图 10 - 20　回归结果

根据模型的参数估计量，短期内城镇居民可支配收入的变化将引起月人均生活费支出的相同方向的变化，如果城镇居民可支配收入总值变化 1%，则人均生活费支出将变化 0.711473%。误差修正项 $\hat{u}_{t-1}$ 系数的大小反映了对长期均衡的调整力度，从系数估计值 (-0.609716) 看，调整的力度是比较大的。这一分析结果，就是误差修正模型的优势所在。

思考与练习

1. 请描述平稳时间序列的条件。

2. 什么是非平稳？为什么随机游走过程是非平稳的？

3. 设 $x_t = \xi\cos\theta t + \eta\sin\theta t, 0 \leqslant t \leqslant 1$，其中 ξ, η 是相互独立的正态分布 $N(0,\sigma^2)$ 随机变量，θ 是实数。试证：$\{x_t, 0 \leqslant t \leqslant 1\}$ 为平稳过程。

4. 什么是样本自相关函数？什么是 d 阶单整序列？

5. 举例说明序列的非平稳性和伪回归。

6. 如何通过样本自相关函数判断时间序列的平稳性？

7. 试述单位根检验的基本步骤。

8. 单整变量的单位根检验为什么从 DF 检验发展到 ADF 检验？

9. 简述两变量协整检验的步骤。

10. 单位根检验和协整检验之间是否有差别？如果有，差别在哪里？

11. Granger 因果关系检验是怎样进行的？

12. 简述建立误差修正模型的步骤。

13. 设动态数据 $x_1 = 0.8, x_2 = 0.7, x_3 = 0.9, x_4 = 0.74, x_5 = 0.82, x_6 = 0.92, x_7 = 0.78, x_8 = 0.86, x_9 = 0.72, x_{10} = 0.84$，求样本均值 $\bar{x}$，样本方差 $\hat{\gamma}_0$，样本自协方差 $\hat{\gamma}_1$、$\hat{\gamma}_2$ 和样本自相关函数 $\hat{\rho}_1$、$\hat{\rho}_2$。

14. 从《中国统计年鉴》中取得1978年～2007年全国全社会固定资产投资额的时间序列数据，检验其是否平稳，并确定其单整阶数。

15. 某国从1991年至2005年每季度国内生产总值和消费总额如表10-7。

表10-7　1991年～2005年各季度国内生产总值和消费总额　（单位：亿元）

季度	国内生产总值	消费总额	季度	国内生产总值	消费总额
1991(1)	7562.0	5580.0	1998(3)	9655.8	7136.2
1991(2)	7676.0	5601.7	1998(4)	9712.8	7226.1
1991(3)	7771.0	5654.4	1999(1)	9830.6	7275.7
1991(4)	7767.2	5645.1	1999(2)	9997.8	7421.4
1992(1)	7877.4	5731.9	1999(3)	10081.4	7452.4
1992(2)	7972.4	5775.3	1999(4)	10184.0	7505.1
1992(3)	8002.8	5815.6	2000(1)	10256.2	7554.7
1992(4)	8059.8	5902.4	2000(2)	10248.6	7548.5
1993(1)	8090.2	5979.9	2000(3)	10317.0	7607.4
1993(2)	8166.2	6085.3	2000(4)	10366.4	7641.5
1993(3)	8333.4	6165.9	2001(1)	10419.6	7638.4
1993(4)	8633.6	6299.2	2001(2)	10229.6	7483.4
1994(1)	8740.0	6395.3	2001(3)	10343.6	7564.0
1994(2)	8797.0	6392.2	2001(4)	10552.6	7653.9
1994(3)	8880.6	6426.3	2002(1)	10575.4	7672.5
1994(4)	9051.6	6407.7	2002(2)	10548.8	7675.6
1995(1)	8869.2	6355.0	2002(3)	10693.2	7709.7
1995(2)	8755.2	6382.9	2002(4)	10670.4	7650.8
1995(3)	8797.0	6401.5	2003(1)	10621.0	7700.4
1995(4)	8789.4	6320.9	2003(2)	10731.2	7712.8
1996(1)	8671.6	6358.1	2003(3)	10750.2	7756.2
1996(2)	9082.0	6466.6	2003(4)	10761.6	7870.9
1996(3)	8945.2	6553.4	2004(1)	10803.4	7923.6
1996(4)	9078.2	6624.7	2004(2)	10894.6	8072.4
1997(1)	9211.2	6758.0	2004(3)	11031.4	8180.9
1997(2)	9249.2	6801.4	2004(4)	11248.0	8301.8
1997(3)	9287.2	6860.3	2005(1)	11525.4	8379.3
1997(4)	9344.2	6950.2	2005(2)	11647.0	8497.1
1998(1)	9359.4	7040.1	2005(3)	11787.6	8537.4
1998(2)	9462.0	7068.0	2005(4)	11848.4	8630.4

试对国内生产总值(GDP)和消费总额(C)进行单位根检验。由于消费在很大程度上取决于国内生产总值,因此进一步分析两者之间是否存在协整关系,并构建误差修正模型来分析两者之间的长期和短期关系。

16. 表 10-8 数据是 1970 年 ～ 1991 年美国制造业固定厂房设备投资 Y 和产品销售量 X,以 10 亿美元计价,且经过季节调整,根据该数据:

(1) 试检验 Y 与 X 的因果关系,使用直至 6 期为止的滞后并评述其结果。

(2) 对固定厂房设备投资 Y 和销售量 X 的 VAR 模型进行估计。

表 10-8　1970 年 ～ 1991 年美国制造业固定厂房设备投资和销售量数据

年份	固定厂房设备投资	销售量	年份	固定厂房设备投资	销售量
1970	36.99	52.805	1981	128.68	168.129
1971	33.6	55.906	1982	123.97	163.351
1972	35.42	63.027	1983	117.35	172.547
1973	42.35	72.027	1984	139.61	190.682
1974	52.48	84.79	1985	182.88	194.538
1975	53.66	86.589	1986	137.95	194.657
1976	58.53	98.797	1987	141.06	206.326
1977	67.48	113.201	1988	163.45	223.541
1978	78.13	126.905	1989	183.8	232.724
1979	95.13	143.936	1990	192.61	239.459
1980	112.6	154.39	1991	182.81	235.142

17. 从《中国统计年鉴》查找 1991 ～ 2010 年我国 GDP(Y)和税收(X)的数据(单位,亿元),判断 $\ln Y$ 和 $\ln X$ 的平稳性,如果是同阶单整的,检验它们之间是否存在协整关系,如果协整,则建立相应的协整模型和误差修正模型。

第 11 章　面板数据模型

在经济学研究中，同时具有时间序列和截面性质的数据是常见的。例如，经济统计年鉴上往往会提供包含各个国家(地区)的若干系列的年度(季度和月度)经济总量数据，如西方 7 国 1960 年～2000 年度经济总量数据。这种统计数据既包含时间序列的特征，又包含截面数据的特征，在计量分析中被列入单独的一类数据——面板数据(Panel Data)进行分析。本章简要介绍面板数据及其模型的基本原理，包括固定效应模型和随机效应模型设置、参数估计与检验。

11.1　面板数据模型基本概念

11.1.1　面板数据和模型概述

在经济学研究和实际应用中，我们经常需要运用时间序列数据或者横截面数据。例如时间序列数据是变量按时间得到的数据；横截面数据是变量在截面空间上的数据。此外，在经济分析中，尤其是在通过建立计量经济学模型所进行的经济分析中，经常发现，只利用截面数据或者只利用时间序列数据不能满足分析目的的需要。

例如，如果分析生产成本问题，只利用截面数据，即选择统一截面上不同规模的企业数据作为样本观测值，可以分析成本和企业规模的关系，但是不能分析技术进步对成本的影响；只利用时间序列数据，即选择同一企业在不同时间上数据作为样本观测值，可以分析成本与技术进步的关系，但是不能分析企业规模对成本的影响。因此我们需要采用横截面观察值和时间序列观察值结合起来的数据，即：数据集中的变量同时含有横截面和时间序列的信息。这种数据被称为面板数据(Panel Data)，它与我们之前分析过的纯粹的横截面数据和时间序列数据有着不同的特点。简单地讲，面板数据是从横截面(cross section)上看，是由若干个体(entity, unit, individual)在某一时刻构成的截面观测值，从纵剖面(longitudinal section)上看是一个时间序列，所以其统计性质既带有时间序列的性质，又包含一定的横截面特点。因而，以往采用的计量模型和估计方法就需要有所调整。

例 11－1　表 11－1 中展示的数据就是一个面板数据的例子。

其他类似的例子还有：历次人口普查中有关不同年龄段的受教育状况；同行业不同公司在不同时间节点上的产值等。这里，不同的年龄段和公司代表不同的截面，而不同时间节点数据反映了数据的时间序列性。

研究和分析面板数据的模型被称为面板数据模型(panel data model)。它的变量取值都带有时间序列和横截面的两重性。一般的线性模型只能单独处理横截面数据或时间序列数据，而不能同时分析和对比它们。面板数据模型，相对于一般的线性回归模型，其优点在于它既考虑到了横截面数据存在的共性，又能分析模型中横截面因素的个体特殊效应。当然，我们也可以将横截面数据简单地堆积起来用回归模型来处理，但这样做就丧失了分析个体特殊效应的机会。

表 11－1　华东地区各省市 GDP 历史数据　　（单位：亿元）

地区＼年份	2001	2002	2003	2004	2005	2006
上海	5210.12	5741.03	6694.23	8072.83	9154.18	10366.37
江苏	9456.84	10606.85	12442.87	15003.60	18305.66	21645.08
浙江	6898.34	8003.67	9705.02	11648.70	13437.85	15742.51
安徽	3246.71	3519.72	3923.10	4759.32	5375.12	6148.73
福建	4072.85	4467.55	4983.67	5763.35	6568.93	7614.55
江西	2175.68	2450.48	2807.41	3456.70	4056.76	4670.53
山东	9195.04	10275.50	12078.15	15021.84	18516.87	22077.36

数据来源：《中国统计年鉴》（2002－2007）

11.1.2　一般面板数据模型介绍

运用面板数据进行计量经济分析，是近年来研究较多的一个领域。运用面板数据进行计量经济分析的模型称为“面板数据模型”。下面我们简要介绍一下面板数据模型。

符号介绍：y_{it}——因变量在横截面 i 和时间 t 上的数值；

x_{it}^{j}——第 j 个解释变量在横截面 i 和时间 t 上的数值；

假设：有 K 个解释变量，即 $j=1,2,\cdots,K$；

有 N 个横截面，即 $i=1,2,\cdots,N$；

时间指标 $t=1,2,\cdots,T$。

记第 i 个横截面的数据为：

$$y_i=\begin{pmatrix} y_{i1} \\ y_{i2} \\ \vdots \\ y_{iT} \end{pmatrix};\ X_i=\begin{pmatrix} x_{i1}^1 & x_{i1}^2 & \cdots & x_{i1}^K \\ x_{i2}^1 & x_{i2}^2 & \cdots & x_{i2}^K \\ \cdots & \cdots & \cdots & \cdots \\ x_{iT}^1 & x_{iT}^2 & \cdots & x_{iT}^K \end{pmatrix};\ u_i=\begin{pmatrix} u_{i1} \\ u_{i2} \\ \vdots \\ u_{iT} \end{pmatrix}$$

其中对应的 u_i 是横截面 i 和时间 t 的随机误差项。再记

$$y=\begin{pmatrix} y_{i1} \\ y_{i2} \\ \vdots \\ y_{iN} \end{pmatrix};\ X=\begin{pmatrix} X_{i1} \\ X_{i2} \\ \vdots \\ X_{iN} \end{pmatrix};\ \mu=\begin{pmatrix} \mu_{i1} \\ \mu_{i2} \\ \vdots \\ \mu_{iK} \end{pmatrix};\ \beta=\begin{pmatrix} \beta_{i1} \\ \beta_{i2} \\ \vdots \\ \beta_{iK} \end{pmatrix}$$

这样，y 是一个 $N \cdot T\times 1$ 的向量；X 是一个 $N \cdot T\times K$ 的矩阵；而 μ 是一个 $N \cdot T\times 1$ 的向量。针对这样的数据，有以下以矩阵形式表达的面板数据模型：

$$y=X\beta+u \tag{11-1}$$

方程(1)代表一个最基本的面板数据模型。基于对系数 β 和随机误差项 μ 的不同假设，从这个基本模型可以衍生出各种不同的面板数据模型。最简单的模型就是忽略数据中每个横截面个体所可能有的特殊效应，如假设 $\mu\sim iid(0,\sigma^2)$，而简单地将模型视为横截面数据堆积的模型。

但是由于面板数据中含有横截面数据，有时需要考虑个体可能存在的特殊效应及对模型估计方法的影响。例如在不同个体误差项存在不同分布的情况下，OLS 估计量虽然是一致的，但不再是有效估计量，因此往往需要采用 GLS。

一般为了分析每个个体的特殊效应，对随机误差项 μ_{it} 的设定是：

$$\mu_{it}=\alpha_i+\varepsilon_{it} \tag{11-2}$$

其中，$\mu\sim iid(0,\sigma^2)$，α_i 代表个体的特殊效应，反映了不同个体之间的差别。而 α_i 的不同假设将导致最常见的两个面板数据模型。若认为个体之间的差异是系统性的，是确定的，则假设 α_i 是固定的常数，此时模型被称为固定效应模型(fixed-effect model)；若认为个体之间的差异是随机的，是不确定的，则假设 α_i 不是固定的，而是随机的，此时模型被称为随机效应模型(random-effect model)。

11.2 方差分析

11.2.1 分析简介

假设在 T 时期内存在 N 个个体特征的观测值，分别表示为 y_{it}，x_{kit}，其中 $i=1,2,\cdots,N$，$t=1,2,\cdots,T$，$k=1,2,\cdots,K$。通常，y 被假定为 x 和参数 θ 所组成的概率分布的随机结果，即 $f(y|x,\theta)$。运用面板数据的其中一个目标就是使用有效信息推断 θ。例如，一个简单的模型假定就是 y 是 x 的线性方程。但是对 NT 个观测值运用最小二乘法回归，我们需要假定这些参数在任何时期对所有代表性的单位都具有普遍价值。如果说这个假定是无效的，那么运用最小二乘法就会得到假的推论。因此，对于数据处理的第一步，我们经常会先检验随机参数 y 以及常数 i 和 t。

方差检验分析就是判断变量来源的一个广泛使用的程序。而方差分析是被保留成线性假定的特殊分类假定，即是指 y 依赖于单个个体和方差检验分析的回归。另一方面，协方差分析模型加入了外生变量，以及每个个体依赖于个体所属于类别的真实关系，也就是平时的方差分析模型。

通常，线性模型评估质量和数量因素的有效性是通过如下假定进行的：

$$y_{it}=\alpha_{it}^*+\beta'_{it}x_{it}+u_{it},i=1,2,\cdots,N,t=1,2,\cdots,T \tag{11-3}$$

其中，α_{it}^* 是 1×1 维的向量，$\beta'_{it}=(\beta_{1it},\beta_{2it},\cdots,\beta_{Kit})$ 是 $1\times K$ 维的向量，$x'_{it}=(x_{1it},x_{2it},\cdots,x_{Kit})$ 是个外生的 $1\times K$ 维的向量，u_{it} 是随机误差项。我们要检验估计回归系数的两个方面：

一是回归系数斜率的同质性，二是回归系数截距的同质性。

方差分析总共可以分为三步：

(1)是否同时检验斜率和截距在不同的时期对于不同的个体之间是类似的；

(2)检验在总体上回归系数的斜率是否是一致的；

(3)检验在总体上回归系数的截距是否是一致的。

如果第一步的原假设被接受，并且很显著，则表示斜率和截距是一致的，就不用做接下来的检验了。但是，如果第一步原假设被拒绝了，我们就要进行第二步的检验，即是检验在总体上回归系数的斜率是否一致。如果检验未被拒绝，就进行第三步检验，判断回归系数的截距是否是一致的。原则上来说，第一步被分成第二和第三步。

方差分析是由赛菲(Scheffe)于 1959 年和瑟尔勒(Searle)于 1971 年提出的，在实践中一维个体差异分析被广泛应用。因此，在下面我们将描述一维协方差分析方法。

11.2.2　个体差异分析

模型(11－3)只是描述统计量，它既不能估计，也不能预测。因为自由度 NT 少于参数的个数 $NT(K+1)$ 和 u_{it} 分布特征的变量个数。在作出结论之前，我们基于式(11－3)作出一些限制。首先，我们假定参数是连续的，且在样本之间存在差异。因此，我们对每个样本分别回归：

$$y_{it}=\alpha_i^*+\beta'_i x_{it}+u_{it},i=1,\cdots,N,t=1,\cdots,T \tag{11-4}$$

基于式(11－3)，我们可以作出下列三种限制：

H_1：回归斜率相同，截距不同。即

$$y_{it}=\alpha_i^*+\beta' x_{it}+u_{it} \tag{11-5}$$

H_2：回归截距相同，斜率不同。即

$$y_{it}=\alpha^*+\beta'_i x_{it}+u_{it} \tag{11-6}$$

H_3：回归截距和斜率都相同。即

$$y_{it}=\alpha^*+\beta' x_{it}+u_{it} \tag{11-7}$$

由于斜率不同、截距相同的回归结果其经济含义无法解释，所以我们忽略式(11－6)的限制。我们可以把式(11－4)看做无限制条件的模型，式(11－5)作为个体均值修正模型，式(11－7)作为混合回归模型。

设

$$\bar{y}_i=\frac{1}{T}\sum_{t=1}^{T}y_{it} \tag{11-8}$$

$$\bar{x}_i=\frac{1}{T}\sum_{t=1}^{T}x_{it} \tag{11-9}$$

分别是第 i 个样本 y 与 x 的均值，则对式(11－4)中的参数运用最小二乘法估计，可得

$$\hat{\beta}_i=W_{xx,i}^{-1}W_{xy,i},\hat{\alpha}_i=\bar{y}_i-\hat{\beta}'_i\bar{x}_i,i=1,\cdots,N, \tag{11-10}$$

其中，

$$W_{xx,i}=\sum_{t=1}^{T}(x_{it}-\bar{x}_i)(x_{it}-\bar{x}_i)^1, W_{xy,i}=\sum_{t=1}^{T}(x_{it}-\bar{x}_i)(y_{it}-\bar{y}_i), W_{yy,i}=\sum_{t=1}^{T}(y_{it}-\bar{y}_i)^2 \tag{11-11}$$

在协方差分析中，式(11-10)称为组内估计，第 i 个样本的残差平方和 $RSS_i=W_{yy,i}-W'_{xy,i}W_{xx,i}^{-1}W_{xy,i}$，且限制性残差平方和

$$S_1=\sum_{i=1}^{N}RSS_i \tag{11-12}$$

运用最小二乘法对个体均值修正模型进行参数估计得

$$\hat{\beta}_W=W_{xx}^{-1}W_{xy}, \hat{\alpha}_i^*=\bar{y}_i-\hat{\beta}'_W\bar{x}_i, i=1,\cdots,N \tag{11-13}$$

同时，$W_{xx}=\sum_{i=1}^{N}W_{xx,i}, W_{xy}=\sum_{i=1}^{N}W_{xy,i}, W_{yy}=\sum_{i=1}^{N}W_{yy,i}$。模型式(11-5)的残差平方和

$$S_2=W_{yy}-W'_{xy}W_{xx}^{-1}W_{xy} \tag{11-14}$$

同时对式(11-7)运用最小二乘法估计：

$$\hat{\beta}=T_{xx}^{-1}T_{xy}, \hat{\alpha}^*=\bar{y}-\hat{\beta}'\bar{x} \tag{11-15}$$

且 $T_{xx}=\sum_{i=1}^{N}\sum_{t=1}^{T}(x_{it}-\bar{x}_i)(x_{it}-\bar{x}_i)', T_{xy}=\sum_{i=1}^{N}\sum_{t=1}^{T}(x_{it}-\bar{x}_i)(y_{it}-y)$，

$T_{yy}=\sum_{i=1}^{N}\sum_{t=1}^{T}(y_{it}-\bar{y}_i)^2, \bar{y}=\frac{1}{NT}\sum_{i=1}^{N}\sum_{t=1}^{T}y_{it}, \bar{x}=\frac{1}{NT}\sum_{i=1}^{N}\sum_{t=1}^{T}x_{it}$。其残差平方和

$$S_3=T_{yy}-T'_{xy}T_{xx}^{-1}T_{xy} \tag{11-16}$$

基于上述假定，我们可以得出，$u_{it}\sim N(0,\sigma_u^2)$。我们应用 F 检验可以检验模型式(11-5)和式(11-7)的限制性假定。事实上，模型式(11-5)和式(11-7)就是模型式(11-4)在不同线性约束下的结果。同时，模型式(11-5)就是模型式(11-4)在$(N-1)K$ 的线性约束下的变形。

$$H_1: \beta_1=\beta_2=\cdots=\beta_N$$

而一般截距和斜率的假设可以表示为模型式(11-4)在$(K+1)(N-1)$的线性约束下的变形。

$$H_3: \alpha_1^*=\alpha_2^*=\cdots=\alpha_N^*, \beta_1=\beta_2=\cdots=\beta_N$$

因此，协方差检验分析就是基于残差平方和与线性约束下的假定检验。

由 σ_u^2 得出的残差平方和 $S_1\sim\chi^2(NT-N(K+1))$。考虑到在样本 i 中，不同变量的方差和的增量可以表示为(S_3-S_1)。在 H_3 条件下，$S_3\sim\chi^2(NT-(K+1))$，而$\frac{(S_3-S_1)}{\sigma_u^2}\sim\chi^2((N-1)(K+1))$。由于$(S_3-S_1)/\sigma_u^2$ 和 S_1/σ_u^2 是不相关的，所以可以用 F 检验来检验 H_3。

$$F_3=\frac{(S_3-S_1)/[(N-1)(K+1)]}{S_1/[NT-N(K+1)]} \tag{11-17}$$

如果 $F_3((N-1)(K+1),N(T-K-1))$ 的检验值是不显著的，我们可以合并数据，并估计模型式(11-7)。如果 F 检验值是显著的，则有必要进行下一步的检验，即检验异质性是归因于变截距还是变斜率。

在 H_1 的假设条件下，模型式(11-5)的残差平方和 $S_2=W_{yy}-W'_{xy}W_{xx}^{-1}W_{xy}$，且满足 $S_2\sim\chi^2(N(T-1)-K)$。H_1 的 F 检验可以表示为：

$$F_1=\frac{(S_2-S_1)/[(N-1)K]}{S_1/[NT-N(K+1)]} \tag{11-18}$$

如果 $F_1((N-1)K,NT-N(K+1))$ 的检验值是显著的，检验就结束了，则认为模型式(11-4)的截距是一致的。如果 F_1 的检验值不显著，则认为截距是异质的。

如果接受 H_1，截距仍然可以进行条件检验，即

$$H_4:\alpha_1^*=\alpha_2^*=\cdots=\alpha_N^*,\beta_1=\beta_2=\cdots=\beta_N。$$

假定非限制性残差平方和是 S_2，限制性残差平方和为 S_3，则残差平方和的减少量即是 (S_3-S_2)。在 H_4 的假设条件下，$S_3\sim\chi^2(NT-(K+1))$，$S_2\sim\chi^2(N(T-1)-K)$，由于 S_2/σ_u^2 与 $(S_3-S_2)/\sigma_u^2$ 是独立的，且 $(S_3-S_2)/\sigma_u^2\sim\chi^2(N-1)$，则

$$F_4=\frac{(S_3-S_2)/(N-1)}{S_2/[N(T-1)-K]} \tag{11-19}$$

我们可以用协方差将这些检验表示出来(如表 11-2 所示)

表 11-2　同质性方差分析

变量	残差平方和	自由度	方差均值
组内同质性的截距和斜率	$S_1=\sum_{i=1}^{N}(W_{yy,i}-W'_{xy,i}W_{xx,i}^{-1}W_{xy,i})$	$N(T-K-1)$	$S_1/N(1-K-1)$
截距同质	$S_2=W_{yy}-W'_{xy}W_{xx}^{-1}W_{xy}$	$N(T-1)-K$	$S_2/N(T-1)-K$
一般截距和斜率	$S_3=T_{yy}-T'_{xy}T_{xx}^{-1}T_{xy}$	$NT-(K+1)$	$S_3/NT-(K+1)$
符号含义			
样本	$i=1,\cdots,N$		
每个样本观测值	$T=1,\cdots,T$		
总样本数量	NT		
组内均值	$\bar{y}_i,\bar{x}_i$		
全部均值	$\bar{y},\bar{x}$		
组内方差	$W_{yy,i},W_{xy,i},W_{xx,i}$		
总变量	T_{xx},T_{xy},T_{yy}		

此外，我们还可以假定系数在样本之间是不变的，但随着时间的改变而改变，则每一部分的回归可以表示为：

$$y_{it}=\alpha_t^*+\beta'_t x_{it}+u_{it}, \quad i=1,\cdots,N, \quad t=1,\cdots,T \tag{11-20}$$

其中，$u_{it}\sim N(0,\sigma_u^2)$。而且，协方差分析可以检验不同时期参数之间的同质性。

例如，我们可以用 F 检验来检验同质性（H'_3：$\alpha_1^*=\alpha_2^*=\cdots=\alpha_T^*$，　$\beta_1=\beta_2=\cdots=\beta_T$），则

$$F'_3=\frac{(S_3-S'_1)[(T-1)(K+1)]}{S'_1/[NT-T(K+1)]} \tag{11-21}$$

且 $F'_3\sim F((T-1)(K+1),NT-T(K+1))$，同时，

$$S'_1=\sum_{t=1}^{T}(W_{yy,t}-W'_{xy,t}W_{xx,t}^{-1}W_{xx,t}),W_{yy,t}=\sum_{i=1}^{N}(y_{it}-\bar{y}_t)^2,\bar{y}_t=\frac{1}{N}\sum_{i=1}^{N}y_{it},$$

$$W_{xx,t}=\sum_{i=1}^{N}(x_{it}-\bar{x}_t)(x_{it}-\bar{x}_t)',\bar{x}_t=\frac{1}{N}\sum_{i=1}^{N}x_{it},W_{xy,t}=\sum_{i=1}^{N}(x_{it}-\bar{x}_t)(y_{it}-\bar{y}_t) \tag{11-22}$$

与 F'_3 相类似，我们可以检验截距不等，斜率相等的假定（H'_1：$\alpha_1^*\neq\alpha_2^*\neq\cdots\neq\alpha_T^*$，$\beta_1=\beta_2=\cdots=\beta_T$），则

$$F'_1=\frac{(S'_2-S'_1)[(T-1)K)]}{S'_1/[NT-T(K+1)]} \tag{11-23}$$

且 $F'_1\sim F((T-1)K,NT-T(K+1))$，同时

$$S'_2=\sum_{t=1}^{T}W_{yy,t}-(\sum_{t=1}^{T}W'_{xy,t})(\sum_{t=1}^{T}W_{xx,t})^{-1}(\sum_{t=1}^{T}W_{xy,t}) \tag{11-24}$$

我们也看检验同质系数条件下的同质截距的假定 $\beta_1=\beta_2=\cdots=\beta_T$（$H'_4$），则

$$F'_4=\frac{(S_3-S'_2)(T-1)}{S'_2/[T(N-1)-K]} \tag{11-25}$$

且 $F'_4\sim F(T-1,T(N-1)-K)$。总之，协方差分析接受了回归系数的同质性，但是，如果对面板数据只进行简单的最小二乘法，估计可能会导致偏差。

最后，我们可以看出，上述检验之间并不是完全独立的。比如，根据 F_3（或 F'_3）得出的检验概率值，我们认为系数和截距都是同质的。而根据 F_1（F'_1）和 F_4（F'_4）却得出相反的结论。因为在一定程度上，可供选择或无效的假定是有些不同的。更糟糕的是，我们使用 F_3（F'_3）拒绝了同质性假定，而 F_1（F'_1）和 F_4（F'_4）却接受了这个假定。所以我们不能根据 F_3（F'_3）来判断同质性是否存在，虽然在非正式水平上解释统计量检验有些失误，但是，在正规的统计水平中是非常合适的。

11.3　固定效应模型及其估计方法

11.3.1　固定效应模型的形式

如果认为个体之间的差异是系统性的、确定的，即假设 α_i 为常数，则得到固定效应模型为：

$$y_{it}=\alpha_i+x_{it}\beta+\varepsilon_{it} \tag{11-26}$$

整个固定效应模型可以用矩阵形式表示为：

$$\begin{pmatrix} y_1 \\ y_2 \\ \vdots \\ y_N \end{pmatrix}=\begin{pmatrix} i & 0 & \cdots & 0 \\ 0 & i & \cdots & 0 \\ \vdots & \vdots & \vdots & \vdots \\ 0 & 0 & \cdots & i \end{pmatrix}\begin{pmatrix} \alpha_1 \\ \alpha_2 \\ \vdots \\ \alpha_N \end{pmatrix}+\begin{pmatrix} x_1 \\ x_2 \\ \vdots \\ x_N \end{pmatrix}\beta+\begin{pmatrix} \varepsilon_1 \\ \varepsilon_2 \\ \vdots \\ \varepsilon_N \end{pmatrix} \tag{11-27}$$

其中 i 为 $T\times1$ 的单位向量。

进一步定义：

$$D=(d_1\quad d_2\quad\cdots\quad d_N)=\begin{pmatrix} i & 0 & \cdots & 0 \\ 0 & i & \cdots & 0 \\ \vdots & \vdots & \vdots & \vdots \\ 0 & 0 & \cdots & i \end{pmatrix} \tag{11-28}$$

d_i 为 $TN\times1$ 向量，是一个虚拟变量(dummy variable)。模型可以再写为：

$$y=D\alpha+x\beta+\varepsilon \tag{11-29}$$

其中 D 是一个由虚拟变量组成的矩阵。因此固定效应模型也被称为最小二乘虚拟变量模型[least squares dummy variable(LSDV)model]，或简称为虚拟变量模型。

11.3.2　固定效应模型的估计和检验

固定效应模型中有 N 个虚拟变量系数和 K 个解释变量系数需要估计，因此总共有 $N+K$ 个参数需要估计。当 N 不是很大时，可直接采用普通最小二乘法进行估计。但是当 N 很大时，直接使用 OLS 方法的计算量就变得非常大，甚至有可能超过计算机的存储容量。

一个解决问题的方法就是分成两步来对面板数据模型进行回归分析。由这种方法导出的估计量常被称为内部估计量(within estimator)，有时也记为 $\hat{\beta}_w$。

第一步，消除虚拟变量在模型中的影响，然后再对参数 β 进行估计。消除虚拟变量 D 影响的办法就是利用下列矩阵对所有变量进行“过滤”。

设 $P_D=D(D'D)^{-1}D'$，其中 D 的定义与方程如前所述。设 $M_D=I-P_D$，用 M_D 转变模型 $y=D\alpha+x\beta+\varepsilon$。显然 $M_DD=0$，则有

$$M_Dy=M_DX\beta+M_D\varepsilon \tag{11-30}$$

用 OLS 得到 β 的估计：$\hat{\beta}_w=(X'M_DX)^{-1}X'M_Dy$，内部估计量与对下列方程的 OLS 估计量是等同的。

$$y_{it}-\bar{y}=(X_{it}-\bar{X}_i)\beta+\text{随机误差项} \tag{11-31}$$

其中，$\bar{y}_i$ 和 $\bar{X}_i$ 代表各自变量个体的均值。

上式中，OLS 估计量主要利用的是个体变量对其均值偏离的信息，随机误差项也仅反

映对其个体均值的偏离波动，这是该估计量被称为内部估计量的原因。

第二步，估计参数 α。由于已经得到了 β 的估计值，所以 α 的估计就变得比较简单。

$$\hat{\alpha}=(D'D)^{-1}D'(y-X\hat{\beta}_w) \tag{11-32}$$

$\hat{\alpha}$ 其实就是用自变量和解释变量的个体均值和 $\hat{\beta}_w$ 按下列模型计算出的误差项：

$$\hat{\alpha}_i=\bar{y}_i-\bar{X}_i\hat{\beta}_w \tag{11-33}$$

估计量 $\hat{\beta}_w$ 和 $\hat{\alpha}$ 的方差估计：

$$\hat{\sigma}^2_{\hat{\beta}_w}=s^2(X'P_DX)^{-1} \tag{11-34}$$

$$\hat{\sigma}^2_{\hat{\alpha}_i}=\frac{s^2}{T}+\bar{X}'_i\,\hat{\sigma}^2_{\hat{\beta}_w}\bar{X}_i \tag{11-35}$$

其中 s^2 是对误差项方差的估计量：

$$s^2=\frac{\sum_i\sum_i(y_{it}-\hat{\alpha}_i-x_{it}\hat{\beta}_w)^2}{NT-N-K} \tag{11-36}$$

注意：在对误差项方差的估计量中，分母 $(NT-N-K)$ 反映了整个模型的自由度。有了这些方差的估计量，就可以用传统的 t 统计量对估计系数的显著性进行检验。同时，还可以运用下列 F 统计量对 $\alpha_i=\alpha_j,i\neq j$ 的原假设进行检验：

$$F(N-1,NT-N-K)=\frac{(R_U^2-R_R^2)/(N-1)}{(1-R_U^2)/(NT-N-K)} \tag{11-37}$$

其中 R_U^2 代表无约束回归模型 R^2，而 R_R^2 为有约束回归模型的 R^2，约束条件即为原假设。

相对于内部估计量，另外还有一种估计量称为中间估计量(between estimator)。定义为：

$$\hat{\beta}_B=(X'P_DX)^{-1}X'P_Dy \tag{11-38}$$

它其实是下列模型的 OLS 估计量：

$$\bar{y}_i=\bar{x}_i\beta+\bar{\varepsilon}_i \tag{11-39}$$

因而可以被看做利用不同的个体均值信息所作出的估计。中间估计量一般而言是一致估计量，但不是有效的。因为它只是利用了个体均值的信息。内部估计量在这个意义上与中间估计量是相对的，因为内部估计量利用的正是被中间估计量所"抛弃"的部分信息。

固定效应模型的优点：能够确切地反映个体之间的差距及其简单的估计方法。

固定效应模型的缺点：存在模型自由度比较小(因为有 N 个截距系数)和存在对个体差异的限制性假设(即个体间差异为固定的)。

11.4 随机效应模型及其估计方法

11.4.1 随机效应模型的形式

类似固定效应模型，随机效应模型也假定：

$$\mu_{it}=\alpha_i+\varepsilon_{it} \tag{11-40}$$

但与固定效应模型不同的是，随机效应模型假定 α_i 与 ε_{it} 同为随机变量。

随机效应模型可以表达如下：

$$y_i=X_i\beta+i\alpha_i+\varepsilon_i \tag{11-41}$$

其中，y_i 和 ε_i 均为 $T\times1$ 向量：X_i 是 $T\times K$ 矩阵；α_i 是一个随机变量，代表个体的随机效应。由于模型的误差项为两种随机误差之和，所以也称该模型为误差构成模型（error component model）。还假定：

(1) α_i 和 X_{it} 不相关；

(2) $E(\varepsilon_{it})=E(\alpha_i)=0$；

(3) $E(\varepsilon_{it}\alpha_j)=0, \forall i,j,t$；

(4) $E(\varepsilon_{it}\varepsilon_{js})=0, \forall i\neq j$ 或 $t\neq s$；

(5) $E(\alpha_i\alpha_j)=0, i\neq j$；

(6) $\sigma_\varepsilon^2=E(\varepsilon_{it}^2), \forall i,t$；

(7) $\sigma_\alpha^2=E(\alpha_i^2), \forall i$。

给定这些假设，随机效应面板数据模型也可同样写为：

$$y=X\beta+\mu \tag{11-42}$$

其中 $\mu=(I_n\otimes i)\alpha+\varepsilon$，$\alpha$ 的向量形式与以前相同。$\otimes$是 Kronecker 乘法符号。

例 11-2　Kronecker 乘法：

$$I_2\otimes I_{2\times1}=\begin{bmatrix} i_{2\times1} & 0 \\ 0 & i_{2\times1}\end{bmatrix}$$

例 11-3　前面的矩阵 D 也可用 Kronecker 乘法表示：$D=I_N\otimes i_{T\times1}$

在这些假设的情况下，简单 OLS 估计量仍然是无偏和一致的，但不是有效的。因为：

$$\mathrm{Var}(\mu_i)=\Omega=\sigma^2\varepsilon I_T+\sigma_\alpha^2 ii' \tag{11-43}$$

$$\mathrm{Var}(\mu)=\sum=I_{NT}\sigma_\varepsilon^2+I_N\otimes ii'\sigma_\alpha^2=I_N\otimes\Omega \tag{11-44}$$

同一个个体、不同时间节点上的随机误差项之间存在一定的相关性，而 OLS 没有利用方差矩阵中含有的这些信息，因而不再是最有效的估计量。因此有必要采用 GLS。

11.4.2 随机效应模型的估计

1. σ_ε^2 和 σ_α^2 已过时——直接采用 GLS

定义下列符号：

$$P=I_N\otimes(i_T(i'_Ti_T)^{-1}i'_T)=I_N\otimes\left(\frac{1}{T}i_Ti'_T\right) \tag{11-45}$$

$$Q=I_{NT}-P \tag{11-46}$$

在以上这些符号的意义下，可以算出 $\sum^{-1}$ 的计算公式：

$$\sum{}^{-1}=\frac{1}{\sigma_\varepsilon^2}(Q+\theta^2P) \tag{11-47}$$

其中 $\theta^2=\dfrac{\sigma_\varepsilon^2}{\sigma_\varepsilon^2+T\sigma_\alpha^2}$

注：(1) $\sum^{-1}$ 的表达式说明只要知道 σ_ε^2 和 σ_α^2，就可以推导出 $\sum^{-1}$。

(2)由于 Q 和 P 都是幂等矩阵(idempotent matrix)并且 Q 和 P 间存在正交性，所以 $\sum^{-1/2}$ 可以表示为：

$$\sum{}^{-1/2}=\delta(Q+Q^2P) \tag{11-48}$$

其中，$\delta=1/\sigma_\varepsilon$ 是一个实数常数，它在 GLS 中相互抵消，没有任何影响，我们无法考虑它，因此 $\sum^{-1/2}$ 还可以表示为：

$$\sum{}^{-1/2}=I_N\otimes\left(I_r-(1-\theta)\frac{i_Ti'_T}{T}\right) \tag{11-49}$$

注意：上式说明在两种情况下，可以不使用 GLS：

(1)当 σ_α^2 相对于 σ_ε^2 很小而 T 有限时，$\theta\approx1$，可直接采用 OLS；

(2)当 T 很大，以至于 $T\sigma_\alpha^2\gg\sigma_\varepsilon^2$，$\theta\approx0$，可直接采用内部估计方法。

对 β 的估计直接采用 GLS 方法：

$$\hat{\beta}_{\mathrm{GLS}}=\left(X'\sum{}^{-1}X\right)^{-1}X'\sum{}^{-1}y \tag{11-50}$$

或
$$\hat{\beta}_{\mathrm{GLS}}=\left(\sum_{i=1}^{N}X'_i\Omega^{-1}X_i\right)^{-1}\left(\sum_{i=1}^{N}X'_i\Omega^{-1}y_i\right) \tag{11-51}$$

上述两式是等同的，它们还等同于：在方程(11-41)两部乘以 $\Omega^{-1/2}$，再进行 OLS 估计，即

$$\Omega^{-1/2}y_i=\Omega^{-1/2}X_i\beta+\Omega^{-1/2}i\theta_i+\Omega^{-1/2}\varepsilon_i \tag{11-52}$$

另外，在前面七个假定下，$\hat{\beta}_{\mathrm{GLS}}$的协方差矩阵为：

$$\mathrm{Var}(\hat{\beta}_{\mathrm{GLS}})=\left(X'\sum{}^{-1}X\right)^{-1} \tag{11-53}$$

注：$\hat{\beta}_{\text{GLS}}$是无偏和有效估计量。

2. σ_ε^2 和σ_α^2 未知时，采用可行的广义最小二乘(FGLS)方法

如果没有 σ_ε^2 和σ_α^2的信息，就必须要首先运用数据对它们进行估计。因为我们的目的是得到 $\sum$ 的一致估计值，然后采用 FGLS 方法，所以需要对 σ_ε^2 和σ_α^2 进行一致估计。在这种情况下，GLS 估计量是一致的和渐进有效的(asymptotically efficient)。

一致估计量要求：当样本量趋近无穷大时，估计量同时趋近真实值。在面板数据模型中这就要求 N 和 T 分别趋向无穷大，这有时有问题，如例 11－1 中，N 是固定的，华东六省一市是不能改变的，因此当样本的 N 和 T 都比较小时，可以直接采用固定效应模型。

估计的步骤如下：

第一步，估计 σ_ε^2 和θ：利用前面提到的内部估计量和中间估计相关的误差项

$$\hat{\sigma}_W^2=\frac{\text{SSE}_W}{N(T-1)}\xrightarrow{P}\sigma_\varepsilon^2 \tag{11-54}$$

$$\hat{\sigma}_\beta^2=\frac{\text{SSE}_W}{N}\xrightarrow{P}\sigma_\alpha^2+\frac{\sigma_\varepsilon^2}{T} \tag{11-55}$$

其中 SSE 代表估计模型中随机误差项的平方和。由此可对 σ_ε^2 和 θ 进行估计(其中 $\hat{\theta}^2=\frac{\sigma_W^2}{T\sigma_\beta^2}$)。

第二步，求 $\sum^{-1}$ 的一致估计量(利用式(11－22))。

第三步，按 $\sum$ 已知的情况下对β进行估计：

$$\hat{\beta}_{\text{FGLS}}=\left(X'\sum^{-1}X\right)^{-1}X'\sum^{-1}y \tag{11-56}$$

3. 小结

GLS 估计量、内部估计量和中间估计量之间的关系由三种估计量的表达式可得出如下的等式关系：

$$\hat{\beta}_{\text{GLS}}=F\hat{\beta}_W+(1-F)\hat{\beta}_\beta \tag{11-57}$$

$$F=\left[S_W^{XX}+\lambda S_B^{XX}\right]^{-1}S_W^{XX}$$

$$\lambda=\frac{\sigma_\varepsilon^2}{\sigma_\varepsilon^2+T\sigma_\alpha^2}=\theta^2$$

其中：

$$S_W^{XX}=\sum_i\sum_i(x_{it}-\bar{x}_i)(x_{it}-\bar{x}_i)'$$

$$S_B^{XX}=\sum_i(x_i-\bar{x})(x_i-\bar{x})'$$

几点说明：

(1)GLS 估计量恰好是内部估计量和中间估计量的加权平均。

(2)当 T 很大，$\theta\approx 0$ 时，可得 $F=1$，则 GLS 估计量与内部估计量是一样的，和前面讨论的结果一致。

(3)随机效应模型的优点：能够反映个体之间差距的随机性；与固定效应模型相比，需要

估计的模型系数也比较少,因而模型的自由度比较高。

(4)缺点:面板数据模型中含有横截面数据,在模型的误差项中很可能出现异方差,与基本假设产生矛盾;随机效应模型有可能因没有包括某些必要的解释变量而导致模型设定出现错误。

11.5 模型设定的检验

由于存在两种模型——固定效应模型与随机效应模型,所以在检验模型的过程中,是使用固定效应模型还是使用随机效应模型,格林勒(Greene)在 1997 年介绍了如下两种常用的检验方法:一种是由布鲁斯(Breush)和帕干(Pagan)在 1980 年提出的拉格朗日检验法(LM Test);另一种是豪斯曼(Hausman)在 1978 年提出的 Hausman 检验法(Hausman Test)。Hausman 检验法其实是一种 Wald 检验法(Wald Test)。这两种方法均可以用于验证面板数据模型的设定应该是固定效应还是随机效应。

11.5.1 拉格朗日检验法(LM Test)的基本步骤

第一,建立原假设和备择假设:

$$H_0: \sigma_\alpha^2=0 (\text{或者 } \mathrm{Cov}[\varepsilon_{it}, \varepsilon_{is}]=0; t\neq s)$$

$$H_1: \sigma_\alpha^2\neq 0$$

第二,检验统计量及其分布:

$$\mathrm{LM}=\frac{NT}{2(T-1)}\left[\frac{\sum_i\left(\sum_i\hat{\mu}_{it}\right)^2}{\sum_i\left(\sum_i\hat{\mu}_{it}^2\right)^2}-1\right]^2\sim\chi^2(1) \qquad (11-58)$$

其中 $\hat{\mu}_{it}$ 为 OLS 的误差项。

第三,检验标准:LM 大于临界值,则拒绝 H_0。

11.5.2 Hausman 检验

Hausman 检验的前提是如果模型包含随机效应,它应与解释变量相关。因此在原假设 H_0:随机效应与解释变量不相关的假定下,内部估计量(对虚拟变量设置)和 GLS 得出的估计量均是一致的,但是内部估计量不是有效的。在备择假设 H_0:随机效应与解释变量相关的假定下,GLS 不再是一致的,而内部估计量仍是一致的。因此在原假设下,$\hat{\beta}_w$(内部估计量)与 $\hat{\beta}_{\mathrm{GLS}}$之间的绝对值差距应该不大,而且应该随样本的增加而缩小,并逐渐趋近于 0。而在备择假设下,这一点不成立。Hausman 利用这个统计特点建立了以下的统计量:

$$W=(\hat{\beta}_w-\hat{\beta}_{\mathrm{GLS}})'\sum{}^{-1}_{\beta}(\hat{\beta}_w-\hat{\beta}_{\mathrm{GLS}}) \qquad (11-59)$$

注意:这里的$\sum\beta$表示β的两种估计量协方差矩阵之差。Hausman 的一个基本结论就是有效估计量和其与非有效估计量之差即:$\hat{\beta}_w-\hat{\beta}_{\mathrm{GLS}}$的协方差等于 0,所以$\sum_\beta=\mathrm{var}(\hat{\beta}_w-$

$\hat{\beta}_{GLS}) = \text{var}\hat{\beta}_{\beta} - \text{var}\hat{\beta}_{GLS}$，即

$$\sum_{\beta} = \text{var}\hat{\beta}_{w} - \text{var}\hat{\beta}_{GLS} \tag{11-60}$$

Hausman 统计量即 Wald 统计量渐进服从自由度为 k 的 χ^2 分布：

$$W \xrightarrow{d} \chi^2(k) \tag{11-61}$$

11.6　案例分析

11.6.1　模型设定的检验

(1)目的：对华东地区综合生产效率进行比较。

(2)模型的选定：采用普遍使用的 CD 函数：

$$Y = AK^{\beta_1} L^{\beta_2} \tag{11-62}$$

其中，Y 代表产出；K 和 L 分别表示资本存量和就业劳动力数量；A 是一个综合生产效率系数，它反映了科技水平和管理效率；β_1 和 β_2 为模型系数，在此我们不对这两个系数做任何限制。

对式(11－62)两边取对数，再加上误差项，就得到线性的生产函数计量模型：

$$\log(Y) = \log(A) + \beta_1 \log(K) + \beta_2 \log(L) + \varepsilon \tag{11-63}$$

华东六省一市在科技和管理方面存在差异，因此其综合生产效率系数不可能完全一致。所以采用了以下面板数据模型：

$$\log(Y_{it}) = \alpha_i + \beta_1 \log(K_{it}) + \beta_2 \log(L_{it}) + \varepsilon_{it} \tag{11-64}$$

或 $$\log(Y_{it}) = \beta_1 \log(K_{it}) + \beta_2 \log(L_{it}) + \mu_{it},\ \mu_{it} = \alpha_i + \varepsilon_{it} \tag{11-65}$$

其中，$\alpha_i = \log(A_i)$。i 表示不同的省份；t 代表年份。资本存量数据无法直接得到，可以采用各省市年度总投资额的时间序列数据对其进行估计，估计中使用的年折旧率为 0.95。

方程(11－41)中的模型展示了面板数据模型在应用中的灵活性。一方面，模型分析了华东地区在宏观生产函数上存在的共性；另一方面，模型也提供了研究和比较各省在综合生产效率上差异的工具。

(3)对方程(11－42)中是固定效应还是随机效应做 LM 检验和 Hausman 检验。结果如表 11－3 所示：

表 11－3　模型设定检验结果

	LM	W
检验值	4.375	9.1848
95%的卡方临界值	3.84($q=1$)	5.99($q=2$)

检验结果显示：无论是 LM 还是 Wald 统计量均拒绝了原假设，所以应该选择随机效应模型。

(4)对随机效应模型做 FGLS 估计。结果如下表 11－4 所示：

表 11－4　模型的 FGLS 估计结果

	$\hat{\beta}_1$	$\hat{\beta}_2$
估计值	0.7302	0.2290

$\hat{\beta}_1$ 和 $\hat{\beta}_2$ 估计值有一定的经济意义：它们反映了 GDP 对资本和劳动力投入的弹性系数。

(5)对随机效应的综合生产效率系数 α_i 进行分析。从模型的理论看，α_i 的期望值不应等于 0，因此可对 α_i 做如下设定：

$$\alpha_i = E(\alpha_i) + \theta_i \tag{11-66}$$

其中 $E(\alpha_i)$ 是 α_i 的均值，而 θ_i 是一个 $i.i.d.$ 分布、均值为 0 的随机变量，它反映了 α_i 的随机性。

(6)结论。我们希望通过估计 $E(\alpha_i)$ 来分析和比较华东六省一市的综合生产效率。因为 $E(\alpha_i)=0$，所以 $E(\mu_{it})=E(\alpha_i)$，这就告诉我们可以利用随机误差项的均值来估计 $E(\alpha_i)$。我们真正关心的是系数 A_i。通过对 $E(\alpha_i)$ 的估计，可以分析和比较 A_i，因为两者所差不过是一个期望值为 0 的随机项 ϑ_i 和一个函数转换(对数函数)。估计结果如表 11－5：

表 11－5　对 $E(\alpha_i)$ 的估计结果

	上海	江苏	浙江	安徽	福建	江西	山东
$E(\alpha_i)$	0.1306	0.0194	−0.0016	−0.1096	0.0745	−0.0756	−0.0123

11.6.2　面板数据模型数据估计的 EViews 实现

EViews 软件的估计过程分成如下三步：第一步是建立合并数据库(Pool)对象，第二步是定义序列名并输入数据，第三步是估计模型。举例：在城镇居民的边际消费倾向相同的情况下分析某地区居民的自发性消费水平差异的面板数据模型数据估计。

(1)建立合并数据库(Pool)对象

首先建立工作文件。在打开工作文件窗口的基础上，点击主功能菜单上的“Objects”键，选 New Object 功能(如图 11－1)，从而打开 New Object(新对象)选择窗(图 11－2)。

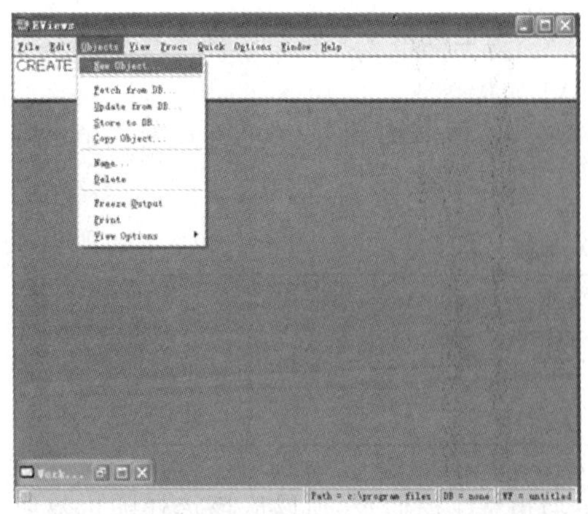

图 11－1　EViews 软件的工作界面

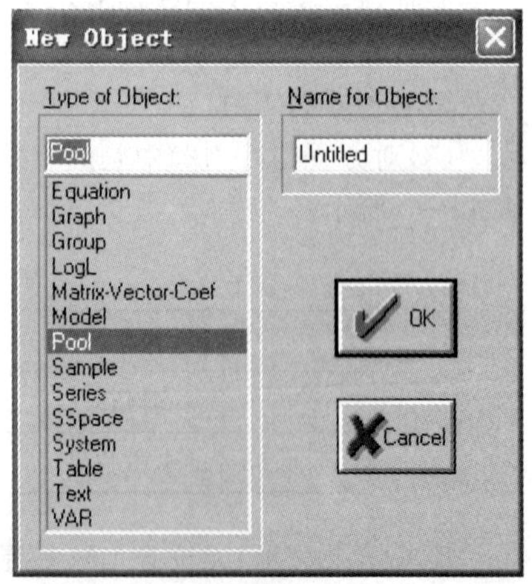

图 11－2　New Object 选择窗

在 Type of Object 选择区选择 Pool(合并数据库),并在 Name for Object 选择区为合并数据库起名(初始显示为 Untitled)。点击"OK"键,从而打开合并数据库窗口。在窗口中输入不同省份的拼音缩写,如图 11-3。

(2)定义序列名并输入数据

在新建的合并数据库(Pool)窗口的工具栏中点击"Sheet"键,从而打开 Series List(列写序列名)窗口,定义时间序列变量 CONSUME? 和 INCOME?,如图 11-4。点击"OK"键,从而打开合并数据库窗口,输入数据,输入完成后的情形见图 11-5。

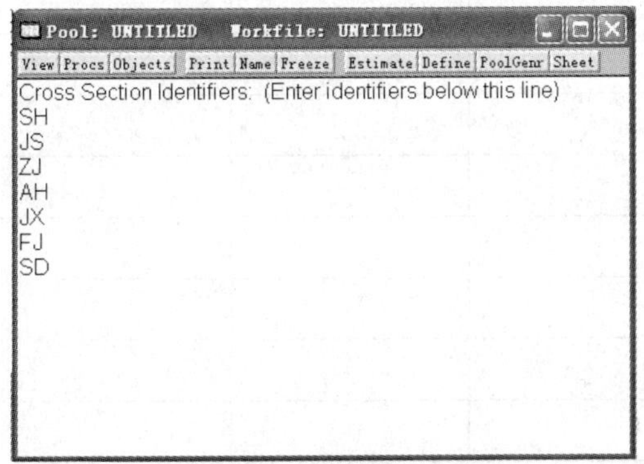

图 11-3 合并数据库窗口

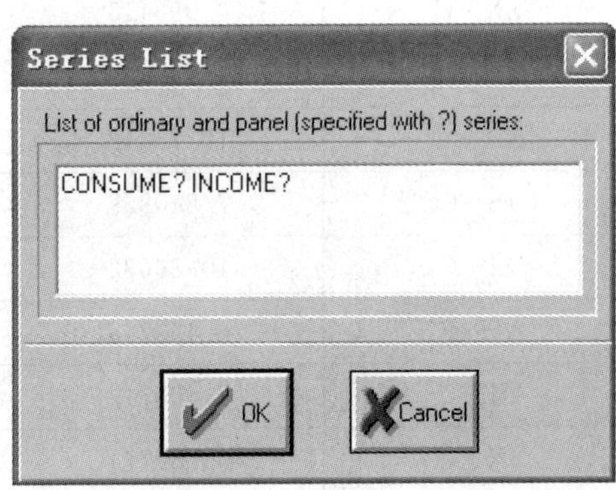

图 11-4 Series List 窗口

(3)估计模型

在 Pool 窗口的工具栏中点击"Estimate"键,打开 Pooled Estimation 窗口,如图 11-6。

Pool: UNTITLED Workfile: UNTITLED

View | Procs | Objects | Print | Name | Freeze | Edit+- | Order+- | Smpl+- | Title | Estima

obs	CONSUME?	INCOME?
SH-1995	NA	NA
SH-1996	NA	NA
SH-1997	NA	NA
SH-1998	NA	NA
SH-1999	NA	NA
SH-2000	NA	NA
JS-1995	NA	NA
JS-1996	NA	NA
JS-1997	NA	NA
JS-1998	NA	NA
JS-1999	NA	NA
JS-2000	NA	NA
ZJ-1995	NA	NA
ZJ-1996	NA	NA
ZJ-1997		

图 11-5 数据输入窗口

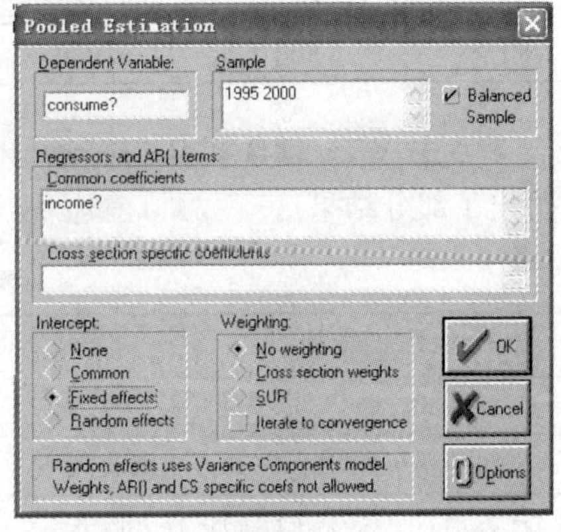

图 11-6 Pooled Estimation 窗口

在该窗口中设定模型形式如下:在上部的 Dependent Variable 输入框中输入被解释变量 CONSUME?,在中部的 Regressors and AR()terms 输入框和下部的 Intercept 选择框中根据设定模型的类型作出选择:在 Regressors and AR() terms 输入框的 Common coefficients 输入区填入解释变量 INCOME?(如果建立变斜率模型,则应在 Cross section specific coefficients 输入区填入解释变量 INCOME?);在 Intercept 选择框中选择 Fixed effects 项(如果建立随机效应模型,则应选择 Random effects 项)。点击"OK"键后即可得到输出结果,见表 11-5。

表 11-5 输出结果

Variable	Coefficient	Std. Error	t-Statistic	Prob.
Fixed Effects	0.661688	0.015101	43.81891	0.00001
BJ-C	13.04595			
TJ-C	8.049537			
HB-C	5.359212			
SX-C	6.095415			
NM-C	4.113569			
SH-C	10.74642			
JS-C	7.240869			
ZJ-C	10.36632			
AH-C	6.450265			
FJ-C	7.436742			
JX-C	3.682774			
SD-C	6.031775			
R-squared	0.994084	Mean dependent var		49.52601
Adjusted R-squared	0.992881	S. D. dependent var		16.38823
S. E. of regression	1.382794	Sum squared resid		112.8151
Durbin-Watson stat	1.570368			

若点击 View 键选择 Representations 功能，还可以得到输出结果的代数表达式(表 11-6 给出了部分结果)。

表 11-6 输出结果

EST(F,B,B)消费,收入
估计等式
上海消费=C(2)+C(1) * 上海收入
江苏消费=C(3)+C(1) * 江苏收入
浙江消费=C(4)+C(1) * 浙江收入
安徽消费=C(5)+C(1) * 安徽收入
福建消费=C(6)+C(1) * 福建收入
江西消费=C(7)+C(1) * 江西收入
山东消费=C(8)+C(1) * 山东收入
替代系数
上海消费=12.0345+0.6422 * 上海收入

思考与练习

1. 面板数据与其他数据有何不同？

2. 面板数据的一般形式是什么？有几种类型？相应的区别是什么？

3. 固定效应模型与随机效应模型的区别在何处？对其参数的估计为什么要采用不同的估计方法？

4. 对你感兴趣的问题，搜集相关的面板数据，建立面板数据模型，检验是固定效应还是随机效应，并估计模型中的参数。

第12章　空间计量经济学

空间计量经济学是新兴的一门边缘学科，空间经济计量侧重研究在横截面数据（Cross-section Data）和面板数据（Panel Data）模型中处理空间相互作用和空间结构等问题，是经济计量研究最近十来年发展起来的一个重要分支。近年来，随着人们对于空间及空间交互影响作用认识的加深，与地理对应的社会经济大型数据库的逐步应用，以及地理信息系统（GIS）和空间数据分析软件处理空间观测技术的发展（Anselin 和 Florax，1995），近十几年来空间计量模型在国外社会科学很多领域，尤其在应用经济领域的运用呈现出爆炸的态势，成为计量经济学理论中一个亮点。从检索文献看，目前国内关于该学科的研究刚刚起步，国外有学者曾用空间计量模型研究过中国问题，如勒萨吉（Lesage）于 1999 年运用空间经济计量模型研究对中国区域经济增长问题所做的研究；考夫林（Coughlin）和赛格夫（Segev）于 2000 年对中国 FDI 区域分布的影响因素的空间经济分析。

12.1　空间计量经济学的产生与发展

安赛林（Anselin）在 1988 年就指出：空间计量经济学是经济计量学的一个子集，主要应用于截面数据和平行面数据（Panel Data）回归模型中复杂的空间相互作用与空间依存性结构分析。

空间计量经济学发端于空间相互作用理论及其进展。尽管空间相互作用关系一直是人们研究中所关注的问题，但空间关系理论分析框架直到 20 世纪末才逐渐提出。例如，派林克（Paelinck）于 1979 年论文中强调空间相互依存的重要性、空间关系的渐进性和位于其他空间适当的因素的作用。阿克洛夫（Akerlof）于 1997 年提出了相互作用粒子系统模型（interacting particle systems）、杜尔劳夫（Durlauf）于 1997 年阐述了随机域（random field models）模型、奥其（Aoki）于 1996 年提出均值域相互作用宏观模型、杜尔劳夫（Durlauf）于 1997 年提出的相邻溢出效应模型和伏吉塔（Fujita）等提出的报酬递增、路径依赖和不完全竞争等新经济地理模型，等等。正是这些理论创新使空间相互作用研究的可能性成为现实。

空间计量经济学产生的另一股动力来自解决实际问题数据的驱动。空间计量经济学最初起源于在区域科学和分析地理学有广泛应用的空间统计学，人们在空间相互作用研究中，遇到了各种实际问题数据。例如，解释变量的构造经常依据被解释变量的范围进行空间插值估计，导致空间预测呈现出系统空间变异的预测误差，此类问题在研究环境和资源分配的经济效果时常常遇到。再如，在进行空间数据汇总时，往往会出现数据与经济变量不匹配的问题。这些空间数据的共同特征是普通回归模型的误差序列是空间相关的。这些问题数据所引起的普通模型设定的偏倚，推动了空间经济计量模型的产生。

最近二三十年，随着计算技术和计算机模拟技术的发展，以及一大批专家学者如安赛林

(Anselin)、布鲁克勒(Brueckner)、柯勒吉安(Kelejian)、海宁(Haining)和卡斯(Case)等人的不懈努力,空间计量经济学取得了突飞猛进的发展。

12.2　空间计量经济学的基本理论

空间计量经济学是一个比较复杂的系统理论体系。在这个理论体系中,有几个核心的理论范畴,如空间反应函数、空间异质性和空间依存性、空间权数和空间过滤程序等。

12.2.1　空间反应函数(spatial reaction function)

所谓空间反应函数是说明经济个体的决策变量,在多大程度上依赖于其他经济个体的决策变量(Brueckner,2002)。基于这种理论,安赛林(Anselin)于 2002 年提出了空间滞后模型(spatial lag model),也称混合回归(mixed regressive model)或空间自回归模型(spatial autoregressive model,即 SAR 模型):

$$Y=\rho WY+X\beta+u_t \tag{12-1}$$

其中,Y 是 $n\times1$ 列决策变量的观察值向量;W 是 $n\times n$ 的空间权数矩阵,形成了 n 维(即 n 个经济个体)的网络结构;ρ 是空间自回归参数,其取值一般在 -1 到 1 之间,表明相邻区域之间的影响程度;X 是 k 个外生变量观察值的 $n\times k$ 阶矩阵;β 是 $k\times1$ 阶回归系数向量;ε 是随机误差序列向量。

Brueckner 于 2002 年发展了战略相互作用的两个理论框架,由此产生了反应函数均衡解。

1. 溢出模型(spillover model)

在该模型中每个经济个体 i 选择决策水平 y_i,但其目标函数值受到其他人决策水平 y_{-i}(y_{-i},$-i$ 表示所有其他人)的影响。例如,在一个相关的环境中,一个农民决定某种作物耕种总面积时,必须考虑其他农民的耕种情况。因此,每个经济个体的目标函数是:

$$U(y_i,y_{-i},x'_i) \tag{12-2}$$

x'_i 是外生变量观察值的行向量,求目标函数式(12-2)最大值,解得反应函数:

$$y_i=R(y_{-i},x'_i) \tag{12-3}$$

例如,空间滞后模型式(12-1)的反应函数是:

$$Y=(I-\rho W)^{-1}X\beta+(I-\rho W)^{-1}u \tag{12-4}$$

式(12-4)式通过空间乘数的拉特夫逆阵(Leontief inverse)$(I-\rho W)^{-1}$,把决策变量 y_i 与所有外生变量 x_i 相联系。这种变换使空间滞后变量 WY 内生化,是一个全范围的溢出模型。

2. 资源流动(resource flow)模型

设可用于分配的资源总量 S 既定,经济个体 i 的目标函数是:

$$U(y_i,s_i,x'_i) \tag{12-5}$$

其中 s_i 是经济个人 i 可用的资源总量，一方面取决于每个人的特征，另一方面取决于其他人的决策水平。

$$s_i = H(y_i, y_{-i}, x'_i) \tag{12-6}$$

把式(12-6)代入式(12-5)，可得出形如式(12-3)反应函数的溢出模型。

12.2.2 空间异质性(spatial heterogeneity)和空间依存性(spatial dependence)

对于空间数据而言，有两类空间效应是相关的，即空间异质性和空间依存性。空间异质性是指某个特定区域特有的属性变量。例如，某个特定地区的产量的高低主要受到该地区特有的地理条件的影响。空间依存性或空间自相关(spatial autocorrelation)最典型的属性是两维多方向的，即是在一个区域某个属性的观察值和在不同区域的相同属性的观察值是相关的，并且这种相关性能在不同的方向扩展。几乎所有的空间数据都具有空间依赖性或空间自相关性的特征，空间依赖的存在打破了大多数经典统计和计量分析中相互独立的基本假设。也就是说，各区域之间的数据存在与时间序列相关、相对应的空间相关。并且，空间统计和空间计量经济方法是在继承和发展完善经典统计和计量方法的基础上，将经典统计和计量方法应用于与地理位置及空间交互作用相关的地理空间数据，通过地理位置与空间联系建立的统计与计量关系，以统计和计量方法识别和度量空间变动的规律与空间模式的决定因素。虽然，我们不能从一个空间样本信息中得到严格空间异质性的含义，但通过空间自相关可以从相邻观察点部分地预测该观察点。一个空间过程可以通过空间异质性和空间依存性，用类似"内生"和"外因"的分析范式进行分析。

12.2.3 空间权数

空间权数是空间计量经济学一个至关重要的描述工具。权数确定的标准一般依据距离而定，最常用的是空间距离和经济距离。

1. 空间距离的权数设定

空间距离的权数设定方式主要有：相邻距离、有限距离和负指数距离权数等。依据相邻距离设定权数是一种最常用的空间权数。该空间权数矩阵是一个 $n \times n$ 稀疏的 0－1 矩阵，对角线元素为 0，相邻元素为 1。例如，图 12－1 为虚构的空间关系，则其权数矩阵如表 12－1 所示。

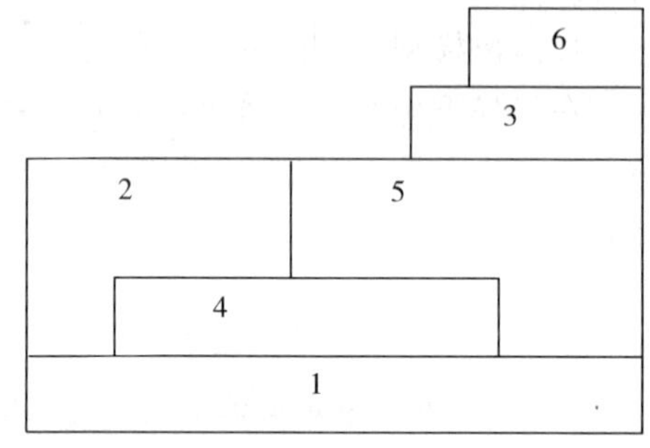

图 12－1 虚构的空间关系图

表 2－1 图 12－1 的空间关系权数矩阵(W)

0	1	0	1	1	0	0.00	0.33	0.00	0.33	0.33	0.00	0	0	1	0	0	0
1	0	0	1	1	0	0.33	0.00	0.00	0.33	0.33	0.00	0	0	1	0	0	0
0	0	0	0	1	1	0.00	0.00	0.00	0.00	0.50	0.50	1	1	0	1	0	0
1	1	0	0	1	0	0.33	0.33	0.00	0.00	0.33	0.00	0	0	1	0	0	0
1	1	1	1	0	0	0.25	0.25	0.25	0.25	0.00	0.00	0	0	0	0	0	1
0	0	1	0	0	0	0.00	0.00	1.00	0.00	0.00	0.00	0	0	0	0	1	0

表 12 - 1 左边是一阶空间权数矩阵 W_1；中间是行标准化空间权数矩阵，$w_{ij}^s = \frac{w_{ij}}{\sum_j w_{ij}}$，$w_{ij}^s \in (0,1)$；右边是二阶空间权数矩阵 W_2，其中元素 w_{2ij} 取值定义“邻居的邻居”的关系为 1，其他为 0。其他高阶空间权数矩阵依次类推。值得注意的是：W_2 不是 W_1 的平方，而是其平方之后消除对角及重复关系的二阶结果。

权数的设定一直是极有争议的话题。佩斯(Pace)于 1997 年提出了有限距离的权数设定。令 d_{ij} 表示两个区域(不一定相邻)之间的欧氏距离，$d_{\max i}$ 表示最大空间相关距离，对于第 i 个区域，若：$d_{ij} \leqslant d_{\max i}$，则 $w_{ij}=1$；否则 $w_{ij}=0$。同样 W 的对角线元素 $w_{ij}=0$，对于有限距离的权数矩阵也需要进行行标准化，方法与相邻距离的处理相同。安赛林(Anselin)于 1998 年提出了负指数距离权数，具体设定为 $w_{ij}=e^{-\beta d_{ij}}$，d_{ij} 表示两个区域(不一定相邻)之间的欧氏距离，β 为预先设定的参数。其他的还有 Cliff - Ord(1981)空间权数等。

2. 经济距离的权数设定

设定的经济距离权数必须满足有意义、有限性和非负性。另外，还有零距离问题，例如在研究收入差距时，两个区域的经济距离是：$d_{ij}=|z_i-z_j|$，其中 z_i，z_j 是两个区域的居民收入。当 $z_i=z_j$ 时，$w_{ij}=0$，逆距离权数设定为 $w_{ij}=\frac{1}{d_{ij}}$。卡斯(Case)等人也在 1993 年曾提出过另一种经济距离权数设定方法，但总体上讲，各种设定经济距离方法的研究到目前为止尚不成熟。

12.2.4　空间过滤程序(*Spatial filtering*)

安赛林(Anselin)于 2002 年指出空间过滤类似于时间序列的一阶差分，是一种空间差分。不过，与时间序列的一阶差分不同的是，对于行标准化矩阵一阶差分将导致奇异化(singularization)，因此一阶差分是行不通的。从广义上讲，一阶空间差分形式是：

$$Y-WY=(X-WX)\beta+u \tag{12-7}$$

或

$$(I-W)Y=(I-W)X\beta+u \tag{12-8}$$

因为行标准化矩阵 W 的行元素的和等于 1，所以$(I-W)$是奇异(singular)的。若在差分时加入了空间自回归参数，即：

$$(I-\rho W)Y=(I-\rho W)X\beta+u \tag{12-9}$$

$(I-\rho W)$称为空间滤子(spatial filter)，式(12 - 9)两边乘以$(I-\rho W)^{-1}$得：

$$Y=X\beta+(I-\rho W)^{-1}\varepsilon \tag{12-10}$$

式(12 - 10)等同于空间自回归误差序列(spatial autoregressive error term)模型。与时间序列模型不同，空间过滤模型式(12 - 10)不能通过辅助回归进行估计，只能和其他模型参数结合起来才能进行估计。

12.3 空间计量经济学的模型设定、估计及检验

12.3.1 空间计量经济学的模型设定

空间计量经济学的基本思想是将经济单位间(如地区或企业)的相互关系引入模型,基本线性回归模型式(12-11)通过一个空间权重矩阵 W 进行修正:

$$y=x\beta+\varepsilon \tag{12-11}$$

根据模型设定时对空间的体现方法不同,空间计量经济学的模型总体上可以分为空间滞后模型或空间自相关模型(SAR)和空间误差(spatial error components model,即 SEA)模型两类。空间滞后(spatial lag)模型,主要用于研究相邻机构或地区的行为对整个系统内其他机构或地区的行为产生影响的情形:

$$y=\lambda Wy+x\beta+u \tag{12-12}$$

其中,W 是空间权重矩阵,Wy 是周边 y 的变量加权平均,λ 是空间自回归系数,其他变量意义与原来相同。

空间误差(spatial error)模型,模型中机构或地区间的相互关系通过其误差项体现。当机构或地区之间的相互作用因所处的相对位置不同而存在差异时,则采用这种模型。具体而言,对于误差项的空间相关形式又存在两种基本的表达方式:空间误差自相关模型和空间误差移动平均模型。空间误差自相关模型的表达式为:

$$\begin{cases} Y=X\beta+u \\ u=\rho Wu+\varepsilon \\ Y=X\beta+(I-\rho W)^{-1}\varepsilon \end{cases} \tag{12-13}$$

空间误差移动平均模型的表达式为:

$$\begin{cases} Y=X\beta+u \\ u=\varepsilon-\theta W\varepsilon \\ Y=X\beta+(I-\theta W)\varepsilon \end{cases} \tag{12-14}$$

其中,ρ 是空间误差自相关系数,θ 是空间误差移动平均系数,$W\varepsilon$ 和 Wu 都是空间滞误差项。总结以上多种线性一阶空间经济计量模型,一般形式可以写成:$y^*=x^*\beta+u$。其中,$y^*=y,x^*=x,u^*=u$ 为基本模型式(12-11);$y^*=(I-\rho W)y,x^*=x,u^*=u$ 为模型式(12-12);$y^*=(I-\rho W)y,x^*=(I-\rho W)x,u^*=\varepsilon$ 为模型式(12-13);$y^*=(I-\theta W)^{-1}(I-\rho W)y,x^*=(I-\theta W)^{-1}(I-\rho W)x,u^*=\varepsilon$ 为模型式(12-14)。

12.3.2 空间计量经济学的模型估计

空间依存性的估计比时间序列要复杂得多。空间自回归模型由于自变量的内生性,OLS 估计是有偏的(biased)和不一致的(inconsistent)。因此,上世纪 60 年代到 80 年代,计

量经济学对空间计量经济学研究的焦点是模型估计，比萨格（Besag）（1974）、奥德（Ord）（1975）和玛迪亚（Mardia）（1984）分别讨论不同空间自回归模型的估计问题。80 年代以后，最大似然估计（ML）成为文献中主流估计方法，例如克里夫・奥德（Cliff - Ord）（1981）、安赛林（Anselin）（1988）、海宁（Haining）（1988）和安赛林（Anselin）和贝拉（Bera）（1998）所做的研究。最近几年其他估计方法如：安赛林（Anselin）（1999）、科勒吉安（Kelejian）和普鲁察（Prucha）（1999）以及康利（Conley）（1996）等提出工具变量法（IV）、广义矩估计（GMM）引起了理论界的重视。

12.3.3　空间计量经济学的模型检验

莫兰（Moran）于 1950 年最早提出了检验回归模型空间自相关的 Moran I 检验，该检验到目前为止依然是使用最广泛的检验。它的最大优点是计算简单，只需要 OLS 估计或非线性优化即可。根据空间计量经济学的原理方法，首先对被解释变量进行 Moran I 检验，检验其是否存在空间自相关，如果存在则可以建立空间计量经济模型进行估计和检验。自相关指数 Moran I 检验的定义为：

$$\text{Moran } I=\frac{\sum_{i=1}^{n}\sum_{j=1}^{n}W_{ij}(Y_i-\bar{Y})(Y_j-\bar{Y})}{S^2\sum_{I=1}^{n}\sum_{j=1}^{n}W_{ij}} \tag{12-15}$$

其中，$S^2=\frac{1}{n}\sum_{i=1}^{n}(Y_i-\bar{Y})^2$，$\bar{Y}=\frac{1}{n}\sum_{i=1}^{n}Y_i$，$Y_i$ 表示第 i 个地区的观察值，n 是地区总数，W_{ij} 是二进制的空间相邻权数矩阵的任一元素。根据空间数据的分布可以计算出正态分布 Moran I的期望值是 $E_n(I)=-\frac{1}{n-1}$，方差是：

$$\text{VAR}_n(I)=\frac{n^2w_1+nw_2+3w_0^2}{w_0^2(n^2-1)}-E_n^2(I) \tag{12-16}$$

其中，$Z(d)=\frac{\text{Moran } I-E(I)}{\sqrt{\text{VAR}(I)}}$，$w_1=\sum_{i=1}^{n}\sum_{j=1}^{n}(w_{ij}+w_{ji})^2$，$w_2=\sum_{i=1}^{n}(w_{ij}+w_{ji})^2$，$w_{ij}$ 和 w_{ji} 分别是空间权数矩阵中 i 行与 j 列之和。我们可以简单地将 Moran I 检验转化成标准正态检验：

$$Z(d)=\frac{\text{Moran } I-E(I)}{\sqrt{\text{VAR}(I)}} \tag{12-17}$$

Moran I 检验只能检验是否存在空间自相关，最大似然 LM - Lag 检验和 LM - Error 检验有助于判断空间计量模型的具体形式，LM - Error 和 LM - Lag 检验表达形式如下：

$$\text{LM - Error}=[e^{*}We^{*}/(e^{*\prime}e^{*}/N)]^2/\text{race}(W^2+W'W) \tag{12-18}$$

$$\text{LM - Lag}=[e^{*\prime}Wy/(e^{*\prime}e^{*}/N)]^2/\{[(Wxb)'M(Wxb)]+\text{race}(W^2+W'W)\} \tag{12-19}$$

其中，b 是回归方程系数 β 的估计值。在残差独立同分布的假定下，LM－Error 与 LM－Lag 统计量渐进服从自由度为 1 的卡方分布 $\chi^2(1)$。

安赛林(Anselin)于 2002 年提出了如下判别准则：如果在 Moran I 检验显著的情况下，最大似然 LM－Lag 检验较 LM－Error 检验更加显著，并且稳健估计 R－LMLAG 显著而 R－LMERR 不显著，则选择空间滞后模型(SAR)；反之，则选用空间误差构成(SEC)模型。其次，在诊断模型总体显著性方面，除了拟合优度 R^2 检验以外，一般使用自然对数似然函数值(Log Likelihood)、似然比率(Likelihood Ratio，LR)、赤池信息准则(Akaike Information Criterion，AIC)，施瓦茨准则(Schwartz Criterion，SC)。对数似然值越大，似然率越小，AIC 和 SC 值越小，模型拟合效果越好。这与古典回归模型的检验判断没有什么差异。

另外，还有 Wald、LR 和 RS(Rao Score)等检验。这些检验基于 ML 估计，最大的缺点是计算复杂，需要计算包括 n 阶雅克比(Jacobian)行列式的非线形对数似然函数优化。科勒吉安(Kelejian)和罗宾逊(Robinson)针对空间误差构成模型提出了 KR 检验技术，安赛林(Anselin)于 1996 年又提出改进了 LM 检验。对于上述 SAR 和 SEC 两种模型的估计如果仍采用最小二乘法估计，系数估计值会有偏或者无效，需要通过工具变量法、极大似然法或广义最小二乘估计等其他方法来进行估计。鉴于空间经济计量估计中一系列问题有待进一步解决，目前一般空间计量模型都局限于一阶滞后模型、一阶自回归或一阶移动平均模型。

12.4 空间计量经济学研究展望

最近几年，随着计算机模拟技术(Monte Carlo Simulation，即 MC 模拟)的发展，空间计量模型检验成为研究的焦点。安赛林(Anselin)于 2001 年对 RS 检验进行了改进，并通过 MC 模拟验证了新的 RS 检验，具有 Wald、LR 等检验方法所没有的渐进性质。弗洛拉克斯(Florax)等于 2003 年运用亨得瑞(Hendry)方法和 MC 模拟技术对空间计量模型的检验和识别进行了研究。这些研究的主要问题是检验统计量在不同样本量下的渐进性表现和对不同模型设置的敏感度与适应度。基于不同的数据生成过程，学者们得出的结论差别很大。

国际文献中，空间计量经济学广泛应用于区域和城市经济学，地区公共金融、环境与资源经济学、农业经济学、国际贸易与国际投资、产业组织理论等多学科领域，有关应用方面的文献不计其数。随着计算技术的发展，当前应用经济计量研究的重心正逐步从时间序列转向空间特性分析，这是值得关注的新动向。

12.5 案例分析

本案例将运用改进的知识生产函数(Knowledge Production Function，简称 KPF)进一步实证研究我国各地区高等院校对高技术企业创新的知识溢出的空间范围与溢出程度。

一、知识生产函数模型设置

本案例借鉴了安赛林(Anselin)等于 2000 年提出的知识生产函数模型，并对其进行了改进，具体的实证模型分为三个：基本模型、扩展模型和空间计量模型。

1. 基本模型

古典的知识生产函数是一个标准的 $C-D$ 函数，用投入产出的方法研究区域知识创新活动的效率及其溢出效应。一般用专利或创新作为区域知识产出的代理变量(用 K 表示)，相对于知识生产的投入。通常认为知识生产来源于两个主要的投入要素：高等院校和企业商业研发活动，分别用 U 和 R 表示两者的研发支出(一般用 R&D 或从事研发人员表示)。考虑到知识的投入与产出过程需要一定的时间，我们假设知识生产的投入与产出有一个固定的时滞。我们基本的区域知识生产函数是：

$$K_{i,t}=f(U_{i,t-q},R_{i,t-q})\quad i=1,2,\cdots,n \tag{12-20}$$

上式中下标 i、t 分别表示区域(地区)和时间，q 是知识生产投入与产出的一个固定时滞，在其后的实证分析中我们假定固定时滞是 2 年。从形式上看，模型式(12－20)非常简单，但模型式(12－20)的建立隐含一些基本的假定。首先，一个区域内高新技术企业的知识生产不仅依靠自身的研发努力，而且还依赖于企业外的研发投入——或者广义上是企业可以利用的知识源泉。其次，我们假定高等院校知识创新是知识溢出的源泉，企业进行有价值的技术知识生产时受到高等院校知识溢出的影响。另外我们还假定知识生产投入产出的动态关系为一个固定的时滞，抽象了这种复杂的动态关系。

2. 扩展模型

高等院校与企业有价值知识的生产的效率还取决于一些深层次的组织管理环境因素，这些因素制约可利用创新资源的有效利用。加入这些额外的解释变量，在客观上也增加了模型的解释能力。我们对模型式(12－20)进行了扩展，其解释变量包括一组与知识生产密切相关的组织管理环境变量：

$$K_{i,t}=f(U_{i,t-q},R_{i,t-q},Z_{i,t-q})\quad i=1,2,\cdots,n \tag{12-21}$$

模型式(12－21)中，Z_i 是由几个变量组成的向量，本质上是反映这些区位因子对区域知识生产的影响。

3. 空间计量模型

毫无疑问，任何一个地区的经济都不可能独立存在，它总是与其他经济体存在着千丝万缕的联系。当外生冲击对一个地区的经济造成影响时，往往也会波及邻近或者更远的地区。空间依存性是区域经济研究的重点内容，可以表述为托伯勒(Tobler)(1979)地理第一定理："地理物体是互相关联的，空间接近的地物间关联程度高。"依据空间计量经济学，空间依存性可以设置成两种形式基本的模型结构，即空间自回归模型(spatial autoregressive model, SAR)和空间误差构成(spatial error components model, SEA)模型两类。

空间自回归模型(SAR)表示为：

$$y=\rho Wy+X\beta+u \tag{12-22}$$

上式 y 是 $n\times1$ 列的决策变量观察值向量；W 是 $n\times n$ 的空间权数矩阵，是 n 个机构或地区之间相互关系网络结构的一个矩阵，可以是一阶地理相邻权重矩阵(相邻的空间单位的权重为 1，其他为 0)或其他空间距离权重矩阵，也可是经济距离权重矩阵，Wy 为空间一阶滞后因变量；ρ 是空间自回归参数，其取值在 -1 到 1 之间，表明相邻区域之间的影响程度；X 是 k 个外生变量观察值的 $n\times k$ 阶矩阵；β 是 $k\times 1$ 阶回归系数向量；ε 是随机误差序列向量。

另一种是空间误差模型，机构或地区间的相互关系通过误差项来体现。当机构或地区之间的相互作用因所处的相对位置不同而存在差异时，则采用这种模型。空间误差构成(SEA)基本模型为：

$$y=X\beta+u \tag{12-23}$$

其中

$$u=\lambda W\Psi+\xi \tag{12-24}$$

上式中，Ψ 是 $n\times 1$ 列溢出成分误差，ξ 是 $n\times 1$ 列的区域内随机扰动项；假定 Ψ 和 ξ 是服从独立同分布($i.i.d$)且互不相关；λ 是空间自相关系数，λ 的取值在 $-1\sim 1$ 之间，表明一个区域变量变化对相邻区域的影响(溢出)程度；其他字母如式(12-22)所假设。可见，式(12-23)和式(12-24)构成的 SEA 模型其本质就是在线性模型的误差结构中融入了一个区域间溢出成分。

通过 White 检验可以检验空间异质性的存在，通过 LM-Error 和 LM-Lag 统计量不仅可以甄别出模型的设置有无偏误(空间依存性存在)，而且可以诊断空间自回归模型(SAR)和空间误差构成(SEA)模型哪一个更适合空间样本数据。

二、数据来源及变量设置

由于我们研究时采用了空间相邻权重矩阵，对于我国内地的 31 个省、自治区与直辖市，我们剔除了西藏(创新活动缺乏)和海南(无法定义空间邻居)两个样本后剩下 29 个样本。在我们研究的模型中被解释变量是《中国高技术产业统计年鉴》(2003)各地区高技术产业的专利申请数，事实上是 2002 年的数据。基本模型中解释变量 U 为各地区高等院校 R&D 支出数据，来源于 2001 年《中国科技统计年鉴》，解释变量 R 为高技术企业 R&D 支出，来源于《中国高技术产业统计年鉴》(2001)；扩展模型中组织管理环境变量 Z_i，我们选用了一个区位因子作为附加的解释变量：高技术产业的从业人员(LQ)，数据来源于《中国高技术产业统计年鉴》(2001)；还有另外两个是商业服务业的从业人员(BUS)，数据来源于《中国工业经济统计年鉴》(2001)和从业人员 500 人以上的大企业所占的比重(LARGE)，数据来源于《中国高技术产业统计年鉴》(2001)，这三个变量基本上能反映聚集经济效应对知识生产的影响。

对于知识生产函数的设置我们采用 C-D 模型方式，即文章中所有模型变量的设置都采用对数线性的形式，这种设置的优点是模型中待估参数就是弹性系数(常数项除外)，回归结果便于分析；这种设置的缺点是要求所有的样本值都必须大于零，而且常数弹性设置有时也未必合理。

三、实证结果和分析

表 12-2 是利用空间截面数据对我国的 29 个省、自治区与直辖市高技术产业知识生产函数的回归结果，自变量时滞为 2 年并且所有的变量都是对数形式。左边第一列是基本模型，只研究高技术产业的 R&D 投入对其知识生产的直接影响和区域内或邻近区域高等院校 R&D 支出对高技术产业知识生产的间接影响(知识溢出)；第二列是扩展模型，不仅反映

高技术企业与高等院校研发投入的影响，而且反映集聚经济效应中 MAR（Marshall - Arrow - Romer）与 Jacobs 外部性对区域知识生产的重要影响；第三列是空间误差模型（SEA），在扩展模型的基础上考虑到空间依存性对知识生产的影响，如果忽视了这种空间依存性的存在，我们所设置的截面数据模型就会产生偏误。所有模型及其检验统计量的估计都是运用 GAUSS Light 6.0 软件计算的。

表 12 - 2 我国高技术产业知识生产函数实证结果（$n=29$）

模　型	基本模型(OLS)	扩展模型(OLS)	空间误差模型(ML)
C	−2.8365* (1.6916)	−2.8256** (1.6768)	−2.7631** (1.4854)
Log(U)	0.1304*** (0.0656)	0.1243** (0.0719)	0.1259** (0.0727)
Log(R)	0.7160*** (0.2840)	0.7070*** (0.3157)	0.7165*** (0.3246)
Log(LQ)		0.9420*** (0.3990)	0.9275*** (0.3657)
Log(BUS)		0.3245* (0.1778)	0.3318* (0.1814)
Log(LARGE)		−0.0417 (2.4338)	−0.0445 (2.4478)
空间自回归系数 λ			0.1753* (0.1069)
调整 R^2	0.7342	0.7841	0.7904
White	5.8756	12.8395	
LM - Error	9.7538	3.8653	
LM - Lag	1.4346	1.2337	0.4557

注：① * 表示 10%的显著性水平，* * 表示 5%的显著性水平，* * * 为 1%的显著性水平；

②LM - Error 与 LM - Lag 统计量的临界值分别为 3.84（$p=0.05$）和 2.71（$p=0.10$）；

③括号内的值是统计量的标准差；

④White 统计量的临界值分别为 11.07（自由度为 5）和 16.92（自由度为 9）。

三个模型中高技术产业与高等院校的 R&D 投入变量都是高度显著的（显著性水平在 5%以上），并且模型中变量系数的符号与我们预想的情况一致，这表明我国高技术产业的知识生产的确存在地理媒介高校研究的知识溢出。高校研究的弹性系数分别为 0.1304、0.1243和 0.1259，高技术企业研发的弹性系数分别为 0.7160、0.7070 和 0.7165，高技术研发对于高技术创新的效应远大于高校研发的溢出效应，高技术研发弹性系数约为高校研发的 5～6 倍左右。模型的 White 检验表明不存在空间异质性，空间依存性与空间误差结构的检验显示模型存在空间依存性，基本模型和扩展模型的设置有偏误，空间误差模型更适合模型的数据结构。

基本模型证实高技术产业的研发支出与高校研发支出与高技术企业知识生产的关系是非常显著的。高技术企业的研发活动对其自身的知识生产的效应远大于高校研发活动的溢出效应，从弹性系数上看，前者大约为后者的5.5倍。模型White检验显示没有空间异质性的迹象，但LM－Error统计量表明模型的误差结构存在空间依存性，也就是说基本模型的设置存在偏误。

扩展模型加入了反映积聚经济效应的区位因子后其回归解释能力显著增强。调整R^2，使其从0.7342增加到0.7841，模型显示MAR型与Jacobs型知识外部性在我国高技术企业的知识生产存在正向显著的效应。地理媒介高校研发对高技术企业创新的知识溢出是正向的显著的。高校研发支出与高技术企业研发支出变量的弹性系数都有变小的趋势，两者的弹性系数分别从0.1304减到0.1243，从0.7160到0.7070。高技术产业的从业人员(LQ)与商业服务业的从业人员(BUS)对高技术产业的知识生产的影响是正向的和显著的，揭示了聚集经济对知识生产的影响是显著的。从业人员500人以上的大企业所占的比重(LARGE)变量对于高技术产业知识生产的影响是负向的，但是不显著，这表明我国高技术大企业在知识生产上没有明显的优势可言。扩展模型的检验统计量的统计含义与基本模型的情况相同。

空间误差模型是对基本模型与扩展模型的空间误差结构进行的修正，消除了模型的空间自相关。对于空间误差模型，OLS估计是有偏的(biased)和不一致的(inconsistent)，因此我们使用ML方法进行估计。空间误差模型与基本模型和扩展模型相比较，消除了模型的设置偏误，模型的估计更为精确。空间自回归系数λ等于0.1753，统计上是显著的，这表明一个区域高等院校知识生产不仅增加自身区域的知识存量，而且会溢出到邻近区域，引起邻近区域知识存量的增加。其他参数的系数无论在符号上还是数值上都变化不大，显著性水平也未发生改变。

思考与练习

1. 为什么要引入空间计量经济学？引入空间计量经济学有何作用？
2. 谈谈空间相关与时间相关的区别与联系。
3. 空间计量经济学的理论基础是什么？
4. 写出下表的一阶和二阶空间权数矩阵，并对一阶空间权数矩阵进行标准化。

1	2	3
4	5	6
7	8	9

5. 空间计量经济学有哪些主要模型？
6. 列举空间计量经济学的主要检验，并说明其功能。

附录　统计分布表

表附-1　标准正记分布表 $\left[\Phi(z)=\int_{-\infty}^{z}\frac{1}{\sqrt{2\pi}}e^{\frac{u^2}{2}}\,\mathrm{d}u=P(Z\leqslant z)\right]$

z	0	1	2	3	4	5	6	7	8	9
0.0	0.5000	0.5040	0.5080	0.5120	0.5160	0.5199	0.5239	0.5279	0.5319	0.5359
0.1	0.5398	0.5438	0.5478	0.5517	0.5557	0.5596	0.5636	0.5675	0.5714	0.5753
0.2	0.5793	0.5832	0.5871	0.5910	0.5948	0.5987	0.6026	0.6064	0.6103	0.6141
0.3	0.6179	0.6217	0.6255	0.6293	0.6331	0.6368	0.6406	0.6443	0.6480	0.6517
0.4	0.6554	0.6591	0.6628	0.6664	0.6700	0.6736	0.6772	0.6808	0.6844	0.6879
0.5	0.6915	0.6950	0.6985	0.7019	0.7054	0.7088	0.7123	0.7157	0.7190	0.7224
0.6	0.7257	0.7291	0.7324	0.7357	0.7389	0.7422	0.7454	0.7486	0.7517	0.7549
0.7	0.7580	0.7611	0.7642	0.7673	0.7703	0.7734	0.7764	0.7794	0.7823	0.7852
0.8	0.7881	0.7910	0.7939	0.7967	0.7995	0.8023	0.8051	0.8078	0.8106	0.8133
0.9	0.8159	0.8186	0.8212	0.8238	0.8264	0.8289	0.8315	0.8340	0.8365	0.8389
1.0	0.8413	0.8438	0.8461	0.8485	0.8508	0.8531	0.8554	0.8577	0.8599	0.8621
1.1	0.8643	0.8665	0.8686	0.8708	0.8729	0.8749	0.8770	0.8790	0.8810	0.8830
1.2	0.8849	0.8869	0.8888	0.8907	0.8925	0.8944	0.8962	0.8980	0.8997	0.9015
1.3	0.9032	0.9049	0.9066	0.9082	0.9099	0.9115	0.9131	0.9147	0.9162	0.9177
1.4	0.9192	0.9207	0.9222	0.9236	0.9251	0.9265	0.9278	0.9292	0.9306	0.9319
1.5	0.9332	0.9345	0.9357	0.9370	0.9382	0.9394	0.9406	0.9418	0.9430	0.9441
1.6	0.9452	0.9463	0.9474	0.9484	0.9495	0.9505	0.9515	0.9525	0.9535	0.9545
1.7	0.9554	0.9564	0.9573	0.9582	0.9591	0.9599	0.9608	0.9616	0.9625	0.9633
1.8	0.9611	0.9648	0.9656	0.9664	0.9671	0.9678	0.9686	0.9693	0.9700	0.9706
1.9	0.9713	0.9719	0.9726	0.9732	0.9738	0.9744	0.9750	0.9756	0.9762	0.9767
2.0	0.9772	0.9778	0.9783	0.9788	0.9793	0.9798	0.9803	0.9808	0.9812	0.9817
2.1	0.9821	0.9826	0.9830	0.9834	0.9838	0.9842	0.9846	0.9850	0.9854	0.9857
2.2	0.9861	0.9864	0.9868	0.9871	0.9874	0.9878	0.9881	0.9884	0.9887	0.9890
2.3	0.9893	0.9896	0.9898	0.9901	0.9904	0.9906	0.9909	0.9911	0.9913	0.9916
2.4	0.9918	0.9920	0.9922	0.9925	0.9927	0.9929	0.9931	0.9932	0.9934	0.9936
2.5	0.9938	0.9940	0.9941	0.9943	0.9945	0.9946	0.9948	0.9949	0.9951	0.9952
2.6	0.9953	0.9955	0.9956	0.9957	0.9959	0.9960	0.9961	0.9962	0.9963	0.9964
2.7	0.9965	0.9966	0.9967	0.9968	0.9969	0.9970	0.9971	0.9972	0.9973	0.9974
2.8	0.9974	0.9975	0.9976	0.9977	0.9977	0.9978	0.9979	0.9979	0.9980	0.9981
2.9	0.9981	0.9982	0.9982	0.9983	0.9984	0.9984	0.9985	0.9985	0.9986	0.9986
3.0	0.9987	0.9990	0.9993	0.9995	0.9997	0.9998	0.9998	0.9999	0.9999	1.0000

表附-2　t 分布表（$P\{t>t_{\alpha}(n)\}=\alpha$）

n \ α	0.25	0.10	0.05	0.025	0.01	0.005
1	1.0000	3.0777	6.3138	12.7062	31.8207	63.6574
2	0.8165	1.8856	2.9200	4.3027	6.9646	9.9248
3	0.7649	1.6377	2.3534	3.1824	4.5407	5.8409
4	0.7407	1.5332	2.1318	2.7764	3.7469	4.6041
5	0.7267	1.4759	2.0150	2.5706	3.3649	4.0322
6	0.7176	1.4398	1.9432	2.4469	3.1427	3.7074
7	0.7111	1.4149	1.8946	2.3646	2.9980	3.4995
8	0.7064	1.3968	1.8595	2.3060	2.8965	3.3554
9	0.7027	1.3830	1.8331	2.2622	2.8214	3.2498
10	0.6998	1.3722	1.8125	2.2281	2.7638	3.1693
11	0.6974	1.3634	1.7959	2.2010	2.7181	3.1058
12	0.6955	1.3562	1.7823	2.1788	2.6810	3.0545
13	0.6938	1.3502	1.7709	2.1604	2.6503	3.0123
14	0.6924	1.3450	1.7613	2.1448	2.6245	2.9768
15	0.6912	1.3406	1.7531	2.1315	2.6025	2.9467
16	0.6901	1.3368	1.7459	2.1199	2.5835	2.9208
17	0.6892	1.3334	1.7396	2.1098	2.5669	2.8982
18	0.6884	1.3304	1.7341	2.1009	2.5524	2.8784
19	0.6876	1.3277	1.7291	2.0930	2.5395	2.8609
20	0.6870	1.3253	1.7247	2.0860	2.5280	2.8453
21	0.6864	1.3232	1.7207	2.0796	2.5177	2.8314
22	0.6858	1.3212	1.7171	2.0739	2.5083	2.8188
23	0.6853	1.3195	1.7139	2.0687	2.4999	2.8073
24	0.6848	1.3178	1.7109	2.0639	2.4922	2.7969
25	0.6844	1.3163	1.7081	2.0595	2.4851	2.7874
26	0.6840	1.3150	1.7058	2.0555	2.4786	2.7787
27	0.6837	1.3137	1.7033	2.0518	2.4727	2.7707
28	0.6834	1.3125	1.7011	2.0484	2.4671	2.7633
29	0.6830	1.3114	1.6991	2.0452	2.4620	2.7564
30	0.6828	1.3104	1.6973	2.0423	2.4573	2.7500
60	0.6790	1.2960	1.6700	2.0000	2.3900	2.6600
120	0.6770	1.2890	1.6580	1.9800	2.3580	2.1670
∞	0.6740	1.2820	1.6450	1.9600	2.3260	2.5760

表附-3　χ^2 分布表($P\{\chi^2>\chi_\alpha^2(n)\}=\alpha$)

n \ α	0.99	0.985	0.90	0.75	0.25	0.10	0.05	0.025	0.01	0.005
1	—	0.004	0.016	0.102	1.323	2.706	3.841	5.024	60635	7.879
2	0.020	0.103	0.211	0.575	2.773	4.605	5.991	7.378	9.210	10.597
3	0.115	0.352	0.584	1.213	4.108	6.251	7.815	9.348	11.345	12.838
4	0.297	0.711	1.064	1.923	5.385	7.779	9.488	11.143	13.277	14.860
5	0.554	1.145	1.610	2.675	6.626	9.236	11.071	12.833	15.086	16.750
6	0.872	1.635	2.204	3.455	7.841	10.645	12.592	14.449	16.812	18.548
7	1.239	2.167	2.833	4.255	9.037	12.017	14.067	16.013	18.475	20.278
8	1.646	2.733	3.490	5.071	10.219	13.362	15.507	17.535	20.090	21.955
9	2.088	3.325	4.168	5.899	11.389	14.684	16.919	19.023	21.666	23.589
10	2.228	3.940	4.865	6.737	12.549	15.987	18.307	20.483	23.209	25.188
11	3.053	4.575	5.578	7.584	13.701	17.275	19.675	21.920	24.725	26.757
12	3.571	5.226	6.304	8.438	14.845	18.549	21.026	23.337	26.217	28.299
13	4.107	5.892	7.042	9.299	15.984	19.812	22.362	24.736	27.688	29.819
14	4.660	6.571	7.790	10.165	17.117	21.064	23.685	26.119	29.141	31.319
15	5.229	7.261	8.547	11.037	18.245	22.307	24.996	27.488	30.578	32.801
16	5.812	7.962	9.312	11.912	19.369	23.542	26.296	28.845	32.000	34.267
17	6.408	8.672	10.085	12.792	20.489	24.769	27.587	30.191	33.409	35.718
18	7.015	9.390	10.865	13.675	21.605	25.989	28.869	31.526	34.805	37.156
19	7.633	10.117	11.651	14.562	22.718	27.204	30.144	32.852	36.191	38.582
20	8.260	10.851	12.443	15.452	23.828	28.412	31.410	34.170	37.566	39.997
21	8.897	11.591	13.240	16.344	24.935	29.615	32.671	35.479	38.932	41.401
22	9.542	12.338	14.042	17.240	26.039	30.813	33.924	36.781	40.289	42.796
23	10.196	13.091	14.848	18.137	27.141	32.007	35.172	38.076	41.638	44.181
24	10.856	13.848	15.659	19.037	28.241	33.196	36.415	39.364	42.980	45.559
25	11.524	14.611	16.473	19.939	29.339	34.382	37.652	40.646	44.314	46.928
26	12.198	15.379	17.292	20.843	30.435	35.563	38.885	41.923	45.642	48.290
27	12.879	16.151	18.114	21.749	31.528	36.741	40.113	43.194	46.963	49.645
28	13.565	16.928	18.939	22.657	32.620	37.916	41.337	44.461	48.278	50.993
29	14.257	17.708	19.768	23.567	33.711	39.087	42.557	45.722	49.588	52.336
30	14.954	18.493	20.599	24.478	34.800	40.256	43.773	46.979	50.892	53.672
40	22.164	26.509	29.051	33.660	45.616	51.805	55.758	59.342	63.691	66.766
45	25.901	30.612	33.350	38.291	50.985	57.505	61.656	65.410	69.957	73.166

表附-4 F分布表($P\{F>F_{\alpha}(n_1,n_2)\}=\alpha$)

$\alpha=0.05$

n_2 \ n_1	1	2	3	4	5	6	7	8	9	10	12	15	20	24	30	40	60	120	∞
1	161.4	199.5	215.7	224.6	230.2	234.0	236.8	238.9	240.5	241.9	243.9	245.9	248.0	249.1	250.1	251.1	252.2	253.3	254.3
2	18.51	19.00	19.16	19.25	19.30	19.33	19.35	19.37	19.38	19.40	19.41	19.43	19.45	19.45	19.46	19.47	19.48	19.49	19.50
3	10.13	9.55	9.28	9.12	9.01	8.94	8.89	8.85	8.81	8.79	8.74	8.70	8.66	8.64	8.62	8.59	8.57	8.55	8.53
4	7.71	6.94	6.59	6.39	6.26	6.16	6.09	6.04	6.00	5.96	5.91	5.86	5.80	5.77	5.75	5.72	5.69	5.66	5.63
5	6.61	5.79	5.41	5.19	5.05	4.95	4.88	4.82	4.77	4.74	4.68	4.62	4.56	4.53	4.50	4.46	4.43	4.40	4.36
6	5.99	5.14	4.76	4.53	4.39	4.28	4.21	4.15	4.10	4.06	4.00	3.94	3.87	3.84	3.81	3.77	3.74	3.70	3.67
7	5.59	4.74	4.35	4.12	3.97	3.87	3.79	3.73	3.68	3.64	3.57	3.51	3.44	3.41	3.38	3.34	3.30	3.27	3.23
8	5.32	4.46	4.07	3.84	3.69	3.58	3.50	3.44	3.39	3.35	3.28	3.22	3.15	3.12	3.08	3.04	3.01	2.97	2.93
9	5.12	4.26	3.86	3.63	3.48	3.37	3.29	3.23	3.18	3.14	3.07	3.01	2.94	2.90	2.86	2.83	2.79	2.75	2.71
10	4.96	4.10	3.71	3.48	3.33	3.22	3.14	3.07	3.02	2.98	2.91	2.85	2.77	2.74	2.70	2.66	2.62	2.58	2.54
11	4.84	3.98	3.59	3.36	3.20	3.09	3.01	2.95	2.90	2.85	2.79	2.72	2.65	2.61	2.57	2.53	2.49	2.45	2.40
12	4.75	3.89	3.49	3.26	3.11	3.00	2.91	2.85	2.80	2.75	2.69	2.62	2.54	2.51	2.47	2.43	2.38	2.34	2.30
13	4.67	3.81	3.41	3.18	3.03	2.92	2.83	2.77	2.71	2.67	2.60	2.53	2.46	2.42	2.38	2.34	2.30	2.25	2.21
14	4.60	3.74	3.34	3.11	2.96	2.85	2.76	2.70	2.65	2.60	2.53	2.46	2.39	2.35	2.31	2.27	2.22	2.18	2.13
15	4.54	3.68	3.29	3.06	2.90	2.79	2.71	2.64	2.59	2.54	2.48	2.40	2.33	2.29	2.25	2.20	2.16	2.11	2.07
16	4.49	3.63	3.24	3.01	2.85	2.74	2.66	2.59	2.54	2.49	2.42	2.35	2.28	2.24	2.19	2.15	2.11	2.06	2.01

（续表）

n_2 \ n_1	1	2	3	4	5	6	7	8	9	10	12	15	20	24	30	40	60	120	∞
17	4.45	3.59	3.20	2.96	2.81	2.70	2.61	2.55	2.49	2.45	2.38	2.31	2.23	2.19	2.15	2.10	2.06	2.01	1.96
18	4.41	3.55	3.16	2.93	2.77	2.66	2.58	2.51	2.46	2.41	2.34	2.27	2.19	2.15	2.11	2.06	2.02	1.97	1.92
19	4.38	3.52	3.13	2.90	2.74	2.63	2.54	2.48	2.42	2.38	2.31	2.23	2.16	2.11	2.07	2.03	1.98	1.93	1.88
20	4.35	3.49	3.10	2.87	2.71	2.60	2.51	2.45	2.39	2.35	2.28	2.20	2.12	2.08	2.04	1.99	1.95	1.90	1.84
21	4.32	3.47	3.07	2.84	2.68	2.57	2.49	2.42	2.37	2.32	2.25	2.18	2.10	2.05	2.01	1.96	1.92	1.87	1.81
22	4.30	3.44	3.05	2.82	2.66	2.55	2.46	2.40	2.34	2.30	2.23	2.15	2.07	2.03	1.98	1.94	1.89	1.84	1.78
23	4.28	3.42	3.03	2.80	2.64	2.53	2.44	2.37	2.32	2.27	2.20	2.13	2.05	2.01	1.96	1.91	1.86	1.81	1.76
24	4.26	3.40	3.01	2.78	2.62	2.51	2.42	2.36	2.30	2.25	2.18	2.11	2.03	1.98	1.94	1.89	1.84	1.79	1.73
25	4.24	3.39	2.99	2.76	2.60	2.49	2.40	2.34	2.28	2.24	2.16	2.09	2.01	1.96	1.92	1.87	1.82	1.77	1.71
26	4.23	3.37	2.98	2.74	2.59	2.47	2.39	2.32	2.27	2.22	2.15	2.07	1.99	1.95	1.90	1.85	1.80	1.75	1.69
27	4.21	3.35	2.96	2.73	2.57	2.46	2.37	2.31	2.25	2.20	2.13	2.06	1.97	1.93	1.88	1.84	1.79	1.73	1.67
28	4.20	3.34	2.95	2.71	2.56	2.45	2.36	2.29	2.24	2.19	2.12	2.04	1.96	1.91	1.87	1.82	1.77	1.71	1.65
29	4.18	3.33	2.93	2.70	2.55	2.43	2.35	2.28	2.22	2.18	2.10	2.03	1.94	1.90	1.85	1.81	1.75	1.70	1.64
30	4.17	3.32	2.92	2.69	2.53	2.42	2.33	2.27	2.21	2.16	2.09	2.01	1.93	1.89	1.84	1.79	1.74	1.68	1.62
40	4.08	3.23	2.84	2.61	2.45	2.34	2.25	2.18	2.12	2.08	2.00	1.92	1.84	1.79	1.74	1.69	1.64	1.58	1.51
60	4.00	3.15	2.76	2.53	2.37	2.25	2.17	2.10	2.04	1.99	1.92	1.84	1.75	1.70	1.65	1.59	1.53	1.47	1.39
120	3.92	3.07	2.68	2.45	2.29	2.17	2.09	2.02	1.96	1.91	1.83	1.75	1.66	1.61	1.55	1.50	1.43	1.35	1.25
∞	3.84	3.00	2.60	2.37	2.21	2.10	2.01	1.94	1.88	1.83	1.75	1.67	1.57	1.52	1.46	1.39	1.32	1.22	1.00

（续表）

n_2 \ n_1	1	2	3	4	5	6	7	8	9	10	12	15	20	24	30	40	60	120	∞
$\alpha=0.01$																			
1	4052	4999.5	5403	5625	5764	5859	5928	5982	6022	6056	6106	6157	6209	6235	6261	6287	6313	6339	6366
2	98.50	99.00	99.17	99.25	99.30	99.33	99.36	99.37	99.39	99.40	99.42	99.43	99.45	99.46	99.47	99.47	99.48	99.49	99.50
3	34.12	30.82	29.46	28.71	28.24	27.91	27.67	27.49	27.35	27.23	27.05	26.87	26.69	26.60	26.50	26.41	26.32	26.22	26.13
4	21.20	18.00	16.69	15.98	15.52	15.21	14.98	14.80	14.66	14.55	14.37	14.20	14.02	13.93	13.84	13.75	13.65	13.56	13.46
5	16.26	13.27	12.06	11.39	10.97	10.67	10.46	10.29	10.16	10.05	9.89	9.72	9.55	9.47	9.38	9.29.	9.20	9.11	9.02
6	13.75	10.92	9.78	9.45	8.75	8.47	8.26	8.10	7.98	7.87	7.72	7.56	7.40	7.31	7.23	7.14	7.06	6.97	6.88
7	12.25	9.55	8.45	7.85	7.46	7.19	6.99	6.84	6.72	6.62	6.47	6.31	6.16	6.07	5.99	5.91	5.82	5.74	5.65
8	11.26	8.65	7.59	7.01	6.63	6.37	6.18	6.03	5.91	5.81	5.67	5.52	5.36	5.28	5.20	5.12	5.03	4.95	4.86
9	10.56	8.02	6.99	6.42	6.06	5.80	5.61	5.47	5.35	5.26	5.11	4.96	4.81	4.73	4.65	4.57	4.48	4.40	4.31
10	10.04	7.56	6.55	5.99	5.64	5.39	5.20	5.06	4.94	4.85	4.71	4.56	4.41	4.33	4.25	4.17	4.08	4.00	3.91
11	9.65	7.21	6.22	5.67	5.32	5.07	4.89	4.74	4.63	4.54	4.40	4.25	4.10	4.02	3.94	3.86	3.78	3.69	3.60
12	9.33	6.93	5.95	5.41	5.06	4.82	4.64	4.50	4.39	4.30	4.16	4.01	3.86	3.78	3.70	3.62	3.54	3.45	3.36
13	9.07	6.70	5.74	5.21	4.86	4.62	4.44	4.30	4.19	4.10	3.96	3.82	3.66	3.59	3.51	3.43	3.34	3.25	3.17
14	8.86	6.51	5.56	5.04	4.69	4.46	4.28	4.14	4.03	3.94	3.80	3.66	3.51	3.43	3.35	3.27	3.18	3.09	3.00
15	8.68	6.36	5.42	4.89	4.56	4.32	4.14	4.00	3.89	3.80	3.67	3.52	3.37	3.29	3.21	3.13	3.05	2.96	2.87
16	8.53	6.23	5.29	4.77	4.44	4.20	4.03	3.89	3.78	3.69	3.55	3.41	3.26	3.18	3.10	3.02	2.93	2.84	2.75

（续表）

n_2 \ n_1	1	2	3	4	5	6	7	8	9	10	12	15	20	24	30	40	60	120	∞
17	8.40	6.11	5.18	4.67	4.34	4.10	3.93	3.79	3.68	3.59	3.46	3.31	3.16	3.08	3.00	2.92	2.83	2.75	2.65
18	8.29	6.01	5.09	4.58	4.25	4.01	3.84	3.71	3.60	3.51	3.37	3.23	3.08	3.00	2.92	2.84	2.75	2.66	2.57
19	8.18	5.93	5.01	4.50	4.17	3.94	3.77	3.63	3.52	3.43	3.30	3.15	3.00	2.92	2.84	2.76	2.67	2.58	2.49
20	8.10	5.85	4.94	4.43	4.10	3.87	3.70	3.56	3.46	3.37	3.23	3.09	2.94	2.86	2.78	2.69	2.61	2.52	2.42
21	8.02	5.78	4.87	4.37	4.04	3.81	3.64	3.51	3.40	3.31	3.17	3.03	2.88	2.80	2.72	2.64	2.55	2.46	2.36
22	7.95	5.72	4.82	4.31	3.99	3.76	3.59	3.45	3.35	3.26	3.12	2.98	2.83	2.75	2.67	2.58	2.50	2.40	2.31
23	7.88	5.66	4.76	4.26	3.94	3.71	3.54	3.41	3.30	3.21	3.07	2.93	2.78	2.70	2.62	2.54	2.45	2.35	2.26
24	7.82	5.61	4.72	4.22	3.90	3.67	3.50	3.36	3.26	3.17	3.03	2.89	2.74	2.66	2.58	2.49	2.40	2.31	2.21
25	7.77	5.57	4.68	4.18	3.85	3.63	3.46	3.32	3.22	3.13	2.99	2.85	2.70	2.62	2.54	2.45	2.36	2.27	2.17
26	7.72	5.53	4.64	4.14	3.82	3.59	3.42	3.29	3.18	3.09	2.96	2.81	2.66	2.58	2.50	2.42	2.33	2.23	2.13
27	7.68	5.49	4.60	4.11	3.78	3.56	3.39	3.26	3.15	3.06	2.93	2.78	2.63	2.55	2.47	2.38	2.29	2.20	2.10
28	7.64	5.45	4.57	4.07	3.75	3.53	3.36	3.23	3.12	3.03	2.90	2.75	2.60	2.52	2.44	2.35	2.26	2.17	2.06
29	7.60	5.42	4.54	4.04	3.73	3.50	3.33	3.20	3.09	3.00	2.87	2.73	2.57	2.49	2.41	2.33	2.23	2.14	2.03
30	7.56	5.39	4.51	4.02	3.70	3.47	3.30	3.17	3.07	2.98	2.84	2.70	2.55	2.47	2.39	2.30	2.21	2.11	2.01
40	7.31	5.18	4.31	3.83	3.51	3.29	3.12	2.99	2.89	2.80	2.66	2.52	2.37	2.29	2.20	2.11	2.02	1.92	1.80
60	7.08	4.98	4.13	3.65	3.34	3.12	2.95	2.82	2.72	2.63	2.50	2.35	2.20	2.12	2.03	1.94	1.84	1.73	1.60
120	6.85	4.79	3.95	3.48	3.17	2.96	2.79	2.66	2.56	2.47	2.34	2.19	2.03	1.95	1.86	1.76	1.66	1.53	1.38
∞	6.63	4.61	3.78	3.32	3.02	2.80	2.64	2.51	2.41	2.32	2.18	2.04	1.88	1.79	1.70	1.59	1.47	1.32	1.00

表附-5 Durbin-Watson 检验表

$\alpha=0.05$

n	k=1		k=2		k=3		k=4		k=5	
	d_L	d_U	d_L	d_U	d_L	d_U	d_L	d_U	d_L	d_U
15	1.08	1.36	0.95	1.54	0.82	1.75	0.69	1.97	0.56	2.21
16	1.10	1.37	0.98	1.54	0.86	1.73	0.74	1.93	0.62	2.15
17	1.13	1.38	1.02	1.54	0.90	1.71	0.78	1.90	0.67	2.10
18	1.16	1.39	1.05	1.53	0.93	1.69	0.82	1.87	0.71	2.06
19	1.18	1.40	1.08	1.53	0.97	1.68	0.86	1.85	0.75	2.02
20	1.20	1.41	1.10	1.54	1.00	1.68	0.90	1.83	0.79	1.99
21	1.22	1.42	1.13	1.54	1.03	1.67	0.93	1.81	0.83	1.96
22	1.24	1.43	1.15	1.54	1.05	1.66	0.96	1.80	0.86	1.94
23	1.26	1.44	1.17	1.54	1.08	1.66	0.99	1.79	0.90	1.92
24	1.27	1.45	1.19	1.55	1.10	1.66	1.01	1.78	0.93	1.90
25	1.29	1.45	1.21	1.55	1.12	1.66	1.04	1.77	0.95	1.89
26	1.30	1.46	1.22	1.55	1.14	1.65	1.06	1.76	0.98	1.88
27	1.32	1.47	1.24	1.56	1.16	1.65	1.08	1.76	1.01	1.86
28	1.33	1.48	1.26	1.56	1.18	1.65	1.10	1.75	1.03	1.85
29	1.34	1.48	1.27	1.56	1.20	1.65	1.12	1.74	1.05	1.81
30	1.35	1.49	1.28	1.57	1.21	1.65	1.14	1.74	1.07	1.83
31	1.36	1.50	1.30	1.57	1.23	1.65	1.16	1.74	1.09	1.83
32	1.37	1.50	1.31	1.57	1.24	1.65	1.18	1.73	1.11	1.82
33	1.38	1.51	1.32	1.58	1.26	1.65	1.19	1.73	1.13	1.81
34	1.39	1.51	1.33	1.58	1.27	1.65	1.21	1.73	1.15	1.81
35	1.40	1.52	1.34	1.58	1.28	1.65	1.22	1.73	1.16	1.80
36	1.41	1.52	1.35	1.59	1.29	1.65	1.24	1.73	1.18	1.80
37	1.42	1.53	1.36	1.59	1.31	1.66	1.25	1.72	1.19	1.80
38	1.43	1.54	1.37	1.59	1.32	1.66	1.26	1.72	1.21	1.79
39	1.43	1.54	1.38	1.60	1.33	1.66	1.27	1.72	1.22	1.79
40	1.44	1.54	1.39	1.60	1.34	1.66	1.29	1.72	1.23	1.79
45	1.48	1.57	1.43	1.62	1.38	1.67	1.34	1.72	1.29	1.78
50	1.50	1.59	1.46	1.63	1.42	1.67	1.38	1.72	1.34	1.77
55	1.53	1.60	1.49	1.64	1.45	1.68	1.41	1.72	1.38	1.77
60	1.55	1.62	1.51	1.65	1.48	1.69	1.44	1.73	1.41	1.77
65	1.57	1.63	1.54	1.66	1.50	1.70	1.47	1.73	1.44	1.77
70	1.58	1.64	1.55	1.67	1.52	1.70	1.49	1.74	1.46	1.77
75	1.60	1.65	1.57	1.68	1.54	1.71	1.51	1.74	1.49	1.77
80	1.61	1.66	1.59	1.69	1.56	1.72	1.53	1.74	1.51	1.77
85	1.62	1.67	1.60	1.70	1.57	1.72	1.55	1.75	1.52	1.77
90	1.63	1.68	1.61	1.70	1.59	1.73	1.57	1.75	1.54	1.78
95	1.64	1.69	1.62	1.71	1.60	1.73	1.58	1.75	1.56	1.78
100	1.65	1.69	1.63	1.72	1.61	1.74	1.59	1.76	1.57	1.78

注：n 是观测值的数目；k 是解释变量个数（不包括常数项）。

（续表）

$\alpha=0.01$

n	$k=1$		$k=2$		$k=3$		$k=4$		$k=5$	
	d_L	d_U	d_L	d_U	d_L	d_U	d_L	d_U	d_L	d_U
15	0.81	1.07	0.70	1.25	0.59	1.46	0.49	1.70	0.39	1.96
16	0.84	1.09	0.74	1.25	0.63	1.44	0.53	1.66	0.44	1.90
17	0.87	1.10	0.77	1.25	0.67	1.43	0.57	1.63	0.48	1.85
18	0.90	1.12	0.80	1.26	0.71	1.42	0.61	1.60	0.52	1.80
19	0.93	1.13	0.83	1.27	0.74	1.41	0.65	1－.58	0.56	1.74
20	0.95	1.15	0.86	1.27	0.77	1.41	0.68	1.57	0.60	1.74
21	0.97	1.16	0.89	1.27	0.80	1.41	0.72	1.55	0.63	1.71
22	1.00	1.17	0.91	1.28	0.83	1.40	0.75	1.54	0.66	1－.69
23	1.02	1.19	0.94	1.29	0.86	1.40	0.77	1.53	0.70	1.67
24	1.04	1.20	0.96	1.30	0.88	1.41	0.80	1.53	0.72	1.66
25	1.05	1.21	0.98	1.30	0.90	1.41	0.83	1.52	0.75	1.65
26	1.07	1.22	1.00	1.31	0.93	1.41	0.85	1.52	0.78	1.64
27	1.09	1.23	1.02	1.32	0.95	1.41	0.88	1.51	0.81	1.63
28	1.10	1.24	1.04	1.32	0.97	1.41	0.90	1.51	0.83	1.62
29	1.12	1.25	1.05	1.33	0.99	1.42	0.92	1.51	0.85	1.61
30	1.13	1.26	1.07	1.34	1.01	1.42	0.94	1.51	0.88	1.61
31	1.15	1.27	1.08	1.34	1.02	1.42	0.96	1.51	0.90	1.60
32	1.16	1.28	1.10	1.35	1.04	1.43	0.98	1.51	0.92	1.60
33	1.17	1.29	1.11	1.36	1.05	1.43	1.00	1.51	0.94	1.59
34	1.18	1.30	1.13	1.36	1.07	1.43	1.01	1.51	0.95	1.59
35	1.19	1.31	1.14	1.37	1.08	1.44	1.03	1.51	0.97	1.59
36	1.21	1.32	1.15	1.38	1.10	1.44	1.04	1.51	0.99	1.59
37	1.22	1.32	1.16	1.38	1.11	1.45	1.06	1.51	1.00	1.59
38	1.23	1.33	1.18	1.39	1.12	1.45	1.07	1.52	1.02	1.58
39	1.24	1.34	1.19	1.39	1.14	1.45	1.09	1.52	1.03	1.58
40	1.25	1.34	1.20	1.40	1.15	1.46	1.10	1.52	1.05	1.58
45	1.29	1.38	1.24	1.42	1.20	1.48	1.16	1.53	1.11	1.58
50	1.32	1.40	1.28	1.45	1.24	1.49	1.20	1.54	1.16	1.59
55	1.36	1.43	1.32	1.47	1.28	1.51	1.25	1.55	1.21	1.59
60	1.38	1.45	1.35	1.48	1.32	1.52	1.28	1.56	1.25	1.60
65	1.41	1.47	1.38	1.50	1.35	1.53	1.31	1.57	1.28	1.61
70	1.43	1.49	1.40	1.52	1.37	1.55	1.34	1.58	1.31	1.61
75	1.45	1.50	1.42	1.53	1.39	1.56	1.37	1.59	1.34	1.62
80	1.47	1.52	1.44	1.54	1.42	1.57	1.39	1.60	1.36	1.62
85	1.48	1.53	1.46	1.55	1.43	1.58	1.41	1.60	1.39	1.63
90	1.50	1.54	1.47	1.56	1.45	1.59	1.43	1.61	1.41	1.64
95	1.51	1.55	1.49	1.57	1.47	1.60	1.45	1.62	1.42	1.64
100	1.52	1.56	1.50	1.58	1.48	1.60	1.46	1.63	1.44	1.65

表附-6　ADF分布临界值表

模型	n	α: 0.99	0.975	0.95	0.90	0.10	0.05	0.025	0.01
无常数项无时间项	25	2.16	1.70	1.33	0.92	−1.60	−1.95	−2.26	−2.66
	50	1.08	1.66	1.31	0.91	−1.61	−1.95	−2.25	−2.62
	100	2.03	1.64	1.29	0.90	−1.61	−1.95	−2.24	−2.60
	250	2.01	1.63	1.29	0.89	−1.62	−1.95	−2.23	−2.58
	500	2.00	1.62	1.28	0.89	−1.62	−1.95	−2.23	−2.58
	∞	2.00	1.62	1.28	0.89	−1.62	−1.95	−2.23	−2.58
有常数项无时间项	25	0.72	0.34	0.00	−0.37	−2.63	−3.00	−3.33	−3.75
	50	0.66	0.29	−0.03	−0.40	−2.60	−2.93	−3.22	−3.58
	100	0.63	0.26	−0.05	−0.42	−2.58	−2.89	−3.17	−3.51
	250	0.62	0.24	−0.06	−0.42	−2.57	−2.88	−3.14	−3.46
	500	0.61	0.24	−0.07	−0.43	−2.57	−2.87	−3.13	−3.44
	∞	0.60	0.23	−0.07	−0.44	−2.57	−2.86	−3.12	−3.43
有常数项有时间项	25	−0.15	−0.50	−0.80	−1.14	−3.24	−3.60	−3.95	−4.38
	50	−0.24	−0.58	−0.87	−1.19	−3.18	−3.50	−3.80	−4.15
	100	−0.28	−0.62	−0.90	−1.22	−3.15	−3.45	−3.73	−4.04
	250	−0.31	−0.64	−0.92	−1.23	−3.13	−3.43	−3.69	−3.99
	500	−0.32	−0.65	−0.93	−1.24	−3.13	−3.42	−3.68	−3.98
	∞	−0.33	−0.66	−0.94	−1.25	−3.12	−3.41	−3.66	−3.96

注：表中数据为统计量 τ 值；n 为样本容量；α 为显著性水平。

表附-7　EG和AEG检验临界值

变量个数 N	样本容量 T	检验水平 α		
		0.01	0.05	0.10
2	50	−4.32	−3.67	−3.28
	100	−4.07	−3.37	−3.03
	200	−4.00	−3.37	−3.02
3	50	−4.84	−4.11	−3.73
	100	−4.45	−3.93	−3.59
	200	−4.35	−3.78	−3.47
4	50	−4.94	−4.35	−4.02
	100	−4.75	−4.22	−3.89
	200	−4.70	−4.18	−3.89
5	50	−5.41	−4.76	−4.42
	100	−5.18	−4.58	−4.26
	200	−5.02	−4.48	−4.18

注：①N表示协整回归式中所含变量个数；

②EG检验用回归式是 $\Delta u_t=\rho u_{t-1}+\varepsilon_1$；

③摘自 Engle-Yoo(1987)。

表附-8　AEG检验验临界值

变量个数 N	样本容量 T	检验水平 α		
		0.01	0.05	0.10
2	50	−4.12	−3.29	−2.90
	100	3.73	−3.17	−2.91
	200	−3.78	−3.25	−2.98
3	50	−4.45	−3.75	−3.36
	100	−4.22	−3.62	−3.32
	200	−4.34	−3.78	−3.51
4	50	−4.61	−3.98	−3.67
	100	−4.61	−4.02	−3.71
	200	−4.72	−4.13	−3.83
5	50	−4.80	−4.15	−3.85
	100	−4.98	−4.36	−4.05
	200	−4.97	−4.43	−4.14

注：①N表示协整回归式中所含变量个数；

②AEG检验用回归式是 $\Delta u_t = \rho u_{t-1} + \sum_{t=1}^{4} \Delta\rho u_{t-1} + \varepsilon_1$；

③摘自 Engle-Yoo(1987)。

参考文献

[1] D. N. 古扎拉蒂．计量经济学基础．第4版．林少宫译．北京:中国人民大学出版社,2005

[2] 古亚拉蒂．经济计量学精要．张涛译．北京:机械工业出版社,2000

[3] 贺铿．经济计量学教程．北京:中国统计出版社,2000

[4] Hendry, D F. 动态计量经济学．秦朵译．上海:上海人民出版社,1998

[5] 洪永淼．计量经济学的地位、作用和局限．经济研究,2007(5):1~14

[6] 克莱因．经济计量学教科书．谢嘉译．北京:商务印书馆,1983

[7] 李子奈．计量经济学．第2版．北京:高等教育出版社,2005

[8] 庞皓．计量经济学．第1版．北京 :科学出版社,2006

[9] 孙敬水．计量经济学．北京:清华大学出版社,2004

[10] 庞皓．计量经济学．北京:科学出版社,2006

[11] 万伦来,王立平．统计学原理与应用．第2版．合肥:合肥工业大学出版社,2007

[12] 王少平．宏观计量的若干前沿理论与应用．天津:南开大学出版社,2003

[13] 汪同三,沈利生主编．经济模型集．北京:社会科学文献出版社,2001

[14] 王文博．计量经济学．西安:西安交通大学出版社,2004

[15] 伍德里奇．计量经济学导论:现代观点．第1版．费剑平,林相森译．林少宫校．北京:中国人民大学出版社,2003

[16] 易丹辉．数据分析和EViews应用．北京:中国统计出版社,2002

[17] 张保法．经济计量学．北京:经济科学出版社,2000

[18] 张世英,樊智．协整理论与波动模型——金融时间序列分析与应用．北京:清华大学出版社,2004

[19] 张晓峒．计量经济学软件EViews使用指南．第2版．天津:南开大学出版社,2003

[20] 张晓峒．计量经济分析．北京:经济科学出版社,2000

[21] 赵国庆．计量经济学．北京:中国人民大学出版社,2001

[22] 赵卫亚．计量经济学教程．第1版．上海:上海财经大学出版社,2003

[23] Akerlof, G. A. Social distance and social decisions. Econometrica, 1997, 65: 1005~1027

[24] Anselin, L. Spatial Econometrics: Methods and Models. The Netherlands: Kluwer Academic Publishers, Dordrecht, 1988

[25] Anselin, L. Spatial dependence in linear regression models with an introduction to spatial econometrics. Handbook of Applied Economic Statistics, New York: Marcel Dekker, 1998

[26] Anselin,L. Under the hood: Issues in the specification and interpretation of spatial regression models. Agricultural Economics,2002,27:247～267

[27] Anselin,L. Some robust approaches to testing and estimation in spatial econometrics[J]. Regional Science and Urban Economics,1999,20:141～163

[28] Anselin,L. Simple diagnostic tests for spatial dependence. Regional Science and Urban Economics,1996,26:77～104

[29] Anselin,L. Reo's score test in spatial econometrics. Journal of Statistical Planning and Inference,2001,97:113～139

[30] Anselin,L R J G M. Florax ed. New Directions in Spatial Econometrics,Springer－Verlag,1995

[31] Aoki,M. New Approaches to Macroeconometic Modelling. Cambridge: Cambridge University Press,1996

[32] Besag,J. Spatial interaction and the statistical analysis of lattice systems [J]. Journal of the Royal Statistical Society,1974,B36:192～225

[33] Brundson,C A S. Fotheringham,and M. E. Chalton. Geographically Weighted Regression: A Method for Exploring Spatial Nonstationarity. Geographical Analysis, 1996,28:281～298

[34] Brunsdon,C A S. Fotheringham,and M. E. Chalton. Some Notes on Parametric Significance Tests for Geographically Weighted Regression. Journal of Regional Science, 1999,39(3):497～524

[35] Case, A H S Rosen and J R Hines. Budget spillovers and fiscal policy interdependence: evidence from the States. Journal of Public Economics, 1993,52:285～307

[36] Casetti,E. Generating Models by Expansion Method:Applications to Geographic Research. Geographical Analysis,1972,4:81～91

[37] Casetti,E. Drift Analysis of Regression Parameters:An Application to the Investigation of Fertility Development Relations. Modeling and Simulation,1982,13:961～966

[38] Casetti,E. Bayesian Regression and the Expansion Method. Geographical Analysis,1992,24:58～74

[39] Cliff, A and J K Ord. Spatial Processes: Models and Applications. London: Pion,1981

[40] Conley,T G. Economic modeling of cross－sectional dependence. Ph. D. Dissertation, Department of Economics, University of Chicago,1996

[41] William H. Greene. Econometric Analysis. Fourth Edition. 北京:清华大学出版社,2001

[42] William H. Greene. Econometric Analysis. Fourth Edition. Prentice－Hall Inc. 2000

[43] Engle, Robert F and C W J Granger. Co－Integration and Error Correction: Representation, Estimation and Testing. Econometrica,1987,55:251～276

[44] Engle Robert F, Victor K Ng. Measuring and testing the impact of

news. Journal of Financial and Quantitative Analysis,1987, 22: 109～123

[45] Engle. R F and C W J Granger. Long - run economic relationships: Reading in Cointgration. Oxford: Oxford University Press,1998

[46] EViews 5.0 Command and Programming reference. Quantitative Micro Software, 2004

[47] Florax, R H Folmer and S J Rey. Specification searches in spatial econometrics: the relevance of Hendry's methodology. Regional Science and Urban Economics,2003, 33: 557～579

[48] Fujita,M, Krugmam,P, Venables,A. The Spatial Economy: Cities, Regions and International Trade [M]. Cambridge: MIT Press,1999

[49] Haining,R. Estimation spatial means with an application to remotely sensed data. Comm. Statist. Theory Methods,1988, 17:573～597

[50] Haining,R P Spatial Data Analysis in the Social and Environmental Science, Cambridge University Press,1990

[51] Kelejian,H H I Prucha. A generalized moments estimator for the autoregressive parameter in a spatial model. International Economic Review,1999,40:509～533

[52] Levin, A , C F Lin and C S J Chu, "Panel Unit Root Test." Journal of Econometrics,2002,108:1～24

[53] Mardia, K V R J Marshall. Maximum likelihood estimation of methods for residual covariance in a spatial regression. Biometrika,1984, 71:135～146

[54] Moran, P A P A test for the serial dependence of residuals. Biometrika,1950, 37:178～181

[55] Ord, J. K. Estimation methods for models of spatial interaction. Journal of American Statistical Association,1975,70:120～126

[56] Pace,R K R Barry. Sparse spatial autoregressions. Statistics & Probability Letters,1997,33:291～297

[57] Paelinck, J. Spatial Development Planning: A Dynamic Convex Programming Approach. European Journal of Operational Research,1979,3:501～504

[58] Pesaran, M. Hashem and Yongcheol Shin. Impulse Response Analysis in Linear Multivariate Models. Economics Letters,1998,58:17～29